Komplexität, Entrepreneurship und Ökonomische Bildung

Reihe herausgegeben von
A. Liening, Dortmund, Deutschland

Die Reihe hat den Anspruch, komplexitätswissenschaftliche Erkenntnisse und Methoden auf ökonomische und entrepreneuriale Fragestellungen anzuwenden und durch die so gewonnenen empirischen Ergebnisse neue Lösungs- und Denkansätze aufzuzeigen. Die Besonderheit der Reihe liegt darin, dass durch die Verbindung der komplexitätswissenschaftlichen Methoden neue Erkenntnisse und Anstöße für die Entwicklung und Fundierung der Domänen der Ökonomischen Bildung sowie des Entrepreneurships geleistet werden können. Die Reihe ist ein Resultat aus der nunmehr über zwanzigjährigen Forschungstätigkeit von Prof. Dr. Andreas Liening auf den Gebieten der Komplexitätswissenschaften, der Ökonomischen Bildung und des Entrepreneurship.

Weitere Bände in der Reihe http://www.springer.com/series/15632

Waldemar Wagner

Nichtlineare Zeitreihenanalyse als neue Methode für Eventstudien

Eine empirische Studie am Beispiel der Ergebnismeldungen von NASDAQ-Unternehmen

Mit einem Geleitwort von Univ.-Prof. Dr. Andreas Liening

Springer Gabler

Waldemar Wagner
Dortmund, Deutschland

zugl. Dissertation an der Fakultät Wirtschaftswissenschaften der Technischen Universität Dortmund, 2018

Komplexität, Entrepreneurship und Ökonomische Bildung
ISBN 978-3-658-24442-2 ISBN 978-3-658-24443-9 (eBook)
https://doi.org/10.1007/978-3-658-24443-9

Die Deutsche Nationalbibliothek verzeichnet diese Publikation in der Deutschen Nationalbibliografie; detaillierte bibliografische Daten sind im Internet über http://dnb.d-nb.de abrufbar.

Springer Gabler

Springer Gabler ist ein Imprint der eingetragenen Gesellschaft Springer Fachmedien Wiesbaden GmbH und ist ein Teil von Springer Nature
Die Anschrift der Gesellschaft ist: Abraham-Lincoln-Str. 46, 65189 Wiesbaden, Germany

Geleitwort

Die Effizienzmarkthypothese (EHM) von Fama besagt, dass in einem effizienten Markt zu jedem gegebenen Zeitpunkt alle verfügbaren Informationen verarbeitet sind. Dies führt dazu, dass der bedingte Erwartungswert eines Preises der nächsten Periode gleich dem Preis der aktuellen Periode ist, sodass Aktienpreisänderungen rein zufälliger Natur und dementsprechend unvorhersehbar sein müssen. Die Effizienzmarkthypothese (EMH) gehört zu den am meisten untersuchten und empirisch unterlegten Hypothesen der Wirtschaftswissenschaften und wird in der Finanzliteratur mitunter sogar als „fact of life" betrachtet. Die intellektuelle Dominanz der Effizienzmarkthypothese nahm im Laufe der Jahrzehnte jedoch immer weiter ab und spätestens als im Jahr 2000 die New-Economy-Blase platzte und die im Jahre 2008 durch den Konkurs von Lehman Brothers induzierte US-Immobilienkrise ein globales Chaos auf den Aktienmärkten auslöste, häuften sich die Zweifel an der vollkommenen Rationalität der Märkte. Zu den bekanntesten Gegnern der Effizienzmarkthypothese zählten die Vertreter der Verhaltensökonomik, wie z.B. der Nobelpreisträger Robert J. Shiller, welcher die grundlegende Annahme der Wirtschaftswissenschaftler hinterfragte: die Rationalität der Menschen.

Als Gegenbelege für die Effizienzmarkthypothese dienten die von Shiller und anderen Autoren identifizierten Marktanomalien, die die Grundlage für zahlreiche Handelsstrategien bildeten, mit denen außerordentliche Renditen realisiert werden sollten. Dies würde eine Verletzung der Effizienzmarkthypothese darstellen und zahlreiche empirische Belege deuteten auf das Vorhandensein solcher Marktanomalien und des Erfolgs einzelner Handelsstrategien hin. Dennoch konnte keine Handelsstrategie und kein Investor in der jüngeren Vergangenheit langfristig höhere Renditen erzielen als der Markt und vermeintlich profitable Handelsstrategien versagten häufig, wenn sie auf unterschiedliche Stichprobenzeiträume angewendet, oder sobald sie in wissenschaftlichen Arbeiten veröffentlicht wurden. Diese Beobachtungen führte zu der Einsicht, dass eine perfekte Effizienz der Märkte möglicherweise eine Idealisierung ist, die in der Realität nicht erreicht werden kann. Die gemischten Ergebnisse hinsichtlich der Markteffizienz deuten zudem darauf hin, dass sich die Effizienz der Märkte im Laufe der Zeit erhöht, oder zumindest über die Zeit hinweg variieren kann, was gemäß der Effizienzmarkthypothese jedoch nicht vorgesehen ist. Einen möglichen Erklärungsansatz für dieses Phänomen lieferte Lo im Jahre 2004 mit seiner Adaptive Markets Hypothesis (AMH).

Die Adaptive Markets Hypothesis kann als Synthese aus der EMH und der Verhaltensökonomik verstanden werden und besagt, dass die Effizienz von Märkten nicht statisch ist, sondern zeitlich variiert, mit Phasen höherer und Phasen geringerer Effizienz. Sowohl die Untersuchungen zur AMH als auch die Untersuchungen zur (mittelstarken Form) der EMH weisen jedoch die Problematik auf, dass die dabei verwendeten Methoden fast ausschließlich lineare Abhängigkeiten in den Daten suchen und nichtlineare Abhängigkeiten außer Acht gelassen werden. Dies stellt eine große Schwäche der verwendeten Methoden dar, denn die oftmals rückgekoppelten, sich wechselseitig beeinflussenden ökonomischen Prozesse führen bei näherer Betrachtung zu Wirkzusammenhängen, die aus mathematischer Sicht als nicht-linear zu bezeichnen sind.

Die Identifikation von nichtlinearen Abhängigkeiten in ökonomischen Zeitreihen ist für die Beantwortung der Frage, ob ein Markt effizient ist, von großer Bedeutung, denn die Existenz von Nichtlinearitäten in den Daten impliziert eine potenzielle Vorhersagbarkeit und stellt bereits für die schwache Form der EMH eine ernstzunehmende Gefahr dar. Aus dieser Perspektive kann die Validität der konventionellen Tests in Frage gestellt werden, da nur durch die Abwesenheit von linearen Korrelationen nicht zwangsläufig auf das Fehlen von nichtlinearen Abhängigkeiten geschlossen werden kann und somit auch keine finale Aussage über die Effizienz getroffen werden kann. Bisherige Untersuchungen zu Nichtlinearitäten in ökonomischen Zeitreihen konnten bereits Hinweise auf nichtlineare Abhängigkeiten in ökonomischen Daten finden, wenngleich die Ergebnisse häufig uneindeutig ausfielen.

Die vorliegende Arbeit greift diese Lücke auf und befasst sich mit der Frage, ob die Untersuchung der (mittelstarken Form der) EMH mithilfe von Dimensionskonzepten verbessert werden kann. Dimensionskonzepte, wie die Korrelationsdimension auf Basis des von Grassberger und Procaccia entwickelten Konzeptes des Korrelationsintegrals, ermöglichen eine nichtlineare Abhängigkeitsanalyse bei Zeitreihendaten. Für die Anwendung im Rahmen einer Eventstudie ist die Korrelationsdimension (D2) jedoch nicht geeignet, da sie einerseits Stationarität in den Daten erfordert und andererseits nur die Dimension für den gesamten Datensatz ausgibt. Für die Berechnung der Dimensionalität bei nichtstationären Daten eignet sich das weiterentwickelte Point-D2 (PD2) von Skinner besser, welches sich neben der Robustheit gegenüber Nichtstationaritäten in den Daten auch dadurch auszeichnet, dass es die Dimensionalität einzelner Zeitpunkte bestimmen und somit die Veränderung von nichtlinearen Abhängigkeiten in den Daten über den Zeitverlauf hin präzise darstellen kann, sodass sich das PD2 als potenzielles Dimensionalitätskonzept zur Erweiterung der klassischen Eventstudie anbietet.

Das spannende Ziel der vorliegenden Dissertationsschrift besteht darin, eine Methode zu formulieren, die in der Lage ist, sowohl lineare als auch nichtlineare Abhängigkeiten von Aktienkursen im Umfeld eines Ereignisses zu identifizieren und systematische Änderungen in den Abhängigkeiten messbar zu machen. Dafür wird die Methode der Eventstudien mithilfe eines passenden Dimensionalitätskonzeptes modifiziert und durchgeführt.

Waldemar Wagner geht mit der hier vorliegenden Arbeit an zahlreichen Stellen über die Anforderungen hinaus, die gemeinhin an eine Dissertation gestellt werden, was beispielsweise an dem überragenden empirischen Teil seiner Arbeit deutlich wird. Dies gilt sowohl in Bezug auf die Diskussion der Dimensionalitätskonzepte der Theorien Nichtlinearer Dynamischer Systeme als auch in Bezug auf die Entwicklung des Event-PD2 als Untersuchungsmethode für ökonomische Zeitreihen sowie der empirischen Untersuchung. Hier ergibt sich ein großes Potenzial für weitere Forschungen, aber auch konkrete, zukunftsweisende Anwendungen in der Praxis.

Univ.-Prof. Dr. Andreas Liening

Vorwort

Zwar wird der Doktorgrad am Ende einer Promotion nur an eine Person vergeben, doch wenn man den Prozess der Promotion genauer betrachtet, ist es das Werk von vielen. Denn neben dem Doktoranden sind noch zahlreiche andere Personen involviert, die den Doktoranden sowohl aktiv, als auch passiv während der Erstellung der Dissertation unterstützen.

So war es auch in meinem Fall und ich möchte allen Personen an dieser Stelle ganz herzlich danken.

An erster Stelle, und mögen mir andere verzeihen, gilt mein Dank meinem Doktorvater Prof. Andreas Liening für seine Unterstützung während der gesamten Bearbeitungsphase meiner Dissertation sowie der Gewährung der notwendigen Freiheiten. Das habe ich nie als selbstverständlich angesehen. Herzlichen Dank.

Außerdem danke ich meinem Zweitbetreuer PD Dr. Dr. Guido Strunk, der mit seiner umfassenden wissenschaftlichen und methodischen Unterstützung und seiner unerschöpflichen Geduld maßgeblich zu meinem Ergebnis beigetragen hat.

Ein besonderer Dank gilt meinem langjährigen Sitznachbarn und mittlerweile guten Freund, Ronald Kriedel, der mich auf dem Weg zur fertigen Arbeit stets aufgebaut und mich durch unsere zahlreichen Diskussionen immer wieder neue Aspekte und Ansätze entdecken ließ. Zudem danke ich ihm dafür, dass er all mein Jammern und Klagen jahrelang tapfer ertragen hat.

Allen Kolleginnen und Kollegen des Lehrstuhlteams bin ich sehr dankbar für die gute und zahlreiche Unterstützung sowie die konstruktive und angenehme Zusammenarbeit. Besonders wertvoll war für mich auch, dass es ehrliche und offene Kritik gab, die mich immer wenn nötig geerdet hat. Für diese Ehrlichkeit und die Kollegialität bin ich sehr dankbar.

Besonders möchte ich an dieser Stelle auch meiner Familie und Familie Frikkel für die unermüdliche Stärkung und Motivierung danken, sowie für das stets offene Ohr für meine Gedanken. Ihr könnt euch nicht vorstellen, wie wichtig dieser Rückhalt für mich war.

Der größte Dank gebührt aber meiner Frau, die in all der Zeit immer für mich da war und nicht selten ihre eigenen Interessen hintangestellt hat, um mich bei der Bearbeitung der Dissertation bestmöglich zu unterstützen. Dafür werde ich dir auf ewig dankbar sein, denn ohne dich hätte ich die Dissertation niemals fertiggestellt und auch nicht das Glück einer so bezaubernden Tochter gehabt, wie Du sie mir geschenkt hast. Euch beiden möchte ich diese Arbeit widmen!

Für
Luba & Leana

Inhaltsverzeichnis

Abbildungsverzeichnis

Tabellenverzeichnis

1 Einleitung

Märkte sind effizient! Oder etwa doch nicht? Diese Frage beschäftigt Forscher schon seit vielen Jahrzehnten (vgl. Malkiel, 2003, S. 59; Lim et al., 2008, S. 571) und die Annahme, dass der Markt effizient ist, bildet die Grundlage für den Großteil der Theorien in den Finanzwissenschaften (Summers, 1987, S. 1). Daher ist es auch nicht verwunderlich, dass die Effizienzmarkthypothese zu den am meisten untersuchten und empirisch unterlegten Hypothesen der Wirtschaftswissenschaften gehört und in der Finanzliteratur mitunter sogar als „fact of life" betrachtet wird (vgl. Jensen, 1978, S. 3).

Dabei ist der Begriff der „Effizienz" zu versatil, als dass ihm nur eine einzige Bedeutung in den Wirtschaftswissenschaften zugeschrieben werden kann. So bezieht sich bspw. Effizienz in der neoklassischen Gleichgewichtstheorie auf die Pareto-Effizienz, die gegeben ist, wenn in einem System kein Individuum einen Zusatznutzen erlangen kann, ohne dass ein anderes Individuum einen Nutzenverlust erleiden muss (Eatwell et al., 1989, S. 2). Bezogen auf den Kapitalmarkt[1] wird hingegen von Effizienz gesprochen, wenn die Aktienpreise der gelisteten Wertpapiere den Fundamentalwert des Unternehmens unter Berücksichtigung sämtlicher unternehmensrelevanter Informationen widerspiegeln (vgl. Dimson und Mussavian, 1998, S. 91). Die Vereinigung aller Informationen in dem Aktienpreis sollte jedoch zwangsläufig dazu führen, dass zukünftige Preisentwicklungen in einem vollkommenen Markt unabhängig vom aktuellen Preis sind und einzig von neuen Informationen getrieben werden (vgl. Fama et al., 1969, S. 1). Da zukünftige Informationen im Vorfeld nicht bekannt sind, müssen somit alle Kursänderungen als zufällig angesehen werden.

Bachelier (1900) war der erste Wissenschaftler, der mittels eines mathematischen Modells den zufälligen Charakter von Aktienpreisentwicklungen herleiten konnte.[2] Eine empirische Validierung erfolgte in den frühen 30er Jahren nach dem großen US-Börsencrash von 1929, als Cowles (1933) eine Studie über die ökonomischen Prognosen von Aktienmarktanalysen durchführte. Er kam zu dem Schluss, dass sich diese Prognosen von ihrer Charakteristik her nicht von einfachem Raten unterscheiden. Working (1949) griff dieses Ergebnis auf und wies darauf hin, dass Cowles Beobachtungen nicht zwangsläufig ein Beweis für schlechte Prognosen waren. Vielmehr seien unvermeidbare Fehler bei Prognosen eine zwingende Voraussetzung für die Effizienz eines Marktes. Er schrieb hierzu: „Apparent imperfection of professional forecasting, therefore, may be evidence of perfection of the market. The failures of stock market forecasters [...] reflect credit on the market. Changes which are completely un-

---

[1] Der Kapitalmarkt ist eine Institution von großem Interesse für die allgemeine Öffentlichkeit und von realer Bedeutung für Studierende der nationalen Wirtschaft. Zwar haben die Variablen, die einen Kapitalmarkt bestimmen, nicht zwangsläufig einen direkten Einfluss auf den Mechanismus der Wirtschaft, jedoch haben sie eine große Bedeutung für das psychologische Klima, innerhalb dessen sich die Wirtschaft entwickelt (Granger und Morgenstern, 1963, S. 1). Die primäre Rolle des Kapitalmarktes besteht in der Allokation der Besitzverhältnisse vom gesamtwirtschaftlichen Kapitalstock (Fama, 1970). In einem idealen Markt sollten die Preise von Unternehmensaktien präzise Signale für die Ressourcenallokation liefern, indem sie stets sämtliche verfügbaren Informationen über die Unternehmen widerspiegeln.

[2] Zwar war Bachelier (1900) der erste Wissenschaftler, der die Brown'sche Bewegung mathematisch und statistisch auf den Aktienmarkt übertragen hat, es gab jedoch eine Reihe von Forschern vor seiner Zeit, die die fehlende Vorhersagbarkeit von Preisbewegungen erkannt und geschildert haben. Zu ihnen gehören z. B. Cardano (1564), Brown (1828), Regnault (1863), Rayleigh (1880), Venn (1876) und Marshall (1890).

W. Wagner, *Nichtlineare Zeitreihenanalyse als neue Methode für Eventstudien*,
Komplexität, Entrepreneurship und Ökonomische Bildung,
https://doi.org/10.1007/978-3-658-24443-9_1

predictable are, by definition, random changes, in the strict sense of randomness." (Working, 1949, S. 160)
Die Theorie, dass sich Aktienpreisänderungen nicht vorhersagen lassen und einem Random-Walk folgen, wurde auch von anderen Wissenschaftlern aufgegriffen und untersucht, jedoch konnte niemand stichhaltige Beweise gegen die Theorie finden (vgl. Osborne, 1959; Larson, 1960; Working, 1960; Houthakker, 1961; Alexander, 1961; Granger und Morgenstern, 1963).

Milton Friedman, der zu der Zeit an der University of Chicago lehrte, griff diese Erkenntnis auf und postulierte, dass die Informationsverarbeitung durch den Markt effizienter ist als die jeder Regierung (vgl. Eisenmann, 2015, S. 12).[3] Diese Meinung nahm Fama (1965a) auf und entwickelte basierend auf den Arbeiten von Bachelier (1900) und Samuelson (1965) über das zufällige Verhalten von Aktienpreisen die Theorie, dass der Markt nicht nur die effizientesten Entscheidungen treffe, sondern auch den realen Preis einer Aktie bestimme. So schreibt Fama in seinem Artikel „Efficient Capital Markets: A Review of Theory and Empirical Work": "A market in which prices always "fully reflect" available information is called "efficient"" (Fama, 1970, S. 383).

Die von Fama (1970) aufgestellte Effizienzmarkthypothese besagt, dass in einem effizienten Markt zu jedem gegebenen Zeitpunkt alle verfügbaren Informationen verarbeitet sind, was dazu führt, dass der bedingte Erwartungswert eines Preises der nächsten Periode gleich dem Preis der aktuellen Periode ist. Als Konsequenz daraus sind Abweichungen vom aktuellen Preis rein zufälliger Natur, sodass Aktienpreisänderungen dementsprechend unvorhersehbar und zufällig sein müssen (vgl. Malkiel, 2003, S. 59). Die Effizienzmarkthypothese bildete den Grundstein vieler wirtschaftswissenschaftlicher Modelle (z. B. Black-Scholes-Modell (Black und Scholes, 1973), Capital-Asset-Pricing-Model (Sharpe, 1964; Fama und French, 2004), etc.).

Allerdings wurde die Hypothese nicht von allen Wissenschaftlern akzeptiert und die intellektuelle Dominanz der Effizienzmarkthypothese wurde zu Beginn des 21. Jahrhunderts weit weniger universell (Malkiel, 2003, S. 60). Erste Kritiker der Theorie des rationalen Marktes gab es schon vor der Veröffentlichung der Effizienzmarkthypothese (Levy, 1967a) und die Kritik mehrte sich im Laufe der Zeit, jedoch fanden sich nur selten empirische Gegenbelege und widerlegten die Theorie nur für spezielle Situationen, was Fama (1991, S. 1575) darauf zurückführt, dass „[...]market efficiency per se is not testable" und nur in Verbindung mit einem geeigneten Preismodell getestet werden kann. Dementsprechend muss bei der Beobachtung von abnormalen Aktienkursverhaltens stets zwischen einer Marktineffizienz und einem möglicherweise ungeeigneten Modell für das Marktgleichgewicht differenziert werden. Doch gerade diese Unterscheidung ist in den seltensten Fällen möglich und alternative Theorien, welche die Fehler der vorhandenen Theorie erklären konnten, konnten bislang nicht geliefert werden.

Spätestens als im Jahr 2000 die New-Economy-Blase platzte und die im Jahre 2008 durch den Konkurs von Lehman Brothers induzierte US-Immobilienkrise ein globales Chaos auf den Aktienmärkten auslöste, häuften sich die Zweifel an der vollkommenen Rationalität der

[3] Friedman lehnte die Geldmengenpolitik als fiskalpolitisches Instrument zur Nachfragesteuerung ab und sprach sich für eine Zurückhaltung des Staates in der Wirtschaftssteuerung aus (vgl. Friedman und Schwartz, 1963).

Märkte (vgl. Lim et al., 2008; Todea und Lazar, 2012; Choudhry und Jayasekera, 2014; Emenike, 2017). Zu den bekanntesten Gegnern der Effizienzmarkthypothese zählten die Vertreter der Verhaltensökonomik, wie z. B. der Nobelpreisträger Robert J. Shiller, welcher die grundlegende Annahme der Wirtschaftswissenschaftler hinterfragte: die Rationalität der Menschen (vgl. Shiller, 2000, 2003). Untersuchungen der Verhaltensökonomen zeigten, dass Marktakteure oftmals zeitverzögert auf neue Informationen reagieren, was den Preisbildungsprozess verlangsamt (Shiller, 2000, S. 80). Auch beeinflussen sich die Marktakteure gegenseitig in ihrem Kaufverhalten. So kann z. B. ein Herdentrieb entstehen (vgl. Kahneman und Tversky, 1979; Trueman, 1994), welcher Finanzblasen vorantreiben (Spyrou, 2013), oder Panikverkäufe im Falle einer Krise induzieren (Rizzi, 2015) kann, wodurch die Kurse auch über längere Zeitverläufe hin von dem tatsächlichen Preisniveau abweichen können (Campbell und Shiller, 1988). Solche und andere Marktanomalien dienten als Gegenbelege für die Effizienzmarkthypothese und bildeten die Grundlage für zahlreiche Handelsstrategien, mit denen außerordentliche Renditen möglich sein sollten, was einen Widerspruch zur Effizienzmarkthypothese darstellen würde. Zahlreiche empirische Belege deuteten auf das Vorhandensein solcher Marktanomalien und des Erfolgs einzelner Handelsstrategien hin (Levy, 1967b; Brock et al., 1992; Hudson et al., 1996). Allerdings basierten die Untersuchungen auf einem zeitlich begrenzten Horizont und neuere Untersuchungen, die den Erfolg von Handelsstrategien und Top-Investoren über einen längeren Zeitraum hin beobachteten, zeigen, dass keine Handelsstrategie und kein Investor in der jüngeren Vergangenheit langfristig höhere Renditen erzielen konnte als der Markt (Conrad und Kaul, 1998). Darüber hinaus versagten vermeintlich profitable Handelsstrategien häufig, wenn sie auf unterschiedliche Stichprobenzeiträume angewendet, oder sobald sie in wissenschaftlichen Arbeiten veröffentlicht wurden (vgl. Bossaerts und Hillion, 1999; Brock et al., 1992; Dimson und Marsh, 1999; Sullivan et al., 1999; Schwert, 2003; Timmermann und Granger, 2004, S. 23; Aiolfi und Favero, 2005).
Es stellt sich daher die Frage, ob die Markteffizienz ein dauerhafter Zustand ist und ob die bislang verwendeten Methoden, welche eine Effizienzaussage über den gesamten Zeitraum (bzw. über die entsprechenden Zeitreihen) getroffen haben, geeignet waren. Basierend auf Grossman und Stiglitz (1980) haben Campbell et al. (1997), Farmer und Lo (1999), Lo und MacKinlay (2002), Lo (2004), und Lo (2011) wiederholt betont, dass eine perfekte Effizienz der Märkte eine Idealisierung ist, die in der Realität nicht erreicht werden kann, da im Falle einer perfekten Markteffizienz keinerlei Profite mehr möglich wären und es daher auch keinen Grund mehr zum Handeln gäbe. Dies hätte zur Folge, dass die Märkte schließlich kollabieren. Die gemischten Ergebnisse hinsichtlich der Markteffizienz deuten darauf hin, dass sich die Effizienz des Market im Laufe der Zeit erhöht, oder zumindest über die Zeit hinweg variiert. Eine Variation der Effizienz ist gemäß der Effizienzmarkthypothese jedoch nicht vorgesehen.

Einen möglichen Erklärungsansatz für dieses Phänomen liefert Lo (2004) mit seiner Adaptive Markets Hypothesis. Aufbauend auf der Evolutionsökonomik beruht seine Erweiterung der Effizienzmarkthypothese auf der heutzutage allgemein unter führenden Ökonomen vorherrschenden Meinung, dass Märkte nicht vollständig effizient sind und die Effizienz auch niemals erreichen werden. Die Adaptive Markets Hypothesis (AMH) kann als Synthese aus der EMH und der Verhaltensökonomik verstanden werden (Lim und Brooks, 2006, S. 12) und besagt, dass die Effizienz von Märkten nicht statisch ist, sondern zeitlich variiert, mit Phasen höherer und Phasen geringerer Effizienz. Erste empirische Untersuchungen zur AMH zeigen, dass das Marktverhalten eher mit der AMH konsistent ist als mit der EMH (Neely et al., 2009; Todea et al., 2009; Kim et al., 2011; Lim und Brooks, 2011).

Zwar erlaubt die AMH prinzipiell auch kurzfristige Variationen in der Effizienz, so wie sie im Rahmen der mittleren Form der EMH impliziert werden kann, jedoch trafen die bisherigen Untersuchungen zur AMH aufgrund fehlender Methoden nur Aussagen über die Effizienz im Hinblick auf die schwache Form der EMH, indem auf Abhängigkeiten in den Daten innerhalb (gleitender) Fenster getestet wurde (vgl. Lim und Brooks, 2006; Zhou und Lee, 2013; Jiang et al., 2014). Eine Untersuchung der zeitlichen Änderung der Markteffizienz im Sinne der mittelstarken Form der EMH blieb bislang aus.

Die mittelstarke Form der EMH besagt, dass neue Informationen unverzüglich in den Preisen verarbeitet werden (vgl. Malkiel, 1989, S. 127). Untersuchungen zur mittelstarken Form konzentrierten sich bislang auf die Suche nach systematischen anormalen Reaktionen bei der Preisanpassung im Rahmen eines Ereignisses, welche durch abnormale Renditen sichtbar gemacht werden konnten (Fama, 1970, S. 388). Der Berechnung der abnormalen Renditen liegt dabei meistens ein Marktmodell zugrunde, das durch eine Regression unter Zuhilfenahme eines Referenzwertes geschätzt wird (vgl. MacKinlay, 1997, S. 18).

Sowohl die Untersuchungen zur AMH als auch die Untersuchungen zur mittelstarken Form der EMH weisen jedoch die Problematik auf, dass die dabei verwendeten Methoden fast ausschließlich lineare Abhängigkeiten in den Daten suchen und nichtlineare Abhängigkeiten außer Acht lassen. Dies stellt eine große Schwäche der Methode dar, denn die „[...] oftmals rückgekoppelten, sich wechselseitig beeinflussenden ökonomischen Prozesse führen bei näherer Betrachtung zu Wirkzusammenhängen, die aus mathematischer Sicht als nicht-linear zu bezeichnen sind" Liening (1999, S. 337).

Dass Märkte nichtlineare Abhängigkeiten aufweisen, konnte bereits vor 30 Jahren von Hinich (1985) nachgewiesen werden. In den Folgejahren wurden unter Berücksichtigung der Theorien nichtlinearer dynamischer Systeme zahlreiche Studien zu nichtlinearen Abhängigkeiten in den Daten sowie auf Chaos durchgeführt und in renommierten Finanzzeitschriften, wie z. B. dem *Journal of Economic Theory* (Brock, 1986), *The Journal of Business* (Scheinkman und LeBaron, 1989), *Journal of Finance* (Hsieh, 1991), *Journal of Economic Behavior & Organization* (Gilmore, 1993) oder im *Journal of Business Finance & Accounting* (Gilmore, 1996) veröffentlicht.[4]

Die Ergebnisse fielen allerdings uneindeutig aus (Alexander und Giblin, 1994; Bhattacharya et al., 2007), da die Untersuchungen größtenteils auf dem von Grassberger und Procaccia (1983b) entwickelten Algorithmus zur Berechnung der Korrelationsdimension bzw. einem Derivat davon (Brock et al., 1996) basieren, der hohe Anforderungen an die Daten stellt und bei Nichterfüllung falsche Ergebnisse erzeugen kann (Krämer und Runde, 1997). Eine dieser Anforderungen ist die Notwendigkeit sehr langer Zeitreihen. Diese Restriktion verbietet einerseits die Beobachtung kurzfristiger Schwankungen der Dimensionalität und

4 Für eine weitere Übersicht über komplexitätswissenschaftliche Untersuchungen von Aktienkursen siehe auch Liening (2017, S. 375f.).

steht andererseits im Konflikt zu der Forderung nach Stationarität in den Daten. Ökonomische Zeitreihen können diese Anforderungen für längere Zeiträume aufgrund zahlreicher Entwicklungen, wie Krisen, Blasen oder Schocks, nicht erfüllen (Kendall und Hill, 1953).

Dabei impliziert die Existenz von Nichtlinearitäten in den Daten eine potenzielle Vorhersagbarkeit und stellt bereits für die schwache Form der EMH eine ernst zu nehmende Gefahr dar (vgl. Lim und Brooks, 2006, S. 6). Aus dieser Perspektive kann die Validität der konventionellen Tests infrage gestellt werden, da durch die Abwesenheit von linearen Korrelationen nicht zwangsläufig auf das Fehlen von nichtlinearen Abhängigkeiten geschlossen werden kann und somit auch keine Effizienz impliziert werden darf. Die Überlegung, dass Nichtlinearitäten in den Daten eine Verletzung der Markteffizienz darstellen können, da durch sie möglicherweise Prognosen über die Kursentwicklung getroffen werden können, lässt sich auch auf die mittelstarke Form der Effizienzmarkthypothese übertragen.

Die Grundlage der klassischen Untersuchungen zur mittelstarken Form der EMH stellte bislang die Methode der Eventstudien dar (vgl. Kothari und Warner, 2007, S. 5). Als eine der am häufigsten angewandten analytischen Tools in der Finanzmarktforschung zur Identifikation abnormaler Renditen im Umfeld von konkreten Ereignissen (Peterson, 1989, S. 36), bietet sich die Eventstudie auch als Untersuchungsmethode an, um systematisch auftretende Änderungen in den nichtlinearen Abhängigkeiten im Umfeld eines Ereignisses zu messen (Strunk, 2012, S. 275). Ebenso wie bei den klassischen Untersuchungen der abnormalen Renditen, können durch die Betrachtung eines einzelnen Events keine konkreten Rückschlüsse darüber gezogen werden, wie sich ein bestimmtes Ereignis auf die nichtlinearen Abhängigkeiten auswirkt. Der Grund dafür ist die Flut an immer neuen positiven und negativen Nachrichten am Finanzmarkt (vgl. Baig und Goldfajn, 1999, S. 183) und den damit verbundenen Informationen, welche sich auf die Entwicklung des gesamten Marktes und direkt oder indirekt auf einzelne Zeitreihen auswirken können (vgl. Kaminsky und Schmukler, 1999; Ganapolsky und Schmukler, 1998). Eine genaue Zuordnung des Einflusses eines bestimmten Ereignisses auf den Aktienkurs ist dabei nicht immer direkt möglich. Die Eventstudie greift diese Problematik auf, indem mehrere gleichartige Ereignisse gesammelt, am Ereigniszeitpunkt zentriert und anschließend gemittelt werden (Strunk, 2012, S. 457). Auf diese Art und Weise werden bei hinreichend vielen Zeitreihen störende Änderungen von nicht betrachteten Ereignissen herausgefiltert. Für diese Art der Untersuchung ist die Auswahl eines passenden Ereignisses von großer Bedeutung (vgl. Henderson, 1990, S. 284), denn nur wenn sich ein wiederkehrendes Ereignis stets auf die gleiche Art und Weise auf die Zeitreihe auswirkt, können dessen Auswirkungen auf die Zeitreihe durch die Eventstudie sichtbar gemacht werden.

Ein Ereignis, welches regelmäßig auf Aktienmärkten eintritt, ist bspw. die Ergebnisveröffentlichung in Form von Quartals- und Jahresberichten. Börsennotierte Unternehmen sind gemäß der Sektion 13 des *Securities Exchange Act* von 1934 (Reporting, 2010, S. 124) gesetzlich dazu verpflichtet, eine Auskunft über die Unternehmensentwicklung abzugeben. Diese Information kann einen großen Einfluss auf den Kurs einer Unternehmensaktie haben, da die Unternehmenskennzahlen den Aktionären vor der Ergebnisveröffentlichung unbekannt sind und viel Platz für Spekulationen darüber bieten, ob sich ein Unternehmen in die Richtung entwickelt hat, wie es Analysten und Investmentexperten prognostizieren. Da es den Unternehmen nicht erlaubt ist, Informationen über die Unternehmensentwicklung kurz vor den offiziellen Veröffentlichungen an einzelne Aktionäre weiterzugeben, sind die Informationen am Tag der Veröffentlichung für (fast) alle Marktteilnehmer neu und stellen somit eine geeignete Untersuchungsgrundlage für die Reaktionsgeschwindigkeit des Marktes gemäß der mittelstarken Form der EMH dar.

Klassische Effizienzmarktuntersuchungen mit Quartalsberichten als Ereignis wurden in der Vergangenheit bereits zahlreich durchgeführt und konnten je nach Forschungsfrage abnormale Renditen vor, während und nach der Ergebnisveröffentlichung identifizieren (vgl. Foster et al., 1984; Ball, 1992; Bernard, 1992; Brown und Pope, 1995; Easton et al., 2010; Baker et al., erscheint 2017).

Allerdings fielen die Ergebnisse bislang nicht eindeutig aus, was zum Teil an der Notwendigkeit der Kategorisierung der Events im Vorfeld der Eventstudie[5] liegt, da das Ergebnis der Eventstudie bzw. die durchschnittliche abnormale Rendite, stark vom angewandten Kategorisierungsmaß abhängt.[6] Darüber hinaus birgt die Vielzahl an möglichen Ansätzen zur Bestimmung der abnormalen Rendite (vgl. Peterson, 1989, S. 36) auch die Gefahr einer möglichen Missspezifikation des verwendeten Modells und der schwierigen Vergleichbarkeit der einzelnen Eventstudien untereinander. Die unterschiedlichen Herangehensweisen zur Berechnung der abnormalen Renditen deuten zudem darauf hin, dass es bislang keine Einigkeit über die genaue Funktionsweise der Märkte und den Prozessen bei den Preisbildungsmechanismen gibt. Doch selbst wenn ein einheitliches Marktmodell zur Berechnung der abnormalen Renditen verwendet wird, ist die klassische Eventstudie immer noch zu unempfindlich hinsichtlich der Identifikation von Abhängigkeiten und deren Veränderungen bei Aktienkursen im Umfeld eines spezifischen Events, da sie nur lineare Abhängigkeiten messen kann. Änderungen in den nichtlinearen Abhängigkeiten bleiben nach wie vor unberücksichtigt.

Die vorliegende Arbeit greift diese Lücke auf und befasst sich mit der Frage, ob die Untersuchung der mittelstarken Form der EMH mithilfe von Dimensionskonzepten verbessert werden kann.[7] Dimensionskonzepte, wie die Korrelationsdimension auf Basis des von Grassberger und Procaccia (1983a, 1983b) entwickelten Konzeptes des Korrelationsintegrals, ermöglichen eine nichtlineare Abhängigkeitsanalyse bei Zeitreihendaten (vgl. Möller, 2013, S. 103). Für die Anwendung im Rahmen einer Eventstudie ist die Korrelationsdimension jedoch nicht geeignet, da sie einerseits Stationarität in den Daten erfordert (Grassberger et al.,

5 Die Kategorisierung der Events ist notwendig, falls die abnormalen Renditen abhängig vom Ausgang des Events unterschiedliche Vorzeichen aufweisen. Dies ist z. B. bei Ergebnisveröffentlichungen der Fall, wo die Reaktion der Investoren – in Form einer Neubewertung des Unternehmens – je nach vorherigen Erwartungen bezüglich des Ergebnisses, positiv oder negativ ausfällt (vgl. MacKinlay, 1997, S. 16). In solchen Fällen würde eine fehlende oder falsche Kategorisierung dazu führen, dass sich bei der Eventstudie die positiven und negativen abnormalen Renditen gegenseitig neutralisieren würden.

6 Eine Auswahl von verschiedenen Kategorisierungsansätzen wird in Kapitel 2.4.3 diskutiert.

7 Erste Versuche für den Einsatz von komplexitätswissenschaftlichen Methoden im Rahmen von Eventstudien wurden aufbauend auf den Manuskripten von Strunk (2009, 2010) von Feigl (2011) im Umfeld von Vorstandswechseln in DAX-notierten Unternehmen durchgeführt. Bei der dort verwendeten GEntropie handelt es sich jedoch nicht um ein Dimensionalitätsmaß, sondern um ein Maß, welches wie auch Permutationsentropie, auf der Informationsdefinition von Shannon (1948) basiert (vgl. Strunk, 2012, S. 436) und die Unordnung eines Systems beschreibt (Liening, 2017, S. 405). Zudem kann die Validität der Studie aufgrund der geringen Anzahl an berücksichtigten Events nicht sichergestellt werden, sodass die Arbeit eher als Feldversuch einzuordnen ist.

1991, S. 531) und andererseits nur die Dimension für den gesamten Datensatz berechnet, sodass eine Änderung in der Dimensionalität aufgrund des Events nicht erfasst werden kann.

Für die Berechnung der Dimensionalität bei nichtstationären Daten schlägt Strunk (2012, S. 235) das Point-D2 (*PD2*) von Skinner (1992) vor, welches sich neben der Robustheit gegenüber Nichtstationaritäten in den Daten auch dadurch auszeichnet, dass es die Dimensionalität einzelner Zeitpunkte bestimmen und somit die Veränderung von nichtlinearen Abhängigkeiten in den Daten über den Zeitverlauf hin präzise darstellen kann (vgl. Strunk, 2012, S. 260).

Da eine niedrige Dimension eine Ordnung und damit verbunden eine Abweichung vom Zufall darstellt, ermöglicht eine Dimensionalitätsbestimmung mithilfe des *PD2* theoretisch eine zeitpunktgenaue, quantifizierbare Messung der Abweichung vom Zufall und somit auch den Grad der Abweichung von der Effizienz (vgl. Strunk, 2012, S. 261), wodurch sich das *PD2* als potenzielles Dimensionalitätskonzept zur Erweiterung der klassischen Eventstudie anbietet.[8]

Das Ziel der Arbeit ist es daher, eine Methode zu formulieren, die in der Lage ist, sowohl lineare als auch nichtlineare Abhängigkeiten von Aktienkursen im Umfeld eines Ereignisses zu identifizieren und systematische Änderungen in den Abhängigkeiten messbar zu machen. Dafür soll die Methode der Eventstudien mithilfe eines passenden Dimensionalitätskonzeptes modifiziert und anschließend für ein geeignetes Event durchgeführt werden. Da bislang keine Erfahrungswerte zu den Ergebnissen einer Dimensionalitäts-Eventstudie existieren, soll neben den üblichen Signifikanztests zudem eine explorative Betrachtung der dynamischen Entwicklung der Dimensionalität im Umfeld des Events erfolgen. Zusätzlich soll im Vorfeld mit denselben Daten und demselben Event eine klassische Eventstudie durchgeführt werden, um einen Vergleich zwischen der Entwicklung der abnormalen Renditen und der Dimensionalität zu ermöglichen und auf diese Weise zu überprüfen, ob nichtlineare Methoden zusätzliche Informationen im Rahmen einer Eventstudie liefern.

Zudem soll der Ansatz der AMH aufgegriffen werden und es soll überprüft werden, ob sich die Unterschiede in den Dimensionalitätsniveaus vor und nach dem Event im Laufe der Jahre verändert haben und ob die Unterschiede in den Dimensionalitätsniveaus vor und nach dem Event zwischen krisenbehafteten und krisenfreien Perioden variieren.

Hierfür soll in Kapitel 2 zunächst die Theorie der effizienten Märkte vorgestellt und die drei Formen der Effizienzmarkthypothese erläutert sowie ein Überblick über die bisherigen empirischen Ergebnisse zu den drei Formen gegeben werden. Der Fokus wird dabei auf die mittelstarke Form der EMH gelegt. Hierfür werden auch relevante Aspekte der dazugehörenden Methode der Eventstudien unter Berücksichtigung einer möglichen Modifikation durch Dimensionalitätskonzepte beleuchtet. Das Kapitel schließt mit einer Kritik an den bisherigen Untersuchungen zur Effizienzmarkthypothese ab. Kapitel 3 befasst sich mit der Dimensionalitätsmessung im Rahmen der nichtlinearen Zeitreihenanalyse. Nach einer Einführung zu den notwendigen Grundlagen für die Berechnung der Dimensionalitätsmaße werden die bekanntesten Dimensionalitätsmaße präsentiert und deren jeweilige Vor- und Nachteile diskutiert.

[8] Dass sich das *PD2* prinzipiell auf ökonomische Daten anwenden lässt, wurde bereits in einer Vorläuferarbeit von Griessmair (2005) gezeigt, der das *PD2* auf den DAX anwendet und Veränderungen der Dimensionalität im Zeitverlauf untersucht.

Anschließend werden die Besonderheiten und Herausforderungen bei der Anwendung der Dimensionalitätsmaße auf ökonomische Zeitreihen, insbesondere im Rahmen einer Eventstudie, besprochen, bevor im Anschluss ein Konzept zur Implementierung eines Dimensionalitätsmaßes in eine Eventstudie dargelegt wird. Das folgende Kapitel 4 definiert die Ziele der empirischen Untersuchung, die mithilfe der Dimensionalitäts-Eventstudie durchgeführt werden soll. In Kapitel 5 wird das methodische Vorgehen zur Überprüfung der in Kapitel 4 aufgestellten Zielhypothesen mithilfe der klassischen Eventstudie sowie der Dimensionalitäts-Eventstudie beschrieben. Die Ergebnisse der Eventstudien werden in Kapitel 6 zunächst dargestellt und anschließend diskutiert. Den Abschluss der Arbeit bilden das Fazit und der Ausblick.

2 Effiziente Märkte

„Ich kann zwar die Bahn der Gestirne auf Zentimeter und Sekunden berechnen, aber nicht, wohin eine verrückte Menge einen Börsenkurs treiben kann."

Sir Isaac Newton (1643 – 1727), zitiert nach Schulz-Hardt et al. (2007, S. 210)

Märkte sind effizient und selbstregulierend. Diese Meinung wurde bereits im 18. Jahrhundert von dem schottischen Ökonomen John Adam Smith vertreten, der die Metapher einer „unsichtbaren Hand" verwendete, um den Mechanismus zu umschreiben, welcher das Angebot und die Nachfrage auf einem Markt ins Gleichgewicht bringt und zu einer effizienten Ressourcenallokation und somit zu einem volkswirtschaftlichen Optimum führt, obwohl die einzelnen Marktteilnehmer nur ihren eigenen Güterbedarf decken wollen (vgl. Liening, 2013, S. 307). Smith (1776) bezieht sich mit dieser Metapher auf die Gütermärkte, jedoch lässt sich dieser Mechanismus auch auf Finanzmärkte übertragen.

Für die Finanzwissenschaften ist die Effizienzmarkthypothese von zentraler Bedeutung und wird in der Literatur mitunter sogar als „fact of life" akzeptiert (Jensen, 1978, S. 3).

Dabei wird der Begriff der Effizienz in erster Linie dazu benutzt, um einen Markt zu beschreiben, in dem die für ihn relevanten Informationen durch die Preise der Finanzanlagen reflektiert werden. Herrscht auf einem Finanz- oder Kapitalmarkt ein ausreichend großer Wettbewerb, so können die Investoren nicht davon ausgehen, dass sie mit ihren Anlagestrategien Renditen erwirtschaften können, die über den durchschnittlichen Renditen des Marktes liegen (Dimson und Mussavian, 1998, S. 91).

Was in vielen Theorien und Modellen der modernen Wirtschaftswissenschaft als selbstverständliche Grundannahme gilt, war bis zur Mitte des 20. Jahrhundert alles andere als eine Selbstverständlichkeit.

Der erste, der das Konzept der Markteffizienz beschrieben hat, war Bachelier im Jahre 1900 (vgl. Bachelier, 1900). In seiner Dissertation schrieb er: „past, present and even future events are reflected in market price, but often show no apparent relation to price changes" ((Bachelier, 1900); Übersetzung von J. Boness in (Cootner, 1964)). Er folgerte daraus, dass es unmöglich sei, die Preisbewegungen mathematisch vorherzusagen, da diese zufällig fluktuierten. Schließlich kam er zu dem Schluss, dass die mathematische Erwartung des Spekulanten Null sei. Seine Arbeit blieb jedoch bis zum Ende der 1960er Jahre weitgehend unbeachtet, obwohl einige Forscher wie Cowles (1933), Cowles und Jones (1937), Cowles (1944) oder Working (1934) zuvor Studien über die zufälligen Preisbewegungen von US Aktien durchgeführt haben. Obwohl es empirische Belege für die bis dahin noch nicht definierte Effizienzmarkthypothese gab, wurde Bacheliers Hypothese erst 1965 wieder von Samuelson (1965) aufgegriffen, der die Effizienz des Marktes mittels eines Martingals analytisch in seinem Aufsatz „Proof that properly anticipated prices fluctuate randomly" darstellte.

Diesen mikroökonomischen Ansatz hat Fama (1965b) als Grundlage verwendet, um eine Definition für einen „effizienten" Markt aufzustellen und zusammen mit der von Roberts (1967) vorgeschlagenen Taxonomie der schwachen und starken Form der Markteffizienz zu zeigen, dass Börsenkurse einem Random-Walk folgen (Fama, 1970, S. 386). Fama definiert einen effizienten Markt als „[...] a market where there are large numbers of rational, profit-

W. Wagner, *Nichtlineare Zeitreihenanalyse als neue Methode für Eventstudien*, Komplexität, Entrepreneurship und Ökonomische Bildung,
https://doi.org/10.1007/978-3-658-24443-9_2

maximizers actively competing, with each trying to predict future market values of individual securities, and where important current information is almost freely available to all participants“ (Fama, 1965b, S. 56).

Seitdem beschäftigte sich eine Vielzahl an Wirtschaftswissenschaftlern mit der Frage, ob die von Fama aufgestellte Effizienzmarkthypothese ihre Gültigkeit besitzt, oder ob es Marktineffizienzen gibt, welche die Hypothese widerlegen können.

Das vorliegende Kapitel soll einen kleinen Überblick über die historische Entwicklung und Untersuchungen zur Effizienzmarkthypothese liefern. Zunächst wird das Martingal-Modell skizziert, auf welchem die Effizienzmarkthypothese aufbaut. Im Anschluss werden die Bedingungen für die Markteffizienz sowie Ursachen für mögliche Ineffizienzen aufgezeigt. Dann werden die drei verschiedenen Formen der Markteffizienz erläutert und ein Überblick über einige ausgewählte Untersuchungen zu den drei Formen der Effizienzmarkthypothese verschafft und ihre Ergebnisse diskutiert. Da die Ergebnisse für die mittelstarke Form am uneindeutigsten sind und diese Form im Fokus zukünftiger Untersuchungen stehen soll, wird zuerst auf die schwache und auf die starke Form eingegangen. Anschließend folgen eine Gegenüberstellung der empirischen Untersuchungen zu der mittelstarken Form der Markteffizienz, sowie eine Diskussion der zur Überprüfung der mittelstarken Form verwendeten Methode der Eventstudie. Das Kapitel endet mit einer Kritik an den bisherigen Untersuchungen zur Effizienzmarkthypothese.

Die aufgeführten Arbeiten bilden nur einen kleinen Anteil der vorhandenen Untersuchungen zur Effizienzmarkthypothese ab. Aufgrund der widersprüchlichen Ergebnisse stellt sich jedoch die Frage, ob die Kategorisierung der Markteffizienz in „Effizient“ oder „Nicht effizient“ überhaupt sinnvoll ist und ob eine alternative Betrachtungsweise, die eine zeitliche Änderung der Effizienz ermöglicht, einen höheren Erklärungsgehalt liefern kann. Deshalb wird im Anschluss an das Kapitel die von Lo (2004) entwickelte „Adaptive Markets Hypothesis (AMH)“ erläutert und Möglichkeiten eruiert, wie temporäre Änderungen der Effizienz empirisch gemessen werden können.

2.1 Das Martingal Modell

In den Finanzmarkttheorien wird mit dem Martingal Modell eine Zeitreihe beschrieben, deren sukzessive Renditen seriell unabhängig sind (Dimson und Mussavian, 1998, S. 93). Im Gegensatz zur üblichen Vorgehensweise in der Wissenschaft, begann die Forschung zu Wertpapierpreisen nicht mit der Entwicklung einer Theorie über Preisformationen, die dann im Anschluss durch empirische Tests unterworfen wurde (Fama, 1970, S. 389). Viel mehr kam der Impetus zur Entwicklung einer Theorie durch die Akkumulation an Hinweisen in den 50er und 60er Jahren, die darauf hinwiesen, dass der Preisverlauf von gewöhnlichen Aktienkursen und anderen spekulativen Wertpapieren gut durch einen Random Walk approximiert werden kann (vgl. Cowles, 1960; Osborne, 1959, 1962).

Mit der Erfindung des Computers konnten Wissenschaftler erstmals das Verhalten von langen Zeitreihen von Wertpapierpreisen untersuchen. Die Annahme der Ökonomen war, dass ökonomische Zeitreihe untersucht werden können, indem die Langzeitbewegungen oder die Trends aus der Zeitreihe extrahiert und die verbliebenen Residuen auf kurzzeitige Oszillationen und Bewegungen sowie zufällige Fluktuationen getestet werden (Kendall und Hill, 1953, S. 11).

Bei der Untersuchung von 22 britischen Wertpapier- und Rohstoffpreisen fasst Kendall seine Ergebnisse folgendermaßen zusammen: „In series of prices wich are observed at fairly close intervals the random changes from one term to the next are so large as to swamp any systematic effect wich may be present. The data behave almost like wandering series“ (Kendall und Hill, 1953, S. 11). Diese empirische Beobachtung wurde seitdem als „Random Walk Modell“, oder allgemeiner als „Random Walk Theorie“ bezeichnet und stand im Widerspruch zur damaligen Theorie der Fundamentalanalyse (vgl. Shostak, 1997, S. 38). Die Theorie der Fundamentalanalyse geht davon aus, dass ein individuelles Wertpapier zu jedem Zeitpunkt einen intrinsischen Wert hat, der von dem Ertragspotential des Unternehmens abhängt (vgl. Fama, 1965b, S. 55). Da das Ertragspotential eines Unternehmens von solch fundamentalen Faktoren, wie der Qualität des Managements, des Ausblicks für die Industrieentwicklung, der Wirtschaft, usw. abhängt, wäre die Schätzung des intrinsischen Wertes äquivalent zu der Vorhersage des zukünftigen Preises.
1963 zeigte Mandelbrot, dass die Zeitreihendaten der Finanzmärkte keinem Random-Walk Modell folgen. Sie folgen aber weiterhin einem Martingal (Mandelbrot, 1963, S. 395).

Das Martingal Modell beruht auf der Annahme eines „Fair-Game“. Samuelson (1965) und Mandelbrot (1966) waren die Ersten, die die Rolle der Fair-Game-Modelle zur erwarteten Rendite und den Zusammenhang zwischen diesen Modellen und der Theorie der Random-Walks ausgiebig untersuchten.

Da die Aussage, dass die Preise in einem effizienten Markt die verfügbaren Informationen vollständig reflektieren so umfassend ist, dass sie keine empirisch zu testenden Implikationen besitzt, muss der Preisformationsprozess genauer spezifiziert werden. Bei dem Preisformationsprozess des Fair-Games handelt es sich um ein Martingal. Hierbei handelt es sich um einen Prozess, bei dem der bedingte Erwartungswert der nächsten Periode dem Wert der aktuellen Periode entspricht:

$$E(\mathrm{x}_{t+1} \mid x_0 \dots x_t) = x_t$$

Eine Besonderheit dieser Definition ist jedoch, dass $E(x_{t+1} \mid x_t) = x_t$. Daraus folgt die wichtige Implikation, dass es eine statistische Unabhängigkeit zwischen den zukünftigen Erwartungen und den vergangenen Werten gibt (Mandelbrot, 1966, S. 244).

Gemäß Fama (1970) hängt der Erwartungswert des zukünftigen Preises eines Wertpapiers konditional von der verfügbaren Informationsmenge ab, die gemäß Annahme vollständig im Preis reflektiert ist:

$$E(p_{t+1} \mid \Phi_t) = [1 + E(r_{t+1} \mid \Phi_t)]p_t,$$

wobei die erwartete prozentuale Rendite für eine Periode ist. Die prozentuale Rendite ist dabei definiert als:

$$r_{t+1} = \left(p_{t+1} - p_t\right) / p_t .$$

Da die erwartete prozentuale Rendite auf Basis der Informationsmenge Φ_t gebildet wird und somit alle verfügbaren Informationen vollständig reflektiert, schließt sie damit die Möglichkeit aus, dass es Handelsstrategien gibt, die nur auf der Informationsmenge Φ_t basieren und erwartete Renditen haben, welche über den erwarteten Gleichgewichtsrenditen liegen.
Sei nun

$$r_{t+1} = p_{t+1} - E\left(p_{t+1} \middle| \Phi_t\right)$$

die Rendite des Wertpapiers, dann ist der Erwartungswert der Rendite

$$E\left(r_{t+1} \middle| \Phi_t\right) = 0$$

Die Sequenz $\{r_t\}$ ist unter Berücksichtigung der Informationssequenz $\{\Phi_t\}$ per Definition ein Fair-Game, da bei gegebener Information Φ_t zum aktuellen Zeitpunkt eine Rendite r_{t+1} von Null für den folgenden Zeitpunkt erwartet wird.[9]

2.2 Das Random-Walk Modell

Das Random-Walk Modell ist eine Sonderform des Martingals und die Random-Walk Theorie gilt als der Vorgänger der Effizienzmarkttheorie von Fama (1970). Es unterscheidet sich vom Martingal Prozess dadurch, dass es restriktivere Annahmen bezüglich der Verteilungen besitzt. Während das Fair-Game Modell die Bedingung setzt, dass der konditionale Erwartungswert der Preisänderung unabhängig sein muss, fordert das Random-Walk Modell zudem noch die Unabhängigkeit in den höheren Momenten[10] der konditionalen Wahrscheinlichkeitsverteilung (vgl. Barnett und Serletis, 2000, S. 705).

Formal bedeutet dies für das Modell

$$f(r_{t+1} \mid \Phi_t) = f(r_{t+1})$$

und besagt, dass die konditionale und marginale Wahrscheinlichkeitsverteilung einer unabhängigen Zufallsvariable identisch sind.

Eine Unabhängigkeit in den höheren Momenten impliziert eine Gaus'sche Verteilung.

Zwar klingt diese Behauptung aus mathematischer Sicht zufriedenstellend, die daraus resultierende Theorie ist jedoch nicht in der Lage, die empirischen Daten abzubilden, da

---

[9] Für eine ausführlichere Erläuterung des Fair Game (vgl. Fama, 1970, S. 384ff.). Eine Sonderform des Fair-Game Modells ist das Submartingal-Modell, bei welchem angenommen wird, dass in (1) für alle t und Φ_t gilt: $E(p_{t+1}|\Phi_t) \geq p_t$.
In diesem Fall folgt die Preissequenz $\{p_t\}$ unter Berücksichtigung der Informationssequenz $\{\Phi_t\}$ einem Submartingal und besagt, dass der erwartete Preis der nächsten Periode größer oder gleich dem Preis der aktuellen Periode ist.

[10] Zu den höheren Momenten zählen z. B. die Varianz und die Schiefe.

„[...]the empirical distributions of price changes are usually too „peaked“ to be relative to samples from Gaussian populations“ (Mandelbrot, 1963, S. 394).

Fama hat 1970 als Erster die ökonomischen Rahmenbedingungen für einen effizienten Markt festgelegt. Ausgehend von den analytischen Implikationen des Martingals bzw. des Fair-Game definiert Fama (1970) drei hinreichende Bedingungen für Kapitalmarkteffizienz (Fama, 1970, S. 387):

I. Es dürfen keine Transaktionskosten bei dem Handel mit Wertpapieren entstehen.
II. Alle verfügbaren Informationen sind kostenlos und für alle Marktteilnehmer zugänglich.
III. Die Marktteilnehmer sind sich über die Implikationen der aktuell verfügbaren Informationen auf den aktuellen Preis sowie auf die Verteilung der zukünftigen Preise einig.

Es ist ersichtlich, dass die genannten Bedingungen einen perfekten Markt beschreiben, der in der Realität jedoch nicht anzutreffen ist. Denn auf allen aktuellen Wertpapiermärkten entstehen Transaktionskosten und auch die verfügbaren Informationen sind längst nicht allen zugänglich und auch nicht immer kostenfrei.

Aus der Behavioral Finance ist ebenfalls bekannt, dass nicht alle Investorinnen und Investoren rational handeln. So kann bei den Investoren z. B. der Dispositionseffekt vorherrschen, welcher ein Verhalten beschreibt, bei dem verlustbehaftete Wertpapiere zu lange gehalten werden, während gewinnbringende Wertpapiere zu schnell verkauft werden (Odean, 1998).[11] Auch neigen Investoren oftmals zur Selbstüberschätzung, was sich auf Finanzmärkten in Form des Overconfidence-Effektes bemerkbar macht und bewirkt, dass Investoren ihre verfügbaren Informationen überschätzen und folglich Fehlkäufe vornehmen (vgl. Barber und Odean, 1999, S. 49).

Diese Faktoren stellen für Fama (1970) zwar potenzielle, aber keine zwingenden Ursachen für Marktineffizienzen dar. Seine Begründung hierfür ist, dass Preise auch bei hohen Transaktionskosten alle verfügbaren Informationen reflektieren können, solange die Transaktionäre alle verfügbaren Informationen berücksichtigen. Auch kann ein Markt effizient sein, wenn nur ein hinreichend großer Anteil der Investoren Zugang zu allen verfügbaren Informationen hat. Ebenso muss Uneinigkeit zwischen den Investoren bezüglich der Implikationen aus den verfügbaren Informationen ebenfalls nicht zwangsläufig zu Marktineffizienz führen, sofern es keine Investoren gibt, die dauerhaft bessere Implikationen aus den Informationen ziehen als jene Implikationen, die sich implizit in den Marktpreisen widerspiegeln (Fama, 1970, S. 388).

---

11 Nach Weber (2007, S. 95) trifft der Dispositionseffekt bewusst oder unbewusst bei etwa zwei Drittel der Investoren auf.

2.2.1 Illusion von Ineffizienz

Obwohl nur wenige Investoren mit der wissenschaftlichen Literatur zur Markteffizienz und Marktineffizienz vertraut sind, agieren die meisten Investoren unter der Annahme, dass der Markt ineffizient ist. Dieses Verhalten beschreibt Keane (1983) als eine „Illusion von Ineffizienz" und benennt folgende Faktoren, welche die Illusion weiter vorantreiben (vgl. Keane, 1983, S. 29f.):

I. Die Informationslücke: Auch wenn der Markt vollkommen effizient wäre, so würden Aktien immer wieder als fehlbewertet erscheinen, da es unwahrscheinlich ist, dass die einzelnen Investoren zu jeder Zeit über die gesamte Informationsmenge des Marktes verfügen. Es werden stets die einen oder anderen Informationslücken bei ihnen vorhanden sein, was sie dazu veranlasst, die aktuellen Preise auf Basis ihrer Teilmenge an Informationen als falsch zu bewerten.

II. Biased Reporting: Investoren tendieren dazu, die Resultate ihrer Investitionstätigkeiten verzerrt darzustellen. So werden erfolgreiche Investitionen häufiger bekannt gegeben, um sich in einem besseren Licht darzustellen und um Fehlinvestitionen zu relativieren. Es ist bekannt, dass Fonds-Manager ihre Ergebnisse in Perioden veröffentlichen, in denen sie überdurchschnittlich erfolgreich sind. Jedoch gibt es diverse Studien, die zu dem Schluss kommen, dass es nur wenige Fonds gibt, die ohne Zugang zu Insiderinformationen konstant besser abschneiden als der Zufall.

III. Persönliche Erfahrung: Menschen tendieren dazu, ihre eigenen Erfahrungen stärker zu gewichten als systematisch erhobene Daten. Falls ein Investor, oder eine dem Investor gut bekannte Person, überdurchschnittlichen Profit erzielt hat, wird er dazu neigen, diesem Ereignis eine übertriebene Signifikanz zuzuordnen, obwohl kein Test vorhanden ist, der bestimmt, ob es sich bei dem Ergebnis um etwas anderes als reinen Zufall gehandelt hat.

IV. Spielerfehlschluss: Investoren tendieren zu der Denkweise, die als Spielerfehlschluss bekannt ist. Sie drückt sich in dem Glauben aus, dass wenn etwas steigt, es irgendwann auch wieder sinken muss. Man glaubt, dass bei einem Zufallsereignis, wie etwa einem Münzwurf, bei dem mehrmals in Folge eine Ausprägung beobachtet wurde, die Wahrscheinlichkeit für ein anderes Ereignis mit jedem Wurf steigt.[12] Dieses Phänomen zeigt sich auch unter Investoren. Es wird angenommen, dass der Preis für eine Aktie, die über eine Periode hinweg konstant gestiegen ist, dazu tendiert, wieder zu sinken. Die Existenz dieser Fehlannahme wird zusätzlich durch die Presse bekräftigt, welche vergangenen Höchst-/ und Tiefstpreisen einen sehr hohen Stellenwert zuordnet und damit impliziert, dass sich die Richtung der zukünftigen Preisbewegung besser abschätzen lässt, wenn man den aktuellen Preis in Relation zu den vergangenen Höchst-

[12] Dieses Missverständnis wurde das erste Mal 1913 in einem Casino in Monte Carlo beobachtet, als die Kugel an einem Roulette-Tisch 26 mal hintereinander auf schwarz liegen blieb, was dazu führte, dass fast alle Spieler im Verlauf dieses Ereignisses gegen schwarz gewettet haben, da sie der Auffassung waren, dass die Zufälligkeit des Roulette-Rads das Ungleichgewicht in irgendeiner Weise korrigieren würde (vgl. Lehrer, 2010, S. 66).

und Tiefstpreisen setzt. Diese Annahmen unterstützen die Illusion, dass der Markt vorhersagbar und damit ineffizient ist.

Unter Berücksichtigung von Famas (1970) Argumentation bezüglich der drei Bedingungen für einen effizienten Markt kann der Markt auch dann effizient sein, wenn es Investoren gibt, die unter der Illusion der Ineffizienz handeln, solange es eine hinreichend große Menge an Investoren gibt, die sich über die Implikationen aus den verfügbaren Informationen einig sind. Umgekehrt sollte der Markt auch dann effizient sein, wenn alle Investoren unter der Illusion von Ineffizienz agieren, da die Investoren in diesem Fall zwar falsche Implikationen aus den Informationen ziehen, sie sich jedoch über diese Implikationen einig sind.

2.3 Empirische Belege zur Markteffizienz

Fama (1970) klassifiziert drei Formen der Effizienzmarkthypothese:

I. Schwache Form;
II. Mittelstarke Form;
III. Starke Form.

Die drei Formen der Effizienz unterscheiden sich in der Art und Menge der im Preis verarbeiteten Informationen (Lion, 1989, S. 64). In der schwachen Form sind nur die historischen Kursinformationen in den Marktpreisen enthalten, sodass im aktuellen Kurs die Informationen über die vergangene Kurshistorie vollständig verarbeitet sein muss, damit ein Markt effizient ist. In der mittelstarken Form sind neben den historischen Daten zusätzlich auch alle aktuellen, öffentlich verfügbaren Informationen im Preis enthalten und in der starken Form sind zudem auch alle nicht-öffentlichen Informationen vollständig verarbeitet (Fama, 1970, S. 383). Entsprechend Famas Kategorisierung der Effizienzmarkthypothese gingen auch alle Untersuchungen der Frage nach, ob und inwieweit Wertpapierpreise die bestimmten Teilmengen der verfügbaren Informationen vollständig reflektieren (Fama, 1970, S. 388).

Erste Untersuchungen zur Markteffizienz befassten sich daher zunächst mit Tests auf die schwache Form der Effizienzmarkthypothese, um die Informationsverarbeitung historischer Daten zu überprüfen. Dabei gingen viele Forscher davon aus, dass ihre empirischen Daten einem Random-Walk folgten und damit normalverteilt seien (vgl. Kendall und Hill, 1953; Osborne, 1959; Roberts, 1959; Alexander, 1970). In den Untersuchungen von (Osborne, 1962; Fama, 1965a) und anderen hat sich allerdings herausgestellt, dass die Verteilungen der Daten aufgrund der hohen Extremwerte nicht die Form einer Normalverteilung haben. Da die Markteffizienz nach Famas Definition jedoch auf dem weniger restriktiven Martingal-Modell beruht, bedeutet eine Abweichung der Normalverteilung in den Daten zwar die Ablehnung des Random-Walk Modells, nicht aber eine Ablehnung der Effizienzmarkthypothese (Fama, 1970, S. 396). Untersuchungen, welche die schwache Form der Markteffizienz aufgrund einer abweichenden Varianz oder Verteilung ablehnten, sollten daher mit entsprechender Sorgfalt interpretiert werden. So stellten Niederhoffer und Osborne (1966, S. 897) für gewöhnliche Wertpapierkurse eine Abweichung vom vollständigem Zufall bei der Preisänderung von einer

Transaktion zur nächsten fest. Ihre Daten deuten zum einen darauf hin, dass Vorzeichenwechsel bei konsekutiven Preisänderungen zwei- bis dreimal so wahrscheinlich sind wie Preisänderungen mit gleichen Vorzeichen. Zum anderen ist die Wahrscheinlichkeit desselben Vorzeichens bei einer Preisänderung nach zwei vorhergehenden Preisänderungen mit demselben Vorzeichen ebenfalls höher als eine Änderung des Vorzeichens (Niederhoffer und Osborne, 1966, S. 914). Diese Beobachtungen sprechen gegen ein Random-Walk Modell, stellen für Fama aber keine Verletzung der Effizienzmarkthypothese dar. Er begründet das Phänomen der Vorzeichenwechsel durch die Gruppierung von nicht ausgeführten „Buy-and-Sell"-Limit Orders[13]. Diese resultieren aus der Möglichkeit der Investoren „[...]to place limit orders as well as orders at market, and this negative dependence in itself does not imply the existence of profitable trading rules" (Fama, 1970, S. 398).

Jedoch ist die Studie von Niederhoffer und Osborne (1966) ein Hinweis auf Marktineffizienz in der starken Form, da die Liste der nicht ausgeführten Orders wichtige Informationen über die voraussichtliche Preisentwicklung liefert und diese Informationen nur dem Marktmacher[14] zugänglich sind. Dieser nutzt die Monopolstellung über diesen Informationsblock aus, um einen Profit zu erwirtschaften. Es stellt sich für Fama (1970, S. 399) jedoch die Frage, ob es einen nicht-monopolistischen Mechanismus gäbe, der die Funktion des Marktmachers ökonomischer ausführen könne.

2.3.1 Untersuchungen zur schwachen Form der Effizienzmarkthypothese

Roll (1968) war der erste, der eine empirische Arbeit zur schwachen Form der Markteffizienz geschrieben hat, die bewusst auf dem Fair-Game und nicht dem Random-Walk Modell aufbaute. Dabei überprüfte er das Fair-Game Modell auf die Renditen der US-Schatzanweisungen und kam zu dem Schluss, dass der Markt für Schatzanweisungen effizient ist. Hätte er dabei angenommen, dass die Daten normalverteilt wären, so würde sein Ergebnis die Markteffizienz nicht mehr so stark befürworten (Fama, 1970, S. 401).

Kohers et al. (1997) haben die Renditen der größten U.S. Aktienmärkte mit Methoden der nichtlinearen Dynamik auf Markteffizienz getestet. Unter Berücksichtigung des „Size-Effect"[15] wurden Portfolios untersucht, die nach Firmengröße kategorisiert waren. Sie kamen zu dem Schluss, dass keine der untersuchten Zeitreihen ein Verhalten aufweisen, welches dem von unabhängigen und identisch verteilten Zufallsvariablen entspricht. Von den zehn untersuchten Portfolios konnte jedoch nur für das NYSE Portfolio der großen Unternehmen nachgewiesen werden, dass es positiv von einem chaotisch-deterministischen Prozess beeinflusst wird. Da nichtlinearer Determinismus darauf hindeutet, dass vergangene Renditen einen signifikanten Einfluss auf die zukünftige Generation von Renditen haben, schien das NYSE

---

[13] Für eine genauere Erläuterung der „Buy-and-Sell" -Limit Orders siehe (Fama, 1970, S. 397).

[14] Ein Marktmacher (engl. Market-Maker) „[...] verpflichtet sich, für ein Wertpapier auf Anfrage einen verbindlichen Kauf- und Verkaufskurs zu nennen" (Picot und Dietl, 1994, S. 119).

[15] Der Size-Effect (Größeneffekt) besagt, dass kleinere Unternehmen im Durchschnitt eine höhere risikoadjustierte Rendite erzielen als große Unternehmen. Die Größe des Unternehmens wird durch ihren Marktwert bestimmt. Banz (1981) findet in seiner Studie heraus, dass der Größeneffekt besonders bei sehr kleinen Unternehmen sichtbar ist. Jedoch ist nicht klar, ob die Größe per se für den Effekt verantwortlich ist, oder ob die Größe nur ein Proxy für einen unbekannten Faktor ist, welcher mit der Größe korreliert (vgl. Banz, 1981, S. 3).

Portfolio der großen Unternehmen keine Effizienz der schwachen Form aufzuweisen. Dahingegen erschienen die Portfolios der kleinen und mittleren Unternehmen als effizient im Sinne der schwachen Form (Kohers et al., 1997, S. 540).

Neben den Tests auf die Unabhängigkeit der Preisänderungen bezüglich vergangener Daten, gibt es eine weitere Gruppe von Tests auf die schwache Form der Effizienzmarkthypothese. Diese Tests fokussieren sich auf die Untersuchung der Effektivität von speziellen Handelsregeln, die dazu entwickelt wurden, mögliche systematische Muster in den Preisverläufen aufzudecken und auszunutzen. Diese Muster unterscheiden sich von den zufälligen Bewegungen des Preises und werden Anomalien, oder im Speziellen, Kapitalmarktanomalien[16] genannt.

Eine Form der Kapitalmarktanomalien sind die Saison-, Monats- oder Wochentagseffekte. Gibbons und Hess (1981) haben z. B. einen „Montagseffekt" identifiziert, der das Phänomen beschreibt, dass Aktienpreise dazu tendieren, an Montagen zu sinken. Jedoch weist Liano und Gup (1989, S. 74) darauf hin, dass die Studien von Gibbons und Hess den Effekt der Geschäftszyklen auf die Renditen der Wertpapiere nicht berücksichtigt haben, die jedoch einen signifikanten Einfluss auf das Muster der Renditen haben. Nichtsdestotrotz schien der Montagseffekt schon vor der ersten Beschreibung des Phänomens von einigen Marktteilnehmern erkannt worden zu sein, die diese, der Öffentlichkeit noch unbekannte, private Information zu ihrem Vorteil genutzt haben, denn Gibbons und Hess merken in ihrem Aufsatz an, dass der Effekt in der untersuchten Zeitreihe des S&P 500 Index von 1968 bis 1978 im Verlauf der Jahre gesunken ist (Gibbons und Hess, 1981, S. 590).

Abgesehen von einer möglichen Abschwächung des Montagseffektes im Laufe der Jahre hängen die Untersuchungen zu Wochentageffekten auch sehr stark von dem betrachteten Wochentag und dem Referenztag ab, zu dem eine Abhängigkeit untersucht werden soll. So konnten Keim und Stambaugh (1984) und Boudoukh et al. (1994) anhand täglicher Renditen zeigen, dass es extreme Unterschiede in der Höhe der Autokorrelation[17] zwischen den Renditen sowohl bei den einzelnen Wochentagen als auch bei den Timelags gibt.

Fama und Blume (1966) haben die Profitabilität von diversen auf historischen Preisen basierenden „Filter"-Handelsregeln untersucht. Ihre Ergebnisse deuten darauf hin, dass diese Regeln unter Berücksichtigung der Transaktionskosten zu keinen höheren Renditen führen als die Renditen einer simplen „Buy-and-Hold"-Strategie.

Eine weitere Handelsregel, die „Moving-Average" Regel[18], wurde von James (1968) und van Horne und Parker (1967) getestet. Beide kamen bei ihren Untersuchungen zu dem Ergeb-

---

16 Anomalien bezeichnen die systematische Abweichung eines Wertpapierkurses von seinem „intrinsischen" Wert (zur näheren Erläuterung des „intrinsischen" Wertes (vgl. Keane, 1983, S. 20 ff.)). Die Ursachen für die Entstehung von Anomalien werden in der Behavioral Finance untersucht, welche als Alternative zur Effizienzmarkthypothese entwickelt wurde um Beobachtungen zu erklären, die aus Sicht der effizienten Märkte anormal erscheinen (vgl. Shleifer, 2000, S. 2). Eine weitergehende Diskussion über Marktanomalien findet sich in Kapitel 2.4.1.

17 Die Autokorrelation beschreibt Zusammenhang von benachbarten Daten in einer Zeitreihe (Tschopp und Axhausen, 2004, S. 7). Dabei definiert der Timelag den zeitlichen Abstand zwischen den Datenpunkten, für die die Autokorrelation gemessen wird.

18 Die Moving-Average Regel beschreibt ein Vorgehen, bei dem durch die Bildung eines gleitenden Mittelwertes Trends in Aktienkursverläufen identifiziert und auf dessen Grundlage Kauf- und Verkaufssignale erzeugt werden. Für eine formale Erläuterung der Moving-Average Regel siehe Milionis und Papanagiotou (2011, S. 422).

nis, dass diese Handelsregel nicht besser abschneidet als die „Buy-and-Hold"-Strategie. Zu einem etwas anderen Ergebnis ist Brock (1992, S. 1758) bei der Untersuchung der beiden Handelsregeln „Moving-Average" und „Trading-Range Break"[19] gekommen. Bei der Anwendung der Regeln auf die Daten des Dow Jones Industrial Average Index vom 1897 bis 1986 hat er herausgefunden, dass diese Regeln vorhersagende Eigenschaften besitzen, die den bestehenden Gleichgewichtsmodellen – unter anderem dem Random-Walk Modell – widersprechen und in der Lage sind, einige verborgene Muster aufzudecken (Brock et al., 1992, S. 1758). Brock et al. (1992)weisen jedoch auch darauf hin, dass man vor der Implementierung dieser Handelsregeln die Transaktionskosten berücksichtigen sollte. Hudson et al. (1996) konnten die von Brock et al. (1992) betrachteten technischen Handelsregeln auch auf englische Aktiendaten replizieren und konkludieren, dass die Handelsregeln bei ausreichend langen Zeitreihen der Aktienindizes auch bei den englischen Daten prädiktive Eigenschaften aufweisen. Jedoch sind diese Handelsregeln aufgrund der benötigten langen Zeitspanne als Investmenttool eher ungeeignet und es wäre besonders in Anbetracht von vorhandenen Transaktionskosten eher unwahrscheinlich, Renditen zu erzielen, die über denen einer „Buy-and-Hold"-Strategie liegen. Auch bei anderen Anomalien, wie dem Wochenendeffekt (vgl. French, 1980) oder dem Saisoneffekt (vgl. Keim, 1983), konnte gezeigt werden, dass die technischen Handelsregeln nicht in der Lage sind, Überschussrenditen zu erzielen.

Jedoch gab es auch Verfechter von der Effektivität von Handelsregeln, wie z. B. Robert A. Levy, der die Effektivität der „Relative-Strength"-Handelsregel auf 200 Aktien des NYSE für eine Periode von 260 Tagen testete. Die Ergebnisse deuteten darauf hin, dass die Anwendung der untersuchten Handelsregel in der Tat eine „signifikant" bessere Rendite ermöglicht als die „Buy-and-Hold"-Strategie, welche in der Random-Walk Theorie als optimale Anlagestrategie angesehen wird (vgl. Levy, 1967a, b). Dieses Ergebnis wurde von Jensen und Benington (1969) widerlegt, die das Ergebnis von Levy (1967a) auf einen Selection-Bias zurückführten und daraufhin seine Handelsregeln mit einem anderen und umfangreicheren Datensatz replizierten. Ihre Ergebnisse konnten Levys 1967a) Ergebnisse nicht bestätigen und zeigen, dass die Handelsregeln nach einer Risikoadjustierung sogar schlechtere Renditen erzeugen als eine „Buy-and-Hold"-Strategie mit äquivalentem Risiko (Jensen und Benington, 1969, S. 481). Die aufgeführten Untersuchungen zu der Effizienzmarkthypothese der schwachen Form bekräftigen das Urteil von Fama (1970) und bestätigen überwiegend die Markteffizienz im Sinne der schwachen Form. So eindeutig die Ergebnisse für die schwache Form der Effizienz sprechen, so eindeutig sprechen sie gegen die im Nachfolgenden betrachtete starke Form der Markteffizienz für den Fall, dass Insider oder Marktmacher am Markt agieren

2.3.2 Untersuchungen zur starken Form der Effizienzmarkthypothese

Die Tests auf die starke Form der Effizienzhypothese befassen sich mit der Hypothese, dass neben den öffentlich verfügbaren Informationen auch die nicht-öffentlichen Informationen in den Preisen reflektiert sind, sodass ein Individuum auch bei einem monopolistischen Zugang

[19] Unter dem Trading-Range Break wird ein Vorgehen verstanden, bei dem ein Kauf- bzw. Verkaufssignal erzeugt wird, wenn der Aktienkurs eine zuvor festgelegte Ober- bzw. Untergrenze durchschritten hat (vgl. Raj und Thurston, 1996, S. 33f.).

zu Informationen keine höheren erwarteten Profite als die anderen Marktteilnehmer erwirtschaften kann (Fama, 1970, S. 410). Neben Market-Makern haben Insider einen monopolistischen Zugang zu Informationen. Zu der Gruppe der Insider gehören „[...] officers, directors, and owners of ten percent or more of the common stock oft he companies listed on the New York and American Stock Exchanges“ (Lorie und Niederhoffer, 1968, S. 1), wobei diese Definition auch für andere Wertpapiermärkte zutreffen sollte.

Sowohl die Empirie als auch die eigene Intuition legen nahe, dass der Markt nicht effizient im Sinne der starken Form ist und in den Preisen somit keine Informationen verarbeitet sind, die nicht öffentlich zugänglich sind. Empirische Tests zu der starken Form der Effizienzhypothese sind nicht in dem Umfang verfügbar wie die Untersuchungen zu der schwachen und mittelstarken Form, was auf die Tatsache zurückzuführen ist, dass es deutlich weniger Daten zu Insiderinformationen gibt. Tests auf die starke Form der Effizienzmarkthypothese zielen meist darauf ab, zu überprüfen, ob sich alle verfügbaren Informationen in den Preisen in dem Sinne widerspiegeln, dass kein Individuum eine höhere erwartete Rendite aufgrund eines monopolistischen Zugangs zu Informationen hat (Fama, 1970, S. 409). In diesem Zusammenhang ist eine Analyse der Handelsstrategien der informierten Agenten notwendig. Falls die Agenten z. B. sehr aggressiv handeln, sollten sich ihre Informationen recht schnell in den Preisen wiederfinden (Chau und Vayanos, 2005, S. 1).

2.3.2.1 Insiderhandel

Kyle (1985) wählte in seinen theoretischen Überlegungen einen anderen Ansatz und betrachtete einen monopolistischen Insider, der bei einem stetigen Handel seine Informationen langsam und konstant über einen bestimmten Handelszeitraum preisgibt. Dadurch wird die Information erst am Ende des Handelszeitraumes und somit nur kurz vor der öffentlichen Ankündigung vollständig in den Preisen reflektiert sein. Zwar weist sein Modell dadurch auf eine Ineffizienz der starken Form hin, da die Insider mit ihren Handelsgeschäften überproportionale Renditen erwirtschaften können, jedoch widerspricht es nicht dem Preisbildungsprozess der mittelstarken Effizienzhypothese, da die Preise zum Zeitpunkt der Veröffentlichungen die Informationen bereits vollständig verarbeitet haben (Kyle, 1985, S. 1333).

Im Gegensatz zu Kyle (1985), der davon ausgeht, dass der Insider nur eine Information zu Beginn des Handelszeitraumes erhält, betrachten Chau und Vayanos (2005) in ihren Überlegungen einen Insider, der in jeder Periode mit neuen Informationen versorgt wird. In diesem Szenario spiegeln sich die Insiderinformationen sehr schnell in den Preisen wieder, da die Zeitspanne zwischen den Transaktionen gegen Null konvergiert (Chau und Vayanos, 2005, S. 1). Dadurch nähert sich der Markt zwar in Richtung eines effizienten Verhaltens im Sinne der Informationsverarbeitung, die Profite der Insider konvergieren dabei jedoch nicht gegen Null. Wie hoch die Profite dabei sind und ob der Handel für die Insider auch bei auftretenden Transaktionskosten noch profitabel bleibt, wird an dieser Stelle von Chau und Vayanos (2005) jedoch nicht erläutert.

Bei den vorhandenen empirischen Untersuchungen zeigt sich, dass Investoren, die Insiderzugriff auf Informationen haben, abnorme Profite erwirtschaften können.

So haben Lorie und Niederhoffer (1968) darauf hingewiesen, dass ein Wertpapier, welches intensiv von Insidern akkumuliert wird, erwartungsgemäß während der sechs Folgemonate besser abschneidet als der Marktdurchschnitt. Zudem neigen Insider dazu, Wertpapiere häufiger als gewöhnlich vor großen Preiserhöhungen zu kaufen und vor Preissenkungen zu verkaufen (Lorie und Niederhoffer, 1968, S. 52).

Collins (1975) hat für den Zeitraum von 1967 – 1969 die Renditen von Unternehmen, die ihre Gewinne veröffentlichten, mit den Renditen von jenen Unternehmen verglichen, die ihre Gewinne nicht veröffentlichten und als Ergebnis einen Hinweis auf Ineffizienz hinsichtlich der Renditen der nicht-öffentlichen Unternehmen gefunden. Jedoch konnte das Ergebnis bereits für das Jahr 1970 nicht mehr repliziert werden.

Andererseits kann Insiderhandel auch einen positiven Effekt auf dem Markt haben. Die Ergebnisse der Untersuchung von Meulbroek (1992) deuten z. B. darauf hin, dass ein Insiderhandel die Genauigkeit der Aktienpreise durch signifikante Kursbewegungen erhöhen kann (vgl. Meulbroek, 1992, S. 1696). Ihre Ergebnisse liefern jedoch auch einen Hinweis dafür, dass Preissteigerungen vor einer Übernahmeankündigung einen verbreiteten Insiderhandel reflektieren.

Neben den Marktmachern gibt es aber auch Insider, die zumindest auf den ersten Blick zu keinem bestimmten Unternehmen gehören.

So liefert eine Studie von Boller (1995) Hinweise über den augenscheinlichen Zugang der Repräsentanten zu nicht-öffentlichen Informationen. Mit der Hilfe seiner Studenten konnte er 83 Mitglieder des US Kongresses identifizieren, die regelmäßig Aktien von Firmen kauften, die sie während ihrer Legislaturperiode regulierten (Boller, 1995). Diese Studie wurde von Ziobrowski et al. (2004) aufgegriffen und auf den U.S. Senat übertragen. Sie konnten zeigen, dass ein Portfolio, welches die Aktienkäufe von U.S. Senatoren repliziert, den Markt im Durchschnitt um 85 Basispunkte pro Monat schlägt (Ziobrowski et al., 2004, S. 661). Später untersuchten Ziobrowski et al. (2011) die abnormen Renditen der Investitionen von Mitgliedern des amerikanischen Repräsentantenhauses und stellten auch dort fest, dass die von den Repräsentanten gekauften Wertpapiere signifikant positive abnorme Renditen lieferten. Ein Portfolio, welches die Käufe der Repräsentanten imitieren würde, hätte eine 6 % höhere jährliche Rendite als der Marktdurchschnitt (Ziobrowski et al., 2011, S. 19).

Weitere Untersuchungen, wie die von Finnerty (1976), Givoly und Palmon (1985) oder Seyhun (1986), liefern ebenfalls starke Hinweise darauf, dass Insiderhandel zu abnormen Renditen führen kann und der Markt damit ineffizient im Sinne der starken Form sein könnte.

2.3.2.2 Professionelle Investoren und Portfolio-Manager

Neben dem Insiderhandel wird bei den Untersuchungen zur starken Form der Markteffizienz auch die Leistung von professionellen Investoren und Portfolio-Managern untersucht, die von sich behaupten, den Markt durch eine überlegene Auswertung der ihnen zugänglichen bzw. von ihnen beschafften Informationen zu schlagen. Jedoch konnte bereits 1933 Cowles in seiner Studie nachweisen, dass professionelle Investoren keine besseren Renditen erzielen konnten als der Marktdurchschnitt (vgl. Cowles, 1933).

Auch Malkiel (2005) konnte nicht eindeutig nachweisen, dass professionelle Investment-Manager in der Lage sind, einen Benchmark-Index zu übertrumpfen und kam daher zu dem Schluss, dass Marktpreise im Großen und Ganzen bereits alle verfügbaren Informationen reflektieren. Er argumentiert, dass überdurchschnittliche Renditen in effizienten Märkten nicht ohne überdurchschnittliche Risiken erzielbar seien und der Wertpapiermarkt abgesehen von dem langfristigen Aufwärtstrend unvorhersehbar sei, sofern sich neue Informationen zufällig entwickeln (Malkiel, 2005, S. 1). In seinem Aufsatz untersuchte er die Renditen von aktiv verwalteten Investmentfonds. Dabei verglich er die Performanz der großen Investmentfonds mit dem S&P 500 Aktienindex, wobei die Haltedauer für die Aktien zwischen einem und zwanzig Jahren lag und jeweils am 31.12.2003 endete. Es zeigte sich, dass bei einer Haltedauer von einem Jahr gut drei Viertel der Investmentfonds vom S&P500 Index geschlagen wurden. Bei der langfristigen Betrachtung von 20 Jahren schnitten sogar 90 % der Investmentfonds schlechter ab als der Index. Als Grund für das schlechte Abschneiden der Investment-Manager nennt Malkiel die beim Wertpapierhandel entstehenden Transaktionskosten (Malkiel, 2005, S. 3).

Zwar gibt es immer wieder Investment-Manager, die in einer Periode überdurchschnittliche Renditen erzielen, jedoch ist es nicht möglich im Voraus zu sagen, um wen es sich dabei handeln wird: „There is not sufficient persistence in performance to be able to choose winning managers by an examination of their past record" (Malkiel, 2005, S. 4). Selbiges gilt auch für die Fonds selbst: „Past performance does not predict future returns" (Malkiel, 2005, S. 5). Malkiel kommt zu dem Schluss, dass es sich nicht lohnt, von einem Wertpapier zum nächsten zu wechseln, da dadurch nur die Transaktionskosten in die Höhe getrieben werden und der Performanz schaden, sodass eine Indexierung des eigenen Portfolios daher auch im Falle eines nicht vollkommen effizienten Marktes mit größerer Wahrscheinlichkeit höhere Renditen erzeugen würde als ein aktives Portfoliomanagement (Malkiel, 2005, S. 9). Daher lässt sich zu den Untersuchungen zur starken Form der Markteffizienz zusammenfassend sagen, dass der Insiderhandel auf Basis von nicht-öffentlichen Informationen auf eine Marktineffizienz hindeutet, während der Handel der Portfoliomanager auf Basis von „generierten" oder gekauften Informationen aufgrund der entstehenden Transaktionskosten keine Marktineffizienz im Sinne der starken Form darstellt.

2.3.3 Untersuchungen zur mittelstarken Form der Effizienzmarkt-hypothese

Von den drei genannten Formen der Markteffizienz sind die Ergebnisse zur mittelstarken Form am umfangreichsten und zugleich am widersprüchlichsten. Da die mittelstarke Form die vollständige Reflexion aller öffentlich verfügbaren Informationen in den Preisen impliziert, zielen Tests auf diese Effizienzform hauptsächlich darauf ab, die Anpassungsgeschwindigkeit und -qualität der Preise auf ein informationsgenerierendes Ereignis, wie z. B. Jahresberichte, Aktiensplits, Übernahmen usw. zu untersuchen (vgl. Fama, 1970, S. 383).

Eine der am häufigsten eingesetzten Methoden, um Anomalien bei auftretenden Events zu suchen, sind die Eventstudien (vgl. Binder, 1998, S. 111). Bei Eventstudien werden Stichproben von gleichen Ereignissen gezogen, welche in verschiedenen Unternehmen zu verschiedenen Zeiten stattfanden und untersucht, wie sich das Event im Durchschnitt auf die Wertpapierpreise auswirkt.[20] Die Art und Weise, wie sich das Ereignis auf den Wertpapierpreis auswirkt, hängt davon ab, ob es antizipiert wird und ob der Markt effizient ist. Für den Fall, dass das Ereignis nicht antizipiert wird, sollten sich die Preise bei dem Eintritt des Ereignisses in einem effizienten Markt ohne zeitliche Verzögerung in die entsprechende Richtung anpassen (vgl. Goerke, 2009, S. 2). Ist der Markt nicht effizient, so würde sich der Preis nach dem Ereignis langsamer zum neuen Preis bewegen. Wird das Ereignis von den Marktteilnehmern antizipiert, so würde sich der Preis in einem effizienten Markt schon vor dem Ereignis in Richtung des Preises bewegen, der durch das informationsbildende Ereignis generiert wird, sodass die Preisanpassung zum Zeitpunkt des Ereignisses bereits abgeschlossen sein sollte (vgl. Campbell et al., 1997). Preise tendieren bspw. dazu, vor einer positiven Ankündigung zu steigen und vor einer negativen Ankündigung zu sinken. Dabei spielt es keine Rolle, ob die Preisänderungen das Resultat einer überragenden Prognosefähigkeit der Händler, von Informationslecks oder von seriellen Korrelationen sind, da ein effizienter Markt alle Informationen unabhängig von deren Quelle umgehend verarbeitet (Chance, 1985, S. 403). Wenn keine Markteffizienz vorliegt, muss die Preisanpassung zum Zeitpunkt des Events noch nicht abgeschlossen sein und bietet damit denjenigen, die den Preis aufgrund des Events korrekt antizipierten, die Möglichkeit für außerordentliche Gewinne (vgl. Jegadeesh und Livnat, 2006, S. 22).

Fama et al. (1969) gehörten zu den ersten, die die Methode der Eventstudien für Effizienzuntersuchungen angewendet haben. Dabei haben sie die Preisanpassung auf die impliziten Informationen eines Aktiensplits[21] untersucht. Als Daten wurden 940 Aktienteilungen von Aktien der New Yorker Börse aus dem Zeitraum vom Januar 1927 bis Dezember 1959 betrachtet. Im Speziellen betrachteten sie dabei das Phänomen, dass es einige Monate vor der Aktienaufteilung stets zu ungewöhnlich hohen Renditen kam. Da mit einer Aktienteilung oftmals auch eine Ankündigung einer Dividendenerhöhung einhergeht, behaupten Fama et al. (1969, S. 4), dass die überdurchschnittlichen Renditen die Antizipation des Marktes auf die Aktienteilung reflektieren. Sie kommen aufgrund der untersuchten Daten zu dem Schluss, dass die Preiseffekte der Aktienteilung verschwinden, wenn man den Informationseffekt der Dividendenänderungen mit berücksichtigt.

Eine Antizipation konnten Ball und Brown (1968) auch bei der Ankündigung der jährlichen Gewinnmeldungen von 261 großen Unternehmen für den Zeitraum von 1946 – 1966 festmachen. Ihr Ergebnis weist darauf hin, dass gerade mal zehn bis fünfzehn Prozent der Informationen in den Gewinnmeldungen bis zum Monat der Meldung nicht antizipiert wurden (Ball und Brown, 1968, S. 175).

Givoly und Lakonishok (1979) fanden einen Hinweis für die mittelstarke Form der Effizienz, nachdem sie den Informationsgehalt der Revisionen von bereits verkündeten Finanzprognosen untersuchten. Sie fanden heraus, dass Informationen über solche Ereignisse bedeutsam für Investoren sind und dass der Markt relativ langsam auf diese Informationen reagierte,

---

[20] Die Methodik der Eventstudie wird in Kapitel 2.4 ausführlich erläutert.

[21] Bei einem Aktiensplit werden Aktien eines Unternehmens aufgeteilt, um das Handelsvolumen zu erhöhen und aufgrund des niedrigeren Kurses der geteilten Aktien deren Handel zu erleichtern. Dabei werden Aktien mit einem hohen Nominalwert gemäß eines Multiplikators in viele Aktien mit einem niedrigen Nominalwert aufgeteilt, ohne dass sich der Gesamtwert der Aktien verändert.

wodurch Möglichkeiten von abnormen Renditen für diejenigen Investoren entstanden, die schnell auf die erschienen Informationen reagierten (Givoly und Lakonishok, 1979, S. 165).

Ein weiteres Ergebnis, welches die mittelstarke Form der Effizienzmarkthypothese unterstützt, ist die Untersuchung von Pruitt et al. (1987). In ihrem Aufsatz untersuchten die Autoren die Auswirkungen des Tschernobyl-Reaktor-Unglücks und die damit evolvierende große Menge an Informationen auf die inländischen (USA) Preise von Warenterminkontrakten von Waren, die in großen Mengen in der Region des Reaktors produziert wurden. Dazu haben Pruitt et al. (1987) Preise von mittel- und langfristigen Terminkontrakten von 17 verschiedenen Waren gesammelt und diese anschließend in zwei Gruppen unterteilt. Eine Gruppe bestand aus Waren, die entweder in großen Mengen in der Region um Tschernobyl produziert wurden oder als nahe Substitute jener Waren angesehen waren. Die andere Gruppe war eine Kontrollgruppe mit Waren, die in keinem Zusammenhang mit Tschernobyl standen (wie z. B. Kaffee) und sollte als Proxy für Änderungen im allgemeinen Level der Waren-Preise dienen. Sie zeigten, dass die Nachrichten über den Tschernobyl-Unfall durchaus einen signifikanten Einfluss auf die Preise der ersten Gruppe hatten, während es keine signifikanten Änderungen der Volatilität bei Preisen in der Kontrollgruppe gab, was die Autoren zu dem Schluss kommen ließ, dass die Preise der Terminkontrakte die mittelstarke Form der Effizienzmarkthypothese unterstützen (Pruitt et al., 1987, S. 568).

Doch schon vor Pruitt waren Terminkontrakte Gegenstand zahlreicher Effizienzuntersuchungen, wie z. B. die Preisformationen von Kupfer-Futures (Frey und Labuszewski, 1981), von Öl-Future-Kontrakten (Draper, 1984) oder von Treasury-Bond-Future-Preisen (Chance, 1985). Chance (1985) kommt im Hinblick auf die Treasury Bond Futures zu dem Ergebnis, dass angesichts der Tatsache, dass der Markt die in den Ankündigungen zur Inflationsrate enthaltenen Informationen zu antizipieren scheint und seine Reaktion rund um das Ankündigungsdatum konzentriert, weshalb er als effizient im Sinne der mittelstarken Form erachtet werden kann. Er weist aber darauf hin, dass die „One-Day-Returns“[22] dennoch oberhalb der Transaktionskosten zu liegen scheinen und abnormale Renditen somit beobachtet werden konnten (Chance, 1985, S. 403).

Natürlich hängen die Ergebnisse zu der mittelstarken Form stark von der Art der veröffentlichten Informationen ab. Für eine sinnvolle empirische Untersuchung der Reaktion des Marktes auf neue Informationen muss sichergestellt werden, dass die beobachtete Informationsquelle jene ist, die die Informationen als Erstes veröffentlicht. So haben Frey und Labuszewski (1981) beispielsweise den Einfluss von spezifischen Zeitungsartikeln auf die Preisformation von Rohstoffen untersucht und kamen zu dem Ergebnis, dass eine naive Handelsstrategie, die ausschließlich auf veröffentlichten Zeitungsartikeln beruht, keine signifikanten Renditen generieren kann (Frey und Labuszewski, 1981, S. 91). Mit diesem Ergebnis unterstützen sie die Effizienzmarkthypothese bezogen auf den Rohstoff-Future Markt. Unter Berücksichtigung dieser Ergebnisse kommen Pruitt et al. (1987) zu dem Schluss, dass der Markt für Terminkontrakte grundsätzlich als effizient im Sinne der mittelstarken Form angesehen werden kann.

---

[22] Unter den One-Day-Returns werden die abnormalen Renditen bezeichnet, die am Veröffentlichungstag erwirtschaftet werden können.

Demgegenüber erhalten Deaves und Krinsky (1992) in ihrer 1992 durchgeführten Studie zu der Preiseffizienz von Terminkontrakten von Rohöl auf Basis von Informationsmeldungen der OECD inkonsistente Ergebnisse. Während sie keine Beweise zur Ineffizienz der schwachen Form finden, weisen die Testergebnisse zur mittelstarken Form der Effizienz jedoch auf mögliche Ineffizienzen hin (Deaves und Krinsky, 1992, S. 116). Allerdings merken die Autoren an, dass diese Aussage mit Vorsicht zu genießen sei, da der Zeitpunkt der veröffentlichten Informationen der OECD nicht immer eindeutig war und es darüber hinaus auch keine Belege für die Reliabilität von „Out-of-Sample"-Prognosen gab.

Eine andere häufig untersuchte Anomalie bildeten die „Long-Term-Returns". Long-Term-Returns beschreiben das Phänomen, dass Aktienmärkte nur langsam auf neue Informationen reagieren und es daher zu Unter- und Überreaktionen in den Preisverläufen kommen kann. Eine zeitverzögerte Preisanpassung würde jedoch eine Marktineffizienz bedeuten. Daher hat sich Fama in seinem 1998 erschienenen Aufsatz „Market efficiency, long-term returns, and behavioral finance" ausführlich mit diesem Phänomen auseinandergesetzt. Seiner Meinung nach widerlegen die Studien zu Long-Term-Returns, die der Meinung sind, dass Aktienpreise sich nur langsam an neue Informationen anpassen, die Theorie der effizienten Märkte nicht, da effiziente Märkte auch Ereignisse generieren, die sowohl zu einer Über- als auch eine Unterreaktion der Preise auf neue Informationen führen können. Doch sofern sich diese Anomalien zufällig in Über- und Unterreaktionen aufteilen, sind sie konsistent mit der Theorie der Markteffizienz (Fama, 1998, S. 284). In seinem Aufsatz kommt Fama zum Schluss, dass die bisherige Literatur zu Long-Term-Returns weder eine Über- noch eine Unterreaktion als das dominierende Phänomen identifizieren konnte und die Markteffizienz sich aufgrund der zufälligen Aufteilungen zwischen diesen beiden Phänomenen weiterhin gut behaupten kann. Des Weiteren begründet Fama die Existenz von Long-Term-Returns als Folge der Anwendung ungeeigneter Untersuchungsmethoden, sodass diese Anomalien für gewöhnlich nach einer vernünftigen Anpassung der Techniken verschwinden (Fama, 1998, S. 293). Zudem kann die Theorie der Markteffizienz nach Fama (1998) nur durch eine besser spezifizierte Theorie der Preisbildung ersetzt werden, die in der Lage ist, den für die Über- und Unterreaktionen verantwortlichen Informationsbias konkret zu spezifizieren.

Ein gewichtiges Argument gegen die Effizienzmarkthypothese wurde von Grossman und Stiglitz (1980)[23] vorgetragen. Sie gingen der Frage nach, ob es sich in einem effizienten Markt[24] für Agenten lohnen würde, neue Informationen zu verschaffen. Da die Agenten für die (kostenpflichtige) Informationsakquise Ressourcen aufwenden müssen, würden sie in einem Markt, in dem die Preise alle Informationen perfekt reflektieren, keine Kompensationen für ihren Aufwand erhalten (Grossman und Stiglitz, 1980, S. 405). Somit hätten sie aber auch aus rationaler Sicht keinen Anreiz mehr, sich die Informationen zu verschaffen, auf denen die Preise basieren. Diese Argumentation wurde später als das „Grossman-Stiglitz Paradoxon" bekannt (vgl. Gertmenian und Chuvakhin, 2002).

Dass Preise auf einem Wertpapiermarkt tatsächlich den wahren Wert der Aktien widerspiegeln, stellen Modigliani und Cohn (1979) infrage und zeigen in ihrer Studie am Beispiel

[23] Joseph Stiglitz erhielt 2001 den Wirtschaftsnobelpreis für seine Marktanalysen im Hinblick auf asymmetrische Informationen.

[24] Effizient im Sinne der mittelstarken Form.

des S&P500 Index, dass der Wertpapiermarkt aufgrund der Illusion einer Inflation von den Investoren systematisch unterbewertet wird. Summers (1986) greift diese Aussage auf und argumentiert, dass Marktbewertungen sich substanziell von rationalen Bewertungen unterscheiden. Deswegen würden die verfügbaren Beweise nicht dafür sprechen, dass Finanzmärkte effizient sind (Summers, 1986, S. 600).

Auch wenn die aufgeführten empirischen Ergebnisse nur einen kleinen Ausschnitt der zur Thematik der Effizienzmarkthypothese vorhandenen Literatur darstellen, wird ersichtlich, dass die empirischen Untersuchungen bezüglich der Effizienzmarkthypothese bislang sowohl für als auch gegen die Effizienzmarkthypothese sprechen.[25] Während ein allgemeiner Konsens darüber besteht, dass die Märkte effizient im Sinne der schwachen Form sind, deuten die meisten Untersuchungen darauf hin, dass die Märkte ineffizient im Sinne der starken Form sind, sofern Insider am Markt agieren. Bei den Untersuchungen zur mittelstarken Form sind die Ergebnisse durchwachsen, und es finden sich zahlreiche Studien für und gegen die mittelstarke Form.[26] Dies macht die mittelstarke Form der Effizienzmarkthypothese auch heutzutage noch zu einem attraktiven Forschungsgegenstand in der Wirtschaftswissenschaft. Die Ursache für die bisherigen ambivalenten Ergebnisse könnte – neben einer selektiven Betrachtung von zu kleinen oder speziellen Datensätzen – auch an den vielfältigen Variationsmöglichkeiten bei der Konzeption der für die Untersuchung der mittelstarken Form der EMH zugrunde liegenden Eventstudie liegen. Bevor daher auf die Dimensionalitätsmaße als potenzielle Erweiterung der Eventstudie zur Identifikation von nichtlinearen Abhängigkeiten eingegangen wird, sollte die Methodik der Eventstudie zuvor näher beleuchtet und hinsichtlich möglicher Besonderheiten bzw. Anforderungen mit Blick auf die Implementierung von Dimensionalitätsmaßen diskutiert werden.

2.4 Eventstudien

Die Methodik der Eventstudien ist eine der am häufigsten eingesetzten analytischen Tools der Finanzwissenschaften zur Untersuchung der mittelstarken Form der Effizienzmarkthypothese. Kothari und Warner (2007, S. 7 1238) finden in den fünf führenden ökonomischen Zeitschriften[27] alleine für den Zeitraum von 1974 – 2000 über 565 Eventstudien. Das Ziel der Untersuchung von Aktienzeitreihen mithilfe von Eventstudien ist die eindeutige Identifikation von Marktreaktionen und möglichen Marktanomalien, die durch ein bestimmtes, präzise definiertes und zeitlich abgegrenztes Event[28] hervorgerufen werden (vgl. Peterson, 1989, S. 36). Eventstudien werden überwiegend zur Überprüfung der mittelstarken Form der Effizienz-

[25] Für eine ausführliche Darstellung der historischen Entwicklung der Effizienzmarkthypothese siehe auch Sewell (2011b).

[26] Zu dem gleichen Ergebnis hinsichtlich der Validität der drei Formen der Markteffizienz ist auch Eichinger et al. (2001) gekommen, der in seiner Dissertationsschrift unter anderem 25 Untersuchungen zur Informationseffizienz für den deutschen Finanzmarkt analysiert. Die von ihm dargestellten drei Formen der Informationseffizienz sind gleichbedeutend mit den drei Formen der Effizienzmarkthypothese, da Eichinger sich bei deren Definition ebenfalls auf Fama (1970) bezieht.

[27] Bei den betrachteten Zeitschriften handelt es sich um das Journal of Business (JB), Journal of Finance (JF), Journal of Financial Economics (JFE), Journal of Financial and Quantitative Analysis (JFQA), und das Review of Financial Studies (RFS).

[28] Ein Event liefert potenzielle Informationen über das Unternehmen bzw. über dessen Wert und wird z. B. durch die Finanzpresse oder die Unternehmen selbst an die Marktteilnehmer weitergegeben.

markthypothese eingesetzt und wurden bereits 1969 von Fama et al. (1969) verwendet, um die Anpassungsgeschwindigkeit des Marktes auf Aktiensplitankündigungen zu untersuchen.[29] Sie argumentieren den Einsatz von Eventstudien damit, dass „[...] because they come closest to allowing a break between market efficiency and equilibrium-pricing issues, event studies give the most direct evidence on efficiency" (Fama, 1991, S. 1577). Klassische Eventstudien bestehen üblicherweise aus sechs Schritten (vgl. Henderson, 1990, S. 284):

I. Auswahl eines geeigneten und informationshaltigen Events.
II. Definition des Zeitraumes, in dem das Event vom Markt registriert wird.
III. Charakterisierung der Unternehmensrenditen bei Abwesenheit des Events.
IV. Messung der abnormalen Renditen (d. h. die Differenz zwischen den beobachteten Renditen und den Renditen bei Abwesenheit des Events).
V. Aggregation der abnormalen Renditen über die Unternehmen und den Event-Zeitraum.
VI. Statistischer Test der aggregierten Renditen zur Bestimmung, ob und für welchen Zeitraum die abnormalen Renditen signifikant sind.

Auch wenn diese Schritte zunächst trivial erscheinen, kann die praktische Durchführung mit Problemen behaftet sein. Wie bei der Anwendung der komplexitätswissenschaftlichen Methoden gibt es bei auch bei den Eventstudien nicht „die" korrekte Lösung bzw. ein fest vorgeschriebenes Vorgehen bei der Durchführung der einzelnen Schritte. So ist es z. B. nicht möglich, die vollständig eventfreie Renditen zu messen, da es keinen eventfreien Aktienkurs eines Unternehmens gibt. Daher müssen die eventfreien Renditen geschätzt werden, wobei die Wahl des Schätzverfahrens nicht fest definiert ist und je nach Datengrundlage und Forschungsfrage unterschiedliche Modelle herangezogen werden können. Es kann jedoch nicht mit Bestimmtheit geklärt werden, ob die gewählte Methode tatsächlich die richtige ist. Henderson (1990, S. 286) fasst die Problematik wie folgt zusammen:

> *„The problems in event studies cannot be solved as such. They can only be dealt with."*

Sofern die verwendeten Hypothesen und Datensätze denen vergangener Eventstudien ähneln, bietet sich eine Orientierung am Best Practice Vorgehen an, wobei das eigene Vorgehen an die vorhandenen Daten angepasst werden sollte.

In den folgenden Kapiteln sollen die einzelnen Schritte einer Eventstudie sowie die damit verbundenen Schwierigkeiten aufgezeigt werden. Zusätzlich sollen auch die aufkommenden Probleme beim Einsatz einer Eventstudie mit Daten diskutiert werden, die durch komplexitätswissenschaftliche Methoden generiert wurden. Die Auswahl eines Events bzw. Ereignisses geht stets mit der Annahme einher, dass im Rahmen des Events eine abnormale Marktreaktion erfolgt. Bei erfolgreicher Identifizierung kann diese Marktreaktion als Marktanomalie ange-

---

[29] In seiner späteren Arbeit übernimmt Fama (1991, S. 1577) den Begriff „Eventstudien" als die etablierte Bezeichnung für „Tests der mittelstarken Form auf die Anpassung von Preisen auf öffentliche Ankündigungen".

sehen werden, sofern sie nicht mit der aktuell gültigen Theorien[30] vereinbar ist. Daher wird vor der Auswahl eines Events zunächst der Frage nachgegangen, was unter einer Marktanomalie zu verstehen ist und welche Ursachen für die Entstehung von Marktanomalien verantwortlich sein könnten. Darüber hinaus soll geklärt werden, warum Eventstudien benötigt werden, um Marktanomalien identifizieren zu können.

2.4.1 Marktanomalien

In einem Finanzmarkt kann eine Marktanomalie als eine vorhersagbare abnormale Rendite definiert werden.[31] Falls es Marktteilnehmern möglich ist, auf Basis von frei verfügbaren Informationen abnormale Renditen vorherzusagen und zu erzielen, können auf diese Weise reine Profite erwirtschaftet werden. Im Kontext der Effizienzmarkthypothese ist dies abnormal, da keine Renditen auf Basis freier Informationen erzielt werden können (vgl. Ball und Brown, 1968, S. 321). Eine bekannte Marktanomalie, die bereits seit 40 Jahren auf Aktienmärkten untersucht wird und zu den signifikantesten Anomalien in der Finanzmarktforschung gehört, ist z. B. der „Post-Earnings-Announcement-Drift" (PEAD) (Ball, 1992, S. 319; Alzahrani und Gregoriou, 2010, S. 2). Diese Anomalie beschreibt das Phänomen, dass der Aktienpreis eines Unternehmens dazu tendiert, sich nach der Ergebnisbekanntgabe[32] in die gleiche Richtung zu bewegen wie die unmittelbare Reaktion des Marktes auf das Ergebnis der Ergebnisbekanntgabe[33]. So finden sich empirische Hinweise, dass die vollständige Kursanpassung auf unerwartete Ergebnisbekanntgaben relativ langsam verläuft und sich über mehrere Wochen hinziehen kann (Rendleman Jr. et al., 1982, S. 271). Dass Quartalsberichtveröffentlichungen eine Ursache für anschließende abnormale Renditen darstellen können, konnte bereits 1978 durch Watts (1978) und Ball (1978) nachgewiesen werden.[34] Dieses Verhalten ist nicht normal, da die Verarbeitung der Informationen gemäß der EMH unmittelbar nach deren Veröffentlichung starten und innerhalb kürzester Zeit abgeschlossen sein muss, sofern die Informationen öffentlich zugänglich sind. Die Existenz der PEAD-Anomalie zeigt jedoch, dass dies nicht der Fall ist und sich die Preisanpassung über einen längeren Zeitraum erstrecken kann. Für den speziellen Fall einer zeitverzögerten Preisanpassung nach einer Ergebnisbekanntgabe nennen Balsam et al. (2002, S. 1009) als möglichen Grund die variierende Expertise der beteiligten Investoren. Ihre Untersuchungen deuten darauf hin, dass die Preisreaktion erfahrener Investoren früher stattfindet die Reaktion von weniger erfahrenen Investoren. Während unerfahrene Investoren zu systematischen Fehlern bei der Informationsverarbeitung tendieren (z. B. bei der

[30] Im Rahmen dieser Arbeit wird die Effizienzmarkthypothese zugrunde gelegt. Sämtliche Kursbewegungen, die der EMH widersprechen, stellen somit eine Marktanomalie dar.

[31] Allgemein betrachtet kann eine Anomalie als systematische Beobachtung angesehen werden, die zwar wissenschaftlich präzise gemessen werden kann, aber inkonsistent mit der allgemein vorherrschenden Theorie ist (vgl. Kuhn, 1970, S. 52 ff.) und für dessen Erklärung implausible Annahmen getroffen werden müssten (vgl. Thaler, 1988, S. 191).

[32] Die Ergebnisbekanntgabe findet in Form der Veröffentlichung eines Quartals- oder Jahresberichtes statt und wird im Rahmen dieser Arbeit als Synonym hierfür verwendet.

[33] Die (Ergebnis-) Überraschung (engl. Earnings Surprise) ist die Differenz zwischen den veröffentlichten Unternehmensgewinnen und den Gewinnerwartungen, die im Vorfeld von Analysten veröffentlicht werden.

[34] Der Drift der Renditen lässt sich aber auch in den Perioden vor der Ergebnisbekanntgabe beobachten (Easton et al., 2010). Rendleman Jr. et al. (1982, S. 283) finden in ihrer Untersuchung für den Zeitraum t(-20) bis t(-1) signifikante Überschussrenditen bei unerwartet negativen Quartalsberichten.

Bewertung von pro forma Ergebnisbekanntgaben[35] (Bhattacharya et al., 2007, S. 582)), können erfahrene Investoren sowohl die Informationen der Ergebnisbekanntgabe schneller verarbeiten (Callen et al., 2005, S. 382) als auch die bereits im Vorfeld veröffentlichten Gewinnprognosen besser einschätzen (Bonner et al., 2003, S. 703). Darüber hinaus tendieren unerfahrene Investoren zu einer Überreaktion auf veröffentlichte Informationen über die zugrunde liegenden Aktien (Mahani und Poteshman, 2008, S. 652), was zu einer weiteren Verzerrung und einer längeren Anpassung des Kurses führen kann. Erklärungsansätze für das Zustandekommen einer bestimmten Marktanomalie werden üblicherweise erst nach der Identifikation von systematischen Abweichungen in den Daten gesucht. Ist ein Erklärungsansatz für die Anomalie gefunden, kann dieser wiederum zur Validierung auf andere Datensätze oder ähnliche Ereignisse übertragen und überprüft werden.

Aber auch wenn sich ein Erklärungsansatz grundsätzlich auch auf andere Ereignisse übertragen lässt, so ist die Identifikation eines abnormalen Verhaltens nicht so einfach möglich. Eine Marktanomalie, z. B. in Form einer irregulären Kursanpassung bei einer Ergebnisbekanntgabe, lässt sich nur in den seltensten Fällen durch eine visuelle Betrachtung oder durch eine statistische Analyse eines einzelnen Events identifizieren, da die Ergebnisbekanntgabe nicht das einzige Event ist, das den Kurs in diesem Zeitraum beeinflusst. Tagtäglich fließen unzählige Informationen in den Aktienmarkt, die zu einer Reaktion der Marktteilnehmer führen und deren Kaufs- und Verkaufsentscheidungen hinsichtlich der untersuchten Aktie beeinflussen. Dabei wird der Kurs einer Aktie nicht allein von unternehmensspezifischen Informationen, wie z. B. die Ergebnisbekanntgabe beeinflusst, sondern auch von marktübergreifenden Informationen, die auf den ersten Blick in keinen direkten Zusammenhang mit dem betrachteten Unternehmen gebracht werden können, aber durch die Beeinflussung von anderen Unternehmen (z. B. Zulieferer oder Konkurrenten) indirekt auf den Aktienpreis des betrachteten Unternehmens einwirken. Da auch diese Unternehmen über zahlreiche Umwege und Verbindungen von vermeintlich irrelevanten Informationen beeinflusst werden können, ist die Identifikation aller Einflussfaktoren/Informationen auf den Kurs eines Unternehmens praktisch nicht möglich. Eine beobachtete Kursänderung ist daher die Summe aller positiv- und negativ-wirkenden Informationen, deren individuelle Einflussstärken und Wirkungsdauern[36] nicht bekannt sind. Ein signifikanter Kursanstieg über mehrere Zeitperioden kann sowohl auf einem

[35] Bei den pro forma Ergebnisbekanntgaben handelt es sich um nicht standardisierte, alternative Profitabilitätsmaße, die von den Unternehmensmanagern in der gleichen Pressemitteilung veröffentlicht werden wie die vorgeschriebenen Berichte gemäß den GAAP-Standards (Bhattacharya et al., 2007, S. 582). Sie werden auch als „adjustierte GAAP-Kennzahlen" bezeichnet und werden mitunter sehr kontrovers diskutiert, da sie den Investoren einerseits präzisere Informationen bezüglich des Kerngewinns liefern sollen, andererseits im Ruf stehen, unvollständig, ungenau und irreführend zu sein. Für eine weitergehende Diskussion siehe Bhattacharya et al. (2004).

[36] Gemäß der EMH sollte eine Information unmittelbar in den Kurs eingepreist werden. Dies erfordert aber nicht nur einen Markt mit rational agierenden Marktteilnehmern, sondern auch Informationen, die jeder Marktteilnehmer sofort auf das Unternehmen und die Auswirkungen auf dessen Aktienkurs übertragen kann. Es können aber auch Informationen veröffentlicht werden, deren Auswirkungen so umfassend sind und soviele Marktreaktionen hervorrufen, dass die Konsequenzen für das einzelne Unternehmen nicht sofort von allen Marktteilnehmern eingeschätzt werden können. Auch ist es möglich, dass eine Information eine Kursrally entfacht, die sich über einen längeren Zeitraum zieht. Informationen können somit unterschiedlich lange auf den Kurs einwirken. Eine verzögerte Wirkungsdauer steht nicht im Widerspruch zur EMH, solange die Art und Auswirkung der Information unbekannt ist und die Marktteilnehmer diese nicht antizipieren können.

bedeutsamen und lange nachwirkenden Ereignis basieren, welches alle anderen Ereignisse dominiert (z. B. der lang anhaltende Kursanstieg von Apple nach der Veröffentlichung des iPhones) als auch das Resultat multipler, voneinander unabhängiger und positiv wirkender Ereignisse sein. Umgekehrt kann ein bedeutendes und lange nachwirkendes Ereignis durch andere gegenläufige Ereignisse dermaßen überlagert werden, dass dessen Auswirkungen auf den Kurs überhaupt nicht erkennbar sind. Da die eintreffenden Informationen nicht prognostizierbar sind und ihr Erscheinen zufällig ist, entspricht der Kurs im Falle der Gültigkeit der EMH bei allen genannten Möglichkeiten einem Random-Walk (vgl. Abbildung 1), bei dem eine eindeutige Kursreaktion aufgrund eines Ereignisses nur durch Betrachtung eines einzigen Ereignisses nicht möglich ist bzw. nicht als charakteristisch betrachtet werden kann. Es wird daher ein Filter benötigt, der das zu untersuchende Event aus der Zeitreihe extrahiert, oder alle anderen Events aus der Zeitreihe eliminiert. Die Eventstudie stellt solch einen Filter dar. Um die unerwünschten Störsignale und /-ereignisse erfolgreich herauszufiltern, bedarf es eines geeigneten Events, welches hinreichend häufig beobachtbar ist und welches durch seine Eigenschaften zu abnormalen Reaktionen der Marktteilnehmer führt. Eine systematische abnormale Reaktion impliziert dabei eine gewisse Ordnung, deren Messung insbesondere im Rahmen der komplexitätswissenschaftlichen Untersuchung von Interesse ist. In der klassischen Eventstudie wird die eventinduzierte Reaktion der Aktienkurse durch die abnormalen Renditen (AR) gemessen. Die Messung der abnormalen Renditen sowie der kumulierten abnormalen Renditen (CAR) soll im folgenden Kapitel erläutert werden.

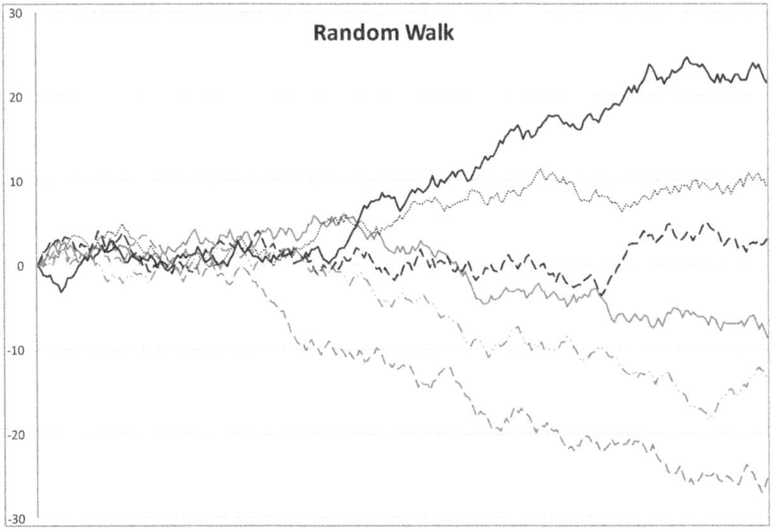

Abbildung 1: Realisationen eines Random-Walks

Die Abbildung zeigt sechs Realisationen eines Random-Walks mit jeweils 250 Iterationen und einer Schrittlänge von [-1: 1] je Iteration. Es zeigt sich, dass ein Random-Walk nicht nur eine reine Schwankung um den Ursprungswert erzeugen muss, sondern auch einem langfristigen An- und Abstieg folgen kann.

2.4.2 Messung abnormaler Renditen

Typischerweise wird in einer Eventstudie der Zeitraum um das Event herum in drei Abschnitte unterteilt (vgl. MacKinlay, 1997, S. 19). Die Eventstudie beginnt mit einem Vergleichs- bzw. Prognosefenster, welches als Grundlage für die Konstruktion des Referenzwertes dient. Anschließend folgt das Eventfenster, in dem das Event stattfindet. Daran angelagert ist ein Post-Eventfenster, das für weitere Untersuchungen der Marktreaktionen herangezogen werden kann (vgl. Abbildung 2).[37] Um die Effekte eines unerwarteten Events bei den einzelnen Aktienzeitreihen sichtbar zu machen, bedarf es einer Methodik, die den Aktienkurs bzw. dessen Renditen innerhalb des Eventfensters um den „eventfreien" Wert der Rendite bereinigt, sodass nur noch eventbezogene, „abnormale" Renditen übrig bleiben, die die Reaktion des Marktes auf die neuen Informationen reflektieren (vgl. McWilliams und Siegel, 1997, S. 628). Der eventfreie Wert der Rendite ist die erwartete Rendite, welche eine durch den Markt determinierte, unbekannte Funktion eines Bewertungsmodells für risikobehaftete Wertpapiere (z. B. Capital-Asset-Pricing-Model[38]) und unternehmensspezifischer Attribute ist (Masulis, 1980, S. 154). Zur Schätzung der erwarteten Renditen und den daraus resultierenden abnormalen Renditen existieren unterschiedliche Ansätze. Der einfachste Ansatz ist der von Masulis (1980) entwickelte „Comparison Period Returns" Ansatz (CPR). Dabei wird zunächst ein Erwartungswert $\bar{R}_j$ für die Rendite der Aktie j gebildet, indem die durchschnittliche Rendite für das zurückliegende Vergleichsfenster ermittelt wird:

$$\bar{R}_j = \frac{1}{|T_0 - T_1|} \sum_{t=T_0}^{t=T_1} R_{j,t}.$$

T_0 und T_1 geben den ersten und letzten Tag des Vergleichsfensters relativ zum Eventtag t(0) – an dem die Information offiziell veröffentlicht wird – an. Damit dieser Mittelwert nicht durch das Event verzerrt wird, dürfen sich in dem Vergleichsfenster weder der Eventtag t(0) noch eine mögliche Ankündigungsperiode[39] befinden.

---

[37] Die von MacKinlay (1997) vorgeschlagene Unterteilung der Eventstudie kann je nach Forschungsfrage und Untersuchungsgegenstand variiert werden. Beispielsweise kann zwischen dem Prognosefenster und dem Eventfenster noch ein Pre-Eventfenster positioniert werden, in dem mögliche Antizipationen des Marktes auf das kommende Event untersucht werden können (vgl. Bai und Qin, 2015). Das Eventfenster bildet zusammen mit dem Pre- und Post-Eventfenster den Eventzeitraum, innerhalb dessen nach einem abnormalen Verhalten der Renditen gesucht werden kann.

[38] Für eine Diskussion verschiedener Asset-Pricing-Modelle siehe Krause (2001).

[39] Die Ankündigungsperiode ist eine mögliche Ausprägung des Pre-Eventfensters und existiert bei Eventstudien, bei denen das Event im Vorfeld angekündigt wird und der Zeitraum zwischen Ankündigung und dem Event selbst untersucht werden soll. Im Gegensatz zum Event „Quartalsberichtveröffentlichung", dessen Event-Datum bereits lange im Vorfeld bekannt ist, kommt die Ankündigung eines solchen Events meistens überraschend (z. B. die Ankündigung einer Firmenübernahme), sodass die Ankündigung selbst bereits ein zeitlich abgegrenztes Event darstellt, das sowohl eine unmittelbare Reaktion auslöst als auch den Startschuss zu Spekulationen bezüglich der Auswirkungen des angekündigten Events bildet. Für eine Eventstudie mit einer Ankündigungsperiode siehe z. B. Bradley et al. (1983).

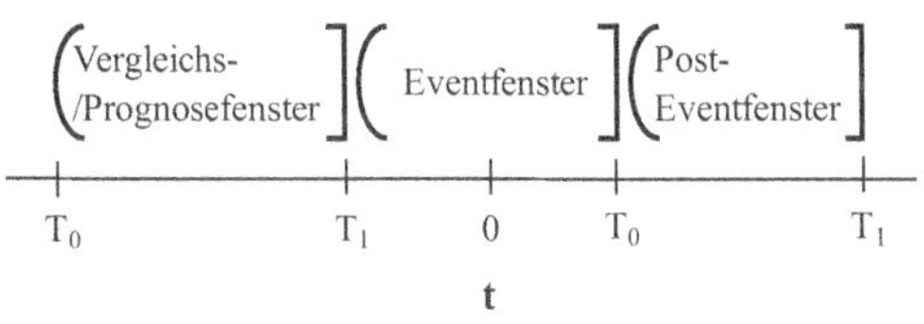

Abbildung 2: Zeitverlauf einer Eventstudie

Idealtypischer Verlauf einer Eventstudie (MacKinlay, 1997, S. 19).

Anschließend wird dieser Mittelwert von der Rendite $R_{j,t}$ der Aktie j am Tag t subtrahiert. Die verbleibende Differenz ist abnormale Rendite $AR_{j,t}$ des Unternehmens j am Tag t:

$$AR_{j,t} = R_{j,t} - \bar{R}_j \, .$$

Der Nachteil dieser Methode liegt in der Voraussetzung, dass das Vergleichsfenster stationär sein muss, damit der Schätzer der durchschnittlichen Rendite nicht verzerrt wird (vgl. Masulis, 1980, S. 154). Er kann auch dann verzerrt werden, falls das Vergleichsfenster nicht weit genug von dem Eventfenster entfernt liegt und die Renditen des Vergleichsfensters durch durchgesickerte Informationen oder vorzeitige Spekulationen zum Event beeinflusst wurden.[40] Ein ähnliches Verfahren zur Berechnung der abnormalen Renditen ist der Ansatz der „marktbereinigten Renditen" (Dennis und McConnell, 1986, S. 150). Dabei sind die marktbereinigten Renditen gleichzusetzen mit den abnormalen Renditen, denn sie sind ebenfalls die Differenz zwischen der Rendite $R_{j,t}$ der zu untersuchenden Aktie und einem Referenzwert $R_{m,t}$:

$$AR_{j,t} = R_{j,t} - R_{m,t} .$$

Für den Referenzwert $R_{m,t}$ wird üblicherweise die Rendite eines Indizes von einem Markt herangezogen, in dem sich auch die zu untersuchende Aktie befindet.[41] Auf diese Weise werden bei den marktbereinigten Renditen im Gegensatz zum CPR Ansatz die Einflüsse auf den Kurs, die nicht unternehmensspezifisch sind und z. B. auf marktübergreifende Ereignisse zurückgeführt werden können, herausgefiltert. Dies ist ein großer Vorteil zum CPR Ansatz, da dieser weder marktübergreifende Ereignisse noch Wachstumstrends berücksichtigen kann. Problematisch wird es aber bei Events, die primär unternehmensspezifischer Natur sind, aber aufgrund ihrer Tragweite auch weitere im Index gelisteten Unternehmen der gleichen Branche beeinflussen. Handelt es sich um ein Ereignis, dessen positive Auswirkungen auf das Unter-

40 Vorhergehende Untersuchungen zu Unternehmensfusionen deuten bspw. darauf hin, dass Aktienrenditen von beteiligten Firmen durch im Vorfeld durchgesickerte Informationen bereits 60 Tage vor der Fusionsankündigung beeinflusst werden können (Dennis und McConnell, 1986, S. 149).

41 Zwar muss die Aktie nicht zwingend ein Bestandteil des Indizes selbst sein, jedoch muss sie an derselben Börse gehandelt werden.

nehmen auch zu einer positiven Reaktion anderer Unternehmensaktien führt[42], bewegt sich bei hinreichend vielen betroffenen Unternehmen auch der Marktindex in dieselbe Richtung. Daraus kann eine systematische Unterschätzung der abnormalen Rendite resultieren und die Power der auf den abnormalen Renditen basierenden Tests verringern. Der gleiche Effekt kann auch dann auftreten, wenn der Anteil des Unternehmens am Marktindex aufgrund der Unternehmensgröße so hoch ist, dass sich durch eine starke Kursänderung der Unternehmensaktie auch der Marktindex verändert.

Der am häufigsten verwendete Ansatz zur Berechnung der erwarteten Renditen im Rahmen von Eventstudien ist die Verwendung eines „Marktmodells". Dabei wird für jedes Unternehmen ein Marktmodell auf Basis eines passenden Marktindizes für eine vor dem Eventfenster liegenden Periode (Prognosefenster) geschätzt.[43] Es existieren keine festen Vorgaben zur Wahl der Länge sowie der Position des Prognosefensters, sodass diese in Abhängigkeit des untersuchten Events abhängt. Je näher das Fenster an dem Event liegt, desto aktueller sind die geschätzten Regressionsparameter. Jedoch steigt mit der Nähe zum Event auch die Gefahr, dass durch die Antizipation des Events verursachte Kursänderungen in die Regression mit einfließen und die Regressionskoeffizienten negativ beeinflussen. Ein zu großer Abstand zwischen dem Prognose- und Eventfenster birgt wiederum das Risiko, dass die Regressionsparameter auf das Eventfenster nicht mehr anwendbar sind, da sich die Sensitivität der Unternehmensrenditen gegenüber den Marktrenditen in der Zwischenzeit möglicherweise aufgrund anderer Ereignisse geändert hat. Sollte das Prognosefenster zu weit in die Vergangenheit reichen, kann es zudem passieren, dass es ein zurückliegendes Event umfasst, welches ebenfalls ein Teil der gesamten Eventstudie ist, wodurch die Schätzung abermals beeinträchtigt wird. Für die Untersuchung der Marktreaktionen auf die Ankündigung einer Kapitalerhöhung haben Hess und Bhagat (1986, S. 568) bspw. eine 150 Tage umfasse Periode für das Prognosefenster gewählt, die 169 Tage vor dem Event beginnt und 20 Tage vor dem Event endet. Das Prognosefenster von Brown und Warner (1985) ist mit 239 Tagen deutlich länger, endet jedoch erst fünf Tage vor dem Event. MacKinlay (1997, S. 17) erhöhen das Prognosefenster sogar auf einen Zeitraum von 250 Tagen vor Beginn des Eventfensters, welches am Tag t(-271) startet und am Tag t(-20) vor dem Event endet. Durch die Verwendung eines derart langen Prognosefensters wird der Einfluss anderer vorhergehender Ereignisse weiter reduziert. Gleichzeitig wird eine Verzerrung der Regression aufgrund von Saisoneffekten vermieden, indem das Prognosefenster den Quartalsbericht des Vorjahres nicht umfasst.
Die Regressionsgleichung für das Marktmodell lautet:

$$R_{j,t} = \alpha_j + \beta_j R_{m,t} + e_{j,t} \, ,$$

[42] Als Beispiel ließe sich die Autoindustrie anführen. Falls ein Autohersteller einen unerwarteten Großauftrag erhält, wirkt sich diese Nachricht auch positiv auf die Zulieferer aus, deren Aktienkurs daher ebenfalls steigen dürfte.

[43] Das Prognosefenster muss nicht zwingendermaßen vor dem Eventzeitraum liegen, sondern kann auch nach dem Eventzeitraum, innerhalb des Eventzeitraums oder um den Eventzeitraum herum geschätzt werden. Insbesondere bei Ereignissen, durch die eine fundamentale Änderung in der Sensitivität gegenüber den Marktrenditen – und damit einhergehend eine Änderung der Regressionsparameter – erwartet wird, wäre ein vor dem Event liegendes Prognosefenster nicht passend (Henderson, 1990, S. 292).

wobei $R_{j,t}$ die Rendite des Unternehmens j[44] am Eventtag t und $R_{m,t}$ die Rendite eines Marktindizes[45] desselben Tages darstellt. Die Regressionskoeffizienten α_j und β_j sind für jedes Unternehmen spezifisch und über die Zeit konstant. Der Fehlerterm $e_{j,t}$ repräsentiert zufällige Ereignisse, die unternehmensspezifisch auf das Unternehmen j am Tag t einwirken (Hess und Bhagat, 1986, S. 569).[46]

Mithilfe der Regressionskoeffizienten $\hat{\alpha}_j$ und $\hat{\beta}_j$ kann nun die erwartete (eventfreie) Rendite eines Unternehmen j innerhalb des Eventzeitraumes geschätzt werden:

$$\hat{R}_{j,t} = \hat{\alpha}_j + \hat{\beta}_j R_{m,t}$$

Aus der Differenz der tatsächlichen und der erwarteten Rendite des Unternehmens j am Tag t ergibt sich die abnormale Rendite $AR_{j,t}$:

$$AR_{j,t} = R_{j,t} - \hat{R}_{j,t} \; .$$

Aus den verschiedenen Ansätzen zur Berechnung der erwarteten Renditen lässt sich bereits erahnen, dass ein eindeutiges Urteil über die Markteffizienz auf Basis von geschätzten abnormalen Renditen nicht getroffen werden kann. Denn hierzu müsste eine 1: 1 Übereinstimmung zwischen dem Konstrukt „Effizienz" und dessen Proxyvariable der vorhersagbaren geschätzten abnormalen Renditen angenommen werden. Dies würde aber ein absolutes Vertrauen in die verwendete Asset-Pricing-Theorie sowie deren Implementierung in das Forschungsdesign, welches die erwarteten Renditen generiert, erfordern (Ball, 1992, S. 342). Die Auswahl an Modellen zur Berechnung der erwarteten Rendite verdeutlich jedoch den Punkt, dass es weder ein „perfektes" Bewertungsmodell für risikobehaftete Wertpapiere gibt noch die eine optimale Methode zur Bestimmung der abnormalen Renditen. Dementsprechend kann es auch vorkommen, dass die abnormalen Renditen einzelner Eventtage aufgrund anderer Ereignisse und einer ungeeigneten Definition des Erwartungswertes verzerrt sind und die eigentliche Reaktion des Aktienkurses auf das betrachtete Event überlagert wird. Um dieses Risiko zu reduzieren und um die Entwicklung der abnormalen Renditen über das zuvor festgelegte Eventfenster zu messen, werden die abnormalen Renditen kumuliert.
Seien t_A und t_E jeweils der erste und letzte Tag einer festgelegten Periode für das Unternehmen j, so ist die abnormale kumulierte Rendite $CAR_j(t_A,t_E)$ definiert als:

44 Während j bei dieser Formulierung für das Unternehmen steht, dessen Return-Zeitreihe für die Berechnungen verwendet wird, kann j auch allgemein als Index für das betrachtete Einzelevent stehen, für welches die Regressionsgleichung und die darauf folgenden Berechnungen der abnormalen Renditen durchgeführt werden. Dies ist bspw. dann der Fall, wenn in der Return-Zeitreihe eines Unternehmens mehrere Events enthalten sind, die für die Eventstudie verwendet werden und es keine Rolle spielt, aus welchem Unternehmen das Einzelevent entstammt.

45 Das Unternehmen j sollte entweder ein Bestandteil des Indizes sein, oder sich in demselben Markt befinden.

46 Der Erwartungswert und die Varianz von $e_{j,t}$ betragen $E(e_{j,t})=0$ und $\text{var}(e_{j,t})=\sigma^2_{e_{j,t}}$.

$$CAR_j(t_A,t_E)=\sum_{t=t_A}^{t=t_E} AR_{j,t}$$

Die durchschnittliche kumulierte abnormale Rendite über alle N Unternehmen ist gegeben durch:

$$\overline{CAR}(t_A,t_E)=\frac{1}{N}\sum_{j=1}^{N} CAR_j(t_A,t_E)$$

Unter der Nullhypothese von keiner abnormalen Performanz sollte die kumulierte abnormale Rendite erwartungsgemäß null betragen. Ergibt sich für die CAR eines Eventfensters ein Wert, der signifikant von null verschieden ist, stellt dies entsprechend einen Hinweis für das Vorhandensein einer Marktanomalie und der Verletzung der Effizienzmarkthypothese der mittelstarken Form dar. Die CAR ist nicht ausschließlich auf das Eventfenster beschränkt, sondern kann je nach Hypothese einen beliebigen Bereich innerhalb des Eventzeitraumes umfassen.[47] Neben dem Einsatz der CAR für Signifikanztests kann eine visuelle Darstellung der aufeinanderfolgenden CAR, beginnend beim Starttag des Eventzeitraumes, hilfreiche Einblicke bezüglich des Verlaufs der Reaktionen der Marktteilnehmer auf das Event liefern. Dafür muss das Event einerseits bedeutsam genug sein, als dass es überhaupt zu einer messbaren Marktreaktion kommen kann und andererseits eine konsistente Reaktion in den Renditen hervorrufen.

Je nachdem welches Event betrachtet wird, kann es nämlich vorkommen, dass die Marktteilnehmer unterschiedlich auf die Ausprägung des Events reagieren und die abnormalen Renditen unterschiedliche Vorzeichen annehmen können. Sofern das Vorzeichen der abnormalen Renditen unmittelbar mit der Ausprägung des Events zusammenhängt, ist daher eine Kategorisierung bzw. Einordnung des Events notwendig, da sich die abnormalen Renditen andernfalls gegenseitig neutralisieren würden. Ein Event, welches häufig untersucht wird, ist bspw. die Ergebnisveröffentlichung von Unternehmen in Form von Quartals- und Jahresberichten, welche je nach erwartetem und tatsächlichem Ergebnis zu positiven oder negativen Reaktionen der Marktteilnehmer führen kann und daher vor der Durchführung der Eventstudie kategorisiert werden muss. Das folgende Kapitel befasst sich mit der Einordnung des Events am Beispiel der Ergebnisveröffentlichungen.

2.4.3 Einordnung der Events

Die Durchführung einer Eventstudie hat das Ziel, die Reaktion des Marktes auf das gewählte Event zu untersuchen. Damit eine Reaktion des Marktes überhaupt stattfindet, muss das Event neue Informationen liefern, die im Falle des Events der Ergebnisankündigungen zu einer Neubewertung des Unternehmens und damit zu einer möglichen Kursanpassung führt. Je nachdem wie ein Ergebnis ausfällt, können die Reaktionen der Marktteilnehmer entweder positiv oder negativ ausfallen (vgl. Diamond und Verrecchia, 1987; Bai und Qin, 2015). Lie-

[47] Für eine Diskussion über mögliche Fenster für die CAR der klassischen Eventstudie sowie für die Untersuchungen mit der *PD2*-Eventstudie siehe Kapitel 2.4.4.

fert ein Ergebnisbericht unerwartet schlechte Nachrichten, verschlechtern sich die Zukunftsaussichten für das Unternehmen und es kommt zu einer Neubewertung des Unternehmens durch die Investoren mit einer entsprechenden Kursanpassung nach unten. Für einen unerwartet positiven Ergebnisbericht werden der Unternehmenswert und der Aktienkurs umgekehrt nach oben korrigiert. Um systematische Reaktionen der Marktteilnehmer auf dieses Ereignis identifizieren zu können, reicht somit bei der klassischen Eventstudie nur die Berechnung der abnormalen Renditen nicht aus, da sich die abnormalen Renditen der unerwartet positiven Ergebnisberichte und die abnormalen Renditen der unerwartet negativen Ergebnisberichte gegenseitig wegmitteln würden. Daher müssen aus den verwendeten Eventzeitreihen Portfolios gebildet werden, die sich durch die Ausprägung des Events voneinander unterscheiden.
Für die Einordnung des Events stellt sich nun die Frage, in welchem Fall eine Ergebnisveröffentlichung zu einer positiven oder negativen Überraschung führt. In einem Markt mit ausschließlich rationalen Akteuren könnte angenommen werden, dass der Kurs des Unternehmens in Folge eines positiven Quartalsergebnisses steigt, da das Unternehmen nachweislich Gewinne erwirtschaftet hat, was auf ein gutes Management und eine entsprechend positive Entwicklung schließen lässt. Allerdings stellt eine positive Bilanz nicht zwangsläufig eine positive Überraschung dar, da die Hauptmotivation von Investoren in Aktienmärkten darin liegt, Renditen zu erwirtschaften, die über den Renditen von sicheren Anlagewerten, wie Sparbüchern oder Tagesgeldkonten, liegen. Dementsprechend wird von einem börsennotierten Unternehmen auch eine (langfristig) positive Entwicklung erwartet, sodass positive Ergebnisberichte nicht zwangsläufig überraschend sind. Die Reaktionen auf die Ergebnisberichte hängen somit weniger von deren konkreten Inhalten ab, sondern vielmehr von den vorhergehenden Antizipationen und Erwartungen der Marktteilnehmer bezüglich der Unternehmensentwicklung.

So kann auch ein positiver Ergebnisbericht zu kurzfristigen Kursrückgängen führen, falls das antizipierte Ergebnis über dem tatsächlich realisierten Ergebnis liegt und die Erwartungen der Marktteilnehmer dementsprechend nicht erfüllt wurden. Doch gerade die Antizipation der Marktteilnehmer macht eine objektive Bewertung und Kategorisierung des Ergebnisberichtes schwierig, denn die Basis für dessen Bewertung liegt nicht in den veröffentlichten Informationen, sondern in den zuvor getätigten und veröffentlichten Prognosen von Analysten. Diese geben eine Prognose über die Unternehmensentwicklung ab, die von den Anlegern bei der Veröffentlichung des Ergebnisberichtes als Referenzwert genommen wird. Liegen die veröffentlichten Ergebnisse unterhalb der Prognosen der Analysten, so schneidet der Bericht relativ gesehen schlechter ab, was eine Abwertung des Kurses zur Folge hat. Umgekehrt kann das Ergebnis auch bei gemeldeten Verlusten als eine positive Überraschung gewertet werden, sofern die Prognosen der Analysten übertroffen wurden. Die positive Überraschung führt laut der Untersuchung von Bartov et al. (2002) zu einer Neubewertung der Aktien, die in keinem Verhältnis zum tatsächlichen Unternehmenserfolg steht, was von Bartov et al. (2002, S. 175) als eine Belohnung des Unternehmens durch die Marktteilnehmer für die Erfüllung der erwarteten Ergebnisse interpretiert wird. Darüber hinaus konnten bspw. Skinner und Sloan (2002) in ihren Untersuchungen zeigen, dass die Reaktion auf überraschend negative Ergebnisveröffentlichungen bei Wachstumstiteln[48] überproportional stärker ausfällt für überraschend positive Ergebnisveröffentlichungen, obwohl die Wahrscheinlichkeit für beide Ereignisse ungefähr gleich ist. Sie führen die asymmetrische Reaktion der Marktteilnehmer auf überoptimistische Fehlerwartungen zurück (Skinner und Sloan, 2002, S. 289). Die Marktreaktion auf einen Ergebnisbericht hängt somit stark von der Differenz zwischen dem erwarteten und realisierten Unternehmenserfolg und damit auch von den Prognosen der Analysten ab. Dies erschwert eine objektive Kategorisierung der Ergebnisberichte, da die zugrunde liegenden Informationen und Prognosemodelle der Analysten nicht bekannt sind und die Prognosen sich unterhalb der Analysten unterscheiden. Dementsprechend kann bereits die Wahl einer abweichenden Analystenprognose als Grundlage zur Eventkategorisierung dazu führen, dass sich das Ergebnis der Eventstudie von dem Ergebnis einer Eventstudie unterscheidet, die sich vom Design bis auf die verwendete Analystenprognose nicht von der ersten Eventstudie unterscheidet.

Neben einer Kategorisierung der Daten muss für die Bestimmung der Reaktion des Aktienkurses bzw. dessen Dimensionalität auf das Event, zuvor noch der Eventzeitraum und die darin enthaltenen Eventfenster[49] festgelegt werden, innerhalb derer die abnormalen Renditen für die ausgewählten Zeitreihen berechnet werden (vgl. MacKinlay, 1997, S. 14). Daher soll sich das nächste Kapitel mit der Auswahl eines geeigneten Eventfensters für die klassische Eventstudie sowie den Herausforderungen bei der Festlegung des Eventfensters für eine Eventstudie mit Dimensionalitätsmaßen befassen.

2.4.4 Auswahl des Eventfensters

Bei der Durchführung einer Eventstudie muss neben der Definition des Events auch der Zeitraum festgelegt werden, in dem das Event stattgefunden hat, bzw. für den die kumulierten abnormalen Renditen berechnet werden sollen. Die Herausforderung liegt dabei weniger in der Identifikation des Eventzeitpunktes, da dieser bei historischen Aufzeichnungen bekannt ist, sondern bei der Festlegung des Eventfensters, innerhalb dessen der Markt die Informationen antizipieren und vollständig verarbeitet haben sollte.[50] Dabei spielt sowohl die Position als auch die Länge des Eventfensters eine große Rolle. Die Position des Eventfensters hängt stark von dem untersuchten Event ab. Sofern es sich um ein Event mit bekanntem Ereignisdatum handelt, das bereits im Vorfeld eine Reaktion des Marktes auslöst und diese Reaktion bzw. Antizipation untersucht werden soll, muss das Eventfenster dementsprechend bereits vor dem Event starten und entweder am Tag des Events – oder je nach vermuteten Auswirkungen des Events – einige Tage nach dem Event enden (vgl. MacKinlay, 1997, S. 15).

[48] Als Wachstumstitel werden Aktien von Unternehmen bezeichnet, deren Wachstum erwartungsgemäß über dem Marktdurchschnitt liegt. Üblicherweise sind diese Unternehmen auf Wachstum ausgerichtet und verzichten auf eine Dividendenzahlung zugunsten einer Reinvestition der Gewinne in kapitalintensive Projekte.

[49] Wie in Kapitel 2.4.2 dargelegt wurde, kann der Eventzeitraum neben dem Eventfenster, welches den Tag der Ergebnisbekanntgabe umschließt, auch ein Pre- und Post-Eventfenster enthalten. Da die Pre- und Post-Eventfenster für die Effizienzuntersuchungen genauso relevant sein können wie das eigentliche Eventfenster und das Eventfenster mitunter auch das Pre- oder Post-Eventfenster umfassen kann (vgl. Bernard und Thomas, 1989; Su, 2003; Prakash, 2013), wird im Folgenden nur noch von dem Eventfenster gesprochen.

[50] Während sich die Antizipation auf einen Zeitraum vor dem Event bezieht, kann die Verarbeitung der Informationen entweder schon vor dem Event abgeschlossen sein (bei vollständiger Antizipation der Informationen) oder erst nach dem Event erfolgen. Zur Post-Event Verarbeitung zählt neben der normalen Reaktion auf die Informationen auch die Korrektur einer möglichen falschen Antizipation des Events.

Ist das Ereignisdatum des Events im Vorfeld nicht bekannt (z. B. bei Umweltkatastrophen oder dem plötzlichen Ableben einer Person der Unternehmensführung) oder sind die langfristigen Auswirkungen des Events von Interesse, beginnt das Eventfenster kurz vor oder an dem Ereignistag, und endet (weit) nach dem Ereignistag (vgl. Liang, 2003, S. 329). Sofern davon auszugehen ist, dass sich die Reaktionen des Marktes vor dem Event von den Reaktionen nach dem Event unterscheiden, kann der Eventzeitraum für eine bessere Unterscheidung der Reaktionen, wie bereits in Kapitel 2.4.2 erwähnt, auch in Pre-Event-, Event- und Post-Eventfenster unterteilt werden, um die einzelnen Perioden innerhalb des Eventzeitraumes zu untersuchen. Diese Teilfenster können sich entweder überschneiden (z. B. falls die Auswirkung am Eventtag nicht bekannt ist und dieser daher in beiden Teil-Fenstern enthalten sein soll (vgl. Bradley et al., 1983) oder zeitlich voneinander abgegrenzt sein, um die Reaktionen des Marktes vor dem Event mit den Reaktionen des Marktes nach dem Event vergleichen zu können (vgl. Bai und Qin, 2015). Die Unterteilung des Eventzeitraumes in voneinander abgegrenzte Pre-Eventfenster, Eventfenster[51] und Post-Eventfenster ermöglicht eine differenziertere Betrachtung der Marktreaktionen (Bai und Qin, 2015, S. 308ff.). Da der Eventtag weder im Pre-Eventfenster noch im Post-Eventfenster enthalten ist, können mögliche Antizipationen vor dem Event oder durch das Event induzierte Nachwirkungen besser identifiziert werden, falls am Eventtag eine Überreaktion am Markt stattfindet und die abnormalen Rendite extrem hoch oder niedrig ausfallen lässt. Diese Überreaktion wird häufig am Folgetag durch eine gegenläufige Kursentwicklung kompensiert. Beispielsweise tendieren Aktien mit einer Beschränkung bezüglich derer Leerverkäufe[52] zu einer Überreaktion der Kurse auf negative Ergebnisbekanntgaben. Diese Überreaktion wird am Folgetag durch eine Umkehrbewegung des Kurses ausgeglichen, die umso höher ausfällt, je stärker die Überreaktion am Eventtag war (vgl. Bai und Qin, 2015, S. 313). Für eine Eventstudie bedeutet dies, dass im Falle eines den Eventtag beinhaltenden Eventfensters, die gegenläufigen Kursänderungen in einer kumulierten abnormalen Rendite (CAR)[53] resultieren können, die trotz langfristiger Event-Nachwirkungen insignifikant erscheint (vgl. Abbildung 3).

[51] Das Eventfenster kann nur aus dem Tag der Ergebnisbekanntgabe bestehen (t(0)), oder auch den Tag vor bzw. nach der Veröffentlichung einschließen, falls nicht ausgeschlossen werden kann, das die Ergebnisbekanntgabe am Eventtag erst nach Börsenschluss veröffentlicht wurde, oder der Eventtag fälschlicherweise dem Folgetag zugewiesen wurde (vgl. Hess und Bhagat, 1986).

[52] Für eine ausführliche Diskussion über die Effekte von Einschränkungen von Leerverkäufen auf die Informationseffizienz siehe Miller (1977).

[53] Zur Berechnung der kumulierten abnormalen Rendite siehe Kapitel 2.4.2.

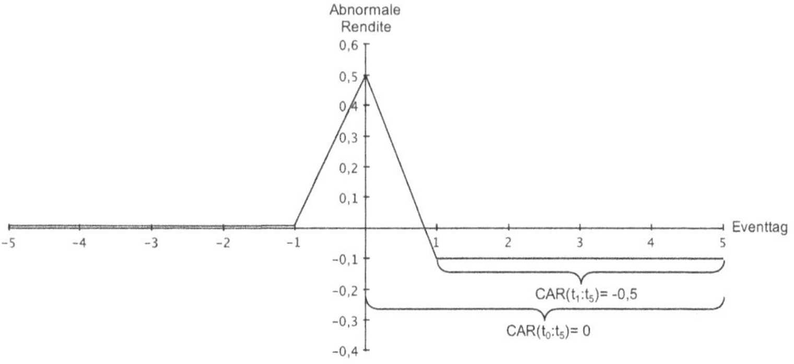

Abbildung 3: Umkehrbewegung der abnormalen Renditen nach dem Eventtag

Wenn ein Event eine Überreaktion hervorruft, kann diese im Folgetag korrigiert werden. Eine Inklusion der abnormalen Rendite der Eventtags zu den kumulierten abnormalen Renditen der Folgetage kann die CAR insignifikant werden lassen. Während die kumulierten abnormalen Renditen inklusive Eventtag sich zu null summieren (CAR0: 5)=0), sind kumulierten abnormalen Renditen exklusive des Eventtags eindeutig negativ ((CAR(1: 5)=-0,5)).

Die Aufteilung des Eventzeitraumes in drei Fenster ermöglicht zudem die gezielte Untersuchung der abnormalen Rendite am Eventtag und gleichzeitig einen Vergleich der beiden CAR der vorhergehenden und nachfolgenden Tage. Da es in der Theorie keine festen Vorgaben bezüglich der Eventfenster gibt, sollten diese aber grundsätzlich so gewählt werden, dass sie der zugrunde liegenden Fragestellung am besten entsprechen. Abbildung 4 veranschaulicht die üblichen Konstellationen der Eventfenster bei Eventstudien. Eventstudien mit einem explorativen Charakter sind nicht zwangsläufig auf ein bis drei Fenster beschränkt, sodass systematische Variationen der Fensterpositionen und Längen nicht unüblich sind (vgl. Patell und Wolfson, 1979; Bradley et al., 1983; Prakash, 2013; Bai und Qin, 2015).

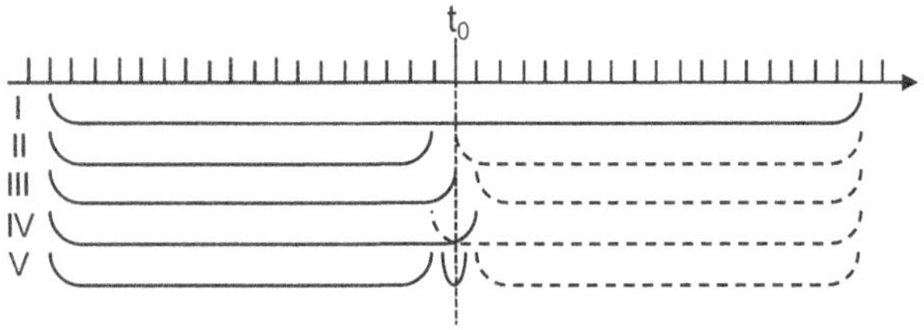

Abbildung 4: Übliche Positionen der Eventfenster

Bei der klassischen Eventstudie hängt die Positionierung der Eventfenster von der Fragestellung sowie dem Zeitpunkt der erwarteten Reaktion ab. Der Eventzeitraum kann durch ein großes Eventfenster, für das die CAR gebildet werden, abgedeckt werden (I) (vgl. Prakash, 2013), oder in zwei und mehr Eventfenster unterteilt werden. Dabei können die Fenster entweder überschneidungsfrei gebildet werden, wobei der Eventtag entweder zum Zeitraum nach dem Event (II) (vgl. Balsam et al., 2002) oder vor dem Event (III) (vgl. Bernard und Thomas, 1989) zugerechnet werden kann. Werden die CAR nicht direkt miteinander verglichen, sondern einzeln betrachtet, kann eine Studie auch sich überlappende Eventfenster (IV) (vgl. Bradley et al., 1983) aufweisen. Der Eventtag kann innerhalb der Pre- und Post-Eventfenster liegen oder als Einzelfenster gesondert betrachtet werden (V) (vgl. Bai und Qin, 2015).

Während die Positionierung des Eventfensters häufig durch theoretische Vorüberlegungen begründet werden kann, stellt die Auswahl einer geeigneten Länge der Eventfenster eine größere Herausforderung dar (McWilliams und Siegel, 1997, S. 636). Es gibt für die Festlegung der Länge keine einheitlichen Vorgaben und es liegt an dem Forschenden – ggf. unter Berücksichtigung vergleichbarer Eventstudien – eine Länge festzulegen, die für die Beantwortung der Forschungsfrage am besten passen könnte und innerhalb dieser sämtliche durch das Event induzierten Effekte erwartet werden können (Peterson, 1989, S. 38). Die Eingrenzung der Eventfensterlänge kann entweder auf Grundlage festgelegter kalendarischer Zeitabschnitte erfolgen und z. B. ganze Wochen oder Monate umfassen (vgl. Bradley et al., 1983; Lewellen et al., 1985) oder in Abhängigkeit von vorhergehenden Ereignissen, die das zu untersuchende Event ankündigen (z. B. Ankündigungen einer Unternehmensübernahme/-fusion), variieren (vgl. Dennis und McConnell, 1986; Balsam et al., 2002). Sofern die Dauer der Marktreaktion auf das Ereignis nicht bekannt ist, können die Fensterlängen auch willkürlich festgelegt werden (Peterson, 1989, S. 48). Viele Autoren begründen die Wahl des Eventfensters überhaupt nicht (vgl. Tabelle 1). So haben Bradley et al. (1983, S. 200) im Rahmen ihrer Eventstudie zahlreiche Eventfenster festgelegt, deren Länge zwischen 22 und 201 Tagen variiert. Die Staffelung der Fenster erfolgt dabei in Tages- Wochen- und Monatsintervallen (ausgedrückt in Handelstagen).

Einige Aspekte sollten bei der Wahl der Eventfenster dennoch beachtet werden. Ist das jeweilige Eventfenster zu kurz gewählt, können unter Umständen nicht die gesamten Auswirkungen des Events erfasst werden, da durch die Antizipation oder Ankündigung des Events in Gang gesetzte Anpassungsprozesse möglicherweise schon vor dem festgelegten (Pre-)Eventfenster starten. In solch einem Fall könnte die Eventstudie die Effektstärke des Events unterschätzen (Balsam et al., 2002, S. 1001). Wird umgekehrt ein zu großes Eventfenster gewählt, besteht das Risiko, dass die Power der Teststatistik so stark absinkt, dass eine signifikante Änderung nicht mehr erkannt werden kann (vgl. Brown und Warner, 1980, 1985).

Auch besteht bei einem zu langen Eventfenster die Gefahr, dass neben dem untersuchten Ereignis noch weitere Ereignisse innerhalb des Eventfensters enthalten sind, die einen signifikanten Einfluss auf die Aktienzeitreihe ausüben können. Dieses als „Confounding-Effekt" bezeichnete Phänomen (Bowman, 1983, S. 564) erschwert die eindeutige Zuordnung einer Information zu der Kursänderung. Meznar et al. (1994) haben im Rahmen einer Eventstudie den Effekt der Ankündigung eines Unternehmensrückzugs aus Südafrika von amerikanischen Firmen untersucht. Um einen Confounding-Effekt zu vermeiden, haben sie sämtliche Unternehmen aus ihrer Untersuchung ausgeschlossen, für die im Zeitraum von einem Tag vor und nach dem Event irgendeine andere Information veröffentlicht wurde. Obwohl das Eventfenster nur drei Tage umfasste, mussten 22 der 62 in Frage kommenden Unternehmen ausgeschlossen werden. Der Confounding-Effekt kann sich besonders bei kleinen Stichproben negativ auf die Untersuchung auswirken, sollte sich bei größeren Stichproben jedoch abschwächen, da die nicht-eventbezogenen Ereignisse herausgemittelt werden sollten.

Neben dem Confounding-Effekt besteht bei zu langen Eventfenstern insbesondere bei Ergebnisveröffentlichungen das Risiko des Event-Day-Clustering (Kolari und Pynnönen, 2010, S. 3996). Amerikanische Unternehmen sind gemäß einer Verordnung der SEC verpflichtet, ihre Quartalsberichte innerhalb von 40-45 Tagen nach Ende des jeweiligen Quartals einzureichen (Katz, 2005, S. 1). Die SEC staffelt die Frist für die Ergebnisveröffentlichungen dabei nach der Höhe des Gesamtkapitals. Während Unternehmen mit einem Gesamtkapital von über 700 Mio. $ ihre Quartalsberichte (Form 10-Q) innerhalb von 40 Tagen nach Quartalsende veröffentlichen müssen, haben Unternehmen mit einem Gesamtkapital von weniger als 75 Mio. $ fünf Tage länger Zeit. Unternehmen, deren Gesamtkapital zwischen beiden Werten liegt, haben ebenfalls eine Frist von 40 Tagen, im Gegensatz zu den größeren Unternehmen haben sie aber 75 Tage für die Veröffentlichung der Jahresberichte, während die großen Unternehmen nur 60 Tage und die kleinen Unternehmen 90 Tage haben (Katz, 2005, S. 4ff.).

Bei zahlreichen Unternehmen deckt sich das Geschäftsjahr mit dem Kalenderjahr, sodass sich auch die Fristen dieser Unternehmen zur Veröffentlichung der Quartalsergebnisse überschneiden und es zu einer Häufung der Ergebnisveröffentlichungen innerhalb eines kurzen Zeitfensters kommt. Wenn sich die Veröffentlichungen verschiedener Unternehmen um einen Zeitpunkt „clustern", steigt auch die Wahrscheinlichkeit, dass an einem Kalendertag mehr als ein Unternehmen einen Quartalsbericht veröffentlicht. Sofern die Unternehmen der gleichen Branche angehören, können Kreuzkorrelationen zwischen Unternehmen das Ergebnis der Eventstudie verzerren und zu übermäßigen Ablehnungen der Nullhypothese sowie zu einer Reduktion der Test-Power führen (Brown und Warner, 1980, S. 233f).

Im Gegensatz zum Confounding-Effekt betrifft das Event-Day-Clustering Untersuchungen der Marktreaktionen unmittelbar am oder um den Eventtag herum. Zwar konnten Brown und Warner (1985, S. 15) zeigen, dass eine Missspezifikation durch Event-Day-Clustering nicht beobachtet werden kann, wenn der Hypothesentest am Tag t(0) durchgeführt wird, jedoch kann es zu signifikanten Ablehnungsraten der Nullhypothese kommen, falls der Eventtag auf einen einzigen Kalendertag für alle Unternehmen fixiert wird. Der Grund für die Abweichung könnte z. B. in der Veröffentlichung von marktübergreifenden Nachrichten liegen, die sich auf die gesamte Branche auswirken. Daher sollten kalendarische Überschneidungen von Ergebnisbekanntgaben innerhalb der Eventstudie möglichst vermieden werden. Aufgrund des limitierten Zeitfensters für eine Ergebnisbekanntgabe kann eine Überschneidung einzelner Unternehmen der Kohorte bei diesem Event nicht ausgeschlossen werden, da ansonsten die Gefahr einer zu geringen Stichprobe besteht. Sofern Events aus verschiedenen Perioden berücksichtigt werden, sollte der Einfluss eines marktübergreifenden Ereignisses auf das Ergebnis der Eventstudie allerdings sinken, da er bei genügend Events aus alternativen Perioden weggefiltert werden sollte.

Tabelle 1 zeigt einen Überblick über die verwendeten Eventfenster zur Berechnung der kumulierten abnormalen Rendite einiger ausgewählter Eventstudien über Ergebnisbekanntgaben. Eine weitere umfangreiche Übersicht zu verwendeten Eventfenstern unterschiedlicher Events aus Managementzeitschriften findet sich bei McWilliams und Siegel (1997, S. 633). Für eine Übersicht über verwendete Eventfenster bei Eventstudien zu Firmenübernahmen und Fusionen siehe Kumar (2016, S. 77 ff.).

Tabelle 1: Eventfenster ausgewählter Studien zur Ergebnisbekanntgabe

Studie	Zeitschrift	Länge der Eventfenster (CAR)	Einzeltages-betrachtung	Begründung für die Fensterwahl
Patell und Wolfson (1979)	Journal of Accounting and Economics	Verschiedene Längen von -20 bis 10	-2 bis 1	nein
Foster et al. (1984)	Accounting Review	Verschiedene Längen von -60 bis 60	nein	nein
Chari et al. (1988)	Journal of Financial Economics	-1 bis 1	-2 bis 0	ja
Bernard und Thomas (1989)	Journal of Accounting Research	Verschiedene Längen von -79 bis 480	nein	nein
Booth et al. (1997)	European Accounting Review	0 bis 10 und 1 bis 10	nein	nein
MacKinlay (1997)	Journal of Economic Literature	-20 bis 20	nein	nein
Balsam et al. (2002)	Journal of Accounting Research	Verschiedene Längen von -1 bis 32	nein	nein
Landsman und Maydew (2002)	Journal of Accounting Research	-1 bis 1	-10 bis 10	nein
Kim und Kim (2003)	Journal of Financial and Quantitative Analysis	0 bis 60	nein	nein
Liang (2003)	Review of Accounting Studies	1 bis 60	nein	nein
Su (2003)	Review of Financial Economics	Verschiedene Längen von -1 bis 300	nein	teilweise
Trueman et al. (2003)	Journal of Accounting and Economics	Verschiedene Längen von -6 bis 5	-25 bis 25	nein
Battalio und Mendenhall (2005)	Journal of Financial Economics	-1 bis 1	nein	nein
DeFond et al. (2007)	Journal of Accounting and Economics	0 bis 1	nein	ja
Gyamfi-Yeboah et al. (2012)	Journal of International Money and Finance	Verschiedene Längen von -60 bis 60	nein	nein
Prakash (2013)	IOSR Journal of Economic & Finance	Verschiedene Längen von -15 bis 15	-19 bis 30	nein
Park et al. (2014)	Journal of Banking & Finance	Verschiedene Längen von -25 bis 10	nein	nein
Bai und Qin (2015)	International Review of Financial Analysis	Verschiedene Längen von -10 bis 40	1	nein
So und Weber (2015)	SSRN	Verschiedene Längen von -10 bis 11	nein	nein
Fernando et al. (2016)	Advances in Accounting	-1 bis 1	nein	nein
Olibe (2016)	The International Journal of Accounting	Verschiedene Längen von -10 bis 11	-10 bis 10	ja
Baker et al. (2017)	International Review of Financial Analysis	Verschiedene Längen von -1 bis 121	nein	nein
Feng et al. (2017)	The North American Journal of Economics and Finance	0 bis 2	-10 bis 10	nein

Die Betrachtung der Eventfenster zeigt, dass die Wahl der Fensterbreite und -position für ein und dasselbe Event sehr stark variiert und eine feste Systematik bei der Auswahl der Fenster nicht erkennbar ist. Es ist ersichtlich, dass Eventfenster, deren Spannweite nicht weiter als 20 Tage bis nach dem Event reicht, einen Monat abdecken sollen, während Fenster mit einer Spannweite von 60 Tagen nach dem Event das zukünftige Quartal betrachten. Eine konkrete Begründung für die Wahl der Fensterlänge bleibt in den meisten Fällen jedoch aus.

Für die geplante Betrachtung der Dimensionalitätsänderungen im Rahmen von Events stellt die fehlende Systematik bei der Fensterwahl eine Herausforderung dar. Aufgrund fehlender Erfahrungswerte für temporäre Dimensionalitätsschwankungen in den täglichen Renditen von Aktienzeitreihen sowie deren Korrelationen zu den klassischen abnormalen Renditen kann eine zu strikte Orientierung an den klassischen Untersuchungen dazu führen, dass mögliche eventinduzierte Änderungen in der Dimensionalität der Renditen außerhalb der üblichen Eventfenster liegen und somit nicht erfasst werden. Dementsprechend sollte das Eventfenster bei der Nichtlinearitätsuntersuchung eines bekannten Events größer als bei den klassischen Referenzstudien gewählt werden, auch wenn dies mit einem erhöhten Risiko einer Kontaminierung der Ergebnisse durch dominante marktweite Faktoren verbunden ist (vgl. Bai und Qin, 2015, S. 305).[54]

Zudem würde es sich für die Eventstudie mit Dimensionalitätskonzepten anbieten, bei der Wahl der Eventfenster einen explorativ-systematischen Ansatz zu wählen, bei dem die Fensterbreite systematisch variiert wird, um den Zeitpunkt und die Dauer der Dimensionalitätsänderungen bestmöglich zu erfassen. Eine systematische Anpassung der Fensterbreiten kann allerdings aufgrund des Problems des multiplen Testens nicht zu feinschrittig vorgenommen werden, da die Signifikanzniveaus beim t-Test mit zunehmender Anzahl an Eventfenstern für ein und dieselbe Hypothese angepasst werden müssen[55] und die Ablehnung der H_0-Hypothese hierdurch immer unwahrscheinlicher würde.

Wie in diesem Kapitel dargelegt, ist die Eventstudie eine beliebte und bislang auch die einzige Möglichkeit zur Untersuchung der mittelstarken Form der Effizienzmarkthypothese und gehört seit nunmehr fast 50 Jahren etablierten Methodenset innerhalb der Finanzwissenschaften. Allerdings weist die Methode der Eventstudien einige Schwächen auf, die die Ergebnisse der bisherigen Untersuchungen zur mittelstarken Form der EMH infrage stellen können. Das folgende Kapitel greift zwei Schwächen bei den bisherigen Untersuchungen zur EMH auf und stellt mögliche Lösungsansätze vor.

---

[54] Grundsätzlich ist es auch bei klassischen Eventstudien üblich, ein Eventfenster zu wählen, das größer ist als die eigentliche spezifische Zeitperiode, in der die Effekte des Events vermutet werden (vgl. MacKinlay, 1997, S. 14). Somit stellt die Erweiterung des Eventfensters bei der komplexitätswissenschaftlichen Untersuchung einen doppelten Sicherheitspuffer dar.

[55] Das Problem des multiplen Testens tritt auf, wenn mehrere miteinander verbundene Hypothesen zeitgleich getestet werden und dadurch die Wahrscheinlichkeit für einen Fehler 1. Art steigt (vgl. Bailey, 1977, S. 469). Diesem Problem kann bspw. durch die (sequenzielle) Bonferroni-Adjustierung begegnet werden (vgl. Holm, 1979, S. 65). In der klassischen Literatur zu Eventstudien wird das Problem des multiplen Testen jedoch nicht explizit berücksichtigt und Signifikanztests für variierende Fensterbreiten ohne jegliche Anpassungen durchgeführt (vgl. z. B. Bernard und Thomas, 1989; Foster et al., 1984; Su, 2003; Prakash, 2013). Dennoch sollte eine inflationäre Wahl verschiedener Eventfenster aus dem oben genannten Grund vermieden werden.

2.5 Kritik an den bisherigen Untersuchungen zur Effizienzmarkthypothese

Anhand der vorgestellten empirischen Belege lässt sich erkennen, dass es bislang keinen klaren Konsens für oder gegen die Effizienzmarkthypothese gibt. Ein Grund dafür könnte darin liegen, dass die Effizienzmarkthypothese in der von Fama (1970) definierten Form nur zu „Alles-oder-Nichts“-Aussagen fähig ist: Entweder ein Markt ist effizient oder er ist es nicht. Ein Effizienzniveau, das sich zwischen einem vollkommen effizienten und einem ineffizienten Zustand befindet, kann aufgrund der verwendeten Methoden zur Identifikation der Ineffizienzen nicht angegeben werden. Die Suche nach Korrelationen in den Daten als Beleg für die Verletzung der EMH erlaubt einzeln betrachtet keine Zwischenformen der Effizienz, da eine Abweichung von der Effizienz vorliegt, sobald Korrelationen in den Daten gefunden wurden. Der Grad der Korrelationen erlaubt jedoch keine Aussage über die Abweichung der Markteffizienz. Erst ein Vergleich der Abweichung von einer Periode mit einer anderen kann Auskunft darüber geben, welche Periode relativ gesehen ineffizienter im Sinne einer höheren Signifikanz bei den statistischen Tests ist.

Ein weiteres Problem stellt die fehlende einheitliche Modellierung der abnormalen Renditen dar.[56] Fast alle klassischen Studien weisen in Bezug auf die schwache Form der Markteffizienz die Gemeinsamkeit auf, dass die verwendeten statistischen Tests, wie z. B. der Test auf Autokorrelation, der Run-Test, der Varianzverhältnistest (F-Test), die Spektralanalyse oder der Unit-Root-Test ausschließlich dafür konzipiert sind, lineare Korrelationen in den Preisänderungen zu identifizieren (Lim und Brooks, 2006, S. 5). Eine fehlende lineare Abhängigkeit in den Renditen muss jedoch nicht zwangsläufig Effizienz implizieren, da es sein kann, dass die Renditen zwar keine linearen Korrelationen aufweisen, in den Daten jedoch nichtlineare Abhängigkeiten enthalten sind, die mit den klassischen Tests nicht identifiziert werden können (vgl. Saadi et al., 2006, S. 301).

Im Folgenden sollen beide oben genannten Aspekte näher erläutert werden. Dazu soll zunächst auf den Aspekt der variierenden Effizienz eingegangen und eine Erweiterung der Effizienzmarkthypothese durch Lo (2004), Lo (2005) vorgestellt werden. Anschließend wird die Problematik der Nichtlinearitäten in ökonomischen Daten und deren Implikationen für Untersuchungen zur Effizienzmarkthypothese diskutiert.

2.5.1 Die zeitliche Entwicklung der Markteffizienz – Adaptive Market Hypothesis

Ein Nachteil, den die überwiegende Mehrheit der klassischen Studien zur schwachen Form der EMH aufweist, ist deren Beschränkung auf eine statistische Überprüfung darüber, ob die Eigenschaft der Markteffizienz für den Markt als Ganzes bzw. für eine vordefinierte Periode, gegeben ist (Griessmair, 2005; Lim und Brooks, 2006). Dadurch wird die Markteffizienz als eine Alles-oder-Nichts-Bedingung definiert, die eine Weiterentwicklung aufgrund sich verändernder Marktfaktoren, wie z. B. institutionellen, regulatorischen oder technologischen Veränderungen, aber auch Änderungen im demografischen Verhalten der Marktteilnehmer, kategorisch ausschließt (Urquhart und Hudson, 2013, S. 130). Es ist ersichtlich, dass eine solch limitierende Restriktion die realwirtschaftlichen Entwicklungen, die regelmäßig von zahlrei-

56 Für eine Diskussion verschiedener Ansätze zur Modellierung der abnormalen Renditen siehe Kapitel 2.4.2.

chen tief greifenden und nicht prognostizierbaren Schocks oder Krisen erschüttert und gebremst werden, nicht hinreichend berücksichtigt. Eine pauschale Aussage über die Gesamteffizienz eines Marktes kann jedoch nur dann getroffen werden, wenn sich sowohl die Bedingungen innerhalb des Marktes als auch dessen Strukturen im Zeitverlauf nicht ändern. Insbesondere bei jungen Märkten kann jedoch nicht davon ausgegangen werden, dass sie von Beginn an effizient sind, da der Preisfindungsmechanismus den im Markt befindlichen Agenten zunächst nicht bekannt ist (Emerson et al., 1997, S. 76). Es ist jedoch durchaus wahrscheinlich, dass wachsende Märkte im Laufe der Zeit durch stetig zunehmenden Wettbewerb effizienter werden und die Geschwindigkeit, mit der neue Informationen verarbeitet werden, durch gesetzliche und institutionelle Reformen immer weiter ansteigt (Cornelius, 1993, S. 827). In solch einem Markt wären Investmentstrategien zunächst erfolgreich, würden aber im Laufe der Zeit immer unrentabler werden. Obwohl die EMH laut Fama (1970) weder eine Änderung in der Effizienz eines Marktes vorsieht noch profitable Handelsregeln zulässt, da Aktienpreise bereits alle verfügbaren Informationen enthalten, konnte genau diese Entwicklung von Brock et al. (1992) für den amerikanischen Dow Jones Industrial Average (DJIA)[57] beobachtet werden. Brock et al. (1992) untersuchten die Profitabilität von „Moving Average (MA)“ und „Trading-Range Break“ – Regeln[58] mithilfe von Daten des DJIA für die Periode von 1897-1986 und kamen zu dem Ergebnis, dass die MA-Regel eine hohe prädiktive Power über die 90 Jahre umspannende Periode besitzt. Diese Ergebnisse wurden nach der Veröffentlichung der Arbeit in aller Ausführlichkeit untersucht und allgemein als relativ robust eingestuft (vgl. Urquhart et al., 2015, S. 127), da sie sich auch auf andere Märkte, wie z. B. England (vgl. Hudson et al., 1996) oder Japan (vgl. Bessembinder und Chan, 1995) übertragen ließen.

Spätere Untersuchungen, die den Zeitraum nach der Veröffentlichung von Brock et al. (1992) untersuchten, konnten jedoch zeigen, dass Profite auf Basis der Handelsregeln von Brock et al. (1992) nicht mehr erzielt werden können (vgl. z. B. LeBaron, 2000; Schulmeister, 2009; Fang et al., 2014; Taylor, 2014). Manche Autoren schreiben diese Abnahme in den Profiten den ursprünglichen Ergebnissen zu, welche entweder von Beginn an falsch waren (z. B. Aufgrund von Data Snooping, vgl. Ready, 2002; Bajgrowicz und Scaillet, 2012), Verzerrungen in den Schlusspreisen aufgrund nichtsynchronen Handels enthielten (vgl. Day und Wang, 2002) oder wegen anderer statistischer Verzerrungen falsch berechnet wurden (vgl. Fang et al., 2014). Andere Autoren hingegen schreiben diesen Rückgang einer Steigerung der Markteffizienz zu (vgl. Sullivan et al., 1999). Ein Rückgang in den prädiktiven Fähigkeiten der Handelsregeln ist nicht inkompatibel mit dem allgemeinen Verständnis von Markteffizienz, aber gewisse Muster bei dem Rückgang könnten eher mit der „Adaptive Market Hypothesis“ (AMH) kompatibel sein.

Die von Lo (2004) entwickelte AMH[59] erlaubt es, dass die Markteffizienz über die Zeit hinweg variiert und die EMH und Marktunvollkommenheiten (z. B. Marktanomalien wie der

---

[57] Der Dow Jones Industrial Average ist in Europa auch als Dow-Jones-Index bekannt.

[58] Bei der „Moving Average“ Handelsregel werden die Signale für Kauf und Verkauf durch zwei gleitende Mittelwerte (eine lange und eine kurze Periode) generiert, während die Signale bei der „Trading-Range Break“ Strategie beim Erreichen von neuen Hoch- und Tiefpunkten des Aktienkurses generiert werden.

[59] Ein ähnlicher Ansatz wurde zuvor schon von Daniel und Titman (1999) vorgestellt. Deren „adaptive efficiency“ beschreibt eine abgeschwächte Form der EMH, die es erlaubt, dass temporäre Gewinnmöglichkeiten aufgrund irrational agierender Marktteilnehmer existieren. Dies geschieht jedoch nur unter der Annahme,

Kalendereffekt) auf einer gedanklich konsistenten Art und Weise koexistieren können. Die Theorie stellt eine modifizierte Version der EMH dar und orientiert sich an evolutionsbiologischen Prinzipien, weshalb sie auch als evolutionäre Alternative zur EMH angesehen wird (Urquhart und Hudson, 2013, S. 130). Die AMH besagt, dass Individuen wie auch unter der EMH aus Selbstinteresse handeln, im Gegensatz zu den Annahmen der EMH jedoch auch Fehler begehen können. Sie lernen aus diesen Fehlern und passen ihr Verhalten ihren neuen Erkenntnissen an. Dieser Anpassungsprozess befeuert den Wettbewerb auf dem Markt und treibt Innovationen voran. Darüber hinaus führt der Anpassungsprozess zu einer Reihe von Implikationen (Urquhart und McGroarty, 2014, S. 154 f.). Zunächst einmal lässt sich hieraus folgern, dass die Risikoprämie abhängig vom Marktumfeld und der Demografie der Investoren über die Zeit hinweg variiert. Des Weiteren können Arbitragemöglichkeiten von Zeit zu Zeit genauso auftreten wie Gewinnmöglichkeiten auf Basis von Market-Timing-Strategien. Zwar verschwinden diese, sobald sie bekannt sind und ausgenutzt werden, jedoch werden kontinuierlich wieder neue Möglichkeiten geschaffen, denn die AMH impliziert, dass der Markt nicht direkt gegen ein höheres Effizienzniveau strebt, da kontinuierlich komplexe Marktdynamiken, wie z. B. Trends, Panikreaktionen, Blasen oder Krisen in der Marktökologie beobachtet werden. Die dritte Implikation lautet, dass Investitionsstrategien je nach vorherrschendem Marktumfeld erfolgreich oder erfolglos sind und die Profitabilität von Investitionsstrategien möglicherweise für einige Zeit sinken kann, dann aber wieder zur Profitabilität zurückkehren kann, sofern die Rahmenbedingungen wieder empfänglicher für solche Strategien werden. Eine Konsequenz der Implikationen, die aus der AMH hervorgehen ist, dass die Markteffizienz keine Alles-oder-Nichts Bedingung darstellt, sondern über den Zeitverlauf und über die Märkte hinweg variiert (Urquhart et al., 2015, S. 128). Durch die kontinuierliche Erschaffung und Ausnutzung von Gewinnmöglichkeiten ist es somit weder garantiert noch besonders wahrscheinlich, dass eine Konvergenz in Richtung Markteffizienz stattfindet.

In den letzten Jahren ist die AMH zunehmend in den Fokus der Forschung gerückt. Lim und Brooks (2006) untersuchen die Entwicklung der Effizienz in vollständig entwickelten und sich noch in der Entwicklung befindlichen Aktienmärkten. Mithilfe der Portmanteau-Bikorrelation Teststatistik von Hinich (1996) und eines gleitenden Stichprobenfensters stellen sie fest, dass der Grad der Markteffizienz auf zyklische Art und Weise variiert. Urquhart und Hudson (2013) untersuchen langfristige historische Daten amerikanischer, britischer und japanischer Märkte mittels linearer und nichtlinearer ökonometrischer Methoden und kommen zu dem Ergebnis, dass die AMH eine bessere Erklärung der Verläufe von Aktienrenditen liefert als die EMH. Ihr Ergebnis legt nahe, dass es sich bei allen drei Märkten um adaptive Märkte handelt, die sowohl effiziente als auch ineffiziente Perioden aufweisen.[60] Zu einem

---

dass sich auf dem Markt auch Investoren befinden, die diese Gewinnmöglichkeiten erkennen und ausnutzen. Wie lange die Gewinnmöglichkeiten am Markt vorhanden sind, hängt dabei von der Anzahl dieser Investoren ab (Daniel und Titman, 1999, S. 37). Da die Theorie der „adaptive efficiency" nicht weiter von Daniel und Titman (1999) erläutert wird und die Autoren selbst die Theorie als „trüb" bezeichnen, wird sie an dieser Stelle nicht weiter berücksichtigt.

60 Urquhart und Hudson (2013, S. 141) schränken ihr Ergebnis dahin gehend ein, dass effiziente und ineffiziente Perioden nur durch Tests auf lineare Abhängigkeiten nachgewiesen werden konnten. Welche Periode als effizient oder als ineffizient eingestuft wurde, hing jedoch vom verwendeten Test ab. Ihre nichtlinearen

ähnlichen Ergebnis kommen auch Zhou und Lee (2013), die mittels eines automatischen Variance-Ratio Tests[61] (vgl. Choi, 1999) und eines automatischen Portmanteau Tests (vgl. Escanciano und Lobato, 2009) für amerikanische Real Estate Investment Trust (REIT) Daten kontinuierliche Schwankungen in der Markteffizienz sowie der Abhängigkeit der Markteffizienz von den Marktbedingungen nachweisen konnten. Im Gegensatz zu Urquhart und Hudson (2013) finden sie jedoch Hinweise darauf, dass der amerikanische REIT-Markt im Laufe der Zeit effizienter geworden ist (Zhou und Lee, 2013, S. 1660). Eine Abhängigkeit der Markteffizienz von den Marktbedingungen und der betrachteten Zeitperiode können auch Jiang et al. (2014) für die Terminkontrakte von WTI Rohöl nachweisen. Während der Markt für Rohöl-Terminkontrakte bei der Betrachtung über den gesamten Beobachtungszeitraum (April 1983 – Oktober 2012) zunächst effizient erschien, konnte eine Unterteilung des Beobachtungszeitraumes in fünf Teilabschnitte zeigen, dass der Golfkrieg einen negativen Einfluss auf die Effizienz des Rohölmarktes hatte. Weitere Autoren wie Cont et al. (2008), Neely et al. (2009), Benink et al. (2010), Popović et al. (2013), Jian Zhou et al. (2014), Ghazani und Araghi (2014), Hull und McGroarty (2014), Soufian et al. (2014) und Verheyden et al. (2015) kommen im Rahmen ihrer Untersuchungen ebenfalls zu dem Ergebnis, dass die AMH eine angemessene Erweiterung der EMH darstellt und eine bessere theoretische Basis für ein neues Finanzparadigma liefert, welches in der Lage ist, die evolutionäre Entwicklung der Finanzmärkte und auftretende Finanzkrisen besser zu beschreiben als Theorien, die auf der ursprünglichen EMH basieren.

Eine Einschränkung der angeführten Untersuchungen liegt darin, dass die AMH bislang nur auf die schwache Form der EMH angewendet wurde. Folglich bestanden die Untersuchungen einer möglichen Änderung der Effizienz im Wesentlichen darin, die Effizienz von voneinander getrennten Zeitabschnitten (vgl. Jiang et al., 2014) oder gleitenden Fenstern (vgl. Smith, 2012) zu bestimmen und miteinander zu vergleichen. Dies ermöglichte zwar die Identifikation wechselnder Effizienzniveaus im Zeitverlauf, doch die Grundproblematik der EMH, dass für eine Zeitreihe überwiegend nur eine Alles-oder-Nichts Aussage getroffen werden kann, trifft bei diesen Methoden in indirekter Form nach wie vor zu, da sich die bestimmten Korrelationen in den Daten als Indikator für Ineffizienz jeweils auf den gesamten betrachteten Zeitabschnitt beziehen. Zwar sind die jeweiligen betrachteten Zeitabschnitte bzw. die gleitenden Zeitfenster kürzer als die gesamte Zeitreihe, dennoch können kurzfristige Schwankungen der Effizienz in den Daten mit diesen Methoden nicht erfasst werden, da die Zeitabschnitte konstruktionsbedingt eine gewisse Länge aufweisen müssen, um relevante Aussagen über die Korrelationen treffen zu können.[62] Punktuelle Schwankungen der Effizienz von Finanzmarkt-

Tests konnten jedoch für alle Märkte und Perioden hochsignifikante nichtlineare Abhängigkeiten nachweisen.

[61] Der Variance-Ratio Test wurde erstmals von Lo und MacKinlay (1988) zur Überprüfung der EMH eingesetzt und hat sich seitdem als das beliebteste ökonometrische Tool zur Überprüfung der Random Walk Hypothese für neue Märkte etabliert (Hoque et al., 2007, S. 488). Im Kern basiert der Test auf der statistischen Eigenschaft, dass die Varianz einer Rendite nach k-Perioden im Falle eines Random Walks der k-fachen Rendite einer Periode entspricht. Für eine Diskussion des Variance-Ratio Tests siehe Charles und Darné (2009).

[62] Die Fensterlängen der gleitenden Fenster im Rahmen der Variance-Ratio-Tests von Smith (2012) enthalten jeweils 500 Beobachtungen (Smith, 2012, S. 696). Die gleiche Fensterlänge wurde zuvor auch von Belaire-Franch und Opong (2005) und Hung (2009) verwendet. Urquhart und McGroarty (2014) verwenden bei ih-

daten z. B. aufgrund unerwarteter Ereignisse, können auf diese Weise ebenso wenig gemessen werden wie eine mögliche Änderung der Markteffizienz im Zeitverlauf im Sinne der mittelstarken Form der EMH.

Ein offener Aspekt der AMH liegt somit in der Übertragung der Hypothese auf kurzfristige Schwankungen der Effizienz, so wie sie im Rahmen der Eventstudien für die mittelstarke Form der EMH untersucht werden. Die Eventstudie ist in der Lage, kurzfristige Effizienzverletzungen um ein bestimmtes Ereignis in Form von abnormalen Renditen zu identifizieren. Abnormale Renditen bieten potenzielle Arbitragemöglichkeiten und deuten auf ein irrationales Verhalten einiger Marktteilnehmer hin. Im Gegensatz zur EMH schließt die AMH solch ein Verhalten nicht aus, sondern geht sogar explizit von der Annahme aus, dass Marktteilnehmer Fehler machen können. Sie folgt dabei den Überlegungen von Simon (1955), dass Individuen aufgrund natürlicher Limitierungen nicht in der Lage sind, ihre Konsumentscheidungen derart effizient zu optimieren, dass sie den neoklassischen ökonomischen Theorien genügen. Stattdessen durchlaufen die Individuen am Markt einen Lernprozess, bei dem sie ihre Entscheidungen mittels einer Trial-and-Error Strategie optimieren und sich auf diese Weise entweder an die Marktbedingungen anpassen, oder aber durch den natürlichen Selektionsprozess aus dem Markt ausscheiden (vgl. Lo, 2004, S. 22).[63] Sofern eine Gruppe von Marktteilnehmern die Implikationen eines Ereignisses falsch einschätzt, kann es zu einer zeitlichen Abweichung des Marktpreises vom Fundamentalwert führen. Die entstandene Arbitragemöglichkeit wird von den erfahreneren Marktteilnehmern ausgenutzt und korrigiert, was wiederum zu einem Lerneffekt jener Marktteilnehmer führen kann, die zu Beginn falsch gehandelt haben. Sofern der Lerneffekt eingetreten ist, werden sie selbst zu erfahrenen Marktteilnehmern, die denselben Fehler nicht wiederholen. Hierdurch entsteht ein Wettbewerb unter den Marktteilnehmern, der den Anpassungsprozess sowie Innovationen weiter vorantreibt und bestehende Arbitragemöglichkeiten minimiert. Da sich die Umweltbedingungen im Laufe der Zeit jedoch dynamisch verändern, die Finanzmärkte von unerwarteten Ereignissen aufgewühlt werden und stetig neue Marktteilnehmer in den Markt eintreten, entstehen immer wieder neue Arbitragemöglichkeiten, die von rationalen Investoren erkannt und gewinnbringend ausgenutzt werden. Es können aber auch alte Arbitragemöglichkeiten, die zuvor vollständig ausgeschöpft wurden, durch veränderte Umweltbedingungen wieder rentabel werden (vgl. Urquhart und McGroarty, 2014, S. 155).[64]

Im Gegensatz zur EMH ist es mit der AMH durchaus vereinbar, dass Marktanomalien auch nach deren Entdeckung noch über einen langen Zeitraum beobachtet werden können, sofern die entsprechenden Rahmenbedingungen[65] vorliegen. Um kurzfristige Effizienzände-

---

rer Untersuchung der zeitlichen Variation des Kalender-Effektes für tägliche Renditen des DJIA ein gleitendes 5-Jahres Fenster.

[63] Gemäß dem darwinistischen „Survival of the fittest"-Prinzip scheiden jene Investoren aus dem Markt aus, die durch ihre Investitionstätigkeiten langfristig keine oder zu wenig Gewinne erwirtschaften.

[64] Grossman und Stiglitz (1980, S. 404) merken an, dass Arbitragemöglichkeiten auf einem Markt existieren müssen, da es ansonsten keine Anreize für die Informationsbeschaffung gäbe und der Preisfindungsaspekt eines Marktes kollabieren würde.

[65] Als Beispiel können hier die Cum/Ex-Geschäfte in Deutschland aufgeführt werden, bei denen durch einen zeitlich geschickten (Leer-)Verkauf und Rückkauf einer Aktie kurz vor und nach der Dividendenausschüttung eine mehrfache Erstattung der Kapitalertragssteuer möglich ist, obwohl diese nur einmal abgeführt wurde. Obwohl diese Methode den Behörden schon seit 1992 bekannt war (vgl. Anne Seith, 2016, S. 70),

rungen aufgrund eventinduzierter Marktanomalien messen zu können, bietet sich die Methode der Eventstudie an, um die Effizienz eines Marktes im Hinblick auf eine eventinduzierte Marktanomalie über die Jahre hinweg zu untersuchen. Genauer gesagt sollte sich durch die Eventstudie die Entwicklung der mittelstarken Form der EMH im Sinne der AMH nachweisen lassen, da sich einerseits eine Veränderung der Reaktionsgeschwindigkeit des Marktes auf ein Ereignis messen lässt und andererseits der Grad der Effizienzverletzung durch die Höhe der abnormalen Renditen bestimmt werden kann. Sollte der Markt im Laufe der Zeit effizienter werden, so müsste sich sowohl die Dauer der beobachteten abnormalen Renditen reduzieren als auch die Höhe der abnormalen Renditen.

Die Verwendung der abnormalen Renditen als Maß für die Effizienzverletzung würde jedoch kein vollständiges Bild über die Markteffizienz liefern, da die Methoden zur Berechnung der abnormalen Renditen auf linearen Modellen[66] basieren und daher auch nur lineare Effekte gemessen werden können. Es hat sich jedoch gezeigt, dass ökonomische Daten auch Nichtlinearitäten aufweisen können und dementsprechend auch bei den Untersuchungen der AMH berücksichtigt werden müssen (vgl. Urquhart und Hudson, 2013, S. 132). Dieser Aspekt soll im folgenden Kapitel näher erläutert werden.

2.5.2 Nichtlinearitäten in den Daten

Die überwiegende Mehrheit der Untersuchungen zur Effizienzmarkthypothese befasst sich mit der Frage, ob in historischen Kursdaten lineare Korrelationen zu finden sind, auf deren Grundlage Prognosen über zukünftige Kursentwicklungen getroffen werden können (vgl. Avdoulas et al., 2015, S. 2). Um Korrelationen bei Preisänderungen aufzudecken, wurden dabei statistische Standardverfahren, wie z. B. Regressionsanalysen, Korrelationstests, Run-Tests, Variance-Ratio-Tests, Spektralanalysen oder Unit-Root-Tests angewendet (Lim und Brooks, 2006, S. 5). All diese Standardverfahren weisen die Gemeinsamkeit auf, dass sie ausschließlich lineare Korrelationen aufdecken können, Nichtlinearitäten jedoch nicht berücksichtigen. Aus diesem Grund stellt z. B. Saadi et al. (2006) die Validität der konventionellen statistischen Tests in Bezug auf die EMH infrage, da die Abwesenheit linearer Korrelationen nicht zwangsläufig Effizienz impliziert, denn Renditen können zwar linear unkorreliert sein, aber gleichzeitig jedoch nichtlineare Abhängigkeiten enthalten, die durch die verwendeten Tests nicht aufgedeckt werden können.

Aus Sicht der Effizienzmarkhypothese sollten nichtlineare Korrelationen ebenso wie lineare Korrelationen auf den Märkten nicht vorkommen, da die EMH auf der Annahme aufbaut, dass Marktteilnehmer sich in einem effizienten Markt dahingehend rational verhalten, dass sie im Mittel risikoavers handeln, unverzerrte Prognosen bzw. Erwartungen treffen und unmittelbar auf neue Informationen reagieren (vgl. Fama, 1965b, S. 56; 1965a, S. 37f.; 1970, S. 415). In der Realität lassen sich jedoch zahlreiche Abweichungen vom rationalen Verhalten der Marktteilnehmer beobachten (vgl. Saadi et al., 2006, S. 303). So verhalten sich Investoren nicht nur irrational, ihr irrationales Verhalten ist sogar mitunter vorhersehbar (vgl. Shiller,

wurde sie aufgrund der fehlenden rechtlichen Regulierungen, die in diesem Fall einen Teil der Rahmenbedingungen darstellen, bis zum Jahr 2012 angewendet (Toller, 2016).

66 Für Methoden zur Messung der abnormalen Renditen siehe auch Kapitel 2.4.2.

2000) und kann durch zahlreiche Verhaltensanomalien beschrieben werden (vgl. Daniel und Titman, 1999, S. 28; Shiller, 2000). Irrationales Verhalten kann somit zu einem bestimmten Grad deterministisch sein, dessen Wechselwirkungen sind aber schwer bis gar nicht vorhersehbar. Verstärkt wird diese Problematik dadurch, dass der Grad der Rationalität bei den Marktteilnehmern unterschiedlich ist und manche Akteure nicht zwangsläufig unter der Prämisse der Gewinnmaximierung handeln, sondern aufgrund nichtökonomischer Motive, wie z. B. dem Nervenkitzel bei riskanten Geschäften. Einen noch trivialeren Erklärungsansatz für die Motive einiger Marktteilnehmer liefert Black (1986, S. 531) mit: „Or perhaps they just like to trade." Es kann somit nicht ausgeschlossen werden, dass Aktienpreise zumindest temporär von ihren Fundamentalwerten abweichen und die Komplexität in deren Dynamik aufgrund des systematischen irrationalen Verhaltens der Marktteilnehmer erhöht wird.[67] Campbell et al. (1997) weisen auf die zahlreichen potenziellen Nichtlinearitäten an Finanzmärkten hin, indem sie konstatieren:

„However, many of the aspects of economic behavior may not be linear. Experimental evidence and casual introspection suggest that investors' attitudes towards risk and expected return are nonlinear. The terms of many financial contracts such as options and other derivate securities are nonlinear. And the strategic interactions among market participants, the process by which information is incorporated into security prices, and the dynamics of economy-wide fluctuations are all inherently nonlinear. Therefore, a natural frontier of financial econometrics is the modeling of nonlinear phenomena." (Campbell et al., 1997, S. 467)

Es liegt daher nahe, anzunehmen, dass den Aktienkursbewegungen ein nichtlinearer Prozess zugrunde liegen kann. Niedrigdimensionale und nichtlineare deterministische Prozesse weisen die besondere Eigenschaft auf, dass ihr Verhalten einerseits einem Random-Walk gleichen kann und andererseits signifikante unvorhersehbare Fluktuationen in der Dynamik, wie sie z. B. bei den Aktienkursen am „Black Monday" im Oktober 1987 beobachtet werden konnten, ermöglicht. Aus diesem Grund haben zahlreiche Autoren der Wirtschaftswissenschaften die vornehmlich in den Naturwissenschaften angewendeten Methoden der nichtlinearen Zeitreihenanalyse auch auf ökonomische Zeitreihen und Finanzmarktdaten übertragen, um der Frage nachzugehen, ob chaotische Prozesse in der Lage sind, die Dynamik von Aktienrenditen zu beschreiben (vgl. z. B. Brock und Sayers, 1988; Scheinkman und LeBaron, 1989; Peters, 1991; Serletis et al., 1996; Serletis und Shahmoradi, 2004). Obgleich vieles auf Chaos in ökonomischen Daten hindeutet, herrscht bislang kein gemeinsamer Konsens zu der Thematik. Ein möglicher Grund hierfür kann in den unterschiedlichen Definitionen von Chaos liegen.

Beispielsweise versteht Glass (1999, S. 1358) unter Chaos „fluctuations produced by deterministic rules that nevertheless lead to irregular, long term unpredictable, dynamics." Bevor eine Aussage darüber getroffen werden kann, ob etwas chaotisch ist, sollte es nach Glass (1999) klare Belege dafür geben, dass deterministische Gleichungen die Dynamiken des zugrundeliegenden Systems steuern und die Dynamiken irregulär sind. Auch müssen sich naheliegende Anfangsbedingungen unabhängig voneinander entwickeln. Diese stringenten Vo-

---

[67] Saadi et al. (2006) begründet mögliche Nichtlinearitäten in den Preisänderungen von Aktienkursen mit den Imperfektionen des Marktes, die zu einer Verzögerung der Reaktionen auf neue Informationen seitens der irrational agierenden Noise-Trader führen können (vgl. Saadi et al., 2006, S. 303).

raussetzungen können in vielen Disziplinen erfüllt werden, wie z. B. in der Physik oder in der Medizin als dem bisherigen Haupteinsatzgebiet des (Point-) *D2*, wo viele der Körperfunktionen, wie z. B. die Herzfrequenz, ein deterministisch-chaotisches Verhalten aufweisen (vgl. Skinner et al., 1990a). In den Wirtschaftswissenschaften sind diese Annahmen jedoch viel restriktiver als zunächst angenommen werden kann. Zwar beruhen fast alle wirtschaftswissenschaftlichen Modelle auf deterministischen Gleichungen, jedoch handelt es sich dabei stets um vereinfachte bzw. vereinfachende Modelle, die die Realität näherungsweise abbilden sollen. Besonders die Finanzwissenschaften sind mit großen Unsicherheiten bei den angewendeten Modellen behaftet, da diese zumeist auf der Annahme rationalen Verhaltens der Akteure beruhen.

Ein weiterer Grund ist die fehlende Konsistenz und Robustheit der angewandten Tests auf Chaos in den Daten. So fasst Barnett et al. (1995, S. 301) die Ergebnisse folgendermaßen zusammen: „We find that the inferences vary across tests for the same data, and within tests for varying sample sizes and various methods of aggregation of the data. Robustness of inferences in this area of research seems to be low and may account for the controversies surrounding empirical claims of nonlinearity and chaos in economics."

Während sich der Nachweis über Chaos in den Daten bislang als schwierig erweist, können Nichtlinearitäten (als ein Merkmal eines chaotischen Prozesses) mit den vorhandenen Methoden besser identifiziert werden. Dabei spielt auch die Art der Daten eine wichtige Rolle. Makroökonomische Daten stellen aufgrund der kurzen Zeitreihenlänge und dem oftmals hohen Rauschniveau für viele nichtlineare Untersuchungsmethoden keinen idealen Untersuchungsgegenstand dar. Liening (2017) schreibt hierzu:

„Wenn man die Ergebnisse näher betrachtet, dann kommt die Vermutung auf, dass zum Nachweis eines irregulären, chaotischen Systemverhaltens disaggregierte Größen erfolgversprechender sind als aggregierte makroökonomische Größen. Möglicherweise gehen bei aggregierten Größen so viele Informationen verloren, dass der Nachweis chaotischen Verhaltens nicht mehr möglich ist." (Liening, 2017, S. 376)

Finanzmarktdaten eignen sich wegen der höheren Genauigkeit und der besseren Verfügbarkeit deutlich besser für Nichtlinearitätsuntersuchungen[68]. Für Finanzmarktdaten konkludieren Barnett und Serletis (2000, S. 715), dass es eindeutige Hinweise auf nichtlineare Abhängigkeiten und einige Hinweise für Chaos gibt. Die bislang umfangreichste Literaturübersicht über Nichtlinearitäten in ökonomischen Zeitreihen findet sich in Strunk (2012, S. 80ff.). In einer systematischen Erfassung aller auffindbaren empirischen Arbeiten über den Nachweis von Chaos[69] für den Zeitraum von 1988 bis 2011 trägt Strunk (2012) auch die Ergebnisse der Untersuchungen auf Nichtlinearitäten in den Daten zusammen.[70] Von den 491 erfassten Zeit-

[68] Für eine Diskussion über die Datenanforderungen und Limitierungen von nichtlinearen Methoden wie der Korrelationsdimension siehe Kapitel 3.3.

[69] Weitere Übersichten zu empirischen Untersuchungen von Chaos in ökonomischen Zeitreihen finden sich auch in Frank und Stengos (1988) und Sewell (2011a).

[70] Das Vorhandensein von Nichtlinearitäten innerhalb eines Systems ist eine notwendige Bedingung für die Existenz von Chaos (Strunk, 2004, S. 159; Liening, 2017, S. 282).

reihenanalysen weisen demnach mindestens 329 Zeitreihen (67 %) Nichtlinearitäten auf.[71] Diese empirischen Ergebnisse werden auch zunehmend theoretisch gestützt. So konnte Harvey (1993, S. 267) bspw. zeigen, dass nichtlineare Modelle die Eigenschaften von weißem Rauschen aufweisen können.[72]
Durch die Existenz nichtlinearer Abhängigkeiten in ökonomischen Daten wird eine potenzielle Vorhersagbarkeit impliziert, die mit einer Verletzung der schwachen Form der EMH einhergeht. Es ist daher nicht verwunderlich, dass das Potenzial von nichtlinearen Prognosen bei Ökonometrikern auf großes Interesse gestoßen ist und die Literatur zu nichtlinearen ökonomischen Zeitreihenmodellen stetig ansteigt (Lim und Brooks, 2006, S. 6). Dabei zielen die Modelle in erster Linie darauf ab, die Vorhersagbarkeit von Aktienrenditen mittels nichtlinearer Prognosemodelle zu untersuchen und Handelsregeln zu erstellen, die beobachtete nichtlineare Muster in Aktienmärkten ausnutzen, um abnormale Renditen zu generieren (vgl. z. B. Neftci, 1991; Gencay, 1998a, b; Fernández-Rodríguez et al., 1999; Fernandez-Rodrıguez et al., 2000; Andrada-Félix et al., 2003; Ashley und Patterson, 2006; Nam et al., 2005; Pérez-Rodríguez et al., 2005; Chong und Lam, 2010; Avdoulas et al., 2015). Doch obwohl diese Studien zeigen, dass profitable Handelsregeln auf Grundlage nichtlinearer Modelle[73] erstellt werden können, ist die Anzahl an konkreten Tests auf die schwache Form der Effizienzmarkthypothese, die explizit nichtlineare Abhängigkeiten in den Daten berücksichtigen, bislang relativ überschaubar (vgl. Stengos und Panas, 1992; Serletis und Sondergard, 1996; Al-Loughani und Chappell, 1997; Antoniou et al., 1997; Blasco et al., 1997; Freund et al., 1997; Kohers et al., 1997; Chappel et al., 1998; Opong et al., 1999; Freund und Pagano, 2000; Hamill et al., 2000; Poshakwale, 1996; Appiah-Kusi und Menyah, 2003; Hassan et al., 2003; Kumar Narayan, 2005; Panagiotidis, 2005; Lim et al., 2006; Reboredo et al., 2012).

Die Ergebnisse der Studien fallen ebenfalls durchwachsen aus, da viele signifikante Nichtlinearitäten in den Daten, die gegen die EMH sprechen, nach der Datenfilterung mittels eines ARCH-/GARCH-Prozesses keine Korrelationen mehr aufweisen und die EMH demnach weiterhin Bestand hat (vgl. z. B. Stengos und Panas, 1992; Opong et al., 1999; Hamill et al., 2000; Panagiotidis, 2005).

Eine mögliche Ursache für die uneinheitlichen Befunde könnte darin liegen, dass sich die Untersuchungen auf Nichtlinearität in den Daten bis auf wenige Ausnahmen auf eine lange Zeitperiode beziehen und, wie auch bei den klassischen Untersuchungen auf die schwache Form der EMH, eine Alles-oder-Nichts-Aussage über Nichtlinearitäten in den Daten treffen.

---

71 Insgesamt konnte Strunk (2012) sogar in 83,5 % der Zeitreihenanalysen positive Ergebnisse auf nichtlineare Abhängigkeiten ausfindig machen, jedoch wurden die Ergebnisse, die sich im Nachhinein als ARCH-Type-Prozesse herausstellten, in der Aufstellung nicht berücksichtigt (Strunk, 2012, S. 80).

72 Hierfür differenziert Harvey (1993) zwischen weißem Rauschen als eine Sequenz unkorrelierter Zufallsvariablen mit konstantem Mittelwert und Varianz und striktem weißen Rauschen als eine Sequenz unabhängiger und identisch verteilter (IID) Zufallsvariablen. Nur bei striktem weißen Rauschen ist es unmöglich, auf Basis von aktuellen und vergangenen Daten bestimmte Eigenschaften von zukünftigen Variablen zu prognostizieren (Harvey, 1993, S. 267).

73 Blasco et al. (1997, S. 668) merkt hierzu an, dass Preisänderungen potenziell zwar kurzfristig vorhersagbar sein können, dies jedoch nicht bedeutet, dass sie aus ökonomischer Sicht ausgenutzt werden können. Trotz nicht-zufälliger Muster in den Renditen sind selbst technische und automatisierte Handelsregeln nicht in der Lage, diese Informationen derart auszunutzen, dass sie erfolgreicher als eine Buy-and-Hold Strategie sind (Freund et al., 1997, S. 29).

Wie im vorhergehenden Kapitel bereits anhand der AMH erläutert wurde, ist jedoch anzunehmen, dass sich die Markteffizienz nicht immer auf einem konstanten Niveau befinden muss, sondern im Zeitverlauf schwanken kann. Dementsprechend kann auch davon ausgegangen werden, dass die Nichtlinearitäten ebenfalls im Zeitverlauf variieren können.
Neben der grundsätzlichen Problematik, dass die Effizienz im Zeitverlauf variieren kann und eine Pauschalaussage der Tests auf nichtlineare Abhängigkeiten in den Daten nicht für die gesamte Zeitreihe gelten muss, besteht darüber hinaus das Problem, dass Märkte strukturellen Änderungen, die z. B. durch technologische und finanzielle Innovationen, Politikwechsel, etc. herbeigeführt werden, unterliegen. Beispielsweise findet Hamilton (1989) bei der Untersuchung von historischen Geschäftszyklen empirische Hinweise darauf, dass sich die Marktdynamiken während einer Rezession qualitativ von den Marktdynamiken in normalen Zeiten unterscheiden.[74] Er führt diese Asymmetrie in der Marktdynamik auf Nichtlinearitäten zurück, die während eines diskreten Regimewechsels auftreten (Hamilton, 1989, S. 358). Strukturelle Änderungen in den Daten werden in den Finanzwissenschaften auch mit Nichtstationarität[75] gleichgesetzt und können dazu führen, dass die Nullhypothese einer IID-Verteilung auf Basis des BDS-Tests, der zu den am häufigsten eingesetzten Tests für den Nachweis von Nichtlinearitäten in ökonomischen Zeitreihen gehört, fälschlicherweise abgelehnt wird (Hsieh, 1991, S. 1859).

Dementsprechend ist die Anwendung des BDS-Tests auf lange ökonomische Zeitreihen riskant, da die Wahrscheinlichkeit für strukturelle Änderungen in den Daten mit zunehmender Zeitreihenlänge immer größer wird. Um der Problematik von Strukturbrüchen zu begegnen, haben bspw. Urquhart und Hudson (2013) langfristige historische Daten von amerikanischen, britischen und japanischen Aktienmärkten in fünfjährige Perioden unterteilt und die Perioden mittels drei unterschiedlichen Tests (McLeod & Li-Test (vgl. McLeod und Li, 1983), Engle LM-Test (vgl. Engle, 1982) und BDS-Test (vgl. Brock et al., 1996)) auf nichtlineare Abhängigkeiten untersucht. In allen untersuchten Perioden konnten sich Nichtlinearitäten nachweisen lassen. Darüber hinaus zeigen die Ergebnisse von Urquhart und Hudson (2013), dass die nichtlinearen Abhängigkeiten zwar im Zeitverlauf variieren, jedoch keine Tendenz in Richtung einer Reduktion der Abhängigkeiten aufweisen. Dieses Vorgehen ähnelt dem typischen Vorgehen bei den Untersuchungen zur AMH und kann zumindest grobe Änderungen der Nichtlinearitäten in den Daten identifizieren. Eine weitere Verkürzung der Zeitperioden könnte sich jedoch negativ auf die Zuverlässigkeit des BDS-Tests[76] auswirken, sodass eine feingliedrigere zeitliche Untersuchung auf Unabhängigkeiten in den Daten keine aussagekräftigen Ergebnisse garantieren kann. Auch ist die Gefahr von strukturellen Änderungen in den Daten bei einem Fünfjahresfenster zwar reduziert, jedoch nicht vollkommen eliminiert.

---

[74] Unter einem Regimewechsel werden zeitliche Abschnitte bezeichnet, in denen das dynamische Verhalten der Zeitreihe grundlegend unterschiedlich ist (Hamilton, 1989, S. 358).

[75] Unter Ökonomen ist es unumstritten, dass ökonomische Zeitreihen nichtstationär sind. Bereits 1953 führte *Kendall* an: „No economic system yet observed has been stationary over long periods." (Kendall und Hill, 1953, S. 24)

[76] Der BDS-Test basiert auf dem Grassberger-Procaccia Algorithmus zur Berechnung der Korrelationsdimension *D2*, die sehr hohe Anforderungen an die Datenlänge hat (Diese werden in Kapitel 3.3.1 ausführlich erläutert). Zwar benötigt der BDS-Test im Vergleich zur Berechnung der Korrelationsdimension weniger Daten, eine Kürzung der Zeitreihenlänge würde sich aber auch hier negativ auswirken.

Es ist daher ersichtlich, dass die Datenanforderungen der Untersuchungsmethoden für nichtlineare Korrelationen in ökonomischen Zeitreihen einen Einsatz der Tests im Rahmen der Eventstudien zur Untersuchung der mittelstarken Form der EMH nicht zulassen, da einzelne Tage nicht getestet werden können. Somit ist es auch nicht verwunderlich, dass Eventstudien bislang nur abnormale Renditen zur Identifikation von kurzfristigen temporären Anomalien eingesetzt haben. Das häufig zur Berechnung der abnormalen Renditen herangezogene Marktmodell (vgl. Kapitel 2.4.2) basiert auf einem linearen Regressionsmodell, sodass nichtlineare Effekte und Korrelationen in den abnormalen Renditen – und damit auch in den gesamten Eventstudien – nicht berücksichtigt werden.

Diese Problematik soll im Rahmen der vorliegenden Arbeit aufgegriffen werden. Ziel der Arbeit ist es, ein Verfahren zu entwickeln, das nichtlineare Effekte im Rahmen von Eventstudien berücksichtigen und messen kann. Zu diesem Zweck soll eine Methode aus den Theorien nichtlinearer dynamischer Systeme herangezogen werden, die in der Lage ist, tagesgenaue Kennwerte für die Nichtlinearität der Renditen zu berechnen, die anschließend im Rahmen einer Eventstudie für die Identifizierung systematischer Veränderungen der Nichtlinearität eingesetzt werden sollen. Die zusätzliche Identifikation von systematischen Änderungen in der Nichtlinearität könnte zudem einen bedeutenden Beitrag dazu leisten, ein besseres Verständnis über die Prozesse der Preisanpassung und der Marktreaktionen auf bedeutende Ereignisse zu erlangen.

Bei der zu verwendenden Methode zur Berechnung der Komplexität würden sich nichtlineare Dimensionskonzepte, wie z. B. die Point-Korrelationsdimension (*PD2*) anbieten. Das *PD2* ist eine von Skinner (1992) entwickelte Modifikation der Korrelationsdimension *D2*[77] und wurde originär im Rahmen von medizinischen Forschungsarbeiten angewendet. Es ist in der Lage, für jeden Punkt einer Datenreihe[78] die Dimensionalität und damit die Zahl der Freiheitsgrade zu bestimmen, die für die Beschreibung des Systems benötigt werden. Je weniger Freiheitsgrade zur Beschreibung des Systems benötigt werden, desto höher ist die Ordnung innerhalb des Systems. Eine höhere Ordnung bedeutet im Umkehrschluss eine stärkere Abweichung vom Zufall und damit einen stärkeren Verstoß gegen die Martingal-Hypothese bzw. die Random-Walk Hypothese. Während die Verwendung von abnormalen Renditen in der klassischen Eventstudie je nach Ereignis eine Kategorisierung der Events erfordert, sind mögliche Nichtlinearitäten nicht an eine Kategorisierung gebunden, sodass für die Verwendung des *PD2* keine Kategorien gebildet werden müssen und somit die Fehleranfälligkeit der klassischen Eventstudie gegenüber einer falschen Kategorisierung der Daten nicht vorhanden ist. Für das *PD2* spielt es zudem keine Rolle, ob es sich um ein lineares oder nichtlineares System handelt. Im Gegensatz zum *D2* setzt das *PD2* keine (mathematische) Stationarität[79] in den Daten voraus und ist somit grundsätzlich besser für ökonomischen Daten geeignet das *D2*.

Der Einsatz des *PD2* im Rahmen der Eventstudie sollte zudem auch die Untersuchung der AMH in Bezug auf die mittelstarke Form der EMH ermöglichen. Mittels Durchführung der

[77] Mithilfe der Korrelationsdimension lassen sich nichtlineare Abhängigkeitsanalysen durchführen (Möller, 2013, S. 103).

[78] Je nach Parameterkonfiguration kann es sein, dass für die letzten Punkte einer Datenreihe keine *PD2*-Werte berechnet werden können. Für eine ausführliche Diskussion des *PD2* siehe Kapitel 3.2.6.

[79] Mathematische Stationarität ist dann gegeben, wenn sich der datengenerierende Prozess bei der betrachteten Datenreihe zu keinem Zeitpunkt verändert hat.

Eventstudie für sukzessive zeitliche Perioden könnten Aussagen über die Veränderung des Einflusses eines Ereignisses auf die Komplexität (und damit auf die Effizienz) der Aktienkurse im Zeitverlauf getroffen werden.

Da die originären Anwendungsfelder der Korrelationsdimension *D2* in den Naturwissenschaften angesiedelt sind und sich die dort zugrunde liegenden Zeitreihen sowohl qualitativ als auch quantitativ von ökonomischen Zeitreihen unterscheiden, muss vor der Konstruktion der *PD2*-Eventstudie jedoch überprüft werden, ob und inwieweit sich das *PD2* auf eine Eventstudie übertragen lässt.[80]

Hierfür ist es sinnvoll, sich im Vorfeld mit den Dimensionalitätsmaßen und ihrem ursprünglichen Ziel – der Dimensionsbestimmung von Attraktoren eines dynamischen Systems – auseinanderzusetzen. Daher werden im folgenden Kapitel zunächst die Grundlagen für die Berechnung der Dimensionalitätsmaße erläutert und die unterschiedlichen Attraktortypen vorgestellt. Da es sich bei der Korrelationsdimension um ein Dimensionsmaß zweiter Ordnung handelt, werden der Vollständigkeit halber und für ein besseres Verständnis über die grundsätzliche Funktionsweise von Dimensionalitätsmaßen, die untergeordneten Dimensionalitätsmaße präsentiert, bevor im Anschluss das *D2* sowie das *PD2* diskutiert werden. Den Abschluss des Kapitels bildet eine ausführliche Darstellung der Limitierungen des *D2* und den damit verbundenen Problemen und Herausforderungen bei der Übertragung dieser Methode auf ökonomische Zeitreihen.

Abschließend sei an dieser Stelle darauf hingewiesen, dass neben den Dimensionalitätsmaßen noch zahlreiche andere Verfahren im Rahmen der nichtlinearen Zeitreihenanalyse existieren, die sich primär in ihrem Einsatzzweck und den Datenanforderungen unterscheiden. Es gibt jedoch nur wenige Verfahren, die eine Veränderung der Komplexität[81] im Zeitverlauf messen können. Beispielsweise seien an dieser Stelle zwei weitere prominente Vertreter aus der Komplexitätsforschung genannt: der Lyapunov-Exponent (Wolf et al., 1985) sowie die Permutationsentropie (Bandt und Pompe, 2002). Der Lyapunov-Exponent ist eine Kennzahl, die das Ausmaß der Chaotizität eines Systems beschreibt. Der Algorithmus besteht im Kern darin, dass zwei benachbarte Punkte zweier Trajektorien eines Systems innerhalb eines Phasenraumes ausgewählt werden und deren Abstand im Zeitverlauf gemessen wird. Der Lyapunov-Exponent beziffert die Rate, mit der beide Punkte im Zeitverlauf divergieren. Ein positiver Lyapunov-Exponent ist per definitionem der stärkste Hinweis auf Chaos (Kantz, 1994, S. 77). Sofern eine hinreichend lange Zeitreihe vorliegt, ist es möglich, die Chaotizität im Zeitverlauf mittels eines gleitenden Fensters zu bestimmen. Da der Lyapunov-Exponent jedoch nur die Chaotizität eines Systems misst, ist er für den Einsatz in der vorliegenden Untersuchung nicht geeignet, da ein größerer Lyapunov-Exponent ein Hinweis auf eine größere exponentielle Divergenz benachbarter Systemtrajektorien und damit einhergehend auf eine höhere Komplexität ist. Daraus können aber keine Rückschlüsse über den Grad der Ordnung abgeleitet werden (vgl. Strunk, 2012, S. 106). Auch kann der Lyapunov-Exponent nicht für

---

80 Erste Untersuchungen von Finanzmarktdaten mittels des *PD2* wurden bereits im Rahmen einer Diplomarbeit von Griessmair (2005) durchgeführt.

81 Die Komplexität steht an dieser Stelle stellvertretend für jene Eigenschaften eines nichtlinearen dynamischen Systems, die im Rahmen der nichtlinearen Zeitreihenanalyse mittels der unterschiedlichen Verfahren gemessen werden sollen. Hierzu zählen unter anderem die Dimensionalität, die Chaotizität und die Entropie.

einzelne Zeitpunkte bestimmt werden, und die Verwendung eines gleitenden Fensters kann dazu führen, dass kurzzeitige Änderungen der Komplexität nicht registriert werden (vgl. Strunk, 2012, S. 118).

Die von Bandt und Pompe (2002) entwickelte Permutationsentropie ist ein weiteres Komplexitätsmaß für reale Zeitreihen und kann ähnlich wie die Korrelationsdimension die Ordnung bzw. Unordnung eines Systems messen. Ihre Funktionsweise besteht in der Suche nach wiederkehrenden Mustern in den Daten und sie eignet sich insbesondere für kurze und ordinalskalierte Daten (vgl. Schiepek und Strunk, 2010, S. 200). Prinzipiell lässt sich die Permutationsentropie auch auf Aktienzeitreihen anwenden(vgl. Strunk, 2012, S. 457). Allerdings ist sie im Gegensatz zum *PD2* nicht punktgenau, sondern berechnet nur Entropiewerte für gleitende Fenster. Darüber hinaus eignet sie sich aufgrund der durch die Fensterbreite vorgegebenen maximalen Musterlänge nicht dazu, Korrelationen zu identifizieren, die sich über einen längeren Zeithorizont erstrecken. Zur Berechnung der Permutationsentropie werden zudem nur ordinalskalierte Daten benötigt, sodass die zusätzlichen Informationen, die in intervallskalierten Daten enthalten sind, nicht berücksichtigt werden.

Für eine ausführliche Diskussion verschiedener Komplexitätsmaße und Methoden sei an dieser Stelle auf Liening (2017) und Strunk (2012) verwiesen.

3 Die Messung der Markteffizienz mithilfe von Dimensionalitätskonzepten

Bereits 1963 konnte Lorenz zeigen, dass ein deterministisches Gleichungssystem mit nur drei unabhängigen Variablen in der Lage ist, ein komplexes, aperiodisches Verhalten zu generieren, das auf den ersten Blick nicht von einem stochastischen Verhalten unterschieden werden kann (Lorenz, 1963). Ein Ziel der nichtlinearen Zeitreihenanalyse lautet daher, bei empirischen Zeitreihen, die eine komplexe Dynamik[82] aufweisen, bestimmen zu können, ob es sich um eine (deterministisch-) chaotische Bewegung auf Basis eines simplen Systems handelt oder ob die Bewegung stochastischer Natur ist und einem komplizierten System mit sehr vielen Freiheitsgraden[83] entstammt. Dimensionalitätsmaße, welche die Dimension einer Systemtrajektorie im Phasenraum bestimmen können, liefern eine Möglichkeit zur Unterscheidung dieser beiden Arten der Bewegung des Systems (vgl. Theiler, 1986, S. 2427). Wie bereits im vorherigen Kapitel dargelegt, ist die Chaosforschung[84] auch für die Wirtschaftswissenschaften von großer Bedeutung, da die Identifikation von Ordnungsstrukturen oder gar Attraktoren in ökonomischen Zeitreihen, die der Theorie nach bspw. einem Random-Walk folgen müssten, wichtige Implikationen mit sich führen kann.

3.1 Grundlagen

Für die Anwendung der Dimensionalitätsmaße auf ökonomische Daten bedarf es zunächst einer geeigneten Zeitreihe, die aus dem systemgenerierenden Prozess entstanden ist. Diese Zeitreihe muss in einen Phasen-/ bzw. Zustandsraum eingebettet werden, was jedoch nicht ohne Weiteres möglich ist, falls die Freiheitsgrade des Systems[85], die für die Phasenraumeinbettung benötigt werden, bei den betrachteten ökonomischen Daten unbekannt sind. Insbesondere wenn bei einem System nur eine Variable beobachtet werden kann, müssen die vorhandenen Daten zunächst einer Transformation unterzogen werden, damit sie in einen Phasenraum eingebettet werden können. Der Transformationsvorgang ist auch als „Geometrische Rekonstruktion" bekannt und soll im folgenden Kapitel näher erläutert werden, bevor im Anschluss der Begriff des Attraktors und dessen mögliche Ausprägungen vorgestellt werden.

---

82 Eine komplexe Systemdynamik kann entstehen, wenn innerhalb des Systems Nichtlinearitäten und Rekursivitäten (in Form von gemischtem Feedback) vorhanden sind (vgl. Liening, 2017, S. 189). Ein System, dessen Elemente sich ausschließlich linear aufeinander auswirken und in dem keine Rückkopplungseffekte vorhanden sind, ist nicht in der Lage, ein komplexes Verhalten auszubilden.

83 Je nach Kontext existieren unterschiedliche Definitionen vom Begriff der Freiheitsgrade. Allgemein kann unter den Freiheitsgraden „[...] die Anzahl der Koordinaten, die man mindestens braucht, um die Lage (oder Stellung oder auch Verformung) eines mechanischen Systems eindeutig zu beschreiben[...]" verstanden werden (Brommundt et al., 2007, S. 47). In einem dynamischen System können Freiheitsgrade aber auch zur Spezifikation der Dimensionalität einer attrahierenden Mannigfaltigkeit innerhalb des Phasenraumes, der Dimensionalität des Attraktors selbst oder aber auch der Dimension des gesamten Phasenraumes verwendet werden (Broomhead und King, 1986, S. 223).

84 Die Chaostheorie gehört zu einer Gruppe von Theorien, die miteinander zusammenhängen und gemeinsam die Theorie der Selbstorganisation formen (vgl. Fei und XiaoHang, 2010, S. 1163). Dazu gehören neben der Chaostheorie die Theorie der Synergetik (Haken, 1981), die Katastrophentheorie (Saunders, 2013), die Fraktaltheorie (Mandelbrot, 1977), die Theorie der dissipativen Strukturen (Haken, 1977) sowie die Super-Zyklus Theorie (Skarica, 2010).

85 Im Rahmen der vorliegenden Arbeit wird der Finanzmarkt bzw. eine Handelsplattform als das System angesehen.

W. Wagner, *Nichtlineare Zeitreihenanalyse als neue Methode für Eventstudien*,
Komplexität, Entrepreneurship und Ökonomische Bildung,
https://doi.org/10.1007/978-3-658-24443-9_3

3.1.1 Phasenraumdarstellung

Die mathematische Beschreibung eines deterministischen dynamischen Systems besteht aus zwei Teilen: dem Zustand und der Dynamik. Während der Zustand einen „Schnappschuss" des Systems zu einem bestimmten Zeitpunkt darstellt, kann die Dynamik als eine Menge verschiedener Regeln angesehen werden, nach denen sich das System im Laufe der Zeit entwickelt. Der Zustand eines Systems wird formal durch einen Zustandsvektor beschrieben, der aus den *m* Elementen bzw. Freiheitsgraden besteht, die für die vollständige Beschreibung des Systems benötigt werden. Der Zustandsvektor definiert einen „Punkt" innerhalb des m-dimensionalen Zustandsraumes (Pritchard und Duke, 1995, S. 359). Sofern die Zeitreihe korrekt in den Zustandsraum eingebettet wurde, wird durch die Spezifikation eines Punktes innerhalb des Zustandsraumes auch der Zustand des gesamten Systems spezifiziert und vice versa (vgl. Kantz und Schreiber, 2004, S. 30). Werden diese Punkte als zeitliche Sequenz aneinandergereiht und miteinander verbunden, entsteht eine Kurve, die als „Zustandsraumtrajektorie" definiert wird und die Entwicklung der Systemdynamik visualisiert (vgl. Abbildung 5).

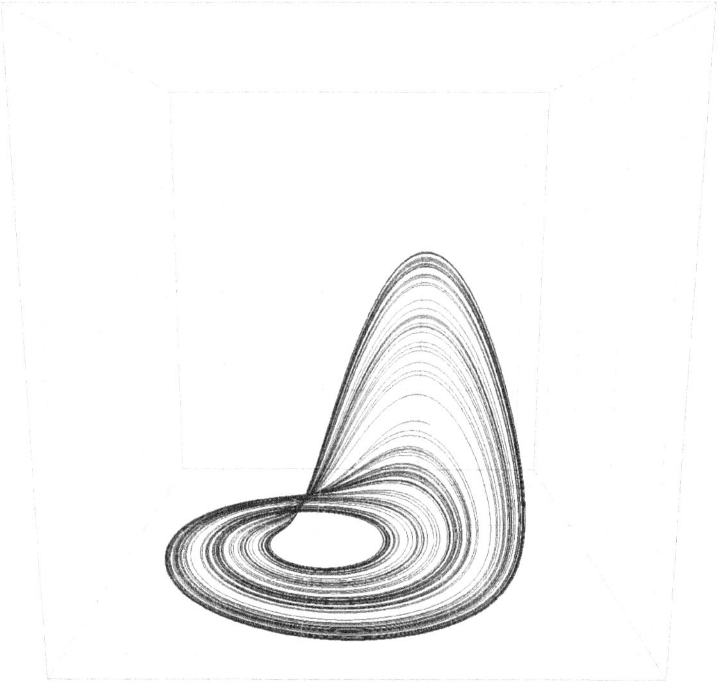

Abbildung 5: Phasenraumeinbettung des Rössler Systems

Phasenraumdarstellung des Rössler Systems. Das Rössler System wird durch folgende Differenzialgleichungen definiert (Rössler, 1976, S. 397): $\dot{x}=-(y+z)$, $\dot{y}=x+ay$, $\dot{z}=b+z(x-c)$, mit $(a,b,c)=(0.25,0.72,4.2)$ und den Startwerten $(x,y,z)=(5,1,5)$. Wird die Systemdynamik in einen Phasenraum eingebettet, wird ein seltsamer Attraktor (siehe auch Kapitel 3.1.6) sichtbar. Quelle: Eigene Darstellung.

Wenn die Zeitreihe durch ein deterministisches dynamisches System mit endlich vielen Dimensionen generiert wurde, können auf diese Weise die asymptotischen Eigenschaften des Systems sowie dessen zeitliche Entwicklung bzw. Dynamik untersucht werden (Packard et al., 1980, S. 713).[86]

Während im Zustandsraum jeder Punkt einen Systemzustand zu einem bestimmten Zeitpunkt definiert, wird für Systeme in der klassischen Mechanik auch von einer Phasenraumtrajektorie und einem Phasenraum gesprochen, in dem zeitunabhängige Systemvariablen gegeneinander abgetragen werden, wie z. B. die Orts- und Impulsvariable für den Fall eines mathematischen Pendels.[87] Sowohl der Phasen- als auch der Zustandsraum können als „[...] ein aus orthogonalen, voneinander unabhängigen Faktoren aufgespanntes Koordinatensystem[...]" (Strunk und Schiepek, 2006, S. 206) verstanden werden.

Eine Problematik, die sich bei der Darstellung der Systemdynamik in einem Phasenraum ergibt, ist die Tatsache, dass die m-Freiheitsgrade häufig nicht bekannt sind oder nicht umfassend beobachtet werden können. Da für viele Systeme oftmals nur eine Variable erhoben werden kann, ist eine Konstruktion des Phasenraumes auf die herkömmliche Weise nicht möglich.

Packard et al. (1980) und Takens (1981) haben ein Verfahren vorgeschlagen, mit dessen Hilfe die Dynamik eines Systems aus nur einer Variable rekonstruiert werden kann. Dieses Verfahren der sogenannten „Zeitverzögerungskoordinaten" soll im folgenden Kapitel näher erläutert werden.

3.1.2 Konstruktion der Zeitverzögerungskoordinaten

Die Konstruktion der Zeitverzögerungskoordinaten beruht auf der Annahme, dass die beobachtete univariate Zeitreihe $\{x(t)\}, t = 1,...,N$ mit N äquidistanten Messzeitpunkten aus einem gekoppelten nichtlinearen System generiert wurde. Ein System ist dann gekoppelt, wenn es durch eine Menge von m gewöhnlichen nichtlinearen Differenzialgleichungen erster Ordnung beschrieben werden kann und die entsprechenden Systemvariablen inklusive ihrer Veränderungsrate nicht als unabhängig voneinander, sondern als interaktiv definiert werden. Wenn dies der Fall ist, stellt jeder einzelne Datenpunkt der univariaten Zeitreihe eine Projektion des vollständigen Zustandsvektors zu dem Zeitpunkt t dar (Pritchard und Duke, 1995, S. 364) und enthält Informationen über die anderen, nicht sichtbaren Variablen des Systems, die mit linearen Analysemethoden nicht extrahiert werden können (Pritchard und Duke, 1995, S.

---

[86] Es gilt jedoch zu beachten, dass es abgesehen von mathematischen dynamischen Modellen mit gegebenen Gleichungen keine einzigartige Möglichkeit gibt, wie der Phasenraum eines Systems aussehen kann. Der Zustand eines Systems muss nicht ausschließlich durch einen einzigen m-dimensionalen Zustandsvektor beschrieben werden können, sondern kann möglicherweise auch durch Zustandsvektoren dargestellt werden, deren Elemente sich von den Elementen des ersten Zustandsvektors unterscheiden. Z. B. kann der Zustand eines einfachen Pendels durch einen Vektor mit zwei Elementen beschrieben werden, wobei die beiden Elemente entweder durch die horizontale Position und Geschwindigkeit oder durch die Winkelposition und -geschwindigkeit des Pendels dargestellt werden können (Pritchard und Duke, 1995, S. 359).

[87] Der Begriff Phasenraum wird auch für andere Systeme abseits der klassischen Mechanik gebraucht. Da die dieser Arbeit zugrunde liegenden Theorien Nichtlinearer Dynamischer Systeme dem Bereich der Physik entstammen und die im Folgenden vorgestellten Methoden primär die Art/Form der Systemdynamik untersuchen, bei dem der zeitliche Aspekt eher eine untergeordnete Rolle spielt, wird auch in dieser Arbeit der Begriff Phasenraum verwendet. Dennoch wird hierdurch der zeitliche Aspekt bzw. die Zeit als mögliche Systemvariable nicht ausgeschlossen.

366). Sind diese Voraussetzungen gegeben, reduziert eine sukzessive zeitliche Differenzierung das Differenzialgleichungssystem auf eine einzige Differenzialgleichung m-ter Ordnung, sodass für die Phasenraumeinbettung nicht mehr alle m Systemvariablen benötigt werden, sondern eine Systemvariable sowie deren $m-1$ sukzessive Derivate ausreichen (Nicolis und Nicolis, 1984, S. 530). Diese eine Systemvariable und ihre Derivate lassen sich aus der beobachteten Zeitreihe $\{x(t)\}$ ableiten. Packard et al. (1980, S. 713) weisen darauf hin, dass die Koordinaten im Phasenraum nicht nur aus den Ableitungen der beobachteten Variable gebildet werden können, sondern auch durch die Verwendung von zeitlich versetzten Werten für einen zuvor gewählten Startwert der beobachteten Variable.

Bevor die Zeitverzögerungskoordinaten konstruiert werden können, muss zunächst die passende Einbettungsdimension[88] m für den Phasenraum gewählt werden. Diese Dimension sollte nicht kleiner sein als die Anzahl der Freiheitsgrade der Systemdynamik. Die Einbettungsdimension m spezifiziert gleichzeitig auch die Anzahl der Komponenten des rekonstruierten Vektors bzw. die Anzahl der Zeitverzögerungen. Anschließend wird aus der Zeitreihe ein Startpunkt festgelegt, der die erste Komponente der Zeitverzögerungskoordinate darstellt. Für die zweite Komponente wird der Punkt aus der Zeitreihe ausgewählt, der τ Schritte vom Startwert entfernt liegt. τ stellt eine festgelegte und fixe Zeiterhöhung dar, die auch als „Timelag" bezeichnet wird. Von diesem Punkt aus wird erneut ein τ Messzeitpunkte entfernter Punkt für die dritte Komponente der Koordinate gewählt. Dieses Vorgehen wird so lange wiederholt, bis alle m Komponenten der Zeitverzögerungskoordinate bestimmt wurden. Die allgemeine Form einer Zeitverzögerungskoordinate $\vec{x}_m(t)$ ist somit gegeben durch:

$$\vec{x}_m(t) = (x(t), x(t+\tau), x(t+2\tau), \ldots, x(t+(m-1)\tau)).$$

Auf diese Weise lassen sich aus N Datenpunkten $(N-m+1)$ Zeitverzögerungskoordinaten konstruieren (vgl. Abbildung 5).

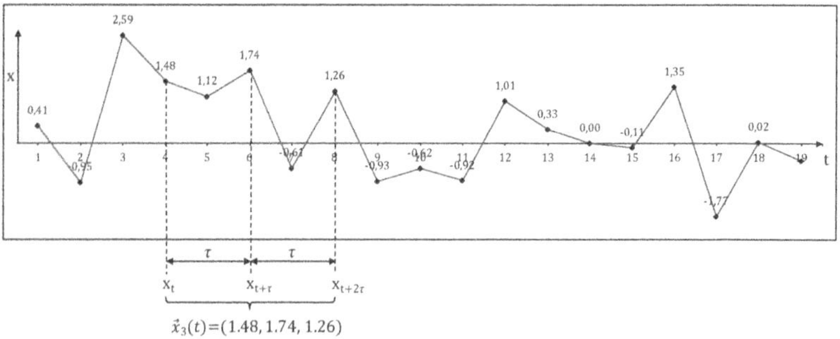

Abbildung 6: Konstruktion einer Zeitverzögerungskoordinate

Exemplarische Konstruktion einer Zeitverzögerungskoordinate für einen dreidimensionalen Phasenraum aus einer eindimensionalen Zeitreihe. Der verwendete Timelag ist $\tau = 2$.

[88] Für die Wahl der Einbettungsdimension siehe auch Kapitel 3.1.4.

Es kann mathematisch nachgewiesen werden, dass bei einer hinreichend großen Anzahl an Datenpunkten N und gewissen Restriktionen, die aus den Zeitverzögerungskoordinaten konstruierten Zustandsvektoren eine topologisch glatte Transformation der wahren Zustandsvektoren des Systems sind (vgl. Takens, 1981, S. 99f.). Invariante Maße – zu denen auch die Dimension zählt – werden durch glatte topologische Transformationen nicht beeinflusst (Pritchard und Duke, 1995, S. 365), sodass die Gesamtmenge der Zeitverzögerungskoordinaten dieselbe Dimension besitzt, wie der wahre, nicht direkt beobachtbare Attraktor des Systems (vgl. Theiler, 1990b, S. 69). Um sicherstellen zu können, dass sich der rekonstruierte Attraktor vollständig im Phasenraum entfalten kann, müssen die einzelnen Elemente der Zeitverzögerungskoordinaten voneinander unabhängig sein und orthogonal zueinanderstehen (vgl. Packard et al., 1980, S. 713; Liening, 2017, S. 341f.). Dies kann durch die Wahl eines passenden Timelags τ gesteuert werden, weshalb im folgenden Kapitel zwei Methoden zur Bestimmung des optimalen Timelags skizziert werden sollen.

3.1.3 Wahl des passenden Timelags

1981 hat *Takens* ein Theorem vorgestellt, das besagt, dass der Attraktor eines Systems mit der Dimension D mittels Zeitverzögerungskoordinaten korrekt in einem Phasenraum eingebettet ist, wenn die Einbettungsdimension $m \geq 2D+1$ ist (vgl. Takens, 1981, S. 369).[89]

Übertragen auf ökonomische Daten impliziert Takens Theorem, dass das dynamische Verhalten der m-dimensionalen, aus Aktienzeitreihen konstruierten Zeitverzögerungskoordinaten, das nicht beobachtbare dynamische Verhalten des Marktprozesses widerspiegelt (vgl. Mayfield und Mizrach, 1992, S. 368).

Zur Konstruktion der Zeitverzögerungskoordinaten ist es notwendig, einen passenden Timelag zwischen den einzelnen Punkten der Zeitreihe festzulegen. Während der Timelag bei unendlich langen und rauschfreien Zeitreihen eine untergeordnete Rolle spielt und für die Bestimmung einer passenden Einbettungsdimension theoretisch beliebig gewählt werden kann, solange er positiv ist (Skinner, 1992, S. 3), muss er bei endlichen Daten möglichst präzise gewählt werden, da die einzelnen Komponenten der Zeitverzögerungskoordinaten weder völlig unabhängig noch völlig abhängig voneinander sein sollten (vgl. Destexhe et al., 1988, S. 102). Eine Abhängigkeit bzw. Korrelation der Komponenten kann entstehen, wenn der Timelag τ zu klein gewählt wird, was dazu führt, dass sich der eingebettete Attraktor nicht vollständig im Phasenraum entfalten kann, sondern entlang der Diagonalen gestreckt wird und die Form einer diagonalen Hyperebene annimmt (vgl. Roux et al., 1983, S. 259; Tschacher und Schiepek, 1997, S. 14). Dies kann aufgrund starker Autokorrelationseffekte zu einer Unterschätzung der (Korrelations-)Dimension führen (vgl. Theiler, 1990a, S. 1058). Der umgekehrte Fall eines zu groß gewählten Timelags kann wiederum zu einer effektiven Dekorrelation der Elemente[90] und zu einer Aufblähung der geschätzten Dimension führen (vgl. Theiler,

---

89 Für eine weitergehende Diskussion über die korrekte Spezifikation der Einbettungsdimension siehe Kapitel 3.1.4.

90 Abhängig von den vorliegenden Daten muss für eine korrekte Rekonstruktion der Systemdynamik neben dem Timelag τ auch die Länge $W=\tau(m-1)$ des für die Konstruktion einer Zeitverzögerungskoordinate benötigten Zeitintervalls berücksichtigt werden. Ein zu großes W aufgrund eines zu hohen Timelags und/oder einer zu großen Einbettungsdimension führt dazu, dass die Endpunkte einer Zeitverzögerungskoordinate (al-

1990a, S. 1058; Janjarasjitt et al., 2008, S. 1816), weil der Attraktor in völlig unabhängige Richtungen des Phasenraumes projiziert wird, wodurch seine Form und Struktur größtenteils verloren geht (Pritchard und Duke, 1995, S. 378). Abbildung 7 veranschaulicht die beschriebenen Auswirkungen unterschiedlicher Timelags auf die Phasenraumeinbettung eines rekonstruierten Lorenzattraktors:

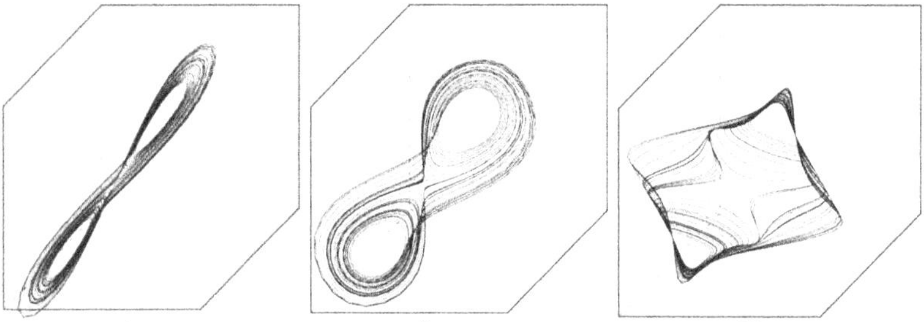

Abbildung 7: Auswirkungen von falsch gewählten Timelags

Phasenraumdarstellung des mittels Zeitverzögerungskoordinaten rekonstruierten Lorenz Attraktors mit unterschiedlichen Timelags. Ein zu niedrig gewählter Timelag von $\tau = 1$ führt zu einer Stauchung des Attraktors, während ein zu groß gewählter Timelag von $\tau = 10$ zu einer Aufblähung des Attraktors führt und die Struktur des Attraktors zerstört.

Bislang existiert kein einzelnes, allgemein akzeptiertes Kriterium für die Bestimmung des optimalen Timelags (Frank et al., 1990, S. 430), und die ermittelten Timelags können sich von Verfahren zu Verfahren erheblich unterscheiden (vgl. Fraser und Swinney, 1986, S. 1134), weshalb die Bezeichnung „optimal" an dieser Stelle irreführend sein kann. Zu den gängigsten Verfahren zählen die Bestimmung mittels der Autokorrelationsfunktion sowie die Mutual Information, die im Folgenden erläutert werden sollen.[91]

3.1.3.1 Autokorrelationsfunktion (ACF)

Eine Möglichkeit zur Bestimmung des optimalen Timelags besteht darin, den Zeitabstand als Timelag zu wählen, bei dem die Autokorrelationsfunktion den ersten Nulldurchgang[92] bzw. das erste Minimum aufweist (Frank et al., 1990, S. 430). Bei der Autokorrelationsfunktion wird die zeitliche Korrelation einer Zeitreihe gegen sich selbst abgetragen und so der Zusam-

so die Elemente $x(t)$ und $x(t+\tau(m-1))$ des Vektors $\vec{x}_t$) effektiv dekorrelieren und die Struktur der rekonstruierten Systemdynamik größtenteils zerstört wird (Pritchard und Duke, 1995, S. 375).

91 Neben diesen beiden Methoden existieren weitere Methoden, die je nach Art der Daten verwendet werden können. Beispielsweise schlägt Destexhe et al. (1988, S. 103) für komplexe physiologische Daten als Ausgangspunkt einen Timelag vor, der 25 % der Länge des Pseudozyklus des Signals ausmacht. Anschließend wird das *D2* für den gewählten Timelag sowie für verschiedene Timelags um diesen Bereich berechnet. Der optimale Timelag ist gefunden, wenn sich das *D2* in einem sinnvollen Bereich um das τ stationär verhält.

92 Albano et al. (1988) merken an, dass die Verwendung der Korrelationszeit für τ robustere Ergebnisse liefern kann. Die Korrelationszeit ist dabei definiert als die Zeitdauer, nach der die Autokorrelationsfunktion auf $1/e$ ihres ursprünglichen Wertes gesunken ist (Albano et al., 1988, S. 3023; Pritchard und Duke, 1995, S. 375).

menhang zwischen einer Messgröße $x(t)$ und derselben Messgröße zum Zeitpunkt $x(t+\tau)$ gemessen.

Die theoretische Definition der Autokorrelationsfunktion lautet:

$$\rho(\tau)=\frac{\gamma(\tau)}{\gamma(0)},$$

wobei $\gamma(\tau)$ die Autokovarianzfunktion der Zeitreihe $\{x(t)\}$, $t=1,...,N$ ist:

$$\gamma(\tau)=Cov(x(t+\tau),x(t))=E\overline{(x(t+\tau)-\overline{x})(x(t)-\overline{x})}.$$ [93]

Aus dieser Definition lässt sich die empirische Autokorrelation $\hat{\rho}(\tau)$ ableiten:

$$\hat{\rho}(\tau)=\frac{\hat{\gamma}(\tau)}{\hat{\gamma}(0)},\tau=0,1,...,N-1,$$

mit der empirischen Autokovarianzfunktion

$$\hat{\gamma}(\tau):=\frac{1}{N}\sum_{t=1}^{N-\tau}(x(t+\tau)-\overline{x})(x(t)-\overline{x}),\ \tau=0,1,...,N-1.$$ [94]

Ein Nulldurchgang bei der Autokorrelationsfunktion nach $t+\tau$ Zeitschritten bedeutet, dass es keine (lineare) Abhängigkeit mehr zwischen den beiden Variablen $x(t)$ und $x(t+\tau)$ gibt und sie innerhalb eines Koordinatensystems orthogonal zueinanderstehen würden. Durch die Orthogonalität der Variablen kann sich der Attraktor mithilfe der Zeitverzögerungskoordinaten vollständig im Phasenraum entfalten.

Die Autokorrelationsfunktion hat jedoch einen gravierenden Nachteil, der die Legitimität des durch die ACF ermittelten Timelags im Rahmen der Dimensionalitätsberechnungen in Frage stellt. Sakai und Tokumaru (1980) konnten zeigen, dass die ACF nicht in der Lage ist, zwischen einer Datenreihe, die durch eine einfache nichtlineare Differenzengleichung generiert wurde und einer Datenreihe, die einem stochastischen autoregressiven Prozess 1. Ordnung entstammt, zu unterscheiden (vgl. Abbildung 8).

93 Da die ACF eine gerade Funktion von τ ist, ergeben sich die gleichen Korrelationswerte, wenn für den Vergleichswert nicht die zukünftigen Werte $(x+\tau)$, sondern die vergangenen Werte $(x-\tau)$ verwendet werden (Wegener, 2013, S. 7).

94 Für eine vollständige Herleitung und Diskussion der empirischen Autokorrelationsfunktion siehe Kreiß und Neuhaus (2006, S. 31ff.).

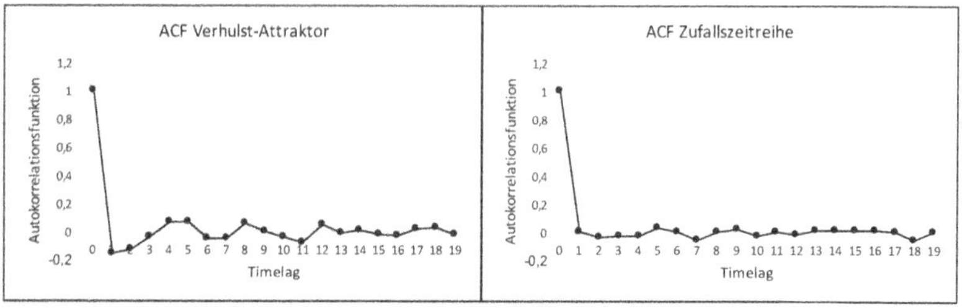

Abbildung 8: Autokorrelation einer deterministisch-chaotischen und einer stochastischen Zeitreihe

Die linke Abbildung zeigt die Autokorrelationsfunktion der deterministisch-chaotischen Zeitreihe des Verhulst-Systems, während die rechte Abbildung die Autokorrelationsfunktion einer Zufallszeitreihe darstellt. Wie zu sehen ist, findet der erste Nulldurchgang bei der ACF des Verhulst-Systems bereits bei einem Timelag von $\tau = 1$ statt. Dementsprechend wären gemäß der ACF keine Autokorrelationen im Verhulst-System enthalten.

Nichtlineare Abhängigkeiten können von der Autokorrelationsfunktion somit nicht erfasst werden, sodass ein Nulldurchgang der ACF zwar auf eine fehlende lineare Korrelation zwischen den Variablen $x(t)$ und $x(t+\tau)$ hinweist, es jedoch nicht ausgeschlossen werden kann, dass beide Variablen weiterhin nichtlineare Abhängigkeiten aufweisen. Insbesondere vor dem Hintergrund, dass der Fokus der Komplexitätsforschung in der Untersuchung nichtlinearer Systeme[95] liegt und Nichtlinearitäten folglich als gegeben angesehen werden können, scheint die ACF als Methode für die Bestimmung des optimalen Timelags nicht ideal zu sein. Auch ist die ACF nur für stationäre Prozesse definiert (Kreiß und Neuhaus, 2006, S. 47), sodass die Anwendung der ACF auf nichtstationäre Zeitreihen, zu denen auch die im Rahmen dieser Arbeit verwendeten Aktienkurse gehören, zu falschen Ergebnissen und damit auch der Wahl eines ungeeigneten Timelags führen kann. Fraser und Swinney (1986, S. 1134) bezeichnen die Methode daher auch als „naiv" und schlagen stattdessen die Verwendung der Mutual Information Funktion bzw. Mutual Information Content vor, um den optimalen Timelag für Zeitreihen mit einer unbekannten Dynamik zu finden.

3.1.3.2 Mutual Information Content

Unter den verschiedenen Maßen für die Unabhängigkeit zwischen zwei Variablen hebt sich die auf Shaw (1984) basierende Methode des Mutual Information besonders aufgrund ihres informationstheoretischen Hintergrundes heraus. Im Gegensatz zu dem linearen Korrelationskoeffizienten der ACF, weist die Mutual Information auch eine Sensitivität gegenüber der Abhängigkeiten zwischen den einzelnen Komponenten des Vektors auf, die nicht durch die Kovarianz gemessen werden können (Kraskov et al., 2004, S. 1).

Die Mutual Information wurde von Fraser und Swinney (1986) zum Mutual Information Content (MIC) weiterentwickelt, indem sie die Mutual Information nicht für den gesamten rekonstruierten Phasenraum berechnen, sondern lediglich die Mutual Information zwischen der Vergangenheit und der Zukunft für die eindimensionale Projektion der Dynamik. Auf

[95] Wie in Kapitel 2.5.2 bereits aufgeführt wurde, weisen zahlreiche empirische Untersuchungen darauf hin, dass in ökonomischen Daten Nichtlinearitäten enthalten sind.

diese Weise misst die Mutual Information die „allgemeine“ Abhängigkeit zweier Variablen (Fraser und Swinney, 1986, S. 33) auf Basis der gespeicherten Information, die von Shaw (1984, S. 99) definiert wird als „[...] the value of the knowledge of the immediate past state in determinig the immediate future state.“ Es wird somit der Frage nachgegangen, was bei Kenntnis der Variable $x(t)$ unter realen experimentellen Bedingungen[96] über das Ergebnis der gleichen Messung zum Zeitpunkt $(t+\tau)$ vorhergesagt werden kann (Mayer-Kress und Layne, 1987, S. 67). Anders ausgedrückt kann die Mutual Information als jene Menge beschrieben werden, um die sich die Unsicherheit über die zukünftige Variable $x(t+\tau)$ reduziert, wenn die in $x(t)$ enthaltenen Informationen bekannt sind.

Die Mutual Information zwischen den Variablen $x(t+\tau)$ und $x(t)$ wird definiert als

$$I(x(t+\tau),x(t)) = H(x(t+\tau)) - H(x(t+\tau)|x(t))$$

mit der Entropie $H(y) = -\int p(y)\log p(y)dy$ für eine Variable y.[97]

Ein kleiner Wert für $I(x(t+\tau),x(t))$ impliziert, dass $x(t)$ statistisch unabhängig von $x(t+\tau)$ ist und auf diese Weise die Redundanz[98] der Koordinaten reduziert wird. Aus der Gleichung der Mutual Information wird ersichtlich, dass diese minimal wird, wenn die Entropie der bedingten Wahrscheinlichkeit $p(x(t+\tau)|x(t))$ gleich der Entropie von $p(x(t+\tau))$ ist. Dies ist für den Fall gegeben, wenn die Kenntnis von $x(t)$ keinerlei Einfluss auf die Wahrscheinlichkeit von $x(t+\tau)$ hat und $x(t)$ somit keine Informationen über den zukünftigen Zustand $x(t+\tau)$ enthält.

Im Gegensatz zu Shaw (1984), der ursprünglich den Zeitabstand τ als optimal definierte, bei dem die Mutual Information zwischen den vergangenen und zukünftigen Zuständen maximiert wird, definieren Fraser und Swinney (1986, S. 1139) jedoch das τ als beste Wahl für den Timelag vor, bei dem die Funktion $I(x(t+\tau),x(t))$ ihr erstes Minimum erreicht. Zwar schlägt Fraser (1989) eine Alternative vor, die einen Kompromiss zwischen Redundanz und Relevanz darstellen soll und zudem auch auf höherdimensionale Systeme anwendbar ist, doch der genaue Zusammenhang zwischen dem Minimierungskriterium von Fraser (1989) und dem ursprünglichen Maximierungskriterium von Shaw (1984) kann auch weiterhin nicht eindeutig geklärt werden.

---

96 Reale Bedingungen sind vorhanden, wenn die Daten eine endliche Auflösung aufweisen und es sich somit nicht um eine stetige Zeitreihe handelt. Für die Berechnung der Mutual Information mit stetigen Variablen siehe Battiti (1994, S. 538). Zudem können die Daten unter realen Bedingungen auch rauschbehaftet sein.

97 Die Entropie $H(y)$ ist ein Maß zur Quantifizierung der enthaltenen Informationen in einer Wahrscheinlichkeitsverteilung $P(y)$ (Shaw, 1984, S. 26). $H(x(t+\tau)|x(t))$ stellt die mittlere Entropie der bedingten Wahrscheinlichkeitsdichte $P(x(t+\tau)|x(t))$ dar (Casdagli et al., 1991, S. 66).

98 Sobald zwei Koordinaten nicht vollkommen unabhängig voneinander sind, sind sie zu einem gewissen Grad redundant, da jede Koordinate Informationen der anderen Koordinate enthält.

Albano et al. (1988, S. 3023) haben die Mutual Information anhand einiger Beispiele mit der Autokorrelationsfunktion verglichen und kommen zu dem Ergebnis, dass die Mutual Information kein reliabler Indikator für einen optimalen Timelag darstellt. Darüber hinaus kritisieren sie, dass die numerische Schätzung der Mutual Information mit signifikanten technischen Problemen verbunden ist, die annähernd so komplex wie die Dimensionsschätzungen selbst sind. Auch Casdagli et al. (1991) hinterfragen diese Methode zur Bestimmung des optimalen Timelags und merken an, dass es keinen eindeutigen Grund gibt, warum das erste Minimum der Mutual Information $I(x(t+\tau), x(t))$ gegenüber den anderen Minima bevorzugt werden sollte. Außerdem sei es nicht immer zwingend der Fall, dass die Mutual Information für endliche τ ein Minimum aufweisen muss (Casdagli et al., 1991, S. 67).

Sowohl die Mutual Information als auch die Autokorrelationsfunktion haben ihre Stärken und Schwächen und die Frage nach der Methode der Wahl hängt von dem Forschungsziel, den vorhandenen Daten sowie verfügbaren Rechenkapazitäten ab. Während sich die Autokorrelationsfunktion insbesondere aufgrund ihrer einfachen und schnellen Berechnung für experimentelle Untersuchungen mit mehreren Durchläufen und für kurze Daten mit schwachen nichtlinearen Abhängigkeiten eignet, liefert die Mutual Information bessere Ergebnisse für komplexere Zeitreihen, birgt jedoch aufgrund der Komplexität bei der Berechnung einiges an Fehlerpotenzial. Sofern die Möglichkeit gegeben ist, empfiehlt es sich, beide Methoden anzuwenden und die Ergebnisse miteinander zu vergleichen. Sollten sich die berechneten Timelags stark voneinander unterscheiden, können alternative Verfahren (vgl. z. B. Caputo et al., 1986; Broomhead et al., 1987) zur Verifizierung herangezogen werden.

3.1.4 Wahl der passenden Einbettungsdimension

In Kapitel 3.1.3 wurde bereits darauf hingewiesen, dass für die korrekte Phasenraumeinbettung einer Zeitreihe die Autokorrelationsfunktion sowie die Mutual Information einen Hinweis auf den geeigneten Timelag zur Konstruktion der Zeitverzögerungskoordinaten geben können. Die Frage nach der passenden Einbettungsdimension wird bei diesen Verfahren weder berücksichtigt noch beantwortet. Als Einbettungsdimension m eines Attraktors wird die kleinstmögliche Dimension einer Untermenge des euklidischen Raumes definiert, in den eine glatte Mannigfaltigkeit, die den Attraktor enthält, eingebettet werden kann (Farmer, 1982a, S. 369). Neben der Notwendigkeit einer passenden Einbettungsdimension zur Bestimmung der Anzahl der Freiheitsgrade des Systems ist die Bestimmung der kleinstmöglich zu wählenden Einbettungsdimension insbesondere im Hinblick auf die steigenden Anforderungen gegenüber der Datenreihengröße und dem höheren Rechenaufwand von großer Bedeutung. Dies gilt insbesondere für Algorithmen, die mit Matrizen arbeiten, deren Reihen und Spalten von der niedrigsten Einbettungsdimension abhängen, wie z. B. die Berechnung des Lyapunov-Spektrums oder Algorithmen zur Rauschreduktion (Buzug und Pfister, 1992, S. 128). Eine passende Einbettungsdimension ist für diese Algorithmen essenziell. Aufbauend auf dem Whitney-Einbettungstheorem über die Einbettung glatter Mannigfaltigkeiten in Unterräume des euklidischen Raumes[99] konnte Takens (1981) zeigen, dass die auf der Konstruktion von Zeitverzögerungskoordinaten basierende Abbildung einer d-dimensionalen und stetig differenzierbaren Mannigfaltigkeit M auf R^{D+1} unter der Voraussetzung eines generischen dynamischen Systems und dessen beobachteter generischer Quantität ein Diffeomorphismus von M ist. Somit bleiben die typischen Eigenschaften des Systems im Phasenraum auch dann erhalten, wenn dieser aus Zeitverzögerungskoordinaten rekonstruiert wurde (vgl. Tschacher und Schiepek, 1997, S. 14). Dies bedeutet, dass ein Attraktor mit der Dimensionalität D vollständig in einen Phasenraum eingebettet werden kann, wenn die Einbettungsdimension $m \geq 2D+1$ ist.

Diese Ungleichung hat sich in den Untersuchungen zu Dimensionen mittlerweile als Faustregel[100] für die Mindestgröße der zu wählenden Einbettungsdimension etabliert, auch wenn sie sich in der Praxis nicht ohne Weiteres einsetzen lässt, da für die Gültigkeit der Bedingung die Annahme getroffen werden muss, dass die Dynamik des Systems deterministisch ist und ebenso wie die Beobachtungen autonom sein muss (vgl. Stark et al., 1997, S. 5304). Darüber hinaus ist Takens Vorschlag auch nur für Zeitreihen gültig, die unendlich viele Datenpunkte aufweisen und beliebig hoch aufgelöst sein können (Buzug und Pfister, 1992, S. 128). Da in der Realität jedoch häufig sowohl in der Dynamik als auch in den Beobachtungen weißes Rauschen zu finden und die Auflösung aufgrund der vorhandenen Technologie begrenzt ist, sind diese Voraussetzungen in den seltensten Fällen gegeben. Stark et al. (1997) konnten jedoch einige Verallgemeinerungen für Takens Theorem vornehmen, sodass es auch zumindest für deterministisch forcierte Systeme sowie für eine weite Klasse stochastischer Systeme angewendet werden kann. Allerdings berücksichtigt auch die verallgemeinerte Fassung von Stark et al. (1997) keine kompakten Mengen mit fraktaler Struktur[101]. Diese finden in der Arbeit von Sauer et al. (1991) Berücksichtigung, die Takens Theorem – gemeinsam mit den Überlegungen von Mañé (1981) zur notwendigen Mindestgröße der Einbettungsdimension für eine überschneidungsfreie Entfaltung des Attraktors – für kompakte Untermengen mit fraktaler Struktur erweitern.

Mithilfe des von Sauer et al. (1991) erweiterten Einbettungstheorems soll ein euklidischer Raum R^m identifiziert werden, der groß genug ist, dass sich die Menge an Punkten mit der Attraktordimension D vollständig und eindeutig darin entfalten kann. Geometrisch betrachtet bedeutet eine Entfaltung, dass zwei benachbarte Punkte in einer Einbettungsdimension m nicht aufgrund einer zu niedrig gewählten Einbettungsdimension m beieinanderliegen, son-

---

99 Whitney (1936) hat gezeigt, dass jede generische stetig differenzierbare Abbildung F einer d-dimensionalen, stetig differenzierbaren und kompakten Mannigfaltigkeit M auf R^{2d+1} ein Diffeomorphismus von M ist. Unter einem Diffeomorphismus versteht man eine differenzierbare und invertierbare Abbildung, deren Jacobi-Matrix ausschließlich von Null verschiedene Determinanten aufweist (Farmer et al., 1983, S. 157).

100 Diese Faustregel sowie auch die anschließend genannten Alternativen basieren im Grunde alle auf einer unterschiedlichen Auslegung der Beweise von Takens (1981) und Mañé (1981) über die Rekonstruktion des Phasenraumes durch Zeitverzögerungskoordinaten. Auch wenn sich die verschiedenen Versionen nur minimal voneinander unterscheiden, zeigt dies, dass es sich hierbei vielmehr um eine Handlungsempfehlung als um eine strikte Vorgabe handelt.

101 Weist die im Phasenraum eingebettete Systemdynamik eine kompakte Menge mit einer fraktalen Struktur auf, ist dies ein deutlicher Hinweis auf einen seltsamen Attraktor. Dieser wird in Kapitel 3.1.6 näher erläutert.

dern aufgrund der Eigenschaften der Systemdynamik. Dabei reicht eine Übereinstimmung der Einbettungsdimension mit der Attraktordimension bzw. der nächstgrößeren ganzzahligen Dimension, für eine überschneidungsfreie Abbildung nicht immer aus. So kann z. B. ein eindimensionaler Grenzzyklusattraktor[102] wie in Abbildung 9 in einen zweidimensionalen Phasenraum eingebettet sein und sich dennoch an einigen Stellen überschneiden. Dies würde zu dem Problem führen, dass an den Schnittpunkten nicht eindeutig bestimmt werden kann, welche Punkte mit anderen benachbart sind und sich somit im gleichen Teilabschnitt auf der Trajektorie befinden. Erst die Einbettung in einen dreidimensionalen Phasenraum ermöglicht eine vollständige Entfaltung des Attraktors, bei dem sämtliche benachbarten Punkte eindeutig den entsprechenden Trajektorien zugeordnet werden können. Zwar ließe sich der Attraktor auch in einen vierdimensionalen Phasenraum einbetten, jedoch würde dies zu keinem weiteren Informationsgewinn führen, da bereits im dreidimensionalen Phasenraum sämtliche Mehrdeutigkeiten aufgelöst werden. Diese Aussage lässt sich allerdings nicht verallgemeinern, sondern bezieht sich auf den hier dargestellten Grenzzyklusattraktor.

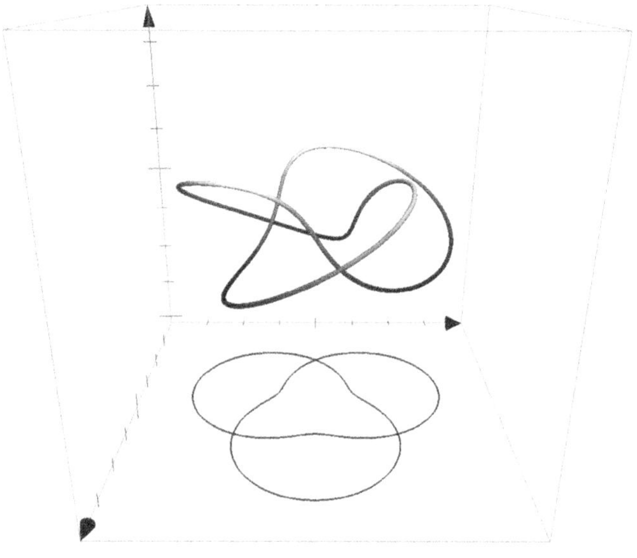

Abbildung 9: Projektion eines Grenzzyklusattraktors auf eine zweidimensionale Ebene

Grenzzyklusattraktor in einem dreidimensionalen Phasenraum. Eine Projektion des Attraktors auf eine zweidimensionale Ebene führt zu einer Überschneidung der Trajektorie (Die torusartige Oberfläche der Trajektorie dient lediglich der besseren Visualisierung).

[102] Für eine Definition der unterschiedlichen Attraktorklassen siehe Kapitel 3.1.5.

Sauer et al. (1991) können zeigen, dass alle Selbstüberschneidungen des Orbits der attrahierenden Menge eliminiert werden, wenn die Einbettungsdimension m größer ist als das Zweifache der Attraktordimension[103] D:

$$m > 2D$$ [104]

Neben der Gültigkeit dieser Bedingung für seltsame Attraktoren konnten Sauer et al. darüber hinaus auch zeigen, dass diese Bedingung in den meisten Fällen auch für Einbettungen von rekonstruierten Zeitverzögerungskoordinaten gültig ist. Allerdings verliert diese Bedingung bei dem Austausch der Boxdimension[105] durch die Hausdorff-Dimension ihre Gültigkeit (vgl. Sauer et al., 1991, S. 608). Dies ist in der Praxis eine entscheidende Einschränkung, da die Berechnung für Boxdimensionen D_c sehr aufwendig ist und sie sich daher als wenig praktikabel erwiesen hat.
Sowohl Takens (1981) als auch Sauer et al. (1991) haben zwei in der Theorie gültige Bedingungen für die korrekte Einbettung eines Attraktors präsentiert, die je nach betrachteter Dynamik eingesetzt werden können. Für Untersuchungen von empirisch erhobenen Daten sind beide Bedingungen jedoch nur sehr eingeschränkt einsatzfähig. In den meisten Fällen ist die Dimension des Attraktors des Systems im Vorfeld nicht bekannt und stellt häufig sogar das primäre Untersuchungsziel dar. Für die Bestimmung der notwendigen Einbettungsdimension gemäß den genannten Theoremen ist die Kenntnis der Attraktordimension jedoch essenziell. Daraus lässt sich ableiten, dass die Einbettungstheoreme von Takens (1981) und Sauer et al. (1991) zwar zur Validierung einer gewählten Einbettungsdimension geeignet sind, wenn der Attraktor und dessen Eigenschaften bekannt sind (was bei physikalischen Modellen häufig der Fall ist), bei unbekannten Systemdynamiken, wie z. B. der Dynamik des Finanzmarktes, aber eine Methode zur Auswahl der korrekten Einbettungsdimension gewählt werden muss, die unabhängig vom Attraktor des Systems eingesetzt werden kann.[106]

Da sich das im Rahmen der vorliegenden Arbeit geplante *PD2*[107] grundsätzlich auch ohne eine exakte Vorkenntnis der kleinsten Einbettungsdimension berechnen lässt, wird an dieser Stelle nicht näher auf die Methoden zur Bestimmung der kleinsten Einbettungsdimensionen

---

103 Sauer et al. (1991) verwenden den Begriff der Attraktordimension synonym zur Boxdimension, um die Dimension eines Attraktors zu beschreiben.

104 Eine Eliminierung der Selbstüberschneidungen impliziert in diesem Fall auch eine (fast) vollständige Rekonstruktion des originalen Phasenraumes mithilfe der Zeitverzögerungskoordinaten (vgl. Janjarasjitt et al., 2008, S. 1815).

105 Die Boxdimension wird auch als Kapazität bezeichnet. Siehe hierzu Kapitel 3.2.1.

106 Ob es sich bei den zuvor genannten theoretischen Untergrenzen der Einbettungsdimension tatsächlich um notwendige Voraussetzungen für die Durchführung gezielter Dimensionsberechnungen handelt, ist allerdings nicht gewiss. So haben z. B. Ding et al. (1993b) ein Theorem entwickelt, das besagt, dass zur Berechnung der Korrelationsdimension in fast allen Fällen bereits $m \geq D2$ ausreicht, ungeachtet dessen, ob die konstruierten Zeitverzögerungskoordinaten eine 1: 1-Abbildung des Attraktors ermöglichen.
Auch geht die Anforderung der Stationarität der Daten für die Berechnung des *D2* mit der Annahme einher, dass der Attraktor des Systems und damit auch dessen Dimension konstant bleiben. Abgesehen von idealtypischen Systemen finden sich in der Realität jedoch kaum Systeme, die vollkommen stationär sind und nicht zumindest von Epochen nichtstationären Verhaltens unterbrochen werden. Eine Schätzung der minimalen Einbettungsdimension wäre in einem solchen Fall nicht sinnvoll, da sie über mehrere qualitativ unterschiedliche Systemzustände verlaufen würde.

107 Für eine Diskussion des Point-D2 siehe Kapitel 3.2.6.

eingegangen, sondern auf Kapitel 3.3.3 verwiesen, in welchem drei mögliche Varianten zur Bestimmung der Einbettungsdimension diskutiert werden.

3.1.5 Attraktoren

Die im vorherigen Unterkapitel beschriebenen Methoden zur Wahl des passenden Timelags sowie der Einbettungsdimension sind notwendig, um die Dynamik eines dissipativen dynamischen Systems korrekt in einen Phasenraum einzubetten. Sofern eine Einbettung erfolgt ist, kann der Phasenraum in Bereiche unterteilt werden, in denen die Bewegung ungebunden ist und in Bereiche, in welchen die Bewegung auf kompakte Teilmengen attrahiert wird. Diese kompakten Teilmengen werden *Attraktoren* genannt (Froehling et al., 1981, S. 606). Ein Attraktor zieht die Phasenpunkte/bzw. Trajektorien aus anderen Bereichen des Phasenraumes in das Becken des Attraktors an und behält diese bei sich, sobald sie in den Bereich des Attraktors eingedrungen sind (Farmer, 1982a, S. 368). Sobald sich das System innerhalb eines Attraktors befindet, pendelt es sich nach einer gewissen Zeitspanne ein und nimmt den Zustand eines permanenten Regimes[108] an. Das Regime muss sich je nach Art und Form des Attraktors nicht zwingendermaßen zeitinvariant verhalten. Ein zeitinvariantes Verhalten kann in einem System beobachtet werden, das einen Fixpunktattraktor aufweist (vgl. Abbildung 10). Er zeichnet sich dadurch aus, dass sich alle Trajektorien des Phasenraumes auf einen fixen Punkt hinbewegen. Ein System mit einem Fixpunktattraktor strebt somit einen Gleichgewichtszustand an, den es bei Erreichen auch nicht mehr verlässt. Zwar kann der Systemzustand durch äußere Verstörungen aus dem Gleichgewichtszustand gebracht werden, sobald die Verstörung jedoch aufhört, konvergiert er wieder zum Fixpunkt zurück.[109] Bei dem Fixpunktattraktor handelt es sich um die einfachste Form eines Attraktors.

[108] Im Phasenraum wird von einem Regime gesprochen, wenn ganze Trajektorienfamilien zu einer Teilmenge des Phasenraums hin konvergieren und das System anschließend in dieser Teilmenge verbleibt (vgl. Nicolis und Nicolis, 1984, S. 529). Bei der Teilmenge handelt es sich dann um den Attraktor, der die Dynamik des Systems steuert und ihr ein Regime aufzwingt.

[109] Die Annäherung zum Gleichgewichtszustand kann dabei auf zwei verschiedene Arten erfolgen: Zum einen kann eine monotone Bewegung zum Fixpunkt erfolgen. Zum anderen kann die Annäherung durch gedämpfte Oszillationen erfolgen (Nicolis und Nicolis, 1984, S. 530).

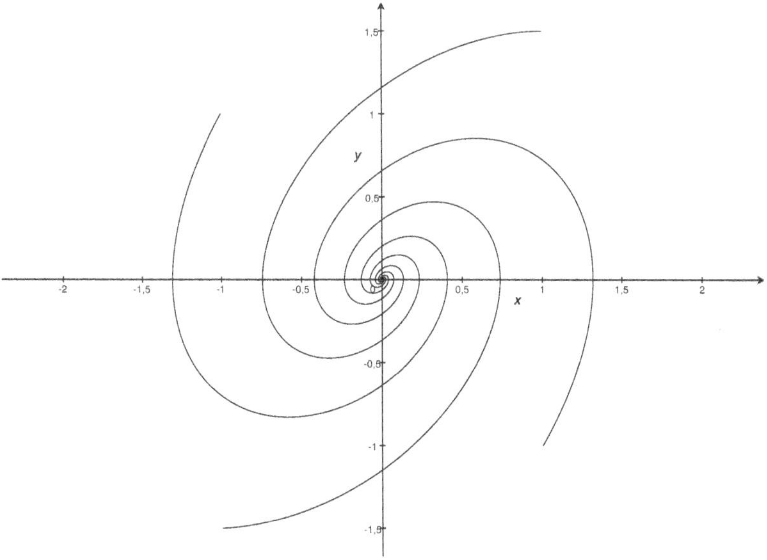

Abbildung 10: Fixpunktattraktor

Fixpunktattraktor der Dynamik eines gedämpften Oszillators für vier unterschiedliche Startwerte. Alle Trajektorien des Systems streben dem Fixpunkt $(0,0)$ entgegen.

Eine weitere Form eines Attraktors stellt der Grenzzyklusattraktor dar, dessen Form im Zustandsraum durch eine geschlossene Kurve sichtbar wird, auf die benachbarte Trajektorien hin konvergieren und auf dieser verbleiben, sobald sie diese erreicht haben. Für das System bedeutet das Vorhandensein eines zyklischen Attraktors eine fortwährende Oszillation mit einer intrinsisch determinierten Periode und Amplitude (Nicolis und Nicolis, 1984, S. 530). Wie der Fixpunktattraktor ist auch der Grenzzyklusattraktor stabil, sodass die Trajektorien des Systems durch eine Störung zwar kurzzeitig aus dem Orbit des Attraktors gelenkt werden können, nach einer Zeit aber zum Orbit zurückkehren (vgl. Liening, 2017, S. 168). Abbildung 11 zeigt den Grenzzyklusattraktor vom Van der Pol-Oszillator[110]. Während der Fixpunktattraktor durch einen charakteristischen Parameter des Systems beschrieben werden kann, da der Systemzustand exakt einen Wert annimmt, werden für die Beschreibung eines Grenzzyklusattraktors bereits zwei Parameter benötigt.[111]

[110] Der van der Pol Oszillator basiert auf einem von B. van der Pol und J. van der Mark aufgestellten Differenzialgleichungssystem. Es war das erste und einfachste theoretische Modell für Herzfrequenzschwingungen (Kaplan und Glass, 1995, S. 240). Die Gleichungen lauten: $\dot{x} = -y, \dot{y} = x + y\mu(1-x^2)$ (Shaw, 1981, S. 32).

[111] Ein prominentes Beispiel für einen Grenzzyklusattraktor ist die Dynamik eines Pendels im reibungsfreien Zustand. Jeder Punkt auf dem kreisförmigen Attraktor beschreibt einen möglichen Systemzustand, der durch die Parameter „Ort" und „Impuls" definiert wird. Diese Parameter bilden auch gleichzeitig die beiden Dimensionen des zweidimensionalen Phasenraumes, der wiederum einer Funktion mit zwei Freiheitsgraden entspricht (vgl. Goergen und Vialar, 2009, S. 88).

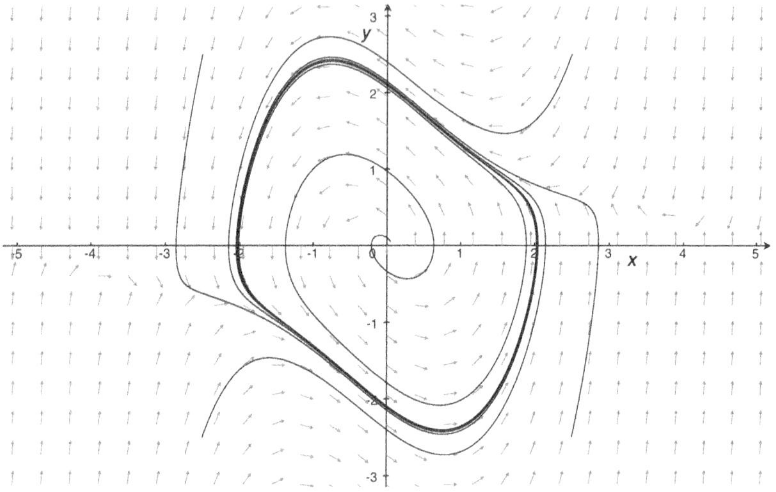

Abbildung 11: Grenzzyklusattraktor

Phasenraumdarstellung des Grenzzyklusattraktors des *van der Pol* Oszillators für $\mu = 0{,}7$ und vier beispielhaften Startwerten $(x(0), y(0))$. Anhand des abgebildeten Vektorfeldes zeigt sich, dass sich die Trajektorienpfade sämtlicher Startwerte auf den Grenzzyklusattraktor zubewegen.

Sind im System zwei periodisch schwingende Variablen vorhanden, bildet die Kombination dieser Schwingungen einen Torus im (dreidimensionalen) Phasenraum, auf dessen Oberfläche sich die Trajektorien der Systemdynamik spiralförmig entlang bewegen. Ist das Verhältnis der beiden Schwingungen rational, erreichen die Trajektorien irgendwann wieder ihren Startpunkt und laufen den gleichen Pfad erneut entlang, sodass der Attraktor die Form einer zusammengeschobenen Kugelschreiberfeder aufweist (vgl. Abbildung 12). Falls das Verhältnis der Schwingungen jedoch irrational ist, laufen die Trajektorien entlang der Torusoberfläche, ohne dabei jemals wieder den eigenen Startpunkt zu erreichen (Liening, 2017, S. 220 f.). Als Resultat bedecken die Trajektorienpfade nach unendlich vielen Zeitschritten die gesamte Oberfläche des Torus, weshalb diese Art des Attraktors auch als „Torus-Attraktor" bezeichnet wird (vgl. Abbildung 13a). In so einem Fall wird die Systemdynamik als „quasiperiodisch" bezeichnet, da die Trajektorie zwar nicht den alten Pfad einnimmt, jedoch nach einer bestimmten Zeit die Nachbarschaft des Startpunktes durchläuft.

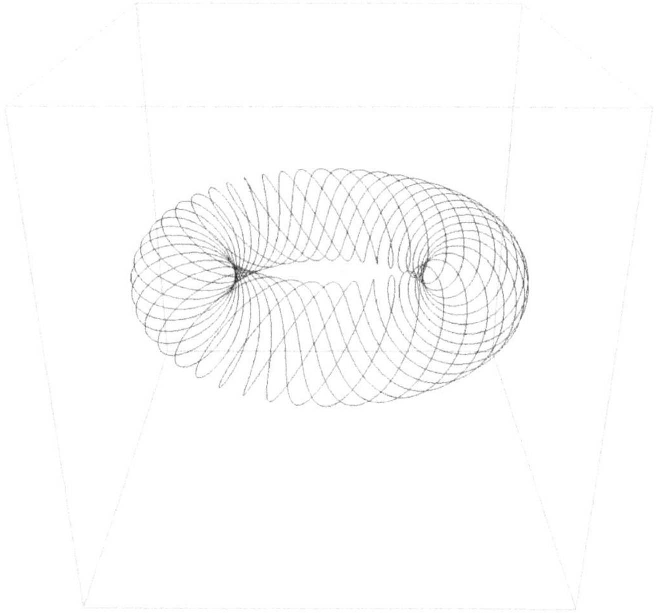

Abbildung 12: Torus Attraktor mit rationalem Schwingungsverhältnis

Besteht die Dynamik eines Systems aus zwei Schwingungsfrequenzen, verläuft der Attraktor des Systems innerhalb des Phasenraumes entlang der Oberfläche eines Torus. Stehen die Schwingungen in einem rationalen Verhältnis, verlaufen die Phasenraumtrajektorien periodisch auf einem festgelegten Pfad. Die Oberfläche des Torus wird nicht vollständig durch die Trajektorien abgedeckt.

Die Eigenschaften eines Attraktors liefern einen Hinweis darauf, wieviel Variablen mindestens zur Beschreibung des Systems benötigt werden. Während für einen nulldimensionalen Fixpunktattraktor mindestens eine Variable benötigt wird, sind für einen eindimensionalen Grenzzyklusattraktor bereits zwei erklärende Variablen notwendig. Für die Darstellung eines (quasi-)periodischen Torus-Attraktors werden mindestens drei Variablen benötigt.[112]

[112] Selbstverständlich kann eine Systemdynamik auch aus mehr als zwei Schwingungsfrequenzen bestehen. Bei n-Schwingungsfrequenzen verlaufen die Trajektorien entsprechend auf einem n-dimensionalen Torus (vgl. Goergen und Vialar, 2009, S. 82).

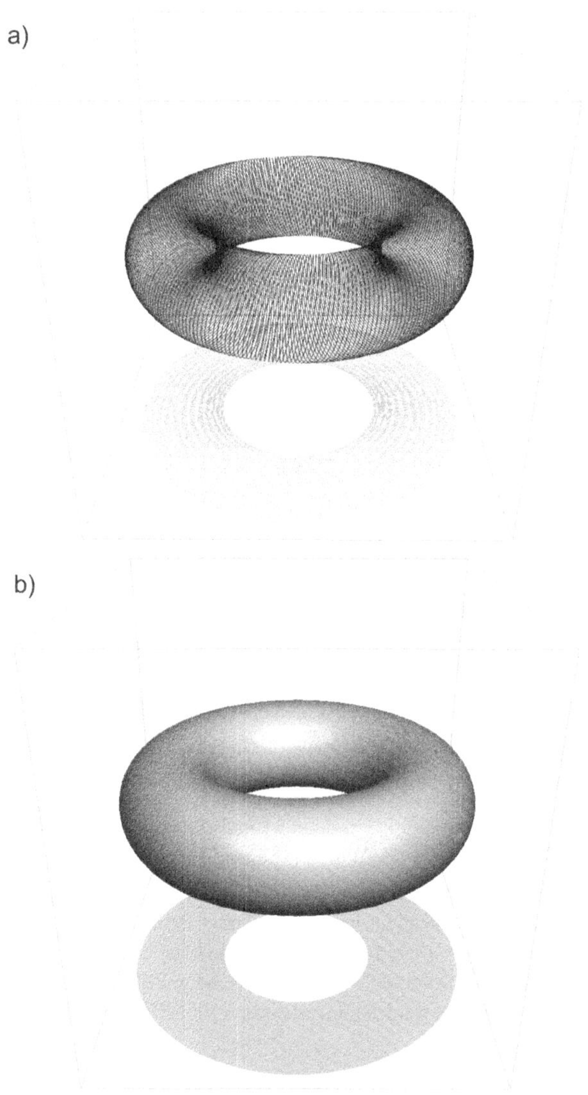

Abbildung 13: Torus Attraktor mit irrationalem Schwingungsverhältnis

Besteht die Systemdynamik aus zwei Schwingungsfrequenzen, die in einem irrationalen Verhältnis zueinanderstehen, sind die Pfade der Phasenraumtrajektorien nicht periodisch, sodass ein einmal durchlaufener Pfad nicht wieder durchlaufen wird. Stattdessen bewegen sich die Trajektorien mit jeder Umrundung der Torusoberfläche entlang neuer Pfade (Abb. a)), sodass die Torusoberfläche nach unendlich vielen Umrundungen vollständig durch die Pfade bedeckt wird (Abb. b)).

Die zuvor beschriebenen Attraktoren zeichnen sich dadurch aus, dass sie alle eine glatte topologische Mannigfaltigkeit aufweisen, die durch eine ganzzahlige Dimensionalität charakterisiert wird. Es gibt jedoch auch Attraktoren, deren Dimension nicht ganzzahlig, sondern gebrochen ist.

3.1.6 Seltsame Attraktoren

Bereits in den 1970er Jahren konnte gezeigt werden, dass geometrische Objekte ohne eine topologische Mannigfaltigkeit existieren (Ruelle und Takens, 1971). Solche Konstruktionen werden auch als „Fraktale" bezeichnet. Mandelbrot (1977) benutzt den Begriff des Fraktals, um geometrische Strukturen zu kennzeichnen, die derartig irregulär sind, dass ihre Hausdorff-Dimension erstaunlicherweise größer ausfällt als ihre topologische Dimension und häufig nicht ganzzahlig ist.[113] Fraktale Attraktoren, auch als „seltsame Attraktoren" bekannt (Ruelle und Takens, 1971, S. 170; Lorenz, 1993, S. 170; Strunk und Schiepek, 2006, S. 98), beschreiben irreguläre, zeitabhängige Phänomene und treten in dissipativen dynamischen Systemen auf, in denen chaotisches Verhalten beobachtet werden kann. Die wichtigsten Eigenschaften seltsamer Attraktoren sind zum einen deren starke Sensibilität gegenüber den Anfangsbedingungen und zum anderen das Auftreten von heftigen, einem stochastischen Prozess ähnelnden Abweichungen von einer mittleren Bewegung, obwohl die zugrunde liegende Dynamik vollkommen deterministischer Natur ist (vgl. Nicolis und Nicolis, 1984, S. 530). Ähnlich wie bei dem Torus Attraktor mit irrationalem Schwingungsverhältnis kehrt eine Trajektorie bei einem seltsamen Attraktor niemals an einen bereits aufgesuchten Punkt zurück. Ein seltsamer Attraktor führt daher „[...] zu einer *Aperiodizität* des Systems" (Balmann, 1994, S. 29). Dies hat wiederum zur Folge, dass in einem seltsamen Attraktor unendlich viele instabile periodische Orbits[114] eingebettet sind und der Attraktor den Abschluss der Menge dieser Orbits bildet (Ruelle und Gallavotti, 1978, S. 137). Zu den prominentesten Vertretern eines chaotischen, stetigen dynamischen Systems zählt das Lorenz System (vgl. Lorenz, 1963). Es ist benannt nach E. N. Lorenz, der das folgende dreidimensionale System im Rahmen seiner Studien von Turbulenzen in Flüssigkeiten untersucht hat:

$$\begin{aligned} \dot{x} &= s(-x+y), \\ \dot{y} &= rx-y-xy, \qquad s,r,b>0, \\ \dot{z} &= -bz+xy. \end{aligned}$$

[113] Während eine Linie eine topologische Dimension gleich eins aufweist, hat die berühmte Koch-Kurve eine Hausdorff-Dimension von 1,26 (vgl. Strunk, 2004, S. 150).

[114] Instabile periodische Orbits sind periodische Lösungen der Bewegungsgleichungen eines chaotischen dynamischen Systems, also geschlossene Kurven im Phasenraum. Aufgrund der Instabilität dieser Lösungen können sie vom System aber nicht angenommen werden. Stattdessen kann sich das System nur für kurze Zeit in ihrer Nähe aufhalten. Ruelle und Gallavotti (1978, S. 137) sprechen an dieser Stelle auch von einem chaotischen Attraktor. Da seltsame Attraktoren fast immer in Systemen mit einer chaotischen Dynamik beobachtet werden, werden seltsame und chaotische Attraktoren in den meisten Fällen gleichgesetzt, da ein Attraktor sowohl chaotisch als auch seltsam sein kann (Ramsey et al., 1990, S. 1003). Es existieren jedoch einige Spezialfälle, bei denen zwischen chaotischen und seltsamen Attraktoren differenziert werden muss (Strunk, 2012, S. 86).

Bei der Phasenraumdarstellung der Dynamik wird ein seltsamer Attraktor mit zwei ineinander übergehenden Spiralen sichtbar, die der Form von Schmetterlingsflügeln ähneln (vgl. Abbildung 14). Eine Trajektorie, die in einem der „Flügel" startet, kann einige Iterationen innerhalb dieses Flügels verbringen, bevor sie auf den zweiten Flügel übergeht. Die zuvor beschriebenen Eigenschaften eines seltsamen Attraktors können am Lorenz Attraktor sehr gut deutlich gemacht werden. So lässt sich die Eigenschaft der Aperiodizität daran erkennen, dass die Anzahl an Iterationen, bis die Trajektorie von einem Flügel zum nächsten wechselt, nicht konstant ist. Aufgrund der Sensibilität gegenüber den Anfangsbedingungen und der Tatsache, dass die Trajektorie ihren Startpunkt kein zweites Mal durchläuft, ist ein langfristiger Verlauf der Trajektorie auf dem Attraktor nicht prognostizierbar. Zwei Punkte, die sich zu Beginn auf zwei beliebig nah beieinander liegenden Trajektorien befinden, können sich bereits nach kurzer Zeit weit voneinander entfernen, da einer der Punkte auf den anderen Flügel wandern kann, während der andere Punkt auf dem ursprünglichen Flügel verbleibt. Die starke Sensitivität gegenüber den Anfangsbedingungen wird auch dadurch deutlich, dass es bei einer endlichen Anzahl an Iterationen, je nach Startpunkt zu deutlich sichtbaren Unterschieden bei der Verteilung der Trajektorienbahnen[115] auf dem Attraktor kommt, auch wenn die zugrunde liegende Form der Figur in Abbildung 14 unverändert bleibt (vgl. Lorenz, 1993, S. 168f.).

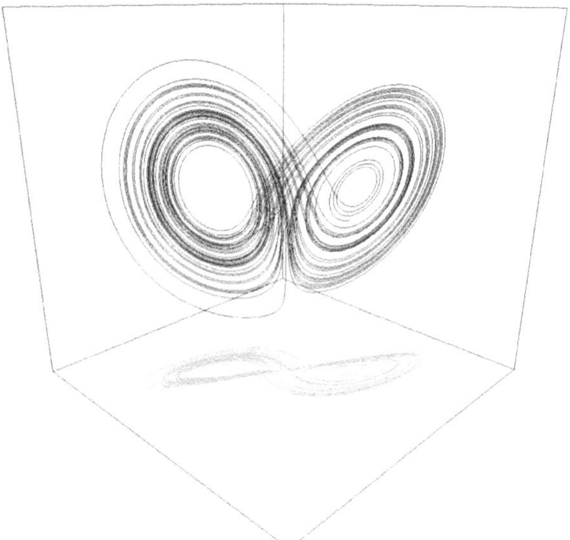

Abbildung 14: Lorenz Attraktor

Phasenraumdarstellung des Lorenz Attraktors für s=9, r=24, b=3/8.

[115] Um diesen Punkt zu verdeutlichen sei darauf hingewiesen, dass in Abbildung 14 nur die Entwicklung einer einzigen Trajektorie zu sehen ist, die ihren Ursprung im mittleren Bereich des rechten Flügels hat. Die Trajektorie eines anderen Startpunktes im Phasenraum würde sich zwar auch auf dem Attraktor bewegen, ihre Bahnen auf dem Attraktor wären aber nicht identisch mit den Bahnen der Trajektorie von Abbildung 14.

Obwohl überwiegend Einigkeit über die charakteristischen Eigenschaften eines seltsamen Attraktors herrscht, existieren Unterschiede in der formalen Definition.[116] Greenside et al. (1982, S. 3456) definiert einen seltsamen Attraktor als eine beschränkte attrahierende Menge in dem Phasenraum eines deterministischen dynamischen Systems, bei der alle beieinanderliegenden Pfade auf dem Attraktor im Zeitverlauf exponentiell divergieren. Da der Attraktor kompakt ist, bedeutet eine exponentielle Divergenz, dass der Pfad stetig über den Attraktor gefaltet wird.

Grassberger und Procaccia (1983b, S. 189) beschreiben einen seltsamen Attraktor folgendermaßen:

> „Typically, a strange attractor arises when the flow does not contract a volume element in all directions, but stretches it in some. In order to remain confined to a bounded domain, the volume element gets folded at the same time, so that it has after some time a multisheeted structure. A closer study shows that it finally becomes (locally) Cantor-set like in some directions, and is accordingly a fractal in the sense of Mandelbrot."

Seltsame Attraktoren zeichnen sich somit durch eine fraktale Komponente aus. Dies bedeutet, dass sich die Menge mindestens entlang einer Achse wie eine Cantor-Menge[117] verhält. Mittlerweile sind Ausnahmen von der Regel bekannt geworden, dass ein fraktaler Attraktor gleichzusetzen ist mit einer chaotischen Systemdynamik. Daher erweitert bspw. Heilig (2013, S. 25) die Definition eines seltsamen Attraktors dahingehend, dass ein Attraktor als seltsam zu bezeichnen ist, wenn

I. die Trajektorien im Attraktor eine sensitive Abhängigkeit von Anfangswerten aufweisen,
II. der Attraktor topologisch transitiv ist und
III. der Attraktor eine fraktale Struktur besitzt.

Die „Seltsamkeit" eines Attraktors wurde in den 70er Jahren typischerweise ausschließlich durch Dimensionalitätsmaße wie der „Kapazität" bzw. „Hausdorff-Dimension" dargestellt und oftmals unter dem Sammelbegriff der „Fraktalen Dimension" zusammengefasst.[118]

---

[116] Eine ausführliche Diskussion über die Klassifikation und die Phänomenologie von seltsamen Attraktoren findet sich bei Shaw (1981, S. 99ff.).

[117] Die Kantor-Menge C, benannt nach dem Mathematiker Georg Cantor, ist eine Teilmenge der reellen Zahlen und ist „[...] überabzählbar, kompakt, der Länge null, total unzusammenhängend und perfekt" (Neunhäuserer, 2015, S. 94). Die klassische Definition einer Cantor-Menge ist gegeben durch $C=\left\{\sum_{n=1}^{\infty} s_n 3^{-n} \middle| s_n \in \{0,2\}\right\}$.

[118] In der Literatur wird der Begriff Dimensionalität oft als Sammelbegriff für die verschiedenen Maßzahlen der fraktalen bzw. der Hausdorff-Dimension, des Korrelationsintegrals sowie der informations-theoretischen Entropie verwendet, was durchaus zu Missverständnissen beim Leser führen kann. Zwar unterscheiden sich die einzelnen Maßzahlen in der Berechnung und auch im Ergebnis voneinander, sie zielen jedoch alle auf die Beschreibung der Seltsamkeit des Attraktors ab. Stellvertretend wird die „Fraktale Dimension" daher auch als die Hausdorff-Dimension (Greenside et al., 1982; Grassberger und Procaccia, 1983b) eines dynamischen Systems bezeichnet.

Die Dimension ist eine der wichtigsten Eigenschaften eines Attraktors, da sie als Maß für die Anzahl der Freiheitsgrade (bzw. der Komplexität) der Systemdynamik gesehen werden kann. Dabei korrespondieren ganzzahlige Dimensionen zu periodischen und quasiperiodischen Systemdynamiken, während nicht ganzzahlige bzw. gebrochene Dimensionen den chaotischen Dynamiken und seltsamen Attraktoren zugeordnet werden können (Stam, 2006, S. 27).[119] Abgesehen von der Unterscheidung zwischen regulären und chaotischen Dynamiken kann die Dimensionsbestimmung eines Systems auch dazu dienen, eine chaotische Dynamik von einer stochastischen zu unterscheiden. Im Gegensatz zu chaotischen Dynamiken, die trotz einer begrenzten Menge an Freiheitsgraden in der Lage sind, Zufall zu imitieren, verfügt ein stochastisches System über unendlich viele Freiheitsgrade und damit auch über unendlich viele Dimensionen.

Dimensionalitätsmaße werden im Rahmen einer Dimensionsanalyse verwendet, um die Dynamik eines Systems spezifizieren zu können. Ihr ursprüngliches Einsatzgebiet findet sich in vielen Feldern der Naturwissenschaften (z. B. in der Physik (Tsonis und Elsner, 1988), Biologie (McCloskey und Poo, 1986), Chemie (Choi et al., 1998)), aber auch in den Ingenieurwissenschaften (weißes Rauschen bei Kondensatoren/Widerständen) sowie der Medizin (Skinner et al., 1993) und Psychologie (Strunk und Schiepek, 2006). Aber auch in den Wirtschaftswissenschaften, insbesondere den Finanzwissenschaften (Scheinkman und LeBaron, 1989), stieß die Dimensionalitätsanalyse als Teilgebiet der nichtlinearen Zeitreihenanalyse auf großes Interesse, da die klassischen Verfahren bei der Erklärung von stochastisch anmutenden Aktienzeitreihen immer mehr an ihre Grenzen stießen.

Allerdings ist der Dimensionsbegriff nicht einheitlich definiert und kann je nach Auslegung unterschiedliche Charakteristika eines Attraktors beschreiben. Daher soll das folgende Kapitel einen kurzen Überblick über die bekanntesten Dimensionalitätsmaße und -begriffe geben. Der Schwerpunkt wird dabei auf die im Rahmen dieser Arbeit verwendete (Pointwise-) Korrelationsdimension gelegt, weshalb im Anschluss an die Beschreibung der Dimensionalitätsmaße eine ausführliche Diskussion über die Korrelationsdimension sowie die Herausforderungen bei deren Einsatz mit ökonomischen Daten erfolgt.

3.2 Dimensionalitätsmaße

Die Dimension kann als das grundlegendste Attribut eines jeglichen Objektes angesehen werden (Frank und Stengos, 1988, S. 110). Sie enthält in einer einzigen Zahl die Information über die Geometrie des gesamten Attraktors (Albano et al., 1986, S. 232). Zudem legt sie auch die untere Grenze für die Anzahl an Variablen fest, die für die Modellierung des Systems benötigt werden (Farmer et al., 1983, S. 154).

Jedoch existieren für den Dimensionsbegriff zahlreiche Definitionen, die jeweils unterschiedliche Eigenschaften und Merkmale eines Objektes beschreiben. Die vielleicht eingängigste Definition einer Dimension findet sich in Pritchard und Duke (1995, S. 368):

„[...] dimension can be defined as an exponent that scales the bulk of an object with distance [...]".

---

119 Die Fraktale Dimension ist kleiner als die Anzahl der Freiheitsgrade des Systems.

Somit kann die Dimension bzw. Dimensionalität (Mandelbrot, 1982, S. 14) eines Objektes als exponentielle Rate gesehen werden, mit der die Masse[120] dieses Objektes im Verhältnis zur Distanz wächst.

Ursprünglich war die Dimension ein primär topologisches Konzept, jedoch gibt es auch Dimensionskonzepte mit maßtheoretischen Komponenten. Dimensionskonzepte geben Hinweise auf:

I. die Menge an benötigten Informationen, um die Position eines Punktes auf einem Attraktor zu definieren;
II. die Untergrenze für die Anzahl der relevanten Variablen, die für die Modellierung des Attraktors bzw. des dynamischen Systems innerhalb des Attraktors notwendig sind;
III. die relative Punktdichte auf dem Attraktor.

Zu den relevantesten Dimensionsbegriffen zählen neben der bereits zuvor genannten Phasenraumdimension die topologische Dimension, die Hausdorff-Dimension (welche eng verwandt mit der Kapazität[121] ist), die Informationsdimension und die Korrelationsdimension. Während die zuvor bereits erwähnte Phasenraumdimension eine Eigenschaft eines dynamischen Systems ist und die Anzahl der Freiheitsgrade angibt, die für die Spezifizierung eines arbiträren Anfangszustands benötigt werden (vgl. Farmer, 1982a, S. 368; Skinner, 1992, S. 2), beschreiben die anderen Dimensionsbegriffe im Allgemeinen die Eigenschaften des Attraktors selbst.

Eine Dimension im ursprünglichen Sinne ist vorwiegend ein topologisches Konzept. Die topologische Dimension D_T ist frei von metrischen Maßstäben (James, 1999) und stellt eine Verallgemeinerung der euklidischen Notation dar. Die erste konkrete Definition einer Dimensionsfunktion lieferte Brouwer (1913), der eine topologische Invariante für kompakte metrische Räume als „Dimensionsgrad" definierte und beweisen konnte, dass der Dimensionsgrad eines n-Kubus I^n genau n entspricht. Farmer (1982c, S. 1304) stellt fest, dass die Definitionen von Poincaré (1912) und Brouwer (1913) bereits einer modernen Definition einer topologischen Dimension entsprechen. Hier wie dort wird ein n-dimensionaler euklidischer Raum als topologisch n-dimensionaler Raum aufgefasst, wenn er durch n-Tupel beschrieben werden kann und nicht homeomorph zu einem niedrigdimensionaleren euklidischen Raum ist. In diesem Sinne ist die topologische Dimension stets ganzzahlig und steht für die Anzahl der Freiheitsgrade des Systems bzw. die Anzahl der lokal eindeutigen Richtungen innerhalb einer Menge. Ramsey et al. (1990, S. 1004) definieren die topologische Dimension auch als die Anzahl der Achsen, die für die Konstruktion des Attraktors notwendig sind.

Mandelbrot (1987) sieht die Notwendigkeit einer rekursiven Definition der topologischen Dimension D_T. Hierfür legt er zunächst die topologische Dimension einer leeren Menge

120 Im Phasenraum kann die Masse eines Objektes durch die Dichte der Punkte innerhalb des Attraktors beschrieben werden.

121 Takens (1981, S. 375) spricht von einer „Limit-Capacity". Diese ist formal gesehen größer oder gleich der Hausdorff-Dimension, welche wiederum größer oder gleich der topologischen Dimension ist. Im Gegensatz zur topologischen Dimension müssen die Hausdorff-Dimension und die Kapazität, die zur Klasse der metrischen Dimension gezählt werden, jedoch nicht ganzzahlig sein (vgl. Takens, 1981, S. 376).

$D_T = -1$ und definiert für jede andere zusammenhängende Menge: „Für jede andere Menge Ω sei der Wert von D_T um 1 größer als das kleinste D_T einer <<Schnittmenge>>, die Ω unzusammenhängend macht" (Mandelbrot, 1987, S. 147).[122,123]

Abgesehen vom rein topologischen Dimensionsbegriff lassen sich die anderen Dimensionskonzepte gemäß Ramsey et al. (1990, S. 1004) in drei Klassen unterteilen. Zur ersten Klasse gehören die rein metrischen Konzepte, wie z. B. die Kapazität D_C und die Hausdorff-Dimension D_H, für deren Berechnung nur ein Distanzmaß benötigt wird (Farmer et al., 1983, S. 157). Da die Hausdorff-Dimension und die Kapazität insbesondere für allgemein bekannte chaotische Attraktoren, wie. z. B. dem Verhulst- oder Lorenz-Attraktor, häufig einen nahezu identischen Wert annehmen, werden sie in der Literatur auch als „Fraktale Dimension D_F " verallgemeinert (Farmer et al., 1983, S. 157). Zur zweiten Klasse zählen die Dimensionsmaße wie die Informationsdimension D1 oder die Korrelationsdimension *D2*, die im Kern auf dem natürlichen Wahrscheinlichkeitsmaß des Attraktors basieren. Die dritte Klasse basiert auf den dynamischen Eigenschaften des Orbits innerhalb des Attraktors. Zu ihr zählt beispielsweise die Lyapunov-Dimension. Bevor die Dimensionalitätsbegriffe der einzelnen Klassen im Folgenden etwas näher erläutert werden, sei an dieser Stelle darauf hingewiesen, dass bei der Deklaration der Dimensionsbegriffe in der Literatur Unklarheit herrscht. Rapp et al. (1989, S. 101) merken hierzu an, dass die starke Verbreitung von unterschiedlichen Definitionen der Dimension in einer komplexen und gelegentlich widersprüchlichen Nomenklatur resultierte. Beispielsweise benutzt (Farmer, 1982c, S. 1304; 1982b, S. 232) den Term Fraktale Dimension für die (Kolmogorov-) Kapazität, während Mandelbrot (1982, S. 30) die Kapazität als Ähnlichkeitsdimension bezeichnet und die Hausdorff-Dimension als die Fraktale Dimension definiert. Für weitere begriffliche Verwirrung sorgt Lorenz (1993, S. 209), der darauf hinweist, dass es sich bei der Hausdorff-Dimension eigentlich um die (Kolmogorov-) Kapazität handelt.

3.2.1 Kapazität

Die Kapazität bzw. Kapazitätsdimension D_C einer Menge wurde erstmals von Kolmogorov (1958) definiert (vgl. Vassilicos und Hunt, 1991, S. 510). Falls die Kapazität eine finite Zahl ist, hat die zeitliche Abhängigkeit eines Systems ihren Ursprung in einem deterministischen mathematischen Modell mit einer endlichen Dimension (Greenside et al., 1982, S. 3453). Die Berechnung der Kapazität basiert auf dem Box-Counting-Ansatz und kann prinzipiell leicht

[122] Für eine formale Schreibweise von Mandelbrots Definition der topologischen Dimension siehe Cai und Hartmanis (1994, S. 609).

[123] Mandelbrots Definition der topologischen Dimension ist angelehnt an Poincaré (1912, S. 488), der feststellte, dass die Dimension mit dem Begriff der Separation verwandt ist und induktiv definiert werden könnte, indem ein „Kontinuum" als n-dimensional bezeichnet werden kann, wenn es durch ein oder mehrere (n-1)-dimensionale Kontinua in getrennte Stücke zerlegt werden kann. Engelking (1978, S. 7) merkt hierzu jedoch an, dass es sich bei Poincarés Beschreibung nicht um eine präzise Definition einer Dimension handelt. Brouwer (1913, S. 146) weist diesbezüglich darauf hin, dass Poincaré den Begriff des „Kontinuum" nicht eindeutig definiert hat und er daher nicht mit dem Begriff der Mannigfaltigkeit gleichgesetzt werden kann.

berechnet werden, falls die Koordinaten jedes Punktes der attrahierenden Menge M im Phasenraum bekannt sind.[124]

Für die Berechnung der Dimension wird ein m-dimensionaler Phasenraum in m-dimensionale Kuben oder Sphären mit der Seitenlänge ε zerlegt und die Anzahl jener Kuben gezählt, die von den Trajektorien des Attraktors berührt oder geschnitten werden (Loistl und Betz, 1993, S. 81). $N(\varepsilon)$ gibt die kleinstmögliche Anzahl aller geschnittenen Kuben und damit auch die Anzahl an Kuben an, die für die vollständige Abdeckung des Attraktors benötigt werden. Als Kapazität D_C wird nun der Faktor bezeichnet, um den die Anzahl $N(\varepsilon)$ der nichtleeren Kuben steigt, wenn die Seitenlänge ε der Kuben verringert wird. Die Definition der Kapazitätsdimension lautet gemäß Ruelle (1989, S. 20):

$$D_C = \lim_{\varepsilon \to 0} \frac{\log(N(\varepsilon))}{\log(1/\varepsilon)}.$$

Für reguläre Attraktoren stimmt die Kapazitätsdimension mit der topologischen Dimension überein und nimmt dementsprechend bei einem Fixpunkt den Wert $D_C = 0$ und für einen Grenzzyklusattraktor den Wert $D_C = 1$ an. Sollte das errechnete D_C jedoch nicht ganzzahlig sein, so ist dies ein Hinweis auf einen fraktalen Attraktor. Obgleich die im folgenden Kapitel beschriebene Hausdorff-Dimension sich hinsichtlich der formalen Definition grundsätzlich von der Kapazität unterscheidet, wird die Kapazität aufgrund der überwiegend identischen Ergebnisse als eine vereinfachte Version der Hausdorff-Dimension angesehen, weshalb beide Maße häufig synonym verwendet werden (Ott, 1981, S. 660; Farmer et al., 1983, S. 158).[125]

Auch wenn die Kapazität im Vergleich zu der Hausdorff-Dimension hinsichtlich der Berechenbarkeit deutlich praktikabler erscheint, eignet sich deren Box-Counting Methode nur bedingt für empirische Daten. Zum einen ist die Berechnung ungeeignet für Attraktoren, deren Dimensionalität größer ist als zwei (Grassberger und Procaccia, 1983b, S. 191). Dabei spielt es keine Rolle, ob der Phasenraum aus Zeitverzögerungskoordinaten konstruiert wurde oder aus den Freiheitsgraden des Systems (Grassberger und Procaccia, 1983a, S. 346). Zum anderen bedarf es eines enormen Datenbestandes, um das Skalierungsverhalten bei den seltener aufgesuchten Orten des Attraktors für ein kleiner werdendes ε korrekt zu messen, da die Gesamtzahl der für die Abdeckung des Attraktors benötigten Kuben in etwa um den Faktor $N(\varepsilon) \sim \varepsilon^{-d_c}$ ansteigt (vgl. Greenside et al., 1982, S. 3455).[126] So gäbe es bspw. bei einem Attraktor mit einer Kapazität von und einer verwendeten minimalen Kantenlänge von $\varepsilon = 0.01$ bereits $N(\varepsilon) \approx 10^6$ Kuben bzw. Sphären, die zur Berechnung herangezogen und gespeichert

124 Aufgrund des Verfahrens zur Bestimmung der Kapazität wird diese auch als Boxcounting-Dimension oder Box-Dimension bezeichnet (vgl. Liening, 2017, S. 242).

125 Taylor (1961, S. 524) stellt hierzu einschränkend fest, dass zwar eine gute Korrelation zwischen dem Hausdorff-Maß und der Kapazität besteht, jedoch weiterhin ein „gap of uncertainity" verbleibt und nur in Spezialfällen eliminiert werden kann. Für allgemeine Borel-Mengen ((vgl. Leippold, 2012) für eine Definition einer Borel-Menge) sind beide Methoden fundamental unterschiedlich.

126 Das $\sim$ -Symbol bedeutet „skaliert wie".

werden müssen (Farmer et al., 1983, S. 177).[127] Aufgrund der hohen Leistungsfähigkeit heutiger Rechner ist der Speicherbedarf für solche Berechnungen nicht mehr zwangsläufig der limitierende Faktor, vielmehr ist es die Menge und die Genauigkeit der zugrunde liegenden Daten. Zwar können in experimentellen Untersuchungen theoretisch beliebig lange Datenreihen mit einer hinreichenden Genauigkeit generiert werden, bei der empirischen Untersuchung eines unbekannten Systems (insbesondere bei einem System, bei dem nur eine diskrete Messung möglich ist) hingegen können die Anforderungen an die Datenmenge kaum bis gar nicht erfüllt werden. Ist die Auflösung der Daten zu gering, kann es zudem passieren, dass weit entfernte „Ausläufer" des Attraktors einfach übersprungen und als eine Art „Blinder Fleck" nicht erfasst werden. Um dieser Problematik zu entgehen, müsste auf der einen Seite – falls möglich – die Auflösung der Daten erhöht und auf der anderen Seite die Seitenlänge der Boxen reduziert werden, um nahe beieinanderliegende Punkte voneinander unterscheiden zu können. Hierdurch steigt sowohl der Speicherbedarf für die Daten, da theoretisch so viele Iterationen durchgeführt werden müssten, bis alle nicht-leeren Boxen aufgesucht wurden als auch die Wahrscheinlichkeit für systematische Fehler (Grassberger und Procaccia, 1983b, S. 206). Mehrere Autoren haben frühzeitig auf diese Problematik hingewiesen (vgl. Packard et al., 1980; Russell et al., 1980), aber ein quantitativer Beleg für die Limitierung dieses Ansatzes konnte erst von Greenside et al. (1982) erbracht werden. Sie zeigen am Beispiel des Curry Modells[128], dass die Anzahl $N(\varepsilon)$ der nichtleeren Boxen für ein fixes immer weiter steigt, je länger die zugrunde liegende Zeitreihe wird. $N(\varepsilon)$ erreicht selbst bei 800.000 Datenpunkten keinen konstanten Wert. Hier zeigt sich, dass sich die Kapazität für empirisch erhobene Daten von dynamischen Systemen (wie z. B. dem Finanzmarkt) nur sehr schlecht eignet, falls die Dimensionalität des Systems größer als zwei ist.[129]

3.2.2 *Hausdorff-Dimension*

Die Hausdorff-Dimension D_H – auch als Hausdorff-Besicovic-Dimension bekannt (Mandelbrot, 2004, S. 20) – basiert auf dem Hausdorff-Maß[130] α, welches eine Verallgemeinerung des Lebesgue-Maßes[131] darstellt (Ramsey et al., 1990, S. 1004).[132]

---

[127] Eine Abdeckung durch kleine Kuben ist für Systeme mit einer Fraktalen Dimension $d_f \geq 3$ praktisch fast unmöglich (Grassberger und Procaccia, 1983b, S. 192).

[128] Das Curry Modell von Curry (1978) stellt eine Erweiterung des Lorenz-Modells auf insgesamt 14 Variablen dar.

[129] Die „Realität" bezieht sich in der vorliegenden Arbeit auf den wirtschaftswissenschaftlichen Kontext. In den Naturwissenschaften sind solch lange Datenreihen durchaus üblich, insbesondere bei experimentellen Versuchsanordnungen. Darüber hinaus laufen viele naturwissenschaftlich untersuchte Phänomene stetig ab, wie z. B. Schwingungen, Temperaturveränderungen usw. Eine Vergrößerung der Datenreihe ist in solchen Fällen nicht nur durch längere Beobachtungsdauer möglich, sondern auch durch eine Verkürzung der Messintervalle. Wirtschaftswissenschaftliche Abläufe sind meist diskreter Natur oder können zumindest nur in diskreten Intervallen erfasst werden, sodass eine Reduzierung der Messintervalle keine neuen Informationen liefert.

[130] Für die originäre Herleitung des Hausdorff-Maßes siehe Hausdorff (1918). Eine ausführliche Diskussion der Hausdorff-Dimension sowie des Hausdorff-Maßes findet sich in Eckmann und Ruelle (1985, S. 629) und Falconer (1986, S. 75ff.).

[131] Zur Definition eines Lebesgue-Maßes siehe Kusolitsch (2014, S. 57).

[132] Im Gegensatz zum Lebesgue-Maß kann durch das Hausdorff-Maß einer größeren Anzahl nichtleerer Mengen ein nichtnegativer Wert zugewiesen werden.

Für eine Menge A ist das Hausdorff-Maß α gegeben durch:

$$HM_\alpha = \lim_{\varepsilon \to 0} (\inf_{\{A_i\}}) \sum \delta(A_i)^\alpha, \qquad A \subset \cup A_i.$$

A_i sind die abdeckenden Mengen, $\delta(\cdot)$ ist der Durchmesser der Menge A_i und α ist ein Skalierungsfaktor. Falls das Lebesgue-Maß einer Menge ungleich null ist, hat das Hausdorff-Maß einen identischen Wert und α stimmt mit der topologischen Dimension der Menge überein. Die Hausdorff-Dimension D_H ist gegeben durch α_0 mit

$$\alpha_0 = \inf\{\alpha : HM_\alpha(A) = 0\}.$$ [133]

α_0 ist die Skalierungsvariable, bei der die Summe der Volumen, die für die Überdeckung des Attraktors notwendig sind, endlich und nicht null ist. Falls $\alpha > \alpha_0$ ist, ist $HM_\alpha = 0$ und falls $\alpha < \alpha_0$ ist, konvergiert $HM_\alpha \to \infty$. α_0 ist ganzzahlig, wenn es sich bei dem Attraktor um einen regulären Attraktor, wie z. B. den Grenzzyklusattraktor, handelt. Hat der Attraktor hingegen die charakteristischen Merkmale einer Cantor-Menge, dann ist die Hausdorff-Dimension nicht ganzzahlig (Ramsey et al., 1990, S. 1004). Bereits die Definition der Hausdorff-Dimension macht deutlich, dass sie in dieser Form in der Praxis schwer handhabbar ist und Mathematiker daher häufig die Kapazitätsdimension einsetzen, um einen Näherungswert für die Hausdorff-Dimension zu erhalten (vgl. Mandelbrot, 1987, S. 49). Die metrischen Konzepte weisen zudem das Problem der Indifferenz gegenüber der Häufigkeit der vom Orbit aufgesuchten Bereiche des Attraktors auf (vgl. Ramsey et al., 1990, S. 1005). Regionen des Attraktors, die vom Orbit nur sehr selten aufgesucht werden, fließen mit derselben Gewichtung in die Berechnungen ein wie jene Orte, die sehr häufig von den Systemtrajektorien aufgesucht werden. Dabei haben gerade die häufig aufgesuchten Orte eine größere Bedeutung für die Dynamik des Systemverhaltens (vgl. Loistl und Betz, 1993, S. 85). Ein Dimensionsmaß, das das Problem der Indifferenz der metrischen Maße gegenüber der unterschiedlichen Frequentierung von bestimmten Attraktorbereichen durch die Systemtrajektorien berücksichtigt, ist die Informationsdimension D1.

3.2.3 Informationsdimension

Die zweite Klasse der Dimensionskonzepte berücksichtigt das Problem der heterogenen Punkteverteilung innerhalb eines Attraktors. Im Gegensatz zur ersten Klasse benötigt sie neben einem metrischen Maß auch ein Wahrscheinlichkeitsmaß (Farmer et al., 1983, S. 157) und ist darüber hinaus bei der Dimensionsbestimmung nicht so sehr auf Kuben angewiesen, die nur mit einer sehr geringen Wahrscheinlichkeit von den Systemtrajektorien aufgesucht werden (vgl. Farmer et al., 1983, S. 178). Als Wahrscheinlichkeitsmaß wird an dieser Stelle $\mu(\vec{x}_0, C_i)$ definiert, das den zeitlichen Anteil misst, den eine vom Punkt $\vec{x}_0$ startende Trajek-

[133] Diese Definition findet sich auch in Mañé (1981, S. 232).

torie im Kubus C_i verbringt.[134] Falls $\mu(\vec{x}_0,C_i)$ für fast alle $\vec{x}_0$ identisch ist, wird $\mu(C_i)$ als das natürliche Wahrscheinlichkeitsmaß bezeichnet.[135] Mithilfe dieses Maßes ist es möglich, unterschiedlichen Regionen eines Attraktors relative Wahrscheinlichkeiten zuzuordnen. Ein Dimensionskonzept, dem solch ein Wahrscheinlichkeitsmaß zugrunde liegt, ist z. B. die Informationsdimension.[136] Sie stellt eine Verallgemeinerung der Kapazität dar und berücksichtigt die relativen Wahrscheinlichkeiten der für die Abdeckung des Attraktors verwendeten Kuben.

Die Informationsdimension D_I ist definiert als:

$$D_I = \lim_{\varepsilon \to 0} \frac{I(\varepsilon)}{\log(1/\varepsilon)},$$

wobei $I(\varepsilon)$ die Shannon Entropie[137] darstellt. $I(\varepsilon)$ ist definiert als:

$$I(\varepsilon) = \sum_{i=1}^{N(\varepsilon)} P_i \log \frac{1}{P_i}.$$

$N(\varepsilon)$ ist, wie schon bei der Kapazitätsdefinition beschrieben, die Anzahl der m-dimensionalen Kuben mit der Seitenlänge ε, die für die vollständige Abdeckung des Attraktors benötigt werden. $P_i = \mu(C_i)$ ist die relative Häufigkeit, mit der ein Kubus C_i vom Orbit frequentiert wird, und entspricht in diesem Fall dem oben erläuterten Wahrscheinlichkeitsmaß. Wenn die Frequenz für alle Kuben identisch ist, d. h. $P_i = N(\varepsilon)^{-1}$ gilt, dann ist $D_I = D_c$.[138] Bei ungleicher Häufigkeitsverteilung der Punkte auf dem Attraktor, was für nicht-triviale Attraktoren sehr wahrscheinlich ist, nimmt die Shannon Entropie ab, sodass $I(\varepsilon) < \log N(\varepsilon)$ ist und für die Kapazität und die Informationsdimension $D_c \geq D_I$ gilt (vgl. Farmer et al., 1983, S. 159; Ramsey et al., 1990, S. 1005).

---

134 $\mu(\vec{x}_0,C_i) = \lim_{T \to \infty} \mu_T(\vec{x}_0,C_i)$, wobei $\mu_T(\vec{x}_0,C_i)$ der zeitliche Anteil ist, den eine Trajektorie innerhalb einer endlichen Zeitspanne T im Kubus C_i verbrachte (Farmer et al., 1983, S. 159).

135 Für eine ausführliche Betrachtung des Wahrscheinlichkeitsmaßes siehe Bowen und Ruelle (1975).

136 Die Informationsdimension wurde von Rényi (1959) entwickelt und wird daher auch als Rényi-Informationsdimension bezeichnet.

137 In der Informationstheorie hat die von Shannon (1948) beschriebene Quantität $I(\varepsilon)$ eine spezielle Bedeutung. Es handelt es sich dabei um die Menge an Informationen, die notwendig ist, um einen Systemzustand bis zu einer Genauigkeit von ε zu spezifizieren. Sie kann auch als die Information gesehen werden, die bei einer Messung mit einer Messungenauigkeit in Höhe von ε gewonnen wird. Da sich $I(\varepsilon)$ für kleine ε wie $I(\varepsilon) \approx D_I \log(1/\varepsilon)$ verhält, kann D_I auch als Indikator für die Geschwindigkeit angesehen werden, mit der die Menge an Informationen, die zur Spezifikation eines Punktes auf dem Attraktor benötigt werden, steigt, wenn die Genauigkeit ε abnimmt (Farmer et al., 1983, S. 159).

138 Farmer et al. (1983, S. 160) weisen darauf hin, dass die Positionierung und Orientierung der Kuben bei der Abdeckung des Attraktors für die Berechnung von D_C und D_I prinzipiell beliebig gewählt werden könne, für die praktische Anwendung jedoch die Auswahl der Kuben aus einem festen Raster, das über den Attraktor gelegt wird, sinnvoller sei.

3.2.4 Korrelationsdimension D2

Die Korrelationsdimension ist der am häufigsten verwendete Schätzer für die Dimension eines Attraktors (Mahmoodzadeh et al., 2007, S. 326). Sie ist eng verwandt mit der Kapazität und kann als Maß für die Anzahl der aktiven Moden eines Systems bzw. für die effektive Menge der Freiheitsgrade angesehen werden (Theiler, 1986, S. 2427).[139] Sie spezifiziert die Komplexität eines deterministischen, nichtlinearen dynamischen Systems (vgl. Janjarasjitt et al., 2009, S. 327). Ein Anstieg der Korrelationsdimension deutet darauf hin, dass ein System komplexer geworden ist (vgl. Skinner et al., 1992, S. 46).

Im Gegensatz zu der Kapazität betrachtet die Korrelationsdimension *D2* nicht die für die Abdeckung des Attraktors benötigten Kuben, sondern die Anzahl $C(\varepsilon)$ der Vektorpaare $(\vec{x}_i, \vec{x}_j)$, die nicht weiter als eine vorgegebene Entfernung ε voneinander entfernt liegen. Für die Berechnung der Korrelationsdimension bedeutet dies einen deutlich geringeren Rechenaufwand und ermöglich überdies eine Bestimmung von fraktalen Dimensionen >2.[140]

Die Korrelationsdimension kann mithilfe des Grassberger-Procaccia Algorithmus berechnet werden, indem das Korrelationsintegral $C(\varepsilon)$ gebildet wird (Grassberger und Procaccia, 1983a). Für eine Zeitreihe $\{\vec{x}_i\}, i = 1,...,N$ ist das Korrelationsintegral definiert als:

$$C(\varepsilon) = \lim_{N \to \infty} \frac{1}{N^2} \sum_{i,j=1}^{N} \theta\left(\varepsilon - \left|\vec{x}_i - \vec{x}_j\right|\right).$$

$\theta(\cdot)$ stellt die Heavyside Funktion dar, die den Wert 1 annimmt, falls $\left(\varepsilon - \left|\vec{x}_i - \vec{x}_j\right|\right) > 0$ ist und den Wert 0 annimmt, falls $\left(\varepsilon - \left|\vec{x}_i - \vec{x}_j\right|\right) < 0$. Somit misst das Korrelationsintegral die relative Anzahl der Punkte im Phasenraum, die einen Abstand kleiner als ε zueinander haben. Für die Bestimmung der Korrelationsdimension ist nun das Verhältnis zwischen dem Korrelationsintegral $C(\varepsilon)$ und dem Abstand ε von zentraler Bedeutung. Denn die Höhe des Anstiegs von $C(\varepsilon)$ bei einer Erhöhung von ε kann Auskunft darüber liefern, welche Dimensionalität der

139 Die effektive Menge der Freiheitsgrade muss nicht zwangsläufig den wahren zugrunde liegenden Freiheitsgraden des Systems entsprechen. Vielmehr handelt es sich dabei um ein Mindestmaß an Freiheitsgraden, die für die Beschreibung der Systemdynamik benötigt werden. Jedoch können Änderungen in der Korrelationsdimension mit Änderungen in den Freiheitsgraden korrespondieren. Um eine sprachliche Abgrenzung zum Dimensionsbegriff vorzunehmen, wird die Korrelationsdimension manchmal auch als „Dimensionale Komplexität" bezeichnet (Stam, 2006, S. 41).

140 In einigen Fällen kann die Kapazität auch für Systeme mit einer Dimension $D_C > 2$ berechnet werden. Ein mögliches Vorgehen wird von Russell et al. (1980) vorgeschlagen, der die Dynamik eines dreidimensionalen Differenzialgleichungssystems mittels eines Poincaré-Schnittes um eine Dimension reduziert und anschließend die Kapazität für den Poincaré-Schnitt berechnet. Die Kapazitätsdimension des Attraktors ist dann die Kapazitätsdimension des Poincaré-Schnittes plus eins (vgl. Russell et al., 1980, S. 1177). Für eine weiterführende Diskussion über den Einsatz des Poincaré-Schnittes in dynamischen Systemen siehe Ott (1981, S. 663ff.).

Attraktor des Systems besitzt. Für endliche Zeitreihen ergibt sich für das Korrelationsintegral aus obiger Gleichung gemäß Grassberger et al. (1991) die Korrelationssumme $C_N(\varepsilon)$:

$$C_N(\varepsilon) = \frac{2}{N(N-1)} \sum_{\substack{i,j=1 \\ i \neq j}}^{N} \theta\left(\varepsilon - \left|\vec{x}_i - \vec{x}_j\right|\right).$$

Um den Zusammenhang zwischen dem Korrelationsintegral bzw. der Korrelationssumme und der Korrelationsdimension zu veranschaulichen, soll zunächst ein System mit einem eindimensionalen Grenzzyklusattraktor betrachtet werden. Im Phasenraum eingebettet hat der Attraktor die Form einer geschlossenen Linie[141]. Sei δ der Durchmesser bzw. die Seitenlänge des Attraktors und N die Anzahl der verfügbaren Datenpunkte im Phasenraum. Die Anzahl $C(\varepsilon)$ an Punkten, die sich innerhalb einer festgelegten Länge ε um einen Punkt $\vec{x}_i$ auf dem Attraktor befinden, beträgt bei einer homogenen Verteilung der Punkte:

$$C(\varepsilon) = N\frac{\varepsilon}{d}.$$

Da sowohl die Menge an Datenpunkten als auch der Durchmesser des Attraktors konstant bleiben, wächst $C(\varepsilon)$ im Falle eines eindimensionalen Attraktors proportional zu ε.[142] Handelt es sich um einen zweidimensionalen Attraktor (z. B. der Torus Attraktor), verteilen sich die Punkte auf einer Fläche, sodass die Anzahl der Vektorpaare quadratisch zur Länge ε steigt:

$$C(\varepsilon) = N\left(\frac{\varepsilon}{\delta}\right)^2.$$

Bei einem ν-dimensionalen Attraktor ändert sich das Verhältnis entsprechend zu:

$$C(\varepsilon) = N\left(\frac{\varepsilon}{\delta}\right)^{\nu}, \text{ bzw. } C(\varepsilon) = \frac{N}{\delta^{\nu}}\varepsilon^{\nu}.$$

Für das Korrelationsintegral lässt sich somit für ein geeignetes Intervall[143] von ε folgender Zusammenhang ableiten:

---

141 Beispielsweise sei hier der kreisförmige Attraktor eines ungedämpften Pendels erwähnt, der die Dynamik der Pendelbewegung beschreibt. Diese wird durch die Geschwindigkeit und den Ort des Pendels festgelegt.

142 Diese Aussage gilt nur für $\varepsilon \leq d$. Sobald die Länge ε den Attraktordurchmesser δ übersteigt, kommen keine neuen Vektorpaare hinzu, sodass $C(\varepsilon)$ ab diesem Moment nicht weiter ansteigt.

143 Das Intervall wird auch Skalierungsregion genannt und muss für jede Einbettungsdimension einzeln identifiziert werden. Zu niedrige Werte von ε sind aufgrund der endlichen Anzahl und Auflösung empirischer Daten ungeeignet. Die kleinste messbare Entfernung zwischen zwei Punkten stellt das untere Limit für ε. Auch kann ε nicht beliebig groß gewählt werden, da ein Attraktor einen endlichen Durchmesser besitzt. Ob sich überhaupt eine Skalierungsregion finden lässt, hängt maßgeblich von der geeigneten Auswahl einer hinrei-

$$C(\varepsilon)=\varepsilon^{\nu}.$$

Dieser Zusammenhang bleibt auch für Attraktoren mit einer gebrochenen Dimensionalität gültig (vgl. Nicolis und Nicolis, 1984, S. 531), sodass der Korrelationsexponent ν als alternative Maßzahl für die fraktale Dimensionalität und lokale Struktur eines seltsamen Attraktors verwendet werden kann und als Korrelationsdimension bezeichnet wird. Durch eine Logarithmierung des Korrelationsintegrals lässt sich die Korrelationsdimension als Steigung von $\log C(\varepsilon)$ gegen $\log(\varepsilon)$ angeben:

$$\log C(\varepsilon)=\nu \log(\varepsilon) \Leftrightarrow \nu=\frac{\log C(\varepsilon)}{\log(\varepsilon)}.$$

Auch wenn die Berechnung der Korrelationsdimension zunächst trivial erscheint, so ist diese bei der Anwendung auf experimentelle oder empirische Daten mit einigen Problem verbunden, die in Kapitel 3.3 im Detail behandelt werden. Ein unmittelbares Problem ergibt sich aus der Tatsache, dass Attraktoren in den seltensten Fällen eine homogene Verteilung der Punkte innerhalb des Phasenraums aufweisen und die oben genannte Beziehung zwischen $\log C(\varepsilon)$ und $\log(\varepsilon)$ nur für ein begrenztes Skalierungsintervall von ε gültig ist. Da das Skalierungsintervall sowohl von den verfügbaren Daten als auch vom Attraktor und der betrachteten Einbettungsdimension abhängt, kann es nicht im Vorfeld berechnet werden. Um die Skalierungsregion und die darin enthaltene Steigung zu bestimmen, können die Werte von $C(\varepsilon)$ für ansteigende Werte von $\log(\varepsilon)$ in einem log-log Plot gegeneinander abgetragen werden. Die abgetragenen Punkte lassen sich zu einer Kurve verbinden, bei der eine Skalierungsregion visuell ermittelt werden kann, innerhalb welcher die Kurve eine lineare Steigung aufweist (vgl. Abbildung 15).[144]

chend langen Beobachtungszeitreihe ab (Essex et al., 1987, S. 65). Für eine weiterführende Diskussion der Skalierungsregion siehe Kapitel 3.3.2.

144 Während die Bestimmung der Steigung früher per Hand erfolgen musste, existieren mittlerweile leistungsstarke Softwarepakete, die sowohl die Skalierungsregion als auch die Steigungen vollautomatisch berechnen können. Im Rahmen dieser Arbeit wurde bspw. die Software GChaos (Strunk, 2012) eingesetzt, die als kostenlose Trialversion unter www.complexity-research.com bezogen werden kann.

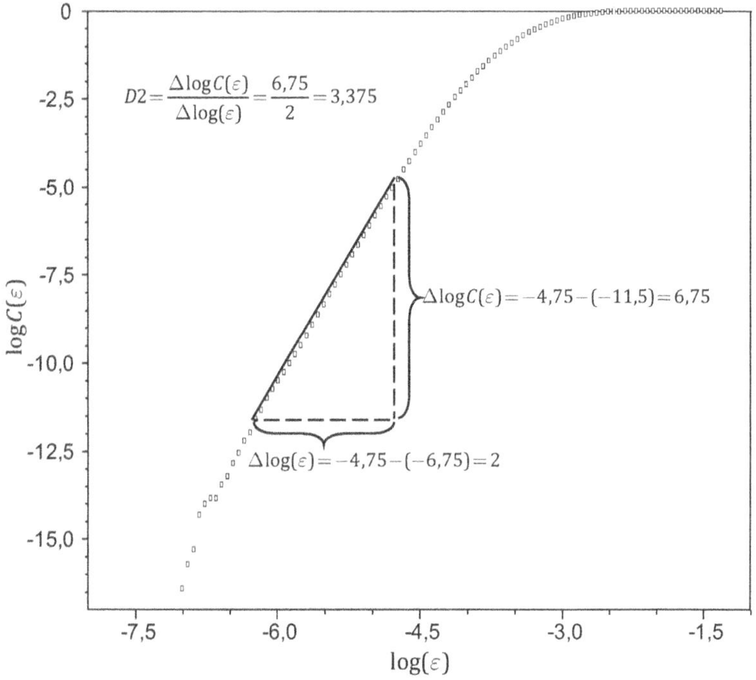

Abbildung 15: Log-log Plot zur visuellen Ermittlung der Korrelationsdimension

Anhand des log-log Plots lässt sich eine Skalierungsregion mit einer linearen Steigung der Kurve bestimmen, anhand derer die Korrelationsdimension abgelesen werden kann (hier am Beispiel der logarithmierten Returns des ADOBE-Aktienkurses für m=10).

Die Höhe der Steigung kann als Approximation für die Korrelationsdimension *D2* verwendet werden. Wie Abbildung 15 erkennen lässt, bietet die visuelle Bestimmung der Skalierungsregion und der damit verbundenen Steigungsgeraden einiges an Fehlerpotenzial, da es der subjektiven Entscheidung des Forschers unterliegt, welche Punkte zur Steigungsgeraden hinzugezählt werden und welche nicht. Neben der Notwendigkeit der Ermittlung einer Skalierungsregion muss auch sichergestellt werden, dass die verwendete Einbettungsdimension groß genug ist, um den Attraktor des Systems überschneidungsfrei einbetten zu können.[145] Solange die Einbettungsdimension kleiner als die Dimension des Attraktors ist, steigt die ermittelte Korrelationsdimension mit zunehmender Einbettungsdimension weiter an, da die Punkte des Systems den gesamten Phasenraum ausfüllen. Erst wenn die Einbettungsdimension einen hinreichend großen Wert angenommen hat, stellt sich eine „Sättigung" ein, bei der die Korrelationsdimension nicht weiter ansteigt. Dieser Wert stellt laut Grassberger und Procaccia (1983b, S. 204) den besten Schätzer für den wahren Wert der Korrelationsdimension dar. Sollte es zu keiner Sättigung der Korrelationsdimension innerhalb der möglichen Einbettungsdimensio-

[145] Für eine Diskussion über die Bestimmung der korrekten Einbettungsdimension siehe Kapitel 3.1.4.

nen[146] kommen, ist dies ein Zeichen dafür, dass das System entweder einen sehr hochdimensionalen Attraktor besitzt oder vollkommen zufällig ist, da eine stochastische Zeitreihe den Phasenraum bei jeder Einbettungsdimension vollständig ausfüllt.

Angelehnt an (Brandstäter et al., 1983; Guckenheimer und Buzyna, 1983; Malraison et al., 1983; Nicolis und Nicolis, 1984) wird für die Anwendung des Grassberger-Procaccia Algorithmus zur Bestimmung der Korrelationsdimension eines unbekannten Attraktors folgende Prozedur empfohlen:

I. Konstruktion der m-dimensionalen Zeitverzögerungskoordinaten für eine niedrige Einbettungsdimension m.[147]
II. Berechnung der Korrelationssumme $C_N(\varepsilon)$ für kleine, sukzessiv steigende Werte von ε.[148]
III. Erstellung des log-log-Plots und Identifizierung einer hinreichend langen Skalierungsregion, in der $\log C(\varepsilon)$ linear mit ε steigt.
IV. Bestimmung der Steigung ν_m für die gewählte Einbettungsdimension.
V. Wiederholung der Schritte I-IV für steigende Einbettungsdimensionen m und Vergleich der Steigungen ν_m.
VI. Nimmt ν_m für drei aufeinander folgende Einbettungsdimensionen nicht mehr signifikant zu, ist die Sättigung erreicht und das entsprechende ν_m als bester Schätzer für die Korrelationsdimension *D2* genommen.
VII. Tritt bis zur maximal möglichen Einbettungsdimension $m_{\max}$ keine Sättigung ein, muss die Prozedur abgebrochen werden.

Die Korrelationsdimension *D2* kann auch dazu verwendet werden, um sowohl die Kapazität D_c als auch die Informationsdimension D_I zu schätzen, wobei $D2 \leq D_I \leq D_C$ gilt und die Unterschiede zwischen den drei Größen zumeist innerhalb der Fehlertoleranzen liegen (Grassberger und Procaccia, 1983b, S. 191). Dies resultiert aus der Tatsache, dass die Korrelationsdimension *D2* ebenso wie die Informationsdimension D_I und die Kapazität D_C zu einer Klasse von einparametrigen Rényi-Dimensionen D_q gehört (Grassberger, 1988, S. 369;

---

[146] Mit höheren Einbettungs- und Attraktordimensionen steigen auch die Anforderungen an die Datenlänge exponentiell. Daher existieren natürliche Grenzen für die maximal messbare Korrelationsdimension. Für eine Diskussion der notwendigen Datenlänge zur Berechnung der Korrelationsdimension siehe Kapitel 3.3.1.

[147] Die Einbettungsdimension muss nicht zwangsläufig bei $m=1$ starten. Nach dem Einbettungstheorem von Whitney (1936) sollte die Einbettungsdimension $m=2D+1$ betragen, sodass selbst bei einem eindimensionalen Attraktor die Einbettungsdimension $m=3$ betragen sollte.

[148] Malraison et al. (1983, S. 898) weisen darauf hin, dass im Falle eines fraktalen Attraktors jedes $C_i(\varepsilon)$, das nur die Anzahl der Distanzen zwischen einem fixen Referenzpunkt $\vec{x}_{i*}$ zu allen anderen Punkten $\vec{x}_j$ zählt, dieselbe asymptotische Eigenschaft bezüglich ε^{ν} aufweist wie $C(\varepsilon)$. Daher sollte sich auch eine gute Approximation für $C(\varepsilon)$ mit einem Mittelwert über eine limitierte Anzahl von $C_i(\varepsilon)$ erzielen.

Pritchard und Duke, 1995, S. 364).[149] Die verallgemeinerte Rényi-Dimension wird von Badii und Politi (1985, S. 729) definiert als:

$$D_q = -\lim_{\varepsilon \to 0} \frac{K_q(\varepsilon)}{\log(\varepsilon)},$$

für $q = \{0,1...\}$ und den Entropien $K_q(\varepsilon)$, mit

$$K_q(\varepsilon) = (1-q)^{-1} \log\left(\sum_{i=1}^{N(\varepsilon)} P_i(\varepsilon)^q\right) \qquad \forall q \neq 1,$$

$$K_q(\varepsilon) = -\sum_{i=1}^{N(\varepsilon)} P_i(\varepsilon) \log P_i(\varepsilon) \qquad \forall q = 1.$$

gibt die Wahrscheinlichkeit dafür an, dass sich ein Punkt des Attraktors innerhalb des Radius um den i-ten Punkt befindet. Auf Basis der verallgemeinerten Rényi-Dimension können Dimensionalitätsmaße beliebig hoher Ordnung konstruiert werden, wobei für $p > q$ die Ungleichung $D_q \geq D_p$ gilt (Badii und Politi, 1985, S. 729). Je höher die Ordnung des Dimensionalitätsmaßes ist, desto stärker wird die Ungleichverteilung eines seltsamen Attraktors berücksichtigt, da selten aufgesuchte Regionen des Attraktors bei der Dimensionsberechnung stärker ins Gewicht fallen als häufig aufgesuchte Regionen. Aufgrund der Sensitivität hinsichtlich des dynamischen Prozesses der Attraktorabdeckung kann die Korrelationsdimension *D2* daher als ein sensitiveres und damit relevanteres Maß zur Beschreibung des Attraktors gesehen werden als die Informationsdimension oder die Kapazität (vgl. Grassberger und Procaccia, 1983a, S. 348; 1983b, S. 191).

Das *D2* hat jedoch eine sehr einschränkende Limitierung, denn der Algorithmus setzt mathematisch stationäre Daten voraus (Grassberger und Procaccia, 1983b). Mathematische Stationarität ist dann gegeben, wenn sich der datengenerierende Prozess bei der betrachteten Datenreihe zu keinem Zeitpunkt verändert hat und sowohl der Erwartungswert als auch die Varianz sowie die anderen Momente zeitlich konstant bleiben. Ökonomische Zeitreihen – insbesondere Finanzmarktdaten – können diese Anforderungen aber nicht erfüllen (Kendall und Hill, 1953, S. 24). Ein Verfahren, das robuster gegenüber Nichtstationaritäten in den Daten ist, ist das von Skinner (1992) entwickelte Point-*D2* (*PD2*). Es basiert auf der Pointwise-Dimension, welche im folgenden Kapitel beschrieben wird.

3.2.5 Pointwise-Dimension

Ein weiteres Dimensionskonzept, das auf einem Wahrscheinlichkeitsmaß beruht, ist die von Farmer et al. (1983) vorgestellte „Pointwise-Dimension“[150].

---

[149] Die Rényi-Dimension wurde von Rényi (1959) entwickelt und wird auch als verallgemeinerte Informationsdimension bezeichnet (Theiler, 1990a, S. 1062), da sie im Kern auf der Shannon-Informationsentropie basiert (Rényi, 1959, S. 13).

Für die Konstruktion der Pointwise-Dimension wird zunächst die Annahme getroffen, dass sich der Punkt $\vec{x}_i$ auf dem Attraktor befindet und von einer Kugel $B_\varepsilon(\vec{x}_i)$ mit dem Radius ε und dem natürlichen Borel-Wahrscheinlichkeitsmaß $\mu(B_\varepsilon(\vec{x}_i))$ [151] umschlossen wird (Kalinin und Sadovskaya, 2002, S. 1783). Für den Fall der Pointwise-Dimension gibt das Wahrscheinlichkeitsmaß $\mu(B_\varepsilon(\vec{x}_i))$ Auskunft darüber, wie hoch der relative Anteil der Punkte des Systems ist, die sich innerhalb der Kugel $B_\varepsilon(\vec{x}_i)$ um den Punkt $\vec{x}_i$ befinden. Dabei ist die Pointwise-Dimension D_P der Exponent der Rate, mit der die in der Kugel enthaltene Gesamtwahrscheinlichkeit sinkt, wenn sich der Radius der Kugel verringert: $\mu(B_\varepsilon(\vec{x}_i)) \sim \varepsilon^{D_P}$. Die Pointwise-Dimension D_P für $\vec{x}_i$ wird von Farmer et al. (1983, S. 160) definiert als:

$$D_P(\vec{x}_i) = \lim_{\varepsilon \to 0} \frac{\log \mu(B_\varepsilon(\vec{x}_i))}{\log \varepsilon}.$$

Die Methode zur Bestimmung der Pointwise-Dimension ist nah verwandt mit dem Grassberger-Procaccia Algorithmus des Korrelationsintegrals, da zur Bestimmung der Gesamtwahrscheinlichkeit wie auch beim *D2* die Menge der Punkte gezählt wird, die nicht weiter als ε voneinander entfernt liegen. Allerdings werden bei der Pointwise-Dimension nicht die Abstände von allen Punkten zueinander betrachtet, sondern lediglich jene Punkte, die sich innerhalb der Hypersphäre um einzelne äquidistante Referenzpunkte $\vec{x}_{i^*}$ mit dem Radius ε befinden. Die Anzahl $P_{\vec{x}_{i^*}}$ der benachbarten Punkte $\vec{x}_j$, die innerhalb des Radius ε um den Referenzpunkt $\vec{x}_{i^*}$ liegen, wird durch die lokale Maßfunktion

$$P_{\vec{x}_i}(\varepsilon) = \sum_{j=1, i \neq j}^{N} \theta\left(\varepsilon - \left|\vec{x}_{i^*} - \vec{x}_j\right|\right)$$

gemessen (vgl. Mayer-Kress et al., 1988, S. 158). θ ist die Heavyside-Funktion mit $\theta(\varepsilon) = 1$ für $\left(\varepsilon - \left|\vec{x}_{i^*} - \vec{x}_j\right|\right) > 0$ und $\theta = 0$ für $\left(\varepsilon - \left|\vec{x}_{i^*} - \vec{x}_j\right|\right) \leq 0$.

Sofern ein Attraktor existiert, sollte die Maßfunktion typischerweise einen Skalierungsbereich $\left[\varepsilon_L, \varepsilon_U\right]$ aufweisen, innerhalb dessen sie analog zu $\mu(B_\varepsilon(\vec{x}_i))$ sowie dem Korrelationsin-

---

[150] Die Pointwise-Dimension wird auch als „Pointwise-Scaling-Dimension" (Elbert et al., 1994, S. 23), Pointwise-Correlation-Dimension (CDi) (Kamath et al., 2012, S. 33) oder als *D2i* (Kantz et al., 2012, S. 133) bezeichnet.

[151] Formal kann ein Maß μ für die Menge A definiert werden, wenn die Teilmenge B von A mit realen Werten $\mu(B)$ assoziiert werden kann, die angeben, wie viel von A in B enthalten ist (Theiler, 1990a, S. 1057). Für eine ausführliche Diskussion des Borel-Wahrscheinlichkeitsmaßes siehe auch Conley und Miller und Young (1982).

tegral $C(\varepsilon)$ von Grassberger und Procaccia (1983a, S. 346) einem Potenzgesetz zur Basis ε folgt:

$$P_{\vec{x}_i}(\varepsilon) = c(\vec{x}_{i*}) * \varepsilon^{D_{P_i}},$$

wobei $c(\vec{x}_{i*})$ ein positionsabhängiger Skalierungsfaktor und $\varepsilon \in [\varepsilon_L, \varepsilon_U]$ ist. Daraus ergibt sich für den Punkt $\vec{x}_{i*}$ die lokale Pointwise-Dimension

$$D_{P_i} = \frac{\log(P_{\vec{x}_i}(\varepsilon))}{\log(\varepsilon)}.$$

Analog zum Vorgehen für die Korrelationsdimension kann die lokale Pointwise-Dimension D_{P_i} für den Referenzpunkt $\vec{x}_{i*}$ ermittelt werden, indem die Maßfunktion mittels log-log Plot abgebildet und die Steigung innerhalb des Skalierungsbereiches gemessen wird. Falls D_{P_i} für annähernd alle Referenzpunkte identisch ist, hat der Attraktor die Pointwise-Dimension D_P (vgl. Farmer et al., 1983, S. 160).[152]

Da die Position der individuellen Referenzpunkte temporär ist, ist die lokale Pointwise-Dimension zeitabhängig. Sie reagiert zudem weniger sensitiv auf Nichtstationaritäten[153] als die Korrelationsdimension (Skinner et al., 1998, S. 133), auch wenn das zugrunde liegende Modell nach wie vor Stationarität in den Daten unterstellt (Farmer et al., 1983, S. 160). Der Grund hierfür liegt in der Dominanz der Referenzpunkte (Skinner et al., 1994, S. 221), da deren Position auf dem Attraktor ausschlaggebend für die Form des log-log-Plots ist (vgl. Abbildung 16).

---

152 Ein über alle Punkte identisches D_{P_i} würde ein vollkommen stationäres System bedeuten. In diesem Fall wäre die Pointwise-Dimension gleich der Korrelationsdimension.

153 Stationarität ist eine Eigenschaft einer Zeitreihe, bei der sowohl der Mittelwert als auch die Varianz und die Autokovarianz im Zeitverlauf konstant bleiben (Elbert et al., 1994, S. 25). Sofern eines der drei Merkmale nicht konstant ist, gilt eine Zeitreihe als nichtstationär.

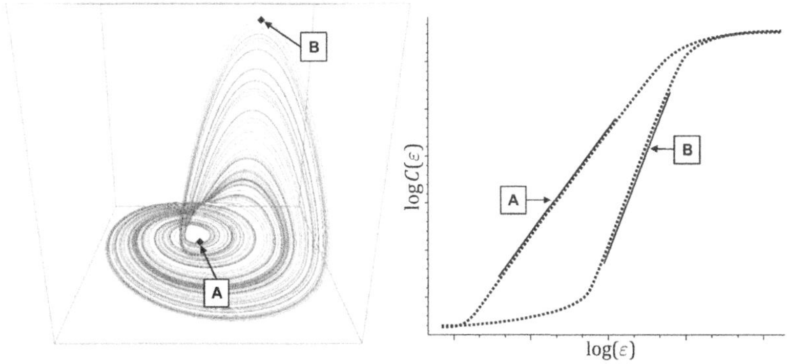

Abbildung 16: Einfluss der Referenzpunkte auf die Pointwise Dimension

Abhängig davon, wo sich der Referenzpunkt auf dem Attraktor befindet, kann die Kurve des log-log Plots unterschiedliche Steigungen und dementsprechend auch unterschiedliche lokale Pointwise Dimensionen aufweisen. Der log-log-Plot (rechte Grafik) skizziert die log-log-Kurven von den Referenzpunkten A und B des Rössle-Attraktors (linke Grafik). Während Punkt A im Zentrum des Attraktors liegt und sich viele benachbarte Punkte in der näheren Umgebung befinden, liegt Punkt B am äußersten Rand des Attraktors und kann nur relativ wenige benachbarte Punkte in der näheren Umgebung aufweisen. Als Konsequenz steigt $\log(\varepsilon)$ beim Referenzpunkt A bereits bei kleineren Distanzen, während die $\log(\varepsilon)$-Kurve vom Referenzpunkt B erst später ansteigt und aufgrund der logarithmierten Skala auch eine stärkere Steigung aufweist.

In der Praxis sind die untersuchten Systeme jedoch häufig zumindest teilweise nichtstationär, sodass die lokale Pointwise-Dimension über die verschiedenen Referenzpunkte hinweg variieren kann. Durch die Berechnung der lokalen Pointwise-Dimensionen für unterschiedliche $\vec{x}_{i^*}$ und die Betrachtung der Ergebnisse im Zeitverlauf können so z. B. spezifische Regionen auf dem Attraktor gefunden werden, die für signifikante Änderungen der lokalen Dimension verantwortlich sind (Mayer-Kress et al., 1988, S. 161). Sollte es sich bei diesen Regionen um Anomalien des Systems handeln (z. B. ein geordnetes Signal, das durch unregelmäßige chaotische Sequenzen mit einer hohen Dimensionalität unterbrochen wird), so können diese mithilfe der lokalen Pointwise-Dimension auf dem rekonstruierten Attraktor identifiziert und für die Bestimmung der dominanten Attraktordimension[154] ggf. herausgefiltert werden. Alternativ kann auf diese Weise der Einfluss der Nichtstationaritäten auf den Schätzer der Korrelationsdimension ermittelt werden (Skinner et al., 1990a, S. 1020).

Um eine allgemeine Aussage über die fraktalen Eigenschaften eines Attraktors treffen zu können, kann eine durchschnittliche Pointwise-Dimension $D_{\bar{p}}$ berechnet werden (Addison, 1997, S. 167). Hierfür wird zunächst für jeden Referenzpunkt $\vec{x}_{i^*}$ die lokale Pointwise-

[154] Der Begriff der dominanten Attraktordimension ist angelehnt an Mayer-Kress et al. (1988), die eine Dimension des Systems als dominant bezeichnen, wenn diese das Skalierungsverhalten mit den geringsten Irregularitäten (also die beste Anpassung einer geraden Linie innerhalb des log-log Plots) über einen möglichst langen Bereich von ε beschreibt (vgl. Holzfuss und Mayer-Kress, 1986, S. 120). Zwar bezieht sich ihre Definition auf die Auswahl der Skalierungsregion (siehe dazu Kapitel 3.3.2), doch der Grundgedanke, dass eine Dimension dann dominant ist, wenn sie den Großteil des Systems charakterisiert, lässt sich auch auf die Pointwise-Dimension übertragen.

Dimension D_{P_i} errechnet und anschließend ein Mittelwert über alle lokalen Dimensionen gebildet:

$$D_{\overline{P}} = \frac{1}{n_{ref}} \sum_{i=1}^{n_{ref}} D_{P_i}$$

Abhängig davon, wie groß die Menge n_{ref} der Referenzpunkte ist, die für die Berechnung der durchschnittlichen Pointwise-Dimension verwendet werden, kann die errechnete Dimension eine gute Beschreibung des Attraktors liefern.[155] Zwar fließen auch die nichtstationären Bereiche des Attraktors in die Berechnung ein, bei hinreichend vielen Referenzpunkten spielen sie aufgrund ihrer geringeren Häufigkeit jedoch nur eine untergeordnete Rolle. Sofern ein Attraktor nicht vollkommen stationär ist, kann die durchschnittliche Pointwise-Dimension somit hilfreich sein, um die dominierende Dimension eines Attraktors zu finden, die sich dadurch auszeichnet, dass sie das regulärste Skalierungsverhalten beschreibt (Mayer-Kress et al., 1988, S. 159).

Die starke Ähnlichkeit zwischen der Korrelationsdimension und der Pointwise-Dimension lässt sich durch eine Umstellung der Formeln sehr gut aufzeigen, indem die Korrelationsdimension als

$$\nu = \lim_{\varepsilon \to 0} \frac{\ln \frac{1}{n_{ref}} \sum_{i=1}^{n_{ref}} P_{\vec{x}_i}(\varepsilon)}{\ln(\varepsilon)}$$

und die durchschnittliche Pointwise-Dimension als

$$D_{\overline{P}} = \lim_{\varepsilon \to 0} \frac{\frac{1}{n_{ref}} \sum_{i=1}^{n_{ref}} \ln P_{\vec{x}_i}(\varepsilon)}{\ln(\varepsilon)}$$

dargestellt wird (vgl. Brandstäter und Swinney, 1987, S. 2213). $D_{\overline{P}}$ und ν basieren somit auf demselben Algorithmus, der sich lediglich durch den Zeitpunkt der Mittelwertbildung im

155 Da sich die Schätzung der durchschnittlichen Pointwise-Dimension verbessert, je mehr Referenzpunkte herangezogen werden, sollten bei vorhandener Rechenleistung möglichst viele Punkte des Systems als Referenzpunkte verwendet werden. Je nach Datenmenge und verfügbarer Rechnerkapazität kann aber auch nur eine Menge n_{ref} an äquidistant verteilten Referenzpunkten aus allen verfügbaren Datenpunkten $\{\vec{x}_i\}, i = 1...N$ gewählt werden, auf die die lokale Maßfunktion angewendet wird (vgl. (Mayer-Kress et al., 1988, S. 158)). Brandstäter und Swinney (1987, S. 2213) empfehlen für eine m-dimensionale Einbettung mindestens 2^{m+2} Referenzpunkte, um eine gleichmäßige Ausfüllung des Phasenraumes für jeden Wert der Einbettungsdimension zu gewährleisten.

Zähler des Bruchs unterscheidet.[156] Bei einer hinreichend langen Zeitreihe sollten sowohl das *D2* als auch die mittlere Pointwise-Dimension daher annähernd den gleichen Wert für die Dimension ergeben (Elbert et al., 1994, S. 33). In der Praxis tendiert die Pointwise-Dimension jedoch dazu, höher als die Korrelationsdimension auszufallen (vgl. Mayer-Kress und Holzfuss, 1987, S. 62).

Im Gegensatz zur Korrelationsdimension kann bei der durchschnittlichen Pointwise-Dimension auch die Standardabweichung berechnet werden, aus der sich weitere Rückschlüsse über die Genauigkeit der Dimensionsschätzung sowie die Homogenität des Attraktors treffen lassen, ohne die lokalen Pointwise-Dimensionen einzeln im Zeitverlauf betrachten zu müssen (vgl. Feucht et al., 1999, S. 211). Eine geringe Standardabweichung deutet beispielsweise darauf hin, dass der Attraktor über alle Regionen hinweg homogen ist und keine größeren Anomalien aufweist. Des Weiteren lässt sich damit eine Aussage über die Stationarität der Zeitreihe treffen, da eine geringe Standardabweichung der Dimension ein gleichbleibendes Systemverhalten impliziert.

Ein weiterer Vorteil der Pointwise-Dimension gegenüber dem *D2* zeigt sich bei der Dimensionalitätsbestimmung eines seltsamen Attraktors. Seltsame Attraktoren zeichnen sich häufig durch die fehlende Eigenschaft der Uniformität aus (Nicolis et al., 1983, S. 1167).[157] Je nachdem, in welchem Bereich des Attraktors sich der Referenzpunkt befindet, kann die Dichte der benachbarten Punkte und damit auch der log-log Plot stark variieren. Referenzpunkte, die sich in einem Bereich des Attraktors befinden, der nur selten von den Trajektorien aufgesucht wird, haben weniger benachbarte Punkte in der näheren Umgebung als Punkte, die sich in einem zentralen und häufig frequentierten Bereich des Attraktors befinden. Der Skalierungsbereich beginnt bei einem solchen Punkt daher auch erst ab einem höheren ε, während die Skalierungsregion für einen Referenzpunkt, der sich im Zentrum des Attraktors befindet, bereits bei niedrigen Distanzen beginnt. Abhängig von der Form des Attraktors kann neben der Position der Skalierungsregion auch deren Breite in Abhängigkeit des Referenzpunktes variieren.[158] Sofern es sich um einen Attraktor mit weit ausladenden Bereichen handelt und wenn die vorhandenen Rechenkapazitäten es zulassen, ist es für eine korrekte Dimensionsberechnung daher sinnvoll, für jeden Referenzpunkt die optimale Skalierungsregion einzeln zu bestimmen.

Beim Grassberger-Procaccia Algorithmus wird das Korrelationsintegral $C(\varepsilon)$ ungeachtet der Attraktorbeschaffenheit über alle Referenzpunkte $\vec{x}_{i*}$ hinweg für ein fixes ε berechnet, bevor eine Skalierungsregion über alle gemessenen Distanzen hinweg gesucht wird. Durch die Kumulierung aller Distanzen (sowohl von nah als auch von weit entfernten Punkten) kann

---

156 Aufgrund der abweichenden Position des Logarithmus gilt zudem die Relation $\nu \leq D_{\overline{P}}$.

157 Nicolis et al. (1983, S. 1165) umschreibt die Nichtuniformität etwas präziser als Variation der lokalen Divergenzrate entlang der Trajektorienverläufe eines dynamischen Systems.

158 Die Randbereiche eines Attraktors stellen grundsätzlich eine Problematik für die Berechnung der Korrelationsdimension dar. Alle endlichen Objekte im R^m haben Ränder und die benachbarten Punkte von Referenzpunkten, die in der Nähe der Ränder liegen, weisen ein anderes Skalierungsverhalten auf als benachbarte Punkte, die näher am Attraktorzentrum liegen. Dieser „Edge-Effekt" kann abhängig von der Form des Attraktors zu einen höheren Schätzfehler führen, was nur durch eine Erhöhung der Datenmenge ausgeglichen werden kann. Für weiterführende Informationen siehe (Theiler, 1990a, S. 1068ff.).

es nun passieren, dass die gefundene Skalierungsregion keine vollkommen lineare Steigung aufweist oder sich mehrere mögliche Skalierungsregionen innerhalb des log-log Plots finden lassen. Die Auswahl der korrekten Skalierungsregion kann hierdurch erschwert werden und bringt die Gefahr einer fehlerhaften Dimensionsbestimmung mit sich (Holzfuss und Mayer-Kress, 1986, S. 117). Diese potenzielle Fehlerquelle wird durch die Methodik der (durchschnittlichen) Pointwise-Dimension reduziert, da die Skalierungsregion für jeden Referenzpunkt neu bestimmt wird. Als Konsequenz erhöht sich jedoch der Berechnungsaufwand, sodass sich die Pointwise-Dimension zu Zeiten eingeschränkter Rechnerkapazitäten als nicht praktikabel erwiesen hat.[159] Aufgrund des exponentiellen Wachstums der Leistungsfähigkeit moderner Mikroprozessoren stellen die Hardwareanforderungen heutzutage allerdings nicht mehr den limitierenden Faktor dar.[160] Dennoch konnte die Pointwise-Dimension die Korrelationsdimension in der Praxis bislang noch nicht ablösen. Dies wird unter anderem damit begründet, dass die Korrelationsdimension über eine deutlich breitere Literaturbasis und Akzeptanz in der Wissenschaft verfügt (Addison, 1997, S. 167).

Falls das untersuchte System überwiegend stationär ist und die Dynamik sich somit über die gesamte Zeitreihe hinweg nicht signifikant verändert, wäre die Korrelationsdimension der Pointwise-Dimension aufgrund des geringeren Rechenaufwandes nach wie vor vorzuziehen. In der Praxis ist die Kenntnis über die Stationarität einer Zeitreihe häufig vorher jedoch nicht bekannt, sodass eine Berechnung der Korrelationsdimension mit einer gewissen Unsicherheit über die Gültigkeit der ermittelten Dimension einhergeht. Die Berechnung der Pointwise-Dimension könnte in solchen Fällen sinnvoller sein, obgleich eine eindeutige Identifikation von Nichtstationaritäten weiterhin nicht möglich ist und Zweifel an der Gültigkeit des Ergebnisses auch in diesem Fall nicht aus der Welt geschafft werden können. Problematisch ist auch die Tatsache, dass der Pointwise Algorithmus zur Bestimmung der $D_{\bar{P}}$ sequenziell Punkte des Systems als Referenzpunkt festlegt und deren Dimension bestimmt. Infolge dessen werden auch Referenzpunkte verwendet, deren log-log-Plot keine akzeptable Steigungsgerade aufweist, oder bei denen der GP-Algorithmus nicht sättigt. Da der Algorithmus bei der Pointwise kein Abbruchkriterium hat, nimmt der Dimensionsschätzer bei fehlender Sättigung den

[159] Kostelich und Yorke (1986, S. 65) merken an, dass die zur Berechnung der Pointwise-Dimension notwendige Anzahl an Iterationen der Abbildung exponentiell mit D_P wächst. Sie weisen darauf hin, dass für die Berechnung der Pointwise-Dimension auf die Punkte eines Lorenz-Schnitts zurückgegriffen werden kann, da ein Querschnitt des Attraktors dieselben fraktalen Eigenschaften aufweist wie der gesamte Attraktor. Bei Verwendung eines Lorenz-Schnitts für die Berechnung der D_P mit derselben Auflösung ε reduziert sich die Anzahl der benötigten Punkte im Gegensatz zur Berechnung der D_P des ganzen Attraktors um den Faktor 10^6 (Kostelich und Yorke, 1986, S. 65 ff.). Allerdings beruht diese Aussage nur auf Basis der Dynamik eines formal definierten Doppelpendels (vgl. Kostelich und Yorke, 1987, S. 266 ff.) und kann nicht ohne Weiteres auf andere Dynamiken übertragen werden, da nicht sichergestellt werden kann, dass ein Lorenz-Schnitt stets die fraktalen Eigenschaften des Attraktors abbildet. Dies gilt insbesondere für Systeme mit unregelmäßig auftretenden Pertubationen.

[160] Die Rechenkapazitäten der Prozessoren aus den 1980er Jahren sind mit der aktuellen Prozessorgeneration kaum noch zu vergleichen. Während der 1993 erschienene Intel Pentium Prozessor gerade einmal über 3,1 Millionen Transistoren verfügte, besitzen aktuelle Prozessoren wie der Intel Xeon Phi bereits über 5 Milliarden Transistoren (Jeffers und Reinders, 2013, S. 243).

Wert der Steigung innerhalb der höchsten verwendeten Einbettungsdimension an.[161] Diese Werte fließen mit in die Berechnung der durchschnittlichen Pointwise-Dimension ein und können dadurch zu einer systematischen Überschätzung der $D_{\bar{P}}$ sowie zu einer Erhöhung der Standardabweichung führen, was die Vorteile der Pointwise-Dimension gegenüber der Korrelationsdimension relativieren kann.

Eine Interpretation der lokalen Pointwise-Dimension D_{P_i} ist ebenfalls nur mit Einschränkungen möglich, da für die Bestimmung der Steigungsgeraden innerhalb des log-log-Plots die Entfernungen vom Referenzpunkt zu allen anderen Punkten des Systems herangezogen werden. Falls der Referenzpunkt an einer weiter entfernten Stelle des Attraktors liegt und nur wenige Punkte in der näheren Umgebung aufweist, lässt sich ein Skalierungsbereich aufgrund der Notwendigkeit hinreichend vieler Vergleichspunkte für eine zuverlässige Bestimmung der Steigungsgerade möglicherweise nur für Punkte finden, die näher am Attraktorzentrum liegen.[162] Bezogen auf den log-log Plot würde der mögliche Skalierungsbereich somit bei größeren Werten für ε zu finden sein. Das exponentielle Skalierungsverhalten $C(\varepsilon) \propto \varepsilon^D$, das die Grundlage aller hier vorgestellten metrischen Dimensionsmaße ist, ist theoretisch jedoch nur für sehr kleine Werte von ε definiert, sodass der Zusammenhang zwischen dem Skalierungsverhalten und der Dimension des Attraktors bei großen ε nicht zwangsläufig gelten muss.

Die im folgenden Kapitel vorgestellte Weiterentwicklung der Pointwise-Dimension berücksichtigt diese Problematik und ist zudem noch robuster gegenüber Nichtstationaritäten in den Daten.

3.2.6 Point-D2 (PD2)

Die Punktkorrelationsdimension *PD2* stellt eine Weiterentwicklung der durchschnittlichen Pointwise-Dimension sowie der Korrelationsdimension dar und greift die im vorherigen Kapitel erwähnten Problematiken der Pointwise-Dimension auf. Sie wurde ursprünglich von (Skinner et al., 1990a; Skinner et al., 1990b) für die Anwendung in der medizinischen Forschung entwickelt, ist aufgrund ihrer besonderen Eigenschaften jedoch auch für die Komplexitätsbestimmung ökonomischer Zeitreihen geeignet.

Während die in den Naturwissenschaften betrachteten Systeme durch zugrunde liegende Naturgesetze und fixe Rahmenbedingungen auch über längere Zeitperioden stationär sein können, unterliegen die in der Wirtschaftswissenschaft untersuchten Systeme, wie z. B. Finanzmärkte, häufig endogen oder exogen verursachten Änderungen (vgl. Esser, 2002, S.

---

161 Bei experimentellen Untersuchungen mit endlichen Zeitreihen muss eine Obergrenze für die Einbettungsdimension festgelegt werden, da je nach Menge der Datenpunkte die Aussagekraft der berechneten Dimension stark abnimmt. Siehe hierzu Kapitel 3.3.1 & 3.1.4.

162 Bei dieser Annahme wird davon ausgegangen, dass ein Attraktor keine homogene Punktdichte aufweist, sondern über ein Zentrum mit einer höheren Punktdichte verfügt. Die Punktdichte nimmt immer stärker ab, je weiter eine Trajektorie vom Attraktorzentrum entfernt ist. Ein Beispiel für so einen Attraktor ist der schmetterlingsförmige Lorenz-Attraktor, dessen Trajektorien bei jedem Durchlauf entweder den linken oder den rechten Flügel durchqueren, aber stets zurück zum Zentrum kommen. Somit ist zum einen die Anzahl der Trajektorien im Zentrum höher als in den äußeren Bereichen. Auch bewegen sich die Trajektorien in den äußeren Bereichen schneller als im Zentrum, wodurch bei einer diskreten Messung mit zeitlich äquidistanten Abständen die Punktdichte auf einer Trajektorie im Zentrum höher ist als in den äußeren Bereichen.

351 ff.). Solch ein Wandel kann zu grundlegenden qualitativen Änderungen des Systems und dessen Dynamik führen, wodurch sich auch die Struktur des Attraktors grundlegend ändern kann.[163] Die Einbettung einer Zeitreihe, die aus einem System mit einer vollzogenen Strukturänderung stammt, enthielte einen hybriden Attraktor, der eine Mischung aus beiden Systemzuständen darstellen würde. Eine Dimensionsbestimmung mittels der Korrelationsdimension würde zu ambivalenten Ergebnissen führen, da für den erforderlichen log-log Plot die Distanzen aller Punkte zueinander verwendet würden, ungeachtet dessen, dass sich eigentlich zwei qualitativ unterschiedliche Attraktoren im Phasenraum befinden. Die so ermittelte Steigung würde weder die Dimension des einen noch die Dimension des anderen Attraktors beschreiben. Auch könnte nicht eindeutig gesagt werden, dass es sich bei der errechneten Dimension um die mittlere Dimension des Systems handelt.

Im Gegensatz zur Korrelations- und Pointwise-Dimension kann das *PD2* auch auf Zeitreihen mit nichtstationären Subepochen, wie es bspw. bei Finanzmarktdaten der Fall ist, angewendet werden. Analog zum D_{P_i} werden zunächst die lokalen Dimensionen $PD2_i$ für die einzelnen Referenzpunkte $\vec{x}_{i^*}$ mithilfe des Grassberger-Procaccia Algorithmus berechnet. Das Modell für das $PD2_i$ lautet $C(\varepsilon,\vec{x}_{i^*})=\varepsilon^{\nu}$ (vgl. Skinner, 1992, S. 3). Der log-log Plot wird dabei auf Grundlage der gemessenen Vektordifferenzen zwischen dem Referenzpunkt $\vec{x}_{i^*}$ und den restlichen Punkten des Systems erstellt. Im Gegensatz zur Pointwise-Dimension werden bei der Identifikation der Skalierungsregion, in welcher nach einem linearen Steigungsbereich gesucht wird, jedoch nur niedrige Werte von $\log(\varepsilon)$ betrachtet (Skinner et al., 1998, S. 128). Auf diese Weise werden nur jene Vergleichspunkte $\vec{x}_j$ bei der Dimensionsbestimmung berücksichtigt, die sich in der Nähe des Referenzvektors aufhalten und somit aus einer Subepoche der Zeitreihe stammen, die stationär zu jener Subepoche ist, in der sich der Referenzpunkt $\vec{x}_{i^*}$ befindet (Skinner et al., 1998, S. 134). Somit sucht sich der Referenzpunkt für die Schätzung des $PD2_i$ seine eigene Subepoche, innerhalb derer die Vergleichspunkte die gleichen Skalierungscharakteristiken aufweisen wie der Referenzpunkt selbst (vgl. Elbert et al., 1994, S. 23).[164] Dies erklärt auch die Robustheit des $PD2_i$ gegenüber nichtstationären Änderungen in den Daten, da die Vergleichsvektoren $\vec{x}_j$ innerhalb der nichtstationären Subepochen eine größere Distanz ε zum Referenzvektor aufweisen und die Steigung innerhalb der Skalierungsregion im niedrigen ε-Bereich nicht beeinflussen. Neben der Beschränkung der Skalierungsregion auf niedrige ε-Werte unterscheidet sich das $PD2$ von der Pointwise-Dimension dadurch, dass es über zwei Selektionskriterien verfügt, die von einem Referenzpunkt erfüllt werden müssen, damit dessen $PD2_i$-Schätzer akzeptiert wird und in die Berech-

---

[163] Qualitative Änderungen eines Systems werden in der Synergetik durch einen Phasenübergang dargestellt (Haken, 2013, S. 3). Dabei wechselt das System von einem Zustand in einen anderen stabilen Zustand, indem die bestehende Ordnung durch die Veränderung eines Kontrollparameters zerstört wird (Liening, 2015, S. 152).

[164] Der *PD2*-Algorithmus akzeptiert also nur Vergleichsvektoren, die aus einem Zeitreihenabschnitt stammen, der die gleichen stationären Eigenschaften aufweist wie der Zeitreihenabschnitt, in dem sich der Referenzvektor befindet.

nung der mittleren Point-Dimension der gesamten Zeitreihe oder einer Subepoche mit aufgenommen werden kann.

Bei dem ersten Kriterium handelt es sich um das *Linearitätskriterium*, das sicherstellen soll, dass der Abschnitt der log-log-Kurve, der für die Messung der Steigung herangezogen wird, hinreichend lang und linear ist. Skinner et al. (1991, S. 968) schlägt zwei Methoden vor, mittels derer der längste lineare Abschnitt der Kurve ermittelt werden kann. Die erste Methode besagt, dass ein linearer Steigungsbereich gefunden wurde, wenn der Pearson Korrelationskoeffizient für eine Reihe von Vektordifferenzen, die mindestens eine $\log_{10}$-Einheit auf der $\log(\varepsilon)$-Skala umspannen, mehr als $r = 0.995$ beträgt.

Die zweite Methode basiert auf der Idee, sukzessive lineare Steigungen für Punktfolgen auf der log-log-Kurve zu bestimmen und jene Steigung als Dimensionsmaß festzulegen, die die meisten Punkte umfasst. Hierfür muss die erste Ableitung des log-log Plots innerhalb von $\pm 15\ \%$ einer initialen Steigung liegen, die beginnend bei dem kleinsten Wert von $\log(\varepsilon)$, mindestens 10 Punkte umfasst. Zur Bestimmung der besten Steigung werden der initialen Steigung zunächst sequenziell neue Punkte auf der $\log(\varepsilon)$ Skala hinzugefügt, bis die berechnete erste Ableitung der Steigung das $\pm 15\ \%$ -Level übersteigt. Die Länge dieser Steigung wird anschließend notiert[165]. Dann wird eine neue initiale Steigung, beginnend mit dem nächstgrößeren $\log(\varepsilon)$-Wert, konstruiert und den 10 initialen Punkten werden wieder weitere Punkte hinzugefügt, bis die $\pm 15\ \%$ -Regel erneut überschritten wird. Diese Prozedur wird iterativ für jeden $\log(\varepsilon)$-Wert als Startwert wiederholt und die entsprechenden Segmentlängen bestimmt. Die Steigung des längsten Segments wird, sofern die dort enthaltenen Punkte mindestens eine $\log_{10}$ -Einheit auf der $\log(\varepsilon)$-Skala umfassen, als der Wert für das *D2* der betrachteten Einbettungsdimension m und dem Referenzpunk $\vec{x}_{i^*}$ akzeptiert. Sollte die Segmentlänge den Anforderungen nicht genügen, ist das Linearitätskriterium für den jeweiligen Referenzpunkt nicht erfüllt. Es hat sich gezeigt, dass beide Methoden annähernd äquivalent beim Aufspüren des längsten linearen Segmentes sind und sich bei der Schätzung der Steigung für jede Einbettungsdimension nur um ca. $\pm 5\ \%$ voneinander unterscheiden. Da die zweite Methode deutlich schneller berechnet werden kann, wurde sie von Skinner als Methode der Wahl vorgeschlagen (Skinner et al., 1991, S. 968).

Bei dem zweiten Kriterium handelt es sich um das *Konvergenzkriterium,* welches in allgemeinerer Form bereits bei der Korrelationsdimension angewandt wird. Zur Erfüllung des Konvergenzkriteriums muss die vom Linearitätskriterium akzeptierte Steigung mit zunehmender Einbettungsdimension einen klaren asymptotischen Verlauf aufweisen und gegen einen festen Wert konvergieren bzw. sättigen. Eine Steigung wird als gesättigt angesehen, wenn die Standardabweichung des Mittelwertes der Steigungsgeraden von vier aufeinanderfolgenden Einbettungsdimensionen ab einer bestimmten Einbettungsdimension m^* weniger

---

165 Die Länge der Steigung wird gemäß dem Satz des Pythagoras durch die Formel $\sqrt{(\log C(\varepsilon))^2 + (\log(\varepsilon))^2}$ berechnet.

als 0,4[166] beträgt, wobei m^* gemäß Whitneys Einbettungstheorem der Bedingung $m > 2D2+1$ genügen muss.

Erst wenn beide Kriterien erfüllt sind, wird der Schätzer für das lokale $PD2_i$ eines Referenzpunktes $\vec{x}_{i^*}$ akzeptiert und kann mit in die Berechnung des mittleren $PD2$ der gesamten Zeitreihe (oder einer Subepoche) einfließen. Im Umkehrschluss wird jeder Schätzer abgelehnt, der mindestens eine der genannten Kriterien nicht erfüllt.[167] Dies kann z. B. bei Rauschen oder anderen Artefakten in den Daten der Fall sein, aber auch bei zu wenig vorhandenen Vektordifferenzen aufgrund einer unzureichenden Menge an passenden Subepochen (Elbert et al., 1994, S. 23). Eine hinreichend große Datenmenge ist auch für das *PD2* essenziell, da sich der Skalierungsbereich theoretisch im niedrigen $\log(\varepsilon)$-Bereich finden sollte (Skinner, 1992, S. 3). Um diesen mit einer hinreichenden Präzision bestimmen zu können, bedarf es jedoch einer hohen Punktdichte, damit genügend benachbarte Punkte zur Bestimmung der Steigungsgerade vorhanden sind. Die Suche der Steigungsgeraden in den niedrigen $\log(\varepsilon)$-Regionen macht das $PD2_i$ allerdings auch anfällig gegenüber Verstörungen der Zeitreihe durch weißes Rauschen mit geringer Amplitude. Ist die Zeitreihe oder eine Subepoche mit solch einem weißen Rauschen behaftet, kann es dazu führen, dass das $PD2_i$ fälschlicherweise einen hohen Wert annimmt.[168] Temporäres weißes Rauschen mit hoher Amplitude führt hingegen dazu, dass alle betroffenen $PD2_i$ entsprechend den beiden Selektionskriterien ignoriert werden und das mittlere $PD2$ nicht beeinflussen (Skinner, 1992, S. 5). Zur Erhöhung der Genauigkeit empfiehlt Skinner (1992, S. 4) als zusätzliches Kriterium die Berechnung des mittleren $PD2$-Schätzers nur dann durchzuführen, wenn mindestens 75 % der Referenzpunkte von den Selektionskriterien akzeptiert wurden.

Die mittlere Point-Dimension $PD2$ einer Zeitreihe ergibt sich aus den akzeptierten lokalen Point-Dimensionen $PD2_i$:

$$PD2 = \frac{1}{n_{ref}} \sum_{i=1}^{n_{ref}} PD2_i, \text{ mit } i = 1,\ldots,n_{ref}.$$

[166] Der Wert 0,4 als Obergrenze für die Standardabweichung der Steigungsgeraden wurde von Skinner auf Basis einer Analyse mehrerer Lorenz-Zeitreihen ermittelt. Für eine ausführliche Erläuterung des Verfahrens siehe Skinner et al. (1991, S. 968).

[167] Feucht et al. (1999, S. 211) führt die Sättigung der lokalen Dimension auch als Auswahlkriterium der Referenzpunkte für die Berechnung der durchschnittlichen Pointwise-Dimension an. Dieses Kriterium wird in der ursprünglichen Definition von Farmer et al. (1983) jedoch nicht gefordert.

[168] Weißes Rauschen im niedrigen $\log(\varepsilon)$-Bereich sollte bei einer ausreichenden Datenlänge dazu führen, dass die Steigung der Steigungsgerade der Einbettungsdimension entspricht, da weißes Rauschen den Phasenraum vollständig ausfüllt. Daher sollte die Steigung proportional zur Einbettungsdimension wachsen, sodass das Konvergenzkriterium nicht erfüllt wird. Da die Anforderungen an die Datenlänge exponentiell mit den Einbettungsdimensionen wachsen (vgl. Brandstäter und Swinney, 1987, S. 2219), können sie ab einer bestimmten Höhe der Einbettungsdimension nicht mehr erfüllt werden, was zu einer irrtümlichen Sättigung der Steigung und damit zur Erfüllung des Konvergenzkriteriums führen kann.

Weil jeder Referenzvektor $\vec{x}_i$ mit einer neuen Koordinate beginnt und weil die neue Koordinate jeden beliebigen Wert annehmen kann, sind die $PD2_i$ unabhängig voneinander (vgl. Skinner et al., 1994, S. 221), weshalb das *PD2* bei Verwendung aller akzeptierten Referenzpunkte als bester Schätzer für die Korrelationsdimension *D2* angesehen werden kann (vgl. Elbert et al., 1994, S. 24). Da das *PD2* in keiner Relation zu stochastischen Maßen wie dem Power-Spektrum, der Standardabweichung oder dem Mittelwert steht, liefert es zudem Informationen, die sich fundamental von den genannten Maßen unterscheiden (Skinner, 1992, S. 1).

Für stationäre Daten mit nichtstationären Epochen konnte gezeigt werden, dass das *PD2* eine bessere Varianz aufweist als die Pointwise-Dimension (Skinner, 1992, S. 3).[169] Darüber hinaus ist das *PD2* in der Lage, das *D2* auch für kleine Subepochen mit einer Länge von gerade einmal 1500 Datenpunkten mit hoher Präzision zu bestimmen (Skinner, 1992, S. 2).[170] Hierdurch ergibt sich die Möglichkeit, die Dimensionen einzelner oder mehrerer Subepochen innerhalb einer Zeitreihe miteinander zu vergleichen und so z. B. temporäre Änderungen der Dynamik des Systems zu identifizieren.[171] Sollten sich innerhalb der Zeitreihe mehrere Subepochen mit signifikant unterschiedlichen Dimensionen finden, ohne dass eine Dimension die gesamte Zeitreihe dominiert[172], ist die Betrachtung des mittleren *PD2* nicht sinnvoll, da aus dieser falsche Rückschlüsse gezogen werden könnten und der Eindruck erweckt wird, dass das System nur über einen Attraktor verfügt. Dabei liegt bei multiplen stationären Subepochen vielmehr die Vermutung nahe, dass jede Subepoche ihren eigenen Attraktor besitzt oder dass sich der Attraktor im Laufe der Zeit verändert hat, weil z. B. weitere Freiheitsgrade im System aktiviert wurden oder gänzlich neu hinzugekommen sind.[173] In solchen Fällen kann die Einzelbetrachtung der Subepochen sinnvoller sein und wichtige Informationen über das System liefern.

Die Möglichkeit der Betrachtung einzelner Subepochen prädestiniert das *PD2* als komplexitätswissenschaftliche Untersuchungsmethode für Finanzmarktzeitreihen, da das *PD2* im Rahmen der Effizienzmarktuntersuchungen einerseits in der Lage ist, nichtlineare Abhängigkeiten in den Daten zu quantifizieren und andererseits robust gegenüber Nichtstationaritäten ist. Zudem ermöglicht die Berechnung der Dimension einzelner Subepochen die Untersuchung der Auswirkungen von markttypischen temporären Anomalien und Turbulenzen, wie z.

---

169 Sollten die Daten vollkommen stationär sein, stellt jeder *PD2*-Wert einen Schätzer für den *D2* dar.

170 Skinner et al. (1992) weist an dieser Stelle darauf hin, dass bereits eine 1500 Punkte umfassende Epoche ausreicht, um die Dimension des gesamten Attraktors bestimmen zu können, sofern die Epoche keine Nichtstationaritäten enthält.

171 Die Dimensionsbestimmung einer Subepoche kann auch mit dem *D2* vollzogen werden (vgl. Pijn et al., 1991), jedoch müssen dann sämtliche Vektordifferenzen aus den Punkten der betrachteten Subepoche stammen und können im Gegensatz zur *PD2* nicht auf andere, identische Subepochen zurückgreifen. Da das *D2* eine Mindestlänge der Zeitreihe voraussetzt, kann dieses Verfahren daher nur auf entsprechend lange Subepochen angewendet werden.

172 Die Dominanz einer Dimension lässt sich z. B. an der Standardabweichung der *PD2* erkennen. Ein hoher Wert deutet auf eine starke Streuung der $PD2_i$ und somit auf eine geringe Dominanz der errechneten Dimension hin.

173 Denkbar wäre an dieser Stelle auch ein aus der Synergetik bekannter Phasenübergang. Aufgrund einer Veränderung bestimmter Kontrollparameter wird das System verstört und ein bestehender Attraktor (Mode) durch einen neuen Attraktor ersetzt. Für eine Einführung in die Synergetik siehe Haken (1981).

B. Blasenbildungen, Krisen, Schocks, etc., auf die Effizienz des Marktes in diesen Zeiträumen aus nichtlinearer Perspektive. Grundsätzlich erlaubt das lokale $PD2_i$ sogar die Bestimmung der Dimension von einzelnen Datenpunkten, wie z. B. den täglichen Renditen, sodass sich prinzipiell auch sehr kurzfristige Änderungen der nichtlinearen Abhängigkeiten, wie z. B. die Reaktion auf ein unerwartetes Ereignis, messen lassen können. Eine Betrachtung und Bewertung der Dimension eines einzelnen Punktes ist an dieser Stelle aber ebenso problematisch wie die Bewertung eines einzelnen Renditewertes im Rahmen von klassischen Effizienzmarktuntersuchungen, da sowohl die lokale Dimension wie auch ein einzelner Renditewert nicht nur von dem einen Ereignis beeinflusst wird. Um den Effekt eines Ereignisses auf die Dimension einer Aktienzeitreihe sichtbar zu machen, müssen sämtliche anderen Einflüsse bestmöglich herausgefiltert werden. Hierzu bietet sich die Methode der Eventstudien[174] an, welche auch bei der klassischen Untersuchung der mittelstarken Form der Effizienzmarkthypothese eingesetzt wird. Für eine korrekte Kombination der Methode Eventstudien mit dem $PD2$-Algorithmus bedarf es zuvor jedoch einer Auseinandersetzung mit den Limitierungen und Herausforderungen, die bei der Berechnung der Dimensionalitätsmaße berücksichtigt werden müssen. Da das $PD2$ auf der Korrelationsdimension beruht, gelten die Limitierungen des $D2$ bis auf einige Ausnahmen auch für das $PD2$, weshalb sich das nächste Kapitel umfassend mit den Schwierigkeiten und Anforderungen der Korrelationsdimension befasst. Der Vollständigkeit halber soll zuvor aber noch kurz auf die dritte Klasse der Dimensionskonzepte am Beispiel der Lyapunov-Dimension eingegangen werden.

3.2.7 Lyapunov-Dimension

Trotz der Berücksichtigung der relativen Verteilung der Punkte auf dem Attraktor ist auch die Point-Dimension ein geometrisches Maß. Im Gegensatz dazu basiert die dritte Klasse der Dimensionskonzepte auf den dynamischen Eigenschaften des Orbits auf dem Attraktor. Zu den bekanntesten Maßen dieser Klasse gehört die Lyapunov-Dimension (Kostelich und Yorke, 1987, S. 264). Zur Berechnung der Lyapunov-Dimension müssen zunächst die Lyapunov-Exponenten des Systems ermittelt werden.[175] Die Anzahl der charakteristischen Lyapunov-Exponenten ist identisch mit der Höhe der Einbettungsdimension des Phasenraumes (Froehling et al., 1981, S. 606).[176] Anschließend werden die Lyapunov Exponenten der Größe nach sortiert, sodass $\lambda_1 \geq \lambda_2 \geq \cdots \geq \lambda_m$ gilt. Sei k der Index jenes Lyapunov-Exponenten, für

---

174 Die Methode der Eventstudien wird in Kapitel 2.4 ausführlich diskutiert.

175 Es existieren unterschiedliche Verfahren zur Bestimmung des Lyapunov-Exponenten. Zu den prominenteren Vertretern gehören der Wolf-Algorithmus (Wolf et al., 1985), der Rosenstein-Algorithmus (Rosenstein et al., 1993) sowie der Kantz-Algorithmus (Kantz, 1994). Diese drei Verfahren unterscheiden sich zwar in der Vorgehensweise, jedoch messen sie alle die durchschnittliche Divergenzrate von zwei beliebig nahe beieinanderliegenden Trajektorien im Phasenraum. Der Lyapunov-Exponent ist dabei der Exponent der Divergenzrate.

176 Für die Chaosforschung ist für gewöhnlich nur der größte Lyapunov-Exponent (Largest Lyapunov Exponent – LLE) von Bedeutung, da die Kenntnis über den größten Exponenten ausreicht, um das Ausmaß der „Chaotizität" zu beziffern (vgl. Strunk, 2004, S. 381).

den gerade noch $\sum_{i=1}^{k}\lambda_i \geq 0$ gilt, sodass für den nächstkleineren Lyapunov-Exponenten λ_{k+1} bereits $\sum_{i=k+1}^{m}\lambda_i < 0$ gilt.

Dann ist die Lyapunov-Dimension des Attraktors gemäß Kaplan und Yorke (1979b, S. 218f.) definiert als:

$$D_L = k + \frac{\lambda_1 + \cdots + \lambda_k}{|\lambda_{k+1}|}$$ [177]

Kostelich und Yorke (1987, S. 266) konnten mittels numerischer Schätzungen die Annahme bestätigen, dass die Lyapunov-Dimension und die Pointwise-Dimension für „typische" Attraktoren gleich ist. In Bezug auf die Kapazität nehmen (Frederickson et al., 1983) jedoch an, dass $D_L \leq D_C$ gilt. Sie begründen es damit, dass die Lyapunov-Dimension eher den „Kern"[178] eines Attraktors reflektiert, während die Kapazitätsdimension den gesamten Attraktor misst. Somit liefert die Lyapunov-Dimension im engeren Sinne eine unvollständigere Beschreibung der Dimension eines Attraktors als die Kapazitätsdimension. Da die Lyapunov-Dimension von den zuvor errechneten Lyapunov-Exponenten abhängt, ist ihre Berechnung darüber hinaus auch mit denselben Schwierigkeiten verbunden, die bei der Bestimmung der Lyapunov-Exponenten auftreten können.[179] Somit ist die Lyapunov-Dimension für empirische Untersuchungen mit relativ kurzen Datenreihen nur bedingt geeignet. Im Gegensatz zu dem *PD2* kann die Lyapunov-Dimension auch keine lokalen Dimensionen einzelner Subepochen bestimmen, sondern könnte die dimensionalen Entwicklungen nur im Rahmen von gleitenden Fenstern berechnen. Dies hätte auch zur Folge, dass kurzfristige Dimensionalitätsänderungen, wie sie im Rahmen der Dimensionalitätsuntersuchung zur mittelstarken Form der Effizienzmarkthypothese gemessen werden sollen, vom verwendeten Algorithmen zur Berechnung[180] der Lyapunov-Exponenten möglicherweise nicht hinreichend erfasst werden.

177 Die genaue Relation zwischen der fraktalen Dimension eines Attraktors und dessen charakteristischen Lyapunov-Exponenten ist nicht bekannt. Bspw. liefert Mori (1980) eine abweichende Definition. Froehling et al. (1981, S. 607f.) verweist auf die numerischen Nachweise von Farmer (1982a), die für den Ansatz von Kaplan und Yorke (1979a) sprechen. Für eine weitergehende Diskussion der Lyapunov-Dimension siehe auch Russell et al. (1980, S. 1175f.).

178 Als Kern wird die Region des Attraktors definiert, in der sich die meisten Trajektorien am längsten aufhalten (Frederickson et al., 1983, S. 189).

179 Grassberger et al. (1991, S. 535) benennt unter anderem die Problematik, dass die Wahl einer Einbettungsdimension, die die Dimension des Attraktors übersteigt, zu unechten Lyapunov-Exponenten führen kann. Dies ist insbesondere für jene Fälle problematisch, bei denen zur Rekonstruktion der globalen Topologie eine höhere Einbettungsdimension benötigt wird. Für eine ausführliche Diskussion dieser Problematik sowie einigen Lösungsansätzen siehe (Eckmann et al., 1986; Parlitz, 1992).

180 Liening (2017, S. 369) beschreibt drei mögliche Algorithmen zur Berechnung des Lyapunov-Exponenten. Sie alle weisen die Gemeinsamkeit auf, dass die gemessenen Abstände zwischen den Trajektorien bzw. die Divergenzraten, über alle Zeitpunkte gemittelt werden. Einzelne Ausreißer könnten somit in der Gesamtmenge der gemessenen Abstände untergehen.

3.3 Besonderheiten und Limitationen der Dimensionsmaße im Einsatz mit ökonomischen Daten

Die Berechnung und Interpretation einer fraktalen Dimension kann oftmals ein heikles Unterfangen darstellen (vgl. Theiler, 1990a, S. 1067). Brandstäter und Swinney (1987, S. 2219) beschreiben diese Problematik wie folgt:

„It is not difficult to develop an algorithm that will yield numbers that can be called dimension, but it is far more difficult to be confident that those numbers truly represent the dynamics of the system."

Während eine Dimension für modellierte Systeme aufgrund der theoretischen Möglichkeit, Zeitreihen mit beliebiger Länge und Präzision zu generieren, grundsätzlich mit einer hohen Genauigkeit berechnet werden kann, kann die Dimensionsbestimmung insbesondere bei empirisch erhobenen Daten mit einigen Schwierigkeiten und Unsicherheiten behaftet sein. Die Ursachen für die Probleme bei der Dimensionsberechnung lassen sich in zwei Kategorien einordnen. Die Ursachen der ersten Kategorie liegen in den vorhandenen Zeitreihen, welche die Anforderungen der Dimensionalitätsmaße hinsichtlich der Datenlänge und Präzision nicht oder nur teilweise erfüllen. Die Ursachen der zweiten Kategorie liegen in der fehlerhaften Anwendung der Methoden, was zu einer systematischen Verzerrung (Bias) der berechneten Dimensionen führen kann.

Da in der vorliegenden Arbeit das *PD*2 zum Einsatz kommt, sollen im Folgenden einige Limitierungen und Fehlerursachen bei der Berechnung des dem *PD*2 zugrunde liegenden *D*2 aufgezeigt und diskutiert werden. Die erste Kategorie der oben genannten Fehlerursachen stellt dabei eine Limitierung dar, die aus den Anforderungen der Korrelationsdimension an die Daten resultiert und auf die der Anwender bei vorhandenen Daten keinen Einfluss nehmen kann. Dennoch kann die Kenntnis dieser Limitierungen hilfreich sein, um die Validität der berechneten Dimensionsmaße besser einordnen zu können und ggf. bereits im Vorfeld eine Entscheidung über die Sinnhaftigkeit einer möglichen Dimensionsberechnung auf Grundlage der zur Verfügung stehenden Daten zu treffen.

Einige dieser Limitationen, wie z. B. die begrenzte Verfügbarkeit von Daten, trifft auf sehr viele Forschungsfelder zu. Andere Limitationen betreffen insbesondere die im Rahmen der vorliegenden Arbeit untersuchten ökonomischen Zeitreihen und sollten daher bei der späteren Auswertung der Ergebnisse berücksichtigt werden.

Für die zweite Kategorie der falschen Anwendung der Methoden existieren Lösungsansätze, die sich bis zu einem gewissen Grad auch auf ökonomische Daten anwenden lassen. Ob sich die mitunter sehr aufwendigen Anwendungen lohnen, hängt jedoch stark von deren erwarteten Nutzen bzw. der Reduktion der Unsicherheit hinsichtlich der berechneten Dimension ab. Die in den folgenden Kapiteln aufgezeigten Probleme und Lösungsansätze erheben keinen Anspruch auf Vollständigkeit, sollen aber genügen, um den Leser beim Umgang mit Dimensionsmaßen auf mögliche Stolpersteige zu sensibilisieren.

3.3.1 Abhängigkeit von der Datenlänge

Sowohl bei der Berechnung des Lyapunov Exponenten als auch bei der Bestimmung der Korrelationsdimension stellt die Datenlänge eine wichtige Einschränkung dar, die großen Einfluss auf die Interpretierbarkeit der berechneten Ergebnisse hat (vgl. Strunk, 2012, S. 147ff.).

Eckmann und Ruelle (1992) haben für die Korrelationsdimension gezeigt, dass der Algorithmus von Grassberger und Procaccia (1983a) keinen höheren Wert als $2\log N$ erzeugen kann, wobei N die Anzahl der Datenpunkte in der Zeitreihe angibt. Wird innerhalb des log-log-Plots eine Steigung gemessen, die in etwa $2\log N$ entspricht, kann daher keine zuverlässige Aussage mehr über die Dynamik des Systems getroffen werden. In der Praxis bedeutet dies, dass bei 1000 Datenpunkten eine Korrelationsdimension von $D2=6$ bereits nicht mehr interpretiert werden kann, da die „wahre" Dimension des Attraktors möglicherweise größer ist als die für die Anzahl an Datenpunkten maximal berechenbare Korrelationsdimension.

Es sei zu erwähnen, dass $2\log N$ nur einen Teil der eigentlichen Formel für die maximale realisierbare Dimensionalität nach dem Algorithmus von Grassberger und Procaccia (1983a) darstellt und es sich dabei eigentlich nur um den Zähler des Bruchs

$$D2_{\max} = \frac{2\log N}{\log_{10}(1/\rho)}$$

handelt. Dabei gibt ρ das Verhältnis des gewählten Abstandes ε zum Gesamtdurchmesser d des Attraktors des betrachteten Systems an[181]:

$$\rho = \frac{\varepsilon}{d}$$

Die maximale Korrelationsdimension $D2_{\max}$ kann als Referenzwert bei Dimensionsberechnungen herangezogen werden, um einen Vergleich mit der berechnete Korrelationsdimension zu ermöglichen. Sollte die berechnete Korrelationsdimension dabei nicht signifikant vom $D2_{\max}$ abweichen, muss ihre Validität infrage gestellt werden.[182] Jedoch muss die maximale Korrelationsdimension mit einer gewissen Vorsicht betrachtet werden, da der für dessen Berechnung benötige Durchmesser d nur für bekannte Systeme hinreichend präzise bestimmt werden kann. Ein seltsamer Attraktor kann durchaus weiter entfernte Bereiche im Phasenraum umspannen, die nur sehr selten aufgesucht werden. Bei einer empirischen Messung eines unbekannten Systems muss der Durchmesser des Attraktors durch die beiden am weitesten voneinander entfernten Punkte approximiert werden. Je nachdem, wie viele Iterationen einer Systemtrajektorie[183] in der Zeitreihe enthalten sind, kann es vorkommen, dass die vom

---

181 Eckmann und Ruelle (1992, S. 186) setzen $\rho = 0.1$, wodurch der Nenner von $D2_{\max}$ zu $\log_{10}(1/0.1)=1$ wird. Sie begründen den Wert damit, dass mit dem Verfahren in erster Linie stark nichtlineare Fälle untersucht werden und somit der Anstieg der nah benachbarten Punkte von Interesse ist.

182 Vgl. Scheinkman und LeBaron (1989) für eine ähnliche Testprozedur.

183 Unter den Iterationen ist die Anzahl der Umrundungen einer Trajektorie um den Attraktor gemeint.

Attraktor selten aufgesuchten, weit entfernten Bereiche in der Messung nicht vollständig erfasst werden; entweder weil die Länge der Messung nicht ausreicht oder weil die Messintervalle zu groß sind und weiter entfernte Bereiche übersprungen werden. Diese Problematik lässt sich am Beispiel des Lorenz-Attraktors verdeutlichen, dessen Durchmesser erst dann abgeschätzt werden kann, wenn die Zeitreihe mindestens so lang ist, dass die konstruierte Trajektorie die Außenbereiche beider Flügel umrundet hat. Würde sich die Trajektorie innerhalb des Messzeitraumes nur in einem Flügel des Attraktors aufhalten, wäre der gemessene Durchmesser zu klein und $D2_{max}$ würde dementsprechend zu groß ausfallen.

Die Festlegung von Eckmann und Ruelle (1992) auf $\rho = \varepsilon / d = 0.1$ sollte ebenfalls hinterfragt und stattdessen unter Berücksichtigung der verfügbaren Datenpunkte individuell festgelegt werden. Da die Steigung innerhalb des log-log Plots in den niedrigen Regionen von ε gesucht wird, liegt es nahe, für ε einen kleineren Wert als 1/10 des Attraktordurchmessers zu wählen. Dies führt wiederum zu einem kleineren $D2_{max}$. Somit kann das $D2_{max}$ in der Praxis nur als grober Richtwert für die maximale Obergrenze betrachtet werden und Korrelationsdimensionen nur dann als valide angenommen werden, wenn diese deutlich unterhalb dieser Obergrenze liegen.

Ist die ungefähre Dimension des Systems bekannt, lässt sich die Gleichung für die maximale Korrelationsdimension auch zur Bestimmung der benötigten Mindestlänge der Zeitreihe verwenden. Aus der Gleichung ergibt sich für die Mindestlänge N_{min}:

$$N_{min} = \left(\frac{d}{\varepsilon}\right)^{\frac{D2}{2}}.$$ [184]

Es wird ersichtlich, dass die benötigte Mindestlänge exponentiell mit dem Faktor $D2/2$ ansteigt. Darüber hinaus wird auch die negative Abhängigkeit der Mindestlänge vom festgelegten Abstand ε ersichtlich. Die Wahl eines niedrigen ε für die Suche nach einer linearen Skalierungsregion kann somit zu einem exponentiellen Anstieg der benötigten Mindestlänge der Daten führen.

Procaccia (1988, S. 499) gibt für die Mindestlänge eine noch strengere Regel vor. Um eine statistisch aussagekräftige Skalierung von $C(\varepsilon) = \varepsilon^{D2}$ messen zu können, fordert er sogar $N(D2) = 10^{D2}$ Datenpunkte. Dies hätte zur Folge, dass bei 1000-10000 vorhandenen Datenpunkten bereits eine Dimension größer 3 nicht mehr interpretierbar ist und die Ergebnisse zahlreicher Veröffentlichungen, welche die Korrelationsdimension als Maßzahl zur Dimensionalität des zu untersuchenden Systems verwenden, jegliche Aussagekraft verlören.[185] So ha-

---

184 Für den von Eckmann und Ruelle (1992) vorgegebenen Wert $\rho = \frac{\varepsilon}{d} = 0.1$ ergibt sich $(d/\varepsilon) = 10$.

185 Die Gültigkeit von Procaccias Bedingung an die Mindestlänge der Daten würde eine Limitierung der Dimensionalitätsuntersuchungen auf niedrigdimensionale Systeme bedeuten, da praktisch keine empirische Messung die Anforderungen für eine Korrelationsdimension größer als 6 erfüllen könnte, bei der bereits $10^6 = 1.000.000$ Datenpunkte notwendig wären. Gershenfeld (1992, S. 144) entgegnet, dass diese Anforderung auf einem falschen impliziten statistischen Argument beruht und nicht die Länge der Skalierungsregion

ben z. B. Tsonis und Elsner (1988) im Rahmen einer Windstärkenmessung auf Basis von 3960 Messpunkten berechnet, dass die Dynamik des Wetters durch 8 Freiheitsgrade (und deren dazugehörige Differenzialgleichungen) modelliert werden kann. Bei der Menge an verwendeten Datenpunkten liegt die errechnete Korrelationsdimension jedoch sowohl über dem Grenzwert von Procaccia (1988) ($D2_{max} = 3.6$) als auch von Eckmann und Ruelle (1992) ($D2_{max} = 7.2$). Eine korrekte Bewertung der Ergebnisse würde somit lediglich den Schluss zulassen, dass die wahre Dimension der Dynamik des Wetters oberhalb dieser Grenzwerte liegt und demnach auch nicht mit Sicherheit zwischen einem deterministischen und einem stochastischen Prozess unterschieden werden kann. Es ist somit fraglich, ob die Korrelationsdimension für die verfügbaren Daten tatsächlich die Methode der Wahl ist. Eine zu geringe Zeitreihenlänge kann aber auch zu einer Unterschätzung der Korrelationsdimension führen.

Ein Beispiel für die fehlerhafte Berechnung des $D2$ aufgrund unzureichend langer Datensätze findet sich bei Nicolis und Nicolis (1984), die Untersuchungen zur Dynamik des Klimas der vergangenen Jahrmillionen durchführten und als Ergebnis eine Korrelationsdimension von $D2 = 3.1$ auswiesen (Nicolis und Nicolis, 1984, S. 531). Eine derart niedrige Dimension würde grundsätzlich ausreichen, um die intrinsische Variabilität des klimatischen Systems zu ermöglichen, da bereits drei Dimensionen ausreichen, um in einem deterministischen System chaotisches Verhalten, zu erzeugen (vgl. Lorenz, 1984). Doch ein Blick auf die verwendeten Daten lässt Zweifel an der Validität der Ergebnisse aufkommen, denn die Berechnung basiert nur auf 184 Messwerten von pazifischen Tiefseebohrkernen (vgl. Shackleton und Opdyke, 1973), die für die weitere Analyse auf 500 Werte interpoliert wurden. Abgesehen von der für die Berechnung des $D2$ sehr geringen Datenmenge[186], waren die interpolierten Daten zudem hochgradig korreliert, was bei einem zu kurz gewählten Timelag zu falschen Dimensionen führen kann (vgl. Grassberger, 1986, S. 611).

Um das Ergebnis von Nicolis und Nicolis (1984) zu widerlegen, hat Grassberger (1986) die Korrelationsdimension für alternative Daten (N=7100) berechnet und kommt zu dem Ergebnis, dass die Dimensionalität des Klimas $D2 > 10$ betragen muss. Dieses Ergebnis wird auch von Lorenz (1991) bekräftigt, der ebenfalls mithilfe von generierten Daten eines mathematischen Systems zeigen kann, dass es unter den zugrunde liegenden Bedingungen der Klimastudien (insbesondere die zu geringe Stichprobengröße) zu systematischen Unterschätzungen des *D2* kommen kann und ein niedrigdimensionaler Attraktor in einem globalen Klimasystem daher sehr unwahrscheinlich ist.[187] Dieses Beispiel der Klimastudien verdeutlicht

---

(die mit der Anzahl an Datenpunkten ansteigt) von Bedeutung ist, sondern die bei der Dimensionsschätzung berechneten Fehlerterme. Die Anpassung einer geraden Linie im log-log Plot als Dimensionsschätzer ist problematisch, da der Schätzfehler ein Maß für die Anpassungsgüte darstellt und kein echtes Maß für den Schätzfehler der Dimension ist. Bei Verwendung eines verbesserten Schätzers, der auf der Übertragung der Maximum-Likelihood-Regel auf Dimensionsschätzungen basiert, können in einigen Fällen (unter Laborbedingungen) auch Dimensionen größer als 10 zuverlässig gemessen werden (Gershenfeld, 1992, S. 153). Für eine nähere Erläuterung der Maximum-Likelihood-Regel für Dimensionsschätzungen siehe Takens (1985).

[186] Die berechnete Korrelationsdimension liegt dabei noch unter der maximalen Korrelationsdimension von $D2_{max} = 4.53$. Bei einer empirischen Messung können jedoch Messfehler auftreten, die sich bei einer kurzen Zeitreihe stark auf die Dimensionsberechnung auswirken können.

[187] Zwar bezweifelt Lorenz (1991, S. 243) die niedrige Dimensionalität des Klimasystems, dennoch lehnt er die Studien zum Klima nicht ab, sondern schlägt in Anlehnung an Tsonis und Elsner (1989, S. 22) eine andere

die starke Fehleranfälligkeit der Korrelationsdimension gegenüber zu kurzen Zeitreihen und zeigt darüber hinaus, dass Ergebnisse von Untersuchungen auf Basis von zu kurzen Zeitreihen immer kritisch hinterfragt und nach Möglichkeit auf Validität überprüft werden sollten.[188]

Die Auswirkungen einer zu kurzen Zeitreihe auf die Korrelationsdimension wurde auch von Ramsey und Yuan (1989) anhand zweier simpler Modelle untersucht. Sie können für verschiedene Rauschverteilungen zeigen, dass bei der Berechnung der Korrelationsdimension bei kleinen Datenmengen substanzielle Verzerrungen entstehen können. Daher schlagen sie als Richtwert für die Stichprobengröße bei der Berechnung der Korrelationsdimension eine Untergrenze von $N_{\min} \geq 5000$ vor, wobei diese Untergrenze nur für kleinere Einbettungsdimensionen eine Reduzierung der Verzerrung bewirkt. Für höhere Einbettungsdimensionen wird auch bei Einhaltung der Mindeststichprobengröße weiterhin ein Bias bei der Berechnung erzeugt, sodass die Grenze für die notwendige Stichprobengröße in solchen Fällen deutlich höher liegt. Die notwendige Stichprobengröße steigt auch mit der Fraktalität der Struktur des Attraktors und mit der Lage des Skalierungsbereiches (Ramsey und Yuan, 1989, S. 295). Je weiter sich der Skalierungsbereich am unteren Ende der Distanzen ε befindet, desto mehr Datenpunkte müssen verfügbar sein, um die stark abnehmende Dichte der eng benachbarten Punkte mit steigenden Einbettungsdimensionen zu kompensieren.

Die Schlussfolgerungen von Ramsey und Yuan (1989) bezüglich der Präzision des *D2* fallen daher wenig euphorisch aus und lassen sich zu fünf Aussagen zusammenfassen:

I. Dimensionalitätsschätzungen von Attraktoren können signifikant nach oben verzerrt sein.
II. Dimensionalitätsschätzungen von Zufallsrauschen sind immer nach unten verzerrt.
III. Der Bias-Effekt steigt mit der Einbettungsdimension und sinkt mit der Stichprobengröße.
IV. Für Zufallsrauschen ist die Steigungsrate der geschätzten Dimension bei größer werdenden Einbettungsdimensionen eine steigende Funktion der Verteilungsentropie.
V. Die Varianz der Dimension sinkt mit der Stichprobengröße, wächst aber sehr rapide mit der Einbettungsdimension.

Zwar sprechen diese Aussagen zunächst gegen den Einsatz vom *D2* als Methode zur Dimensionalitätsbestimmung, jedoch muss betont werden, dass sich diese Aussagen ausschließlich auf die beiden getesteten Modelle beziehen und nicht zwangsläufig für andere Modelle oder empirische Daten gelten müssen. Dennoch sollten diese Einwände bei der Interpretation von berechneten *D2*-Werten nicht völlig außer Acht gelassen und die Mindeststichprobengröße daher im Zweifel so hoch wie möglich gewählt werden.

Diese Anforderung kann bei ökonomischen Daten einen sehr limitierenden Faktor darstellen, da besonders makroökonomische Daten nur für einen begrenzten historischen Zeitraum

Interpretation der Ergebnisse vor: Sofern die Atmosphäre als eine Menge von lose gekoppelten Subsystemen angesehen werden könnte, bezögen sich die errechneten Dimensionalitäten möglicherweise nur auf ein lokales Subsystem.

188 Zur Überprüfung der Ergebnisse bieten sich z. B. Surrogatdatentests an (siehe z. B. Schreiber und Schmitz, 1996; Dolan und Spano, 2001; Kugiumtzis, 2002).

verfügbar sind und mitunter strukturelle Änderungen enthalten, die eine allgemeine Aussage über die Dimension der Dynamik verhindern.[189] Finanzmarktdaten können aufgrund der Verfügbarkeit von End-of-Day hingegen deutlich länger sein und die Anforderungen von Ramsey und Yuan (1989) besser erfüllen. Die Auflösung der Finanzmarktdaten lässt sich durch die Wahl von Intraday-Daten sogar noch weiter erhöhen. Dies ist jedoch mit einigen Risiken verbunden, die im folgenden Kapitel erläutert werden.

3.3.1.1 Verlängerung der Datenreihe

Je nachdem, welches System betrachtet wird, kann es unter Umständen möglich sein, die Datenbasis zur Dimensionsbestimmung zu erhöhen. Sofern das System von verschiedenen Punkten gemessen werden kann (z. B. nahe beieinanderliegende Wetterstationen), kann die Zeitreihe entweder durch eine Aneinanderreihung der gemessenen Zeitreihen verlängert werden oder die unterschiedlichen Messpunkte werden unmittelbar als einzelne Elemente der Koordinaten für die Phasenraumeinbettung verwendet. Die Möglichkeit, unterschiedliche Parameter eines Systems zu messen, ist in der Praxis jedoch aufgrund fehlender alternativer Datenquellen vorhanden nur selten gegeben. In diesen Fällen kann die Datenmenge unter Umständen durch Interpolation oder Erhöhung der Messfrequenz erhöht werden. Beide Varianten sind für das *D2* jedoch nur bedingt geeignet. Interpolation wird im Allgemeinen dazu verwendet, Lücken in Datensätzen zu füllen und damit z. B. eine zeitliche Äquidistanz zwischen allen Messzeitpunkten sicherzustellen. Wird die Interpolation jedoch zur Streckung einer vollständigen Zeitreihe genutzt, indem zwischen allen Datenpunkten interpolierte Werte eingefügt werden (vgl. Nicolis und Nicolis, 1984), so resultiert daraus zwar eine längere Zeitreihe, mit der sich das *D2* gemäß den Anforderungen an den Datenlänge auch für höhere Einbettungsdimensionen bestimmen ließe, das Ergebnis wäre jedoch nicht zwangsläufig besser, da durch die Interpolation keine neuen Informationen über das System hinzugefügt werden. Je nach Art der Interpolation können darüber hinaus Korrelationen zwischen den Daten entstehen, wenn die interpolierten Werte z. B. aus gleitenden Mittelwerten der sie umgebenden Datenpunkte berechnet werden. Da die Einbettungsdimensionen des *D2* jedoch orthogonal zueinanderstehen müssen, würde sich bei der Bestimmung des passenden Timelags mittels der Autokorrelationsfunktion ein größerer Timelag ergeben als für die Originalzeitreihe ohne interpolierte Werte. Durch den höheren Timelag werden die interpolierten Werte übersprungen und die konstruierten Zeitverzögerungskoordinaten würden somit zum Teil ausschließlich aus den ursprünglichen Werten und zum Teil ausschließlich aus den interpolieren Werten bestehen. Im Phasenraum würde sich eine solche interpolierte Zeitverzögerungskoordinate zwischen zwei echten Zeitverzögerungskoordinaten befinden und wäre, abhängig von der Interpolarisationsmethode, möglicherweise in der Lage, die konstruierte Trajektorie zu glätten. Sie könnte jedoch keine neuen Strukturen, wie z. B. weit entfernte Trajektorien, aufdecken.

Alternativ bietet sich eine Erhöhung der Messfrequenz an. Dies kann zu einer sinnvollen Erhöhung der Datenbasis führen, ist jedoch nur in den seltensten Fällen möglich, da in der Realität häufig diskrete Daten zur Verfügung stehen, deren Auflösung einen minimalen Wert

[189] Das *PD2* ist zwar robust gegenüber solcher Strukturbrüche, dessen Anforderungen an die Datenlänge werden von makroökonomischen Daten zumeist aber nicht erfüllt.

nicht unterschreiten kann. Bezogen auf Aktienpreisbewegungen lässt sich die Messfrequenz theoretisch so weit erhöhen, dass im Rahmen des Intradayhandels jeder einzelne Handel („Tick“) der entsprechenden Aktie erfasst wird.

Hierbei werden jedoch auch bid-ask-Effekte[190] und andere, durch die Mikromarktstruktur verursachte Abhängigkeiten erfasst, wie z. B. die sequenzielle Ausführung von Limit Orders aus den Orderbüchern eines Händlers, während der Markt sich durch die Limit-Preise bewegt (Hsieh, 1991, S. 1848). Solche „künstlichen“ Abhängigkeiten können sowohl Nichtlinearitätstests als auch die Dimensionsbestimmungen beeinflussen, weshalb das Messintervall daher so weit erhöht werden muss, bis solche Abhängigkeiten aus den Daten verschwunden sind. Eine Verlängerung der Zeitreihe durch die Erhöhung der Messfrequenz ist für die Dimensionsbestimmung somit nur bis zu einem gewissen Grad sinnvoll und kann im schlimmsten Fall auch zu Fehlern bei der Berechnung führen.

3.3.1.2 Mindestgenauigkeit der Daten

Um die Skalierungseigenschaften eines Systems in niedrigen Regionen von ε präzise bestimmen zu können, ist es wichtig, dass die Beobachtungen der Zeitreihe möglichst genau gemessen werden. Je nach Messapparatur kann eine Erhöhung der Messgenauigkeit bzw. Messempfindlichkeit dazu führen, dass Rauschen in die Daten gelangt.[191]

Während rauschbehaftete Daten zu einer Überschätzung[192] des *D2* führen können, kann eine fehlende Präzision bei der Messung genau den gegenteiligen Effekt bewirken. Möller (1989) hat anhand des Hénon- und des Roessler-Attraktors gezeigt, dass eine Reduktion der Messpräzision[193] zu einer Dimensionsreduzierung führt, die sich umso stärker bemerkbar macht, desto geringer die Präzision und desto höher die Einbettungsdimension ist (Möller et al., 1989, S. 177). Für den Fall von Messungen analoger Systeme bedeutet dies, dass unter Berücksichtigung des Speicherbedarfs und des entstehenden Rechenaufwands, stets die höchstmögliche Messpräzision zu wählen ist. Bei ökonomischen Zeitreihen, wie z. B. den Finanzmarktdaten, ist dies jedoch nicht möglich, da die verfügbaren Daten je nach Art und

---

190 Der bid-ask-Effekte beschreiben unterschiedliche Phänomene, die zu Verzerrungen aufgrund von abweichenden Angebots- und Nachfragepreisen zustande kommen. Prominente Vertreter sind der „bid-ask-spread“ (Amihud und Mendelsón, 1986) und der „bid-ask-bounce“ (Frino et al., 2005). Bid-ask-Effekte werden mitunter als Ursache für Muster im Intradayhandel gesehen (vgl. Foerster et al., 1990).

191 Als anschauliches Beispiel kann die Veränderung des ISO-Wertes eines digitalen Kamerasensors genannt werden. Der Sensor besteht aus lichtempfindlichen Dioden, die eintreffendes Licht in Spannung umwandeln. Wird der ISO-Wert (und damit die Empfindlichkeit des Sensors) erhöht, kann der Sensor immer feinere Spannungsänderungen wahrnehmen, die jedoch zunehmend durch Fehlinformationen überlagert werden. Die Fehlinformationen kommen durch die elektrische Grundspannung des Sensors zustande, welche bei zunehmender Empfindlichkeit von der Kamera als Signal interpretiert wird.

192 Wenn die verwendete Skalierungsregion vom Rauschen dominiert wird, steigt die Korrelationsdimension mit zunehmender Einbettungsdimension, sodass der GP-Algorithmus nicht ordnungsgemäß sättigt. Siehe dazu Kapitel 3.2.4.

193 Die Messpräzision wird hier in Bit angegeben und zeigt die Anzahl der möglichen Abstufungen an, die bei der Digitalisierung eines analogen Signals gemessen bzw. gespeichert werden. Eine Messung mit einer Präzision von zwei Bit hat z. B. nur vier Abstufungen, während bei vier Bit bereits 16 mögliche Abstufungen und bei 32 Bit über $4 * 10^9$ Abstufungen gemessen werden können. Da sowohl die Datenmenge als auch der Rechenaufwand mit höherer Präzision aber exponentiell zunimmt, werden solch hoch aufgelöste Daten im Nachgang üblicherweise komprimiert.

Handelsplatz auf zwei bis maximal vier Nachkommastellen limitiert sind. Es stellt sich daher die Frage, ob Finanzmarktdaten für die Dimensionalitätsschätzung über eine hinreichende Genauigkeit verfügen.

Um einen Anhaltspunkt für die Mindestanforderungen in Bezug auf die Auflösung der Daten zu erhalten, schlägt Rapp et al. (1993, S. 2291) folgende Bedingung vor:

$$\Delta\vec{x} < \varepsilon_L / (2m)^{1/2}$$

$\Delta\vec{x}$ steht für die Unsicherheit in $\vec{x}$ und kann als kleinstmögliche Differenz zwischen zwei beobachteten Punkten im Phasenraum betrachtet werden, während ε_L die untere Grenze der Skalierungsregion angibt und im Rahmen der Dimensionsberechnung ermittelt wird. Ist die Bedingung für $\Delta\vec{x}$ nicht erfüllt, kann dem aus der Zeitreihe errechneten Dimensionsschätzer nur eingeschränkte Genauigkeit zugeschrieben werden.

Wie anhand der Ungleichung zu sehen ist, hängt die Mindestauflösung positiv von ε_L und negativ von der Einbettungsdimension ab, was erneut für die sorgfältige Wahl der kleinstmöglichen Einbettungsdimension spricht. In der praktischen Anwendung findet die Wahl der Einbettungsdimension jedoch nicht willkürlich statt und kann auch nicht ohne Weiteres anhand der Faustregel von Takens (1981) oder Sauer et al. (1991) gesetzt werden, da die Attraktoren sowie deren Dimensionen der untersuchten Systeme im Vorhinein nicht bekannt sind. Es muss daher jene Einbettungsdimension als kleinstmögliche Einbettungsdimension verwendet werden, bei welcher der Grassberger-Procaccia Algorithmus sättigt. Bei der Bedingung zur Mindestgenauigkeit handelt es sich um ein ex-post Kriterium zur Beurteilung der Zuverlässigkeit der geschätzten Korrelationsdimension. Inwieweit diese Bedingung eine praktische Relevanz hat, bleibt jedoch fraglich, da einerseits nicht gesagt werden kann, wie hoch die Ungenauigkeit der Dimension bei Nichterfüllung der Bedingung ist, und andererseits die Bedingung mit zunehmender Einbettungsdimension immer restriktiver wird und daher immer schwerer zu erfüllen ist.

Sowohl die Datenlänge als auch die Genauigkeit wirken sich bei der Dimensionsbestimmung insbesondere auf die Identifikation der korrekten Skalierungsregion des log-log Plots aus, in der die Steigung des Attraktors bestimmt wird. Diese Auswirkungen sowie weitere Herausforderungen bei der Bestimmung der Skalierungsregion und den Konvergenzkriterien sollen im folgenden Kapitel diskutiert werden.

3.3.2 Konvergenzkriterien für den GP-Algorithmus des D2

Während die Vorgabe von Grassberger und Procaccia (1983b, S. 206) zur Anwendung des GP-Algorithmus ursprünglich nur darin bestand, dass die Wahl der Einbettungsdimension sehr großzügig erfolgen sollte, haben Rapp et al. (1993) das Vorgehen konkretisiert und drei Konvergenzkriterien für den GP-Algorithmus vorgegeben, die alle erfüllt sein müssen, damit die berechnete Korrelationsdimension als valide angesehen werden kann:

I. Lineare Skalierungsregion: Die Variation der Steigung innerhalb der Skalierungsregion darf einen zuvor festgelegten Standardwert (10 %-15%) nicht überschreiten.

II. Die Skalierungsregion[194] muss eine signifikante Länge $\Delta\log(\varepsilon)=\log(\varepsilon_U)-\log(\varepsilon_L)$ entlang der $\log(\varepsilon)$-Achse aufweisen. $\log(\varepsilon_U)$ steht hierbei für den Wert der oberen Grenze und $\log(\varepsilon_L)$ für den Wert der unteren Grenze der Skalierungsregion. Rapp et al. (1993, S. 2291) schlagen als Mindestlänge $\Delta\log(\varepsilon)$ für die Skalierungsregion einen Wert von $\Delta\log(\varepsilon)=1.6$ vor, was der fünffachen Variation in ε entspricht.

III. Der Dimensionsschätzer sollte robust gegenüber Variationen im Einbettungsfenster W sein. Als Einbettungsfenster wird die Länge des benötigten Zeitreihenabschnittes bezeichnet, die für die Konstruktion eines Punktes $\vec{x}_i$ im Phasenraum benötigt wird. Sie setzt sich zusammen aus der Einbettungsdimension m, dem Timelag τ sowie der Samplingrate[195] T_S: $W=(m-1)\tau T_S$.

IV. In der Praxis ist die Anwendung dieser Konvergenzkriterien auf ökonomische Zeitreihen nicht ganz problemlos, weshalb die einzelnen Kriterien im Folgenden näher besprochen werden sollen.

3.3.2.1 Linearität in der Skalierungsregion

Zu den Limitationen bei der Berechnung des *D2* aufgrund der Anzahl der verfügbaren Datenpunkte kommt erschwerend noch das Problem der Identifikation einer geeigneten Skalierungsregion hinzu. Im Gegensatz zur Berechnung der Korrelationssumme ist die Bestimmung der Skalierungsregion, die den linearen Steigungsbereich innerhalb des log-log-Plots enthält, nicht präzise definiert (Pritchard und Duke, 1995, S. 372).

Theoretisch sollte die Dimensionsbestimmung anhand des Skalierungsverhaltens der Korrelationsfunktion für infinitesimal kleine Werte von ε erfolgen, was jedoch weder sinnvoll noch möglich ist, da die relevante Dynamik nicht immer in niedrigen Regionen von ε beobachtet werden kann (vgl. Mayer-Kress et al., 1988, S. 159). Zudem sind die niedrigen Regionen von ε häufig von Rauschen dominiert und es sind viel weniger Punktepaare verfügbar als in höheren Bereichen von ε, da die Korrelationsfunktion exponentiell mit ε steigt und bei einer gegebenen Datenmenge daher viel mehr Punktepaare mit für höhere Werte von ε existieren als für niedrige Werte. In diesem Depopulationsintervall ist die Bestimmung der Steigungsgerade nicht möglich, sodass die Untergrenze für die Skalierungsregion über dem Depopulationsintervall liegen muss.

Die Wahl einer zu hohen Obergrenze für die Skalierungsregion birgt wiederum die Gefahr, dass das $\log C(\varepsilon)$ aufgrund des endlichen Durchmessers eines Attraktors für steigende

[194] Caswell und Yorke (1986) empfehlen für alle Dimensionsschätzungen die Spannweite der Distanzen (bzw. Boxgrößen) mit anzugeben. Beim *D2* sollte daher das Skalierungsintervall für die bei der Berechnung verwendete Einbettungsdimension als Referenz angegeben werden.

[195] Da die Messungen bei ökonomischen Zeitreihen meistens diskreter Natur sind, kann die Samplingrate $T_s=1$ gesetzt und demensprechend vernachlässigt werden.

Werte von ε gegen einen konstanten Wert sättigt (Essex et al., 1987, S. 65). Die resultierende Steigungsgerade innerhalb dieser Sättigungsregion würde ebenfalls zu niedrig ausfallen und einen falschen Wert für die Korrelationsdimension ausgeben.

Hinzu kommt das Problem, dass sich für eine fixe Anzahl an Beobachtungen die Menge an vorhandenen Punktpaaren je nach Einbettungsdimension m um den Faktor $1/m^2$ reduziert, während die gesamte Kapazität[196] der Einbettungsdimension mit m ansteigt. Hierdurch wird der relative Mangel an Punkten mit steigender Einbettungsdimension an beiden Enden des Skalierungsbereiches noch stärker betont, sodass das Intervall in ε , in dem die Skalierungsregion gefunden werden kann, immer stärker zwischen den Intervallen der Depopulation und der Sättigungsregion eingeengt wird und ab einem kritischen Wert m_c für die Einbettungsdimension schließlich überhaupt kein Intervall für ε mehr existiert, in dem die Relation $C(\varepsilon) \approx \varepsilon^{D2}$ gilt. Eine Anpassung innerhalb einer Einbettungsdimension $m \geq m_c$ würde daher möglicherweise in einer Reihe fehlerhafter Schätzungen resultieren und zu einer falschen Konvergenz der Korrelationsdimension führen (Essex et al., 1987, S. 66).[197]

Es ist ersichtlich, dass für die Bestimmung der Korrelationsdimension die Regel „Je mehr Daten, desto besser" gilt. Wie im vorherigen Kapitel bereits diskutiert wurde, ist eine Erhöhung der Datenmenge insbesondere bei empirischen Daten häufig nicht möglich und es kann vorkommen, dass eine Skalierungsregion entweder nicht eindeutig erkennbar ist, oder dass mehre Regionen für ε innerhalb des log-log-Plots als Skalierungsregionen in Frage kommen. Eine visuelle Auswahl der Skalierungsregion kann aber sehr subjektiv sein und hängt stark von den Erfahrungen des Forschers sowie von dessen Fähigkeiten zur Mustererkennung ab. Dies birgt eine hohe Fehleranfälligkeit, weshalb es einer automatisierten Prozedur bedarf, die in der Lage ist, den passendsten Skalierungsbereich selbstständig auszuwählen. Basierend auf den Anmerkungen von Albano et al. (1988) schlagen Pritchard und Duke (1995, S. 381) eine Prozedur auf Basis einer linearen Regression vor. Dabei werden innerhalb des log-log-Plots zunächst mittels OLS-Schätzung für sich überlappende Fenster, die jeweils 9 aufeinanderfolgende Punkte umfassen[198], die Steigungen β_i der Regressionsgerade geschätzt. Anschließend wird für die $\log(\varepsilon)$-Achse das längst mögliche Fenster bestimmt, innerhalb dessen kein β_i

---

[196] Als Kapazität soll an dieser Stelle die maximal mögliche Menge an Punktpaaren verstanden werden, die sich innerhalb einer Einbettungsdimension mit einem fixen Durchmesser befinden können. Es handelt sich hierbei nicht um die Kapazitätsdimension, die ebenfalls als „Kapazität" bezeichnet wird.

[197] Wird eine Einbettungsdimension gewählt, die größer ist als m_c, besteht log-log-Plot nur noch aus dem sehr spärlichen Depopulationsintervall, welches fast unmittelbar in das Sättigungsintervall übergeht. Da das eigentlich korrekte Skalierungsintervall nicht mehr sichtbar ist, kann auf der Suche nach einer linear ansteigenden Skalierungsregion fälschlicherweise ein Bereich innerhalb der Sättigungsregion ausgewählt werden, was zu einer sehr niedrigen Steigung innerhalb dieser Skalierungsregion und damit einhergehend zu einer starken Unterschätzung der Korrelationsdimension führen kann.

[198] Rapp et al. (1993, S. 2291) wenden zur Bestimmung der Skalierungsregion ein ähnliches Vorgehen an. Sie passen die Steigungsgerade jedoch auf 11 konsekutive Punkte an und verzichten auf eine weitere Variation und die Suche nach der längst möglichen Skalierungsregion. Möller et al. (1989, S. 177) legen die Länge der Steigungsgeraden nicht auf einzelne Punkte fest, sondern verwenden eine durchschnittliche Skalierungslänge von $\bar{\varepsilon} \equiv \left(\varepsilon_{\min}\varepsilon_{\max}\right)^{1/2}$. Auf diese Weise wird die Länge der Steigungsgerade in Abhängigkeit zur Größe des Attraktors gesetzt.

mehr als 10 % von der durchschnittlichen Steigung $\overline{\beta}_i$ abweicht. Mit den Punkten innerhalb dieses Fensters wird erneut eine OLS-Schätzung durchgeführt und das Maß Q der Anpassungsgüte[199] bestimmt. Um eine möglichst breite Skalierungsregion mit einer akzeptablen Anpassungsgüte zu erhalten, wird die Länge des identifizierten Fensters so lange systematisch variiert, bis Q einen Wert zwischen 0.2 und 0.3 angenommen hat. Die Steigung $\hat{\beta}$ dieses angepassten Fensters kann sogleich als Wert für die Korrelationsdimension der jeweiligen Einbettungsdimension m verwendet werden.

Diese Prozedur erlaubt eine objektive Ermittlung des Skalierungsbereiches gemäß den zuvor definierten Vorgaben. Das Ergebnis sollte jedoch nicht ohne jegliche Kontrolle übernommen werden, denn die Probleme, die bei der visuellen Bestimmung auftreten, können auch bei diesem Vorgang nicht vollständig überwunden werden. Ist im log-log-Plot z. B. mehr als ein linearer Skalierungsbereich vorhanden, würde der Algorithmus von Albano den „erstbesten" Skalierungsbereich wählen, obwohl dieser möglicherweise nicht der richtige Skalierungsbereich ist, sondern durch ein $1/f^{\alpha}$-Rauschen in den Daten entstanden ist.[200] Sofern kein Rauschen in den Daten vorhanden ist, spricht sich Rapp et al. (1986, S. 187) ebenfalls für die Wahl der Skalierungsregion mit den kleineren Werten für ε aus, da das Theorem, auf dem der Algorithmus basiert, für den Grenzwert $\varepsilon \rightarrow 0$ abgeleitet wurde. Es ist auch denkbar, dass der log-log-Plot eine konvexe Form aufweist und über keine eindeutig lineare Skalierungsregion verfügt, deren Steigung über hinreichend viele Punkte nicht mehr als 10 % variiert. In solchen Fällen ist es grundsätzlich möglich, das Limit für die maximale Variation der Steigung anzuheben (z. B. auf 15% (vgl. Martinerie et al., 1992, S. 7059)). Allerdings steigt mit einer höheren Grenze auch die Gefahr der Identifikation einer Steigungsgerade, welche nicht der tatsächlichen Dimension des Systems entspricht. So finden Rapp et al. (1993, S. 2294) bspw. für gefilterte Zufallsdaten bereits ab einer zugelassenen Variation von 20 % unechte niedrigdimensionale Strukturen in den Daten. Wird im Umkehrschluss die Grenze für die Variation zu tief gesetzt, kann unter Umständen überhaupt keine geeignete Skalierungsregion mehr gefunden werden.

Wie oben bereits erwähnt wurde, stellt Rauschen in den Daten ebenfalls einen limitierenden Faktor für die Bestimmung der Skalierungsregion dar. Eine Skalierungsregion, die ε-Werte unterhalb des Rauschniveaus umfasst, weist Steigungen auf, die proportional zu der gewählten Einbettungsdimension ansteigen und dadurch die Identifikation der wahren Attraktordimension verhindern. Dies kann insbesondere dann ein Problem darstellen, wenn die Un-

---

[199] Zum Maß Q der Anpassungsgüte siehe Press et al. (2002, S. 660f).

[200] Theiler (1991, S. 492) demonstriert den Effekt von $1/f^{\alpha}$-Rauschen auf den log-log-Plot des Korrelationsintegrals. Für kleine ε, die in den Bereich des Rauschniveaus fallen, existiert ein linearer Skalierungsbereich mit der Steigung m. Für ε, die größer als das Rauschniveau sind, weißt der log-log-Plot einen weiteren linearen Skalierungsbereich mit der korrekten Steigung auf. Sofern beide Skalierungsbereiche gleichviele Punkte enthielten, würde der Algorithmus von Albano ein Fenster wählen, dass zwischen beiden Skalierungsbereichen liegt, und dessen Steigung einem Mittelwert beider Steigungen entspricht, obwohl der korrekte Skalierungsbereich visuell eindeutig erkennbar ist. Im Gegensatz zur Größe von Theilers Datensatz sind empirische Zeitreihen häufig viel kürzer, wodurch der Skalierungsbereich der rauschbefallenen Abstände relativ zum Skalierungsbereich der unverrauschten Abstände größer werden würde und dementsprechend eine höhere Gewichtung beim Mittelwert hätte.

tersuchung dazu dient, zwischen einem deterministischen und einem stochastischen System zu unterscheiden. Sofern aber jenseits der Rauschgrenze noch unverrauschte ε-Werte existieren, für die der log-log-Plot eine Steigung aufweist, ist dies ein Indiz dafür, dass eine Skalierungsregion existiert, bei welcher der Attraktor eine Selbstähnlichkeit aufweist (Albano et al., 1986, S. 233). In diesem Fall kann das Problem durch den Einsatz der von Pritchard und Duke (1995, S. 381) vorgeschlagenen Prozedur identifiziert und vermieden werden.

3.3.2.2 Länge der Skalierungsregion

Die Mindestlänge hängt stark von der Anzahl der Punkte, der Einbettungsdimension sowie der gesamten Spannweite der gemessenen Entfernungen zwischen den Punkten ab. Während das erste Kriterium einer geringen Variation in der Steigung innerhalb des Skalierungsbereiches noch relativ einfach auf ökonomische Daten übertragen und kontrolliert werden kann, sofern zuvor ein sinnvoller Standardwert gewählt wurde, lässt sich das zweite Konvergenzkriterium von Rapp et al. (1993) bezüglich einer Mindestlänge von $\Delta\log(\varepsilon)=1.6$[201] nur bedingt auf ökonomische Daten übertragen. Eine alternative Größe für die Länge der Skalierungsregion wird von Malcai et al. (1997) im Rahmen einer Metastudie identifiziert. In den untersuchten Aufsätzen beträgt die verwendete Skalierungsregion typischerweise zwischen 0,5 - 2 Dezile[202], also einen Bereich, der gerade einmal 5 % - 20 % des gesamten Skalierungsbereiches umfasst. Da in den betrachteten Aufsätzen jedoch nur physikalische Prozesse und deren Systeme untersucht werden, lässt sich daraus ebenso wie bei Rapp et al. (1993) keine verallgemeinerte Empfehlung für die Mindestlänge der Skalierungsregion bei ökonomischen Daten ableiten. Dennoch kann die Spannweite von 0,5-2 Dezilen zumindest als grober Richtwert für die Validität der Skalierungsregionen herangezogen werden, sodass eine Konvergenz des GP-Algorithmus hinterfragt werden sollte, falls die betrachtete Skalierungsregion weniger als 0,5 Dezile umfasst. Auf der einen Seite kann die Beachtung der Mindestlänge durchaus sinnvoll sein, da bei einer zu kurz gewählten Spannweite die Gefahr besteht, dass dadurch innerhalb des log-log Plots des Korrelationsintegrals mehrere lineare Bereiche sichtbar werden, wodurch die Bestimmung der korrekten Steigung nicht mehr gewährleistet werden kann. Auf der anderen Seite kann eine festgelegte Mindestlänge jedoch dazu führen, dass das Konvergenzkriterium für höherdimensionale Attraktoren nicht erfüllt wird, da mit wachsender Einbettungsdimension immer weniger Punkte am unteren Ende des Skalierungsbereiches vorhanden sind, wodurch die maximal mögliche Länge für eine Skalierungsregion immer kürzer wird (vgl. Möller et al., 1989, S. 177). Darüber hinaus geht eine höhere Dimensionalität auch mit einer höheren Steigung des log-log Plots und somit einer Stauchung des linearen Bereiches und der entsprechenden Länge $\Delta\log(\varepsilon)$ einher (vgl. Abbildung 17).

201 Martinerie et al. (1992, S. 7059) haben bereits zuvor für die Mindestlänge der Skalierungsregion eine Variation von $\log(\varepsilon)$ über einen Faktor von mindestens 1.5 vorgeschlagen.

202 Die Länge der Skalierungsregion wird hier in Dezilen angegeben, also in Zehnteln des gesamten Wertebereiches von ε. Da es sich hierbei um eine relative Größe handelt, lassen sich auch unterschiedliche Datensätze besser miteinander vergleichen.

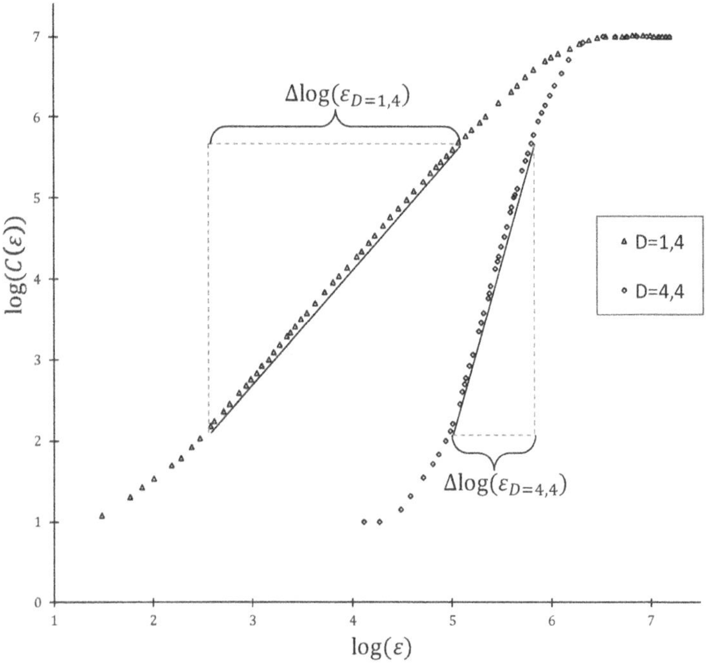

Abbildung 17: Skalierungsregionen bei unterschiedlichen *D2*

Schematische Darstellung zweier log-log Plots mit unterschiedlich hohen Steigungen. Die Länge der Skalierungsregion für D=4.4 ist deutlich kürzer als für D=1.4.

3.3.2.3 Variationen des Einbettungsfensters

Während das erste Kriterium einer geringen Variation in der Steigung innerhalb des Skalierungsbereiches für einen den Daten angemessenen Standardwert noch relativ gut übertragen werden kann, stellt sich bei dem dritten Kriterium die Frage, inwiefern eine Variation des Einbettungsfensters sinnvoll oder überhaupt möglich ist. Bei einer näheren Betrachtung des Einbettungsfensters zeigt sich, dass von den enthaltenen Variablen nur die Variation der Einbettungsdimension zur Validierung des Kriteriums infrage kommt. Die im Rahmen der vorliegenden Arbeit verwendeten End-of-Day Kurse stellen bereits eine relativ grobe Auflösung der Messung dar, da sich durch die Messung von Intraday Daten eine feinere Messung der Dynamik erzielen ließe. Daher würde eine Reduktion der Messintervalle zu einem Informationsverlust führen. Umgekehrt kann eine Erhöhung des Messintervalls durch Verwendung von Intradaydaten zu Korrelationen in den Daten führen. Diese ließen sich zwar durch die Erhöhung des Timelags entfernen, doch damit würden auch mögliche Zusatzinformationen der Intradaydaten verloren gehen. Eine Variation des Timelags – die zweite Variable des Einbettungsfensters – ist bei Finanzmarktdaten auch nur bedingt sinnvoll. Gemäß der mittelstarken

Form der Effizienzmarkthypothese kann davon ausgegangen werden, dass sich neue Informationen unmittelbar in den Preisen widerspiegeln, sodass keine (kurzfristigen) Autokorrelationen in End-of-Day Kursen enthalten sein dürften und ein Timelag von $\tau > 1$ daher einerseits nicht notwendig ist und andererseits zu einer Dekorrelation[203] der Daten führen kann.[204] Damit verbleibt nur die Einbettungsdimension als mögliche Variable für das Einbettungsfenster. Eine Robustheit des Dimensionsschätzers gegenüber einer Variation in der Einbettungsdimension ist aber nichts anderes als die von Grassberger und Procaccia (1983b) geforderte Sättigung der Korrelationsdimension. Das *D2* wird als „gesättigt" bezeichnet, wenn das *D2* bei ansteigenden Einbettungsdimensionen ein Plateau[205] erreicht hat. Ein Plateau ist dann gegeben, wenn das *D2* über vier konsekutive Einbettungsdimensionen eine Abweichung von maximal 15% aufweist (Martinerie et al., 1992, S. 7059). Im Gegensatz zum Sättigungskriterium von Grassberger und Procaccia impliziert das dritte Kriterium von Rapp et al. (1993) jedoch auch eine Variation der Einbettungsdimension nach unten. Dies kann ein Problem darstellen, falls dadurch die kleinste benötigte Einbettungsdimension unterschritten wird, da in diesem Fall noch das Sättigungsplateau noch nicht erreicht ist und sich der Attraktor des Systems möglicherweise noch nicht vollständig entfaltet hat. Daher sollte bei der Variation der Einbettungsdimensionen darauf geachtet werden, dass die kleinste benötigte Einbettungsdimension bereits erreicht und überschritten wurde.

3.3.3 Bestimmung der kleinstmöglichen Einbettungsdimension

In Kapitel 3.1.4 wurde die Notwendigkeit einer passenden Einbettungsdimension bereits erläutert und einige Vorschläge für die Einbettungsdimension in Abhängigkeit der Attraktordimension wurden genannt. Bei empirischen Daten von Systemen mit einem unbekannten Attraktor muss die Attraktordimension jedoch zunächst erst ermittelt werden, wofür die Kenntnis der kleinstmöglichen Einbettungsdimension erforderlich ist. Aus theoretischer Sicht ergibt sich dadurch ein Henne-Ei-Problem, da die Validität der berechneten Attraktordimension bei einer falsch gewählten Einbettungsdimension nicht gewährleistet werden kann, die Einbettungsdimension aber von eben dieser Attraktordimension abhängt. Um bei der Dimensionsbestimmung eines unbekannten Systems bereits von vornherein auf eine Einbettungsdimension zurückgreifen zu können, die der kleinsten notwendigen Einbettungsdimension entspricht, wurden einige Methoden entwickelt, die die benötigte Einbettungsdimension ohne Kenntnis der Attraktordimension ermitteln können. Im Folgenden sollen exemplarisch drei Methoden zur Bestimmung der Einbettungsdimension aufgezeigt werden. Während die „False-Nearest-

[203] Siehe dazu Kapitel 3.1.3.

[204] Diese Annahme wird insbesondere durch den steigenden Anteil von High-Frequency-Trading (HFT) unterstützt. HFTs bezeichnen vollautomatische Handelsstrategien mit einem sehr hohen Handelsvolumen und einer extrem kurzen, zum Teil nur einige Millisekunden umfassenden Haltedauer. Schätzungen gehen davon aus, dass der Anteil von HFT am Handelsvolumen an den US-Börsen in den vergangenen Jahren auf 60 % – 78 % gestiegen ist (Zhang, 2010; Beddington et al., 2012). Dadurch werden heute neue Informationen noch schneller verarbeitet und die Preisanpassung erfolgt innerhalb kürzester Zeit.

[205] Bei der Berechnung der Korrelationsdimension kann an zwei Stellen von einem Plateau gesprochen werden. Während sich das hier genannte Plateau auf die Konstanz der ermittelten Korrelationsdimensionen über steigende Einbettungsdimensionen hinweg bezieht, wird auch dann von einem Plateau gesprochen, wenn die Steigung des log-log Plots über mehrere konsekutive Punkte gleich bleibt und damit linear verläuft.

Neigbor"-Methode sowie die „Wavering-Product"-Methode darauf ausgelegt sind, die kleinstmögliche Einbettungsdimension zu identifizieren, bei der sich der Attraktor überschneidungsfrei entfaltet hat, zielt die dritte Methode darauf ab, die „optimale" Einbettungsdimension zu identifizieren, bei der die bestmögliche Identifikation der Attraktordimension möglich ist. Ausgehend von dieser Methode wird anschließend auch diskutiert, ob und inwieweit die Bestimmung der Attraktordimension durch den Einsatz des Grassberger-Procaccia Algorithmus im Rahmen der Ermittlung der Korrelationsdimension möglich ist.

3.3.3.1 False-Nearest-Neighbors Methode

Wird ein System mit einem unbekannten Attraktor untersucht, kann zur Bestimmung der kleinstmöglichen Einbettungsdimension die „False-Nearest-Neighbors" Methode von Kennel et al. (1992) herangezogen werden. Kennel et al. (1992) greifen dabei auf die Idee der „False-Neighborhood" zurück. Diese basiert auf der Überlegung, dass die Nachbarschaft vieler nah beieinanderliegender Punkte bei einer zu niedrig gewählten Einbettungsdimension, in der sich der Attraktor nicht vollständig entfalten kann, nicht aufgrund der Dynamik des Systems zustande gekommen ist (Kennel et al., 1992, S. 3404). So sind manche Punkte nur deshalb benachbart, weil die geometrische Struktur des Attraktors auf einen niedrigeren Raum projiziert wurde als es für die Einbettung des Attraktors notwendig wäre. Die False-Nearest-Neighbors Methode misst zunächst die Entfernungen von einem Punkt zu seinem nächsten Nachbarn in einer gewählten Einbettungsdimension m. Anschließend wird die Einbettungsdimension erhöht und alle Punkte werden um ein Element[206] gemäß dem Vorgehen bei den Zeitverzögerungskoordinaten erweitert. Die Entfernung zu dem Punkt wird dann erneut gemessen und falls die Distanz zu dem benachbarten Punkt einen kritischen Schwellenwert überschreitet, wird dieser Punkt als ein falscher Nachbar klassifiziert. Wird diese Untersuchung für alle Punkte auf dem Attraktor durchgeführt, kann der relative Anteil an falschen Nachbarn für die jeweilige Dimension bestimmt werden. Falls die zuvor gewählte Einbettungsdimension zu niedrig gewählt wurde, reduziert sich die Anzahl der falschen Nachbarn bei steigenden Einbettungsdimensionen. Diese Prozedur wird so lange wiederholt, bis eine Einbettungsdimension erreicht wird, bei der nach der zuvor genannten Methode keine falschen Nachbarn mehr gefunden werden konnten. Diese Dimension kann folglich als passende Einbettungsdimension ausgewählt werden. Sie kann unterhalb der Einbettungsdimension liegen, die laut den Theoremen von Takens (1981) und Sauer et al. (1991) vorliegen muss. Da es sich bei den Theoremen aber um hinreichende Bedingungen handelt, die eine überschneidungsfreie Einbettung des Attraktors bei der entsprechenden Einbettungsdimension garantieren, sind überschneidungsfreie Einbettungen bei niedrigeren Einbettungsdimensionen nicht ausgeschlossen und können den Rechenaufwand der anschließenden Untersuchungen erheblich reduzieren (Kennel et al., 1992, S. 3403).

---

206 Dieses eine Element entspricht einer weiteren Dimension innerhalb der Zeitverzögerungskoordinate. Es handelt sich dabei um jenen Wert der Zeitreihe, der τ-Zeitpunkte vom letzten Element der Zeitverzögerungskoordinate entfern liegt.

Falls der relative Anteil falscher Nachbarn für steigende Dimensionen nicht abnimmt, ist dies ein Anzeichen für die Abwesenheit eines Attraktors innerhalb des Systems und damit ein Hinweis auf eine zufällige Systemdynamik (vgl. Kennel et al., 1992, S. 3406).

Um einen benachbarten Punkt als falschen Nachbarn zu identifizieren, haben *Kennel et al.* zwei Kriterien aufgestellt. Für diese Kriterien wird zunächst die quadrierte euklidische Distanz zwischen einem Referenzpunkt $\vec{x}_j$ und dem r-ten Nachbarn $\vec{x}_j^{(r)}$ im m-dimensionalen Phasenraum ermittelt:

$$R_m^2(j,r)=\sum_{k=0}^{m-1}\left[x(j+k*\tau)-x^{(r)}(j+k*\tau)\right]^2$$ [207].

Im Rahmen der Erhöhung der Einbettungsdimension m auf $m+1$ wird beiden Vektoren $\vec{x}_j$ und $\vec{x}_j^{(r)}$ ein (m+1)-tes Element $x(j+m*\tau)$ hinzugefügt. Auf diese Weise kann nun die quadrierte euklidische Distanz in der Einbettungsdimension $m+1$ zwischen $\vec{x}_j$ und dem in der Einbettungsdimension m ermittelten Nachbarpunkt $\vec{x}_j^{(r)}$ ermittelt werden:

$$R_{m+1}^2(j,r)=R_m^2(j,r)+\left[x(j+m*\tau)-x^{(r)}(j+m*\tau)\right]^2.$$

Da die Distanz zwischen dem Referenzpunkt und einem falschen Nachbarn bei einer Erhöhung der Einbettungsdimension steigen sollte, besagt das erste Kriterium, dass es sich um einen falschen Nachbarn handelt, wenn

$$\left[\frac{R_{m+1}^2(j,r)-R_m^2(j,r)}{R_m^2(j,r)}\right]^{1/2}=\frac{\left[x(j+m*\tau)-x^{(r)}(j+m*\tau)\right]}{R_m(j,r)}>R_{tol},$$

wobei R_{tol} ein zuvor festgelegter Schwellenwert ist.[208] Mithilfe dieses Kriteriums kann der Anteil aller Punkte im Phasenraum, die einen falschen Nachbarn aufweisen, ermittelt werden. Da das erste Kriterium anfällig für weißes Rauschen ist und für Zeitreihen, die aus weißem Rauschen bestehen, eine vergleichsweise niedrige Einbettungsdimension errechnet wird, bedarf es jedoch noch eines zweiten Kriteriums. Der Grund hierfür liegt in der Tatsache, dass $\vec{x}_j^{(r)}$ zwar der nächste Nachbar von $\vec{x}_j$ ist, die tatsächliche Distanz zwischen beiden Punkten aber durchaus groß sein kann, weil $\vec{x}_j$ bspw. auf einer weit ausladenden Trajektorie mit einer

---

207 $x(j)$ und $x^{(r)}(j)$ sind zwei zu beobachtende skalare Größen und bilden die ersten Koordinaten für die Zeitverzögerungskoordinaten $\vec{x}_j$ und $\vec{x}_j^{(r)}$ (vgl. Kennel et al., 1992, S. 3404).

208 Kennel et al. (1992, S. 3405) haben im Rahmen ihrer empirischen Untersuchung herausgefunden, dass für den Schwellenwert $R_{tol}\geq 10$ falsche Nachbarn eindeutig identifiziert werden können. Sofern jeder Punkt im Phasenraum als Referenzpunkt untersucht wird, genügt es auch nur den jeweils am nächsten liegenden Nachbarpunkt zu betrachten.

geringen Punktdichte liegt. Für endliche Daten einer stochastischen Zeitreihe kann die Distanz $R_m(n,1)$ bei höheren Einbettungsdimensionen durchaus mit der Größe des Attraktors[209] R_A vergleichbar sein, da für eine uniforme Verteilung von einer endlichen Anzahl an Punkten innerhalb eines Objektes bei steigender Einbettungsdimension die Distanz zwischen den Punkten immer größer werden muss (Kennel et al., 1992, S. 3405). Folglich baut das zweite Kriterium auf der Annahme auf, dass ein sehr weit von seinem Referenzpunkt entfernt liegender falscher Nachbar[210], bei einer Erhöhung der Einbettungsdimension weiter bis zu den Extremitäten des Attraktors gestreckt wird, sodass $R_{m+1}(n) \approx 2R_A$. Das zweite Kriterium kann geschrieben werden als:

$$\frac{R_{m+1}(n)}{R_A} > A_{tol},$$

wobei A_{tol} ein zuvor festgelegter Grenzwert ist.

Für eine zuverlässige Bestimmung falscher Nachbarn sollten beide Kriterien gemeinsam angewendet werden und ein benachbarter Punkt innerhalb der Einbettungsdimension m dann als falscher Nachbar deklariert werden, wenn mindestens eines der beiden Kriterien auf diesen Punkt zutrifft. Da real gemessene Daten selten völlig rauschfrei sind, fällt bei jeder Einbettungsdimension immer ein bestimmter Anteil der echten Nachbarn durch eines der beiden Kriterien, sodass der Anteil falscher Nachbarn niemals Null erreicht, sondern auf einem niedrigen Plateau verbleibt. Dieses Plateau interpretieren Kennel et al. (1992, S. 3409) als „Noise-Effect", der bei der Bestimmung der Einbettungsdimension vernachlässigt werden kann, sofern der Prozentsatz auf einem niedrigen einstelligen Niveau stagniert und das Rauschniveau nicht zu hoch ist.

Ähnliche Ansätze zur Bestimmung der Einbettungsdimension wurden auch von anderen Autoren, wie z. B. Čenys und Pyragas (1988) oder Liebert et al. (1991) aufgegriffen, deren Methoden dem Grundprinzip von Kennel et al. (1992) folgen und die Abstände nah benachbarter Punkte bei steigenden Einbettungsdimensionen als Untersuchungsgegenstand haben, sich aber in der Konstruktion der Messstatistik und der damit einhergehenden Interpretation unterscheiden.

3.3.3.2 Wavering-Product

Liebert et al. (1991) verwenden mit ihrem als „Wavering-Product" bezeichneten Algorithmus ein ähnliches Verfahren wie das von Kennel et al. (1992) und fokussieren sich ebenfalls auf die Distanzverhältnisse von benachbarten Punkten auf der Trajektorie. Im Vergleich zu Ken-

209 Die Größe R_A des Attraktors wird durch $R_A^2 = \frac{1}{N}\sum_{n=1}^{N}\left[x(n) - \overline{x}\right]^2$ bestimmt, mit $\overline{x} = \frac{1}{N}\sum_{n=1}^{N} x(n)$. Sie beziffert die Standardabweichung der originären Zeitreihe. Somit stellt die Größe des Attraktors einen mittleren Wert dar und wird nicht wie bei anderen Ansätzen als Abstand zwischen dem niedrigsten und dem größten Punkt gemessen.

210 Also $R_m \approx R_A$.

nel et al. (1992) baut ihre Teststatistik allerdings auf den topologischen Eigenschaften des Attraktors bei unterschiedlichen Einbettungsdimensionen auf. Dabei treffen sie die Annahme, dass innen liegende Punkte eines in einer hinreichend großen Einbettungsdimension eingebetteten Attraktors auch bei einer weiteren Erhöhung der Einbettungsdimension innen liegende Punkte bleiben. Punkte, die sich innerhalb einer definierten Nachbarschaft befinden, verbleiben auch nach einer Erhöhung der Einbettungsdimension innerhalb dieser Nachbarschaft (vgl. Liebert et al., 1991, S. 522). Diese Annahme wird verletzt, solange die notwendige Einbettungsdimension noch nicht erreicht ist. Um das Ausmaß der Verletzung zu messen, konstruieren Liebert et al. (1991, S. 522f.) ein Schwankungsprodukt aus den folgenden beiden Quotienten:

$$Q_1(i,k,m) := \frac{dist_{m+1}(i,j(k,m))}{dist_{m+1}(i,j(k,m+1))}$$

$$Q_2(i,k,m) := \frac{dist_m(i,j(k,m))}{dist_m(i,j(k,m+1))}$$

Q_1 beziffert das Verhältnis der gemessenen euklidischen Distanz $dist_{m+1}$ im $\mathbb{R}^{m+1}$ zwischen dem Referenzpunkt $\vec{x}_i$ und dem Punkt $\vec{x}_{j(k,m)}$ (dem k-ten Nachbarpunkt von $\vec{x}_i$ im $\mathbb{R}^m$) zu der euklidischen Distanz $dist_{m+1}$ zwischen dem Referenzpunkt $\vec{x}_i$ und dem Punkt $\vec{x}_{j(k,m+1)}$ (dem k-ten Nachbarpunkt von $\vec{x}_i$ im $\mathbb{R}^{m+1}$). Q_2 beziffert das Verhältnis der gemessenen Distanzen analog zu Q_1 im $\mathbb{R}^m$.

Aus den beiden Quotienten wird anschließend das mittlere Schwankungsprodukt gebildet:

$$\langle W(m) \rangle := \log\left(\frac{1}{n_{ref}} \sum_{1=1}^{n_{ref}} \left(\prod_{n_{nb}}^{n_{nb}} Q_1(i,k,m) Q_2(i,k,m) \right)^{1/2n_{nb}} \right),$$

mit der Anzahl n_{ref} der Referenzpunkte[211] und der Anzahl n_{nb} der herangezogenen Nachbarpunkte.

Dabei wird zunächst das Produkt der beiden Quotienten aller benachbarter Punkte vom Referenzpunkt $\vec{x}_i$ berechnet und anschließend über alle Referenzpunkte hinweg gemittelt. Für die Bestimmung der notwendigen Einbettungsdimension wird das Schwankungsprodukt für sukzessiv ansteigende Einbettungsdimensionen bestimmt. Wenn sich die Distanzen von benachbarten Punkten in der nächsthöheren Dimension nicht mehr verändern, nehmen beide Quotienten den Wert Eins an und das Schwankungsprodukt konvergiert aufgrund der Loga-

[211] Liebert et al. (1991, S. 524) schlägt für die Menge der Referenzpunkte ungefähr 10 % der vorhandenen Datenpunkte vor.

rithmierung gegen Null. Dieses Minimum ist ein Hinweis darauf, dass sich der Attraktor des Systems vollständig entfaltet hat und die notwendige Einbettungsdimension erreicht wurde.[212]

Im Gegensatz zur Methode der falschen Nachbarn, die eine feste Anzahl der am nächsten liegenden Punkte als Nachbarn deklariert, werden beim Schwankungsprodukt all jene Punkte als Nachbarpunkte von x_i bestimmt, die sich innerhalb eines zuvor definierten Radius um den Referenzpunkt befinden. Dies setzt zum einen eine grobe Kenntnis über die Form des Attraktors voraus und erfordert zum anderen hinreichend viele Datenpunkte, um auch bei Attraktoren mit einer ungleichen Punktdichte genügend Nachbarpunkte finden zu können. Daher sollte sich die Methode der Falschen Nachbarn besser auf unbekannte Systeme anwenden lassen, auch wenn dort die Gefahr besteht, dass aufgrund der festen Anzahl an Nachbarpunkten bei endlichen Datenreihen zu wenig echte Nachbarpunkte vorhanden sind. Darüber hinaus hat der Algorithmus von (Kennel et al., 1992) noch den Vorteil, dass er weißes Rauschen in den Daten berücksichtigt und bis zu einem gewissen Rauschlevel robust ist, sodass dessen Anwendungsbereich zusätzlich erweitert werden kann (Kennel et al., 1992, S. 3410).

Bei Betrachtung der beiden vorgestellten und teils rechenintensiven Methoden stellt sich erneut die Frage, inwiefern die exakte Kenntnis über die kleinstmögliche Einbettungsdimension bei den geplanten Berechnungen wirklich notwendig ist. Schließlich liegt das Ziel letztendlich in der korrekten Berechnung der Dimensionalität des Attraktors. Wie bereits im vorherigen Kapitel erwähnt, handelt es sich bei den Theoremen von Takens (1981) und Sauer et al. (1991) um hinreichende Bedingungen für die Einbettungsdimensionen, deren strikte Befolgung einen unnötigen Rechenaufwand verursachen kann.[213] In solchen Fällen eignen sich die Theoreme bestenfalls zur Validierung der Ergebnisse. Andererseits kann es aufgrund einer mangelhaften Datenqualität auch passieren, dass die kleinstmögliche Einbettungsdimension einen zu kleinen bzw. keinen hinreichend linearen Skalierungsbereich aufweist, wodurch sich das Risiko einer fehlerhaften Bestimmung der Steigung erhöht und eine Verifikation der Steigung bei einer höheren Einbettungsdimension notwendig macht. Somit muss die kleinste Einbettungsdimension mit Blick auf die zuverlässige Bestimmung der Korrelationsdimension nicht zwangsläufig auch die optimale Einbettungsdimension sein. Ding et al. (1993b) stellen

[212] Liebert et al. (1991) berücksichtigt in dem Schwankungsprodukt auch den Timelag τ. Dieser wird an dieser Stelle nicht weiter beachtet, da für die Berechnung der Finanzmarktdaten ein Timelag von $\tau = 1$ angenommen wird.

[213] Die Bedingung, dass für eine überschneidungsfreie Abbildung des Attraktors $m > 2D$ gelten muss, kann im Allgemeinen nicht gelockert werden (Sauer et al., 1991, S. 590). Dennoch kann es Ausnahmefälle geben, bei denen der Attraktor aufgrund seiner Form auch korrekt in einen Phasenraum eingebettet werden kann, der kleiner ist als $2D$. Sauer et al. (1991) weisen darauf hin, dass die Anzahl der notwendigen Koordinaten zur Phasenraumeinbettung vom Untersuchungsziel abhängt. Sofern nur eine Dimensionsbestimmung und keine Vorhersage der Trajektorienverläufe von Interesse ist, genügt es für die Berechnung der Kapazitäts-, Hausdorff- oder Korrelationsdimension im Allgemeinen, dass $m \geq D_C$ ist, also dass die Anzahl an Zeitverzögerungskoordinaten (welche identisch mit der Einbettungsdimension ist) mindestens der Kapazität des Attraktors entsprechen muss (Sauer et al., 1991, S. 594). Sollte die Kapazität eine Abhängigkeit gegenüber m aufweisen, obwohl $m > D_C$, handelt es sich gemäß Sauer et al. (1991) um ein numerisches Artefakt, das beseitigt werden kann, indem m solange erhöht wird, bis die Kapazität ein Plateau erreicht. Sauer et al. (1991) betonen in diesem Zusammenhang, dass bei $m > D_C$ nicht jede Abbildung $F(A)$ unbedingt eine Eins-zu-Eins Abbildung sein muss. Dies spiele für die reine Dimensionsbestimmung jedoch keine Rolle (Sauer et al., 1991, S. 595).

eine Methode vor, die nicht die kleinstmögliche Einbettungsdimension, sondern die optimale Einbettungsdimension bestimmen soll.

3.3.3.3 Bestimmung der optimalen Einbettungsdimension

Ding et al. (1993b) und Ding et al. (1993a) haben in ihren Untersuchungen gezeigt, dass die Skalierungsbereiche je nach Einbettungsdimension aufgrund von Edge-Effekten und Faltungen in den Attraktoren mitunter eine ungleiche Verteilung in ihren Längen aufweisen und es daher eine Einbettungsdimension geben muss, die den längsten Skalierungsbereich aufweist. Je länger der Skalierungsbereich mit der in ihm enthaltenen linearen Steigung ist, desto besser bildet er das Verhalten des Systems ab und desto höher ist die Wahrscheinlichkeit, die korrekte Korrelationsdimension zu bestimmen.[214] Die Einbettungsdimension, die den größten Skalierungsbereich aufweist, wird von Hilborn et al. (1996) als „optimale“ Einbettungsdimension bezeichnet und kann oftmals über der Mindestgrenze für die Einbettungsdimension liegen, die bei langen Zeitreihen mit niedrigem Rauschen für die zuverlässige Bestimmung der Korrelationsdimension benötigt wird (Hilborn und Ding, 1996, S. 377). Zudem kann die optimale Einbettungsdimension unter Umständen aber auch eine bessere Grundlage zur Dimensionsbestimmung für kurze[215] und rauschbehaftete Daten darstellen als die kleinstmögliche Einbettungsdimension. Nordmeier und Schlichting (1996, S. 28) weist darauf hin, dass die Relation zwischen der Korrelationsdimension und der optimalen Einbettungsdimension auch „[...] Auskunft über den „Grad an Komplexität“ der untersuchten Zeitreihe bzw. des zugrunde liegenden komplexen Systems[...]“ geben kann. Für die praktische Anwendung weist die optimale Einbettungsdimension jedoch einen nicht zu vernachlässigenden Mangel auf. Die Festlegung der optimalen Einbettungsdimension durch die Länge der messbaren Steigung innerhalb des log-log Plots stellt zwar die bestmögliche Messgenauigkeit bei der Steigung dar, da aber nur eine Einbettungsdimension betrachtet wird, findet eine Überprüfung auf die Sättigung der Korrelationsdimension nicht statt, sodass nicht sichergestellt werden kann, dass es sich bei der gemessenen Steigung auch tatsächlich um die korrekte Attraktordimension handelt.

Eine sinnvolle und pragmatischere Alternative zur Bestimmung der optimalen Einbettungsdimension ist der Algorithmus von Grassberger und Procaccia (1983b) zur Bestimmung der Korrelationsdimension.[216] Der GP-Algorithmus berechnet das Korrelationsintegral für ansteigende Einbettungsdimensionen so lange, bis das *D2* nicht mehr signifikant zunimmt.

---

214 Wie in Kapitel 3.3.2.1 gezeigt wird, kann der log-log-Plot je nach System- und Dateneigenschaften auch mehrere Bereiche aufweisen, in denen eine lineare Steigung messbar ist. Insbesondere wenn sich die Skalierungsregionen nicht in den Randbereichen, sondern im mittleren Teil der log-log-Kurve befinden, kann sich die Auswahl der Region mit der „wahren“ Steigung (und damit der Dimension) als schwierig erweisen.

215 Auch wenn hier von einer „kurzen“ Zeitreihe gesprochen wird, muss sie dennoch den Mindestvoraussetzungen von Eckmann und Ruelle (1992) genügen, sodass $N_m \geq 10^{D_2/2}$ gegeben ist, da die Validität unterhalb dieser Mindestgrenze nicht garantiert werden kann. Hilborn und Ding (1996) verweisen in diesem Zusammenhang darauf, dass die Mindestgrenze zur Zeitreihenlänge auf der Annahme beruht, dass das entsprechende Korrelationsintegral in einem Skalierungsbereich ermittelt wurde, dessen Länge einem Dezil entspricht (Hilborn und Ding, 1996, S. 380). Diese Länge stimmt auch mit der Länge des Skalierungsbereiches in der optimalen Einbettungsdimension überein wie Hilborn und Ding (1996) exemplarisch für einige Beispiele zeigen.

216 Für eine Erläuterung des Grassberger-Procaccia-Algorithmus siehe Kapitel 3.2.4.

Sobald diese Sättigung[217] eingetreten ist, kann der Algorithmus abgebrochen und die Korrelationsdimension abgelesen werden.[218] Neben der Korrelationsdimension lässt sich auf diese Weise auch die Einbettungsdimension bestimmen, bei der das *D2* sättigt, und was ein Hinweis auf die vollständige Entfaltung des Attraktors ist.

Dabei spielt es für den Algorithmus keine Rolle, ob die Mindestgrenze für die Einbettungsdimension schon erreicht, oder (deutlich) überschritten wurde. Eine fehlerhafte Bestimmung der Korrelationsdimension aufgrund einer zu niedrigen Einbettungsdimension kann auf diese Weise genauso erkannt und vermieden werden wie fehlerhafte Steigungsmessungen aufgrund eines zu kurzen Skalierungsbereiches.[219] Falls das *D2* sättigt, bevor das Kriterium $m > 2D2 + 1$ erfüllt wurde, sollte für das Ausschließen einer fehlerhaften Sättigung dennoch überprüft werden, ob die Korrelationsdimension für Einbettungsdimensionen, die das Kriterium erfüllen, mit der zuvor ermittelten Korrelationsdimension übereinstimmt. Um systematische Fehler bei der Anwendung ihres Algorithmus zu reduzieren, empfehlen Grassberger und Procaccia (1983b, S. 201) zudem eine Einbettung des Attraktors in eine höhere Einbettungsdimension als unbedingt nötig, da es beispielsweise bei rauschbehafteten Daten auch vorkommen kann, dass der GP-Algorithmus erst bei Einbettungsdimensionen sättigt, die deutlich über dem Kriterium liegen. Die Bestimmung der Einbettungsdimension im Rahmen der Dimensionsbestimmung mittels GP-Algorithmus ist im Vergleich zu den zuvor genannten Methoden aufgrund der schrittweisen Annäherung und der wiederholten Berechnung der Korrelationsdimension deutlich rechenintensiver. Sofern das Ziel der Untersuchung jedoch die Ermittlung der Dimensionalität des Systems ist, ist der zusätzliche Rechenaufwand bei der heutzutage verfügbaren Rechenleistung eher zu vernachlässigen. Insbesondere wenn der GP-Algorithmus erst in einer Einbettungsdimension sättigt, die deutlich oberhalb der Untergrenze liegt, kann die Suche nach der passenden Skalierungsregion für die Untergrenze der Einbettungsdimension zu falschen Ergebnissen führen.

Es zeigt sich, dass die vorgestellten Konvergenzkriterien einen Orientierungspunkt für die Kontrolle der Dimensionalitätsbestimmung liefern, jedoch durch die zahlreichen Einschränkungen und die Notwendigkeit der Anpassung der jeweiligen Parameter an die vorhandenen Daten kein rigides Ausschluss- oder Annahmekriterium darstellen. Insbesondere die hohen Anforderungen der Dimensionsberechnung gegenüber den Daten erfordert eine gewisse Flexibilität bei der Anwendung der Konvergenzkriterien, da ansonsten zu viele Dimensionsschätzer abgelehnt werden und eine Komplexitätsuntersuchung verhindern. Gleichzeitig bedingt eine gelockerte Handhabung der Konvergenzkriterien aber auch einen kritischeren Umgang mit den Ergebnissen.

---

217 Für weitergehende Informationen zu den Sättigungskriterien des GP-Algorithmus siehe Kapitel 3.3.2.

218 Skinner et al. (1991, S. 968) legen als Konvergenzkriterium für die Steigung innerhalb des log-log-Plots eine maximale Standardabweichung von 0,4 für den Mittelwert von vier aufeinanderfolgenden Steigungen fest. Dabei sollten die entsprechenden Einbettungsdimensionen dem Kriterium $m > 2D2 + 1$ genügen.

219 Wie zuvor erwähnt, berücksichtigt der GP-Algorithmus die Länge des Skalierungsbereiches nicht explizit, sondern achtet lediglich auf eine möglichst lineare Steigung innerhalb des Skalierungsbereiches. Da für eine Sättigung die Steigung über drei sukzessiv steigende Einbettungsdimensionen konstant bleiben muss, wächst auch die Wahrscheinlichkeit, dass sich darunter die optimale Einbettungsdimension mit dem längsten Skalierungsbereich befindet.

Neben den Schwierigkeiten, die mit der Konvergenz der Korrelationsdimension einhergehen, besteht bei der Berechnung zudem die Gefahr, dass eine zeitliche Korrelation der aufeinanderfolgenden Punkte einer Trajektorie zu stark ins Gewicht fällt und zu einer Verzerrung der Dimensionsschätzung führen. Das folgende Kapitel beschreibt eine Modifikation des GP-Algorithmus, die diese Problematik bei der Berechnung berücksichtigt.

3.3.4 Theiler-Fenster

Bei kleinen Datenmengen besteht die Gefahr, dass der Attraktor nicht vollständig abgetastet wurde und zwischen den Punkten der Zeitreihe eine Autokorrelation besteht, wodurch sich wiederum eine zu niedrige Korrelationsdimension ergibt (Grassberger et al., 1991, S. 531). Auch kann eine zu hohe Auflösung der Daten zu einer Verzerrung des *D2* nach unten führen, da die Dimension der Trajektorie des Referenzpunktes selbst zu stark ins Gewicht fällt (Buzug, 1994, S. 57).

Theiler (1986) weist sowohl für stochastische Daten als auch für dynamische Systeme nach, dass das Korrelationsintegral bei starker Autokorrelation in den Daten anormale Strukturen aufweist. Wird die Autokorrelation nicht erkannt und berücksichtigt, kann dies zu ungenauen oder falschen Dimensionsschätzern führen, da die Spannweite der linearen Steigungsgerade im log-log-Plot bei einer endlichen Datenmenge übermäßig eingeschränkt sein kann (vgl. Theiler, 1986, S. 2428). Daher hat Theiler für die Berechnung des Korrelationsintegrals die Verwendung eines Fensters[220] um den jeweiligen Referenzpunkt vorgeschlagen. Sämtliche Punkte, die innerhalb dieses Fensters liegen, werden bei der Erstellung der Distanzen ignoriert, da deren räumliche Nähe bei starker Autokorrelation nicht „zufällig" ist, sondern unmittelbar aus der zeitlichen Nähe resultiert (Theiler, 1986, S. 2430). Für die Berücksichtigung des Theiler-Fensters wird das Korrelationsintegral zunächst in eine äquivalente Form umgeschrieben:

$$C(\varepsilon,N) \equiv \frac{1}{N^2}\sum_{n=1}^{N}\sum_{i=1}^{N-n}\theta(\varepsilon-|\vec{x}_{i+n}-\vec{x}_i|)$$ [221]

Anschließend kann das Theiler-Fenster W durch eine Generalisierung in das Korrelationsintegral implementiert werden:

$$C(\varepsilon,N,W) = \frac{2}{N^2}\sum_{n=W}^{N}\sum_{i=1}^{N-n}\theta(\varepsilon-|\vec{x}_{i+n}-\vec{x}_i|)$$

Um die Autokorrelation innerhalb der Zeitreihe zu eliminieren, muss das Theiler-Fenster mindestens der Länge des Timelags τ entsprechen, das wiederum der Zeitspanne bis zur Nullüberschreitung bzw. zum ersten Minimum der Autokorrelationsfunktion entspricht (Thei-

[220] Hierbei handelt es sich um ein zeitliches Fenster, sodass nur jene Punkte berücksichtigt werden, die sich unmittelbar vor oder nach dem Referenzpunkt auf derselben Trajektorie befinden.

[221] Durch diese Schreibweise wird ersichtlich, dass die Abstände zwischen den Punkten jeweils nur einfach gezählt werden, da ein Referenzpunkt, für den sämtliche Entfernungen zu den anderen Punkten gemessen wurden, bei der Messung mit anderen Referenzpunkten nicht mehr als Vergleichspunkt berücksichtigt wird.

ler, 1986, S. 2430).[222] Abbildung 18 zeigt exemplarisch ein Theiler-Fenster mit der Länge $W = 4$ um einen Referenzpunkt. Alle Punkte, die sich innerhalb des Fensters befinden, werden bei der Messung der Entfernungen für diesen Referenzpunkt nicht berücksichtigt. Hierzu zählen auch die Punkte, die vor dem Referenzpunkt liegen, sodass die Menge der ausgeschlossenen Punkte mit dem Zweifachen der Länge des Theiler-Fensters übereinstimmt.

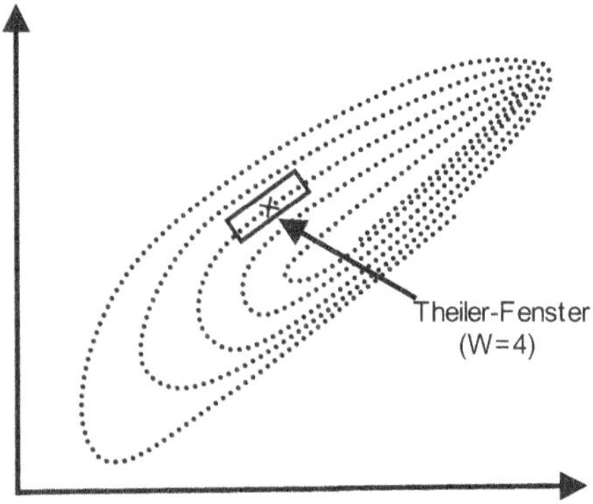

Abbildung 18: Theiler-Fenster

Exemplarische Darstellung des Theiler-Fensters mit einer Länge $W = 4$ um den mit einem Kreuz gekennzeichneten Referenzpunkt innerhalb eines zweidimensionalen Phasenraumes.

Der Einsatz des Theiler-Fensters ist für alle Zeitreihen sinnvoll, bei denen mittels Mutual Information oder der Autokorrelationsfunktion ein Timelag $\tau > 1$ empfohlen wird. Dabei sollte das Theiler Fenster aber nicht länger als nötig sein, da dadurch Datenpunkte für die Berechnung des log-log-Plots verloren gehen und zu Problemen bei der Sättigung des log-log-Plots führen können (Pascolo et al., 2005, S. 1346). Sofern keine Korrelation in den Daten festgestellt werden kann, sollte daher $W = 1$ gesetzt werden, wodurch das von Theiler modifizierte Korrelationsintegral wieder dem ursprünglichen Korrelationsintegral von Grassberger und Procaccia (1983b) entspricht.

Aus dem Blickpunkt der Effizienzmarkthypothese sollte der Einsatz eines Theiler-Fensters mit $W > 1$ nicht notwendig sein, da neue Informationen unmittelbar in den Preisen verarbeitet werden und eine Autokorrelation, insbesondere bei den im Rahmen dieser Untersuchung verwendeten End-of-Day-Daten der NASDAQ-Handelsplattform, nicht vorhanden sein dürfte. Zwar existieren empirischen Untersuchungen, die kurz-, mittel- und langfristige Autokorrelationen bei Finanzzeitreihen identifizieren konnten.[223] Diese waren jedoch häufig

---

[222] Wie in Kapitel 3.1.2 erläutert, soll die Verwendung des Timelags τ eine Korrelation zwischen den einzelnen Koordinaten eines Punktes verhindern. Sofern τ auf Basis der Autokorrelationsfunktion festgelegt wird, gilt es jedoch zu bedenken, dass dadurch nur lineare Korrelationen berücksichtigt werden. Da bei nichtlinearen Systemen auch nichtlineare Autokorrelationen vorhanden sein können, sollte daher nach Möglichkeit die Mutual Information zur Bestimmung des τ herangezogen werden.

[223] Abhängigkeiten in den Daten bilden die Grundlage für die empirischen Überprüfungen der schwachen Form der EMH, gemäß dieser keine Informationen in historischen Daten vorhanden sein dürften. Dementspre-

insignifikant und hatten je nach Studie wechselnde Vorzeichen (Sewell, 2011a, S. 2). Signifikante Abhängigkeiten in den Renditen, wie sie z. B. Fama (1970) bei einer Reihe einzelner Unternehmensaktien aus dem Dow Jones Industrial Average finden konnte, sind aufgrund ihres sehr geringen Wertes aus ökonomischer Perspektive zu vernachlässigen, da sich aus diesen keine rentablen Handelsstrategien ableiten lässt und sie daher auch keinen klaren Verstoß an der EMH darstellen.[224] Der technologische Fortschritt und die damit einhergehende schnellere Verbreitung neuer Informationen sowie der immer größer werdende Anteil an automatischem Handel erlaubt zudem immer schnellere Reaktionszeiten und Preisanpassungen, sodass der Markt immer effizienter und die Autokorrelationen bei jüngeren Aktienzeitreihen im Vergleich zu den Zeitreihen vergangener Studien, die sich auf Daten vor der digitalen Revolution und der Verbreitung des Internets bezogen, immer kürzer werden sollten. Dennoch sollte der für die Konstruktion der Zeitverzögerungskoordinaten notwendige Timelag zur Absicherung auch bei aktuellen Aktienzeitreihen mittels Autokorrelationsfunktion oder Mutual Information bestimmt werden, da sich auch kurzfristige lineare Abhängigkeiten in den Daten negativ auf die Berechnung des *D2* auswirken. Sollte sich ein Timelag >1 ergeben, ist auch ein entsprechend großes Theiler-Fenster anzusetzen.

So wie Autokorrelationen in den Daten zu einer negativen Verzerrung der Korrelationsdimension führen können, kann andererseits Rauschen in den Daten zu einer positiven Verzerrung führen. Dabei ist zwischen einer rein stochastischen Zeitreihe, die aus weißem oder farbigem Rauschen besteht und einer deterministischen und rauschbehafteten Zeitreihe zu differenzieren. Um der Problematik von rauschbehafteten Daten entgegenzuwirken, bietet sich der Einsatz von Rauschfiltern an. Diese können jedoch ihrerseits unerwünschte Effekte bei der Dimensionsschätzung hervorrufen, die in dem folgenden Kapitel angesprochen werden sollen.

3.3.5 Rauschen in den Daten

Rauschen stellt bei empirischen Untersuchungen eine große Herausforderung dar und ist eine der Hauptursachen für unbrauchbare Messungen. Auch bei Dimensionsschätzungen spielt Rauschen eine große Rolle, wenngleich verrauschte Signale eine geringere Auswirkung auf die Ergebnisse haben als andere Einflussfaktoren, solange das Störrauschen nur eine niedrige Amplitude aufweist. Im Hinblick auf die hohe Sensibilität von chaotischen Systemen gegenüber ihren Anfangsbedingungen mag dies auf den ersten Blick widersprüchlich erscheinen. Schließlich wirkt sich Störrauschen auf die Anfangsbedingungen des Systems und damit einhergehend auch den Pfad einer Trajektorie aus. Jedoch ist die globale Struktur eines seltsamen Attraktors robust, sodass Rauschen eine Trajektorie zwar vom Attraktor weglenken kann, sie von der Dynamik des Systems jedoch stets wieder in Richtung des Attraktors zurückgezogen wird (Theiler, 1990a, S. 1068). Wenn das Rauschniveau jedoch einen kritischen Wert überschreitet, der über den Längenskalierungen ε der Korrelationsdimension liegt, kann die Di-

chend umfangreich ist auch die Literaturbasis. Für eine grobe Übersicht zu bisherigen Studien zu Autokorrelationen bei Finanzmarktdaten siehe Fama (1970, S. 388 ff.) und Sewell (2011a, S. 2 ff.).

[224] Fama begründet die Signifikanz der niedrigen Autokorrelationswerte mit der geringen Stichprobengröße von N=1200-1700, wodurch die Stichprobendispersion unterschätzt und das Signifikanzlevel überschätzt wird.

mensionsschätzung negativ beeinflusst werden. Es kann sich daher anbieten, einen Rauschfilter auf die Daten anzuwenden, um das Rauschniveau zu reduzieren. Allerdings ist der Einsatz von Rauschfiltern nicht ganz unproblematisch.

Neben dem Risiko, dass ein unpassender Filters zu einem Verlust relevanter Informationen führen kann, kann die Anwendung von Rauschfiltern im Rahmen von nichtlinearen Zeitreihenanalysen weitere Probleme mit sich bringen, welche im folgenden Abschnitt diskutiert werden sollen.

3.3.5.1 Anwendung von Rauschfiltern bei deterministisch-chaotischen Zeitreihen

Für die im Rahmen der vorliegenden Arbeit geplanten Untersuchungen ist daher im Vorfeld zu klären, ob und in welchem Ausmaß ökonomische Zeitreihen, insbesondere Finanzmarktdaten, verrauscht sind und mit einem Rauschfilter behandelt werden müssten.

Frühere Untersuchungen ökonomischer Zeitreihen mithilfe von komplexitätswissenschaftlichen Methoden beschäftigten sich mit der Frage, ob es sich z. B. bei Aktienkursverläufen um einen rein stochastischen Prozess handelt und die Aktienzeitreihen gemäß der EMH einem Random-Walk folgen oder ob es sich um einen deterministisch-chaotischen Prozess mit nichtlinearen Abhängigkeiten in den Daten handelt. Sollten die Aktienkurse einem Random-Walk folgen, wären die Renditen – als Ausdruck der relativen Änderung des aktuellen Aktienkurses zum vorherigen Zeitpunkt – zufällig und würden demnach einem weißen Rauschen entsprechen. Der Einsatz eines linearen Rauschfilters könnte in einem solchen Fall dazu führen, dass das Signal der gefilterten Zeitreihe einem endlich-dimensionalen, chaotischen Attraktor ähneln würde und der GP-Algorithmus nicht in der Lage wäre, die zufällige Natur der Zeitreihe eindeutig zu identifizieren (vgl. Rapp et al., 1993, S. 2295), da der Korrelationsexponent nicht linear mit der Einbettungsdimension ansteigt (Lo und Principe, 1989, S. 639). Doch auch wenn davon ausgegangen wird, dass die betrachtete Zeitreihe durch einen deterministisch-chaotischen Prozess generiert wurde, sollten Rauschfilter im Rahmen der Dimensionsbestimmung nur in Ausnahmefällen eingesetzt werden, da sie einen erheblichen Einfluss auf das Ergebnis haben können. In welche Richtung die geschätzte Dimension dabei verzerrt werden kann, ist nicht immer eindeutig und hängt von dem verwendeten Filter ab.

So konnten Badii und Politi (1986) eine theoretisch prognostizierbare Dimensionserhöhung bei der Anwendung einpoliger Tiefpassfilter auf deterministisch-chaotische Daten zeigen. Dieses Ergebnis konnten Badii et al. (1988) auf die Aussage verallgemeinern, dass eine erhöhte Dimensionsschätzung durch eine Rauschfilterung unabhängig von der Art des Filters erwartet werden kann, sofern die Effekte des Filters durch eine Differenzialgleichung beschrieben werden können.[225]. Demgegenüber konnten Lo und Principe (1989) zeigen, dass die geschätzte Korrelationsdimension für rein stochastische Daten nach dem Einsatz eines Filters je nach verwendeter Filterbandbreite sinkt. Falls die Filterbandbreite nicht korrekt festgelegt wird, spielt die Art des linearen Filters dabei keine große Rolle (Lo und Principe, 1989, S. 639). Brandstäter und Swinney (1987, S. 2218) weisen darauf hin, dass der Einsatz eines

[225] Mitschke et al. (1988) konnte den Effekt einer Dimensionserhöhung durch den Einsatz von Rauschfiltern auch für kleine Stichproben mit geringer Auflösung nachweisen.

Tiefpassfilters bei experimentell erzeugten, deterministischen Daten, abhängig von der Stärke des Filters, sogar zu einer Reduktion der maximal messbaren Freiheitsgrade führen kann.

Es gibt aber auch Hinweise, dass bestimmte Filtertypen, wie z. B. akausale Filter[226] (Mitschke, 1990) oder Kaiser-Bessel Filter (Yip et al., 1991) durchaus in der Lage sind, den deterministischen Teil aus den rauschbehafteten Daten wiederherzustellen. Bei Daten, deren Rauschen aus einer eingeschränkten Messpräzision resultiert, konnten Kostelich und Yorke (1988) einen nichtlinearen Filter anwenden, der das Rauschniveau reduziert und eine leicht modifizierte Zeitreihe erzeugt, die besser mit der tatsächlichen Dynamik des entsprechenden Attraktors korrespondiert. Allerdings benötigt diese Methode sehr lange Zeitreihen und beruht auf der Annahme, dass die Zeitreihe aus einem dynamischen System mit einem niedrigdimensionalen Attraktor hervorgeht. Bei Untersuchungen unbekannter Systeme kann der positive Effekt dieser Methode daher nicht garantiert werden. Rapp et al. (1993, S. 2289) weist in Bezug auf die Dimensionsreduktion durch den Einsatz von Rauschfiltern darauf hin, dass eine durch den GP-Algorithmus errechnete endliche, nicht-ganzzahlige Korrelationsdimension eines gefilterten Datensatzes durchaus ein konsistenter Hinweis auf niedrigdimensionales chaotisches Verhalten sein kann, isoliert betrachtet jedoch keinen definitiven Beweis dafür liefert, dass es sich um ein deterministisch-chaotisches System handelt.

Um mögliche Fehlberechnungen zu vermeiden, sollte daher zumindest bei Datensätzen, die nur leicht verrauscht[227] sind, auf einen Rauschfilter verzichtet werden und bei Daten, die messbedingt ein starkes Rauschen enthalten, große Sorgfalt bei der Auswahl eines geeigneten Rauschfilters walten lassen (vgl. Strunk, 2012, S. 236).

3.3.5.2 Implikationen für ökonomische Daten

Sofern eine Aktienzeitreihe einem reinen Random-Walk entspricht, verfügt das zugrunde liegende System über keine deterministisch-chaotische Dynamik. Daher sollte es auch nicht möglich sein, eine Sättigung bei der Berechnung des *D2* zu erzielen, da das *D2* mit steigender Einbettungsdimension wachsen würde.[228] Eine Behandlung solcher Daten mit einem Rauschfilter würde im besten Fall keinen Einfluss auf das Ergebnis haben. Es ist aber auch möglich, dass durch die Verwendung eines Rauschfilters synthetische Strukturen in den Daten erzeugt

[226] Während kausale Filter in Echtzeit eingesetzt werden können, da sie nur aktuelle und vergangene Informationen verwenden, können akausale Filter nur auf den gesamten Datensatz angewendet werden. Für eine weitergehende Erläuterung akausaler Filter siehe Weedon (2005, S. 101).

[227] Skinner (1992, S. 6) merkt an, dass ein Rauschniveau von 10 % für das *PD2* kein Problem darstellt, da dies zur Ablehnung der meisten Datenpunkte führt. Dies liegt darin begründet, dass die Existenz von Rauschen die fraktale Struktur eines Attraktors nicht zerstört, aber zu einer Unschärfe in Skalierungsregionen führt, deren Längen ε kleiner oder gleich der Rauschhöhe sind (Ben-Mizrachi et al., 1984, S. 975). Liegt der Skalierungsbereich oberhalb der Rauschhöhe, so hat das Rauschen keinen Einfluss auf die Bestimmung des *D2*. Harrison et al. (1999, S. 499) konnten mittels numerischer Experimente nachweisen, dass Dimensionsmessungen bereits bei einem Rauschniveau von 2 bis 5 % der Zeitreihe ungenau und uneindeutig werden.

[228] Fraedrich (1986, S. 423) weist darauf hin, dass bei einer Zufallszeitreihe das Verhältnis $d_\nu = m$ nur für unendlich lange Zeitreihen gilt und bei Zeitreihen mit endlicher Länge von $d_\nu \leq m$ auszugehen ist, wobei diese Ungleichung umso größer wird, je kürzer die Zeitreihe ist. Um die Dimension eines endlichen Datensatzes bewerten zu können, sollte daher stets die Dimension einer Zufallszeitreihe gleicher Länge berechnet und als Referenz hinzugezogen werden.

werden, die den Eindruck von nichtlinearen Abhängigkeiten und einer Ordnung im System vermitteln.

Da in der Vergangenheit gerade die Abgrenzung von weißem Rauschen zu deterministischem Chaos in ökonomischen Zeitreihen von vorrangigem Interesse war, wäre der Einsatz von Filtern an dieser Stelle nicht sinnvoll gewesen. Denn im Gegensatz zu Untersuchungen aus dem naturwissenschaftlichen Bereich, wo weißes Rauschen aufgrund von z. B. Messungenauigkeiten eine Zeitreihe bis zu einem gewissen Grad kontaminiert und als Störfaktor angesehen wird, wird weißes Rauschen bzw. der Random-Walk in Aktienzeitreihen einerseits als Ergebnis der Reaktion des Marktes auf zufällig eintretende Ereignisse angesehen sowie andererseits als das Produkt unterschiedlicher Erwartungen über den intrinsischen Wert des Unternehmens seitens der Marktteilnehmer (vgl. Fama, 1965b, S. 56). Die eintreffenden Informationen sind theoretisch nicht prognostizierbar und können daher als zufällig angesehen werden, jedoch sollte die Reaktion der Kurse auf diese Informationen im Falle des Vorhandenseins einer (deterministisch-chaotischen) Ordnung einer gewissen Gesetzmäßigkeit folgen und daher nicht zufällig sein.

Dohmeyer et al. (2015) sehen individuelle Aktienpreisbewegungen als eine Funktion von Marktbewegungen bzw. systematischen Bewegungen und unternehmensspezifischen bzw. idiosynkratischen Bewegungen. Entsprechend gehen Scheinkman und LeBaron (1989, S. 322) davon aus, dass individuelle Aktienrenditen einem idiosynkratischen Rauschen[229] unterliegen, welches bei einer Aggregation in einem breit gefächerten Aktienindex verschwinden sollte. Allerdings kann durch eine Aggregation der Aktien zu einem Marktindex, wie z. B. dem S&P500, auch ein Aggregationsbias[230] entstehen und zusätzliches Rauschen in die Zeitreihe einführen. Brock (1986, S. 185) nimmt sogar an, dass Zeitreihen von Indizes ökonomischer Daten verrauschter sind als die in den Naturwissenschaften beobachteten Zeitreihen. Inwieweit Indizes vom Aggregationsbias betroffen sind, hängt auch maßgeblich von der Qualität des jeweiligen Indizes[231] ab. Sofern ein Index stark gehandelt wird und relativ einfach mit den enthaltenen Aktien repliziert werden kann, ist es wahrscheinlich, dass das Rauschniveau aufgrund von Arbitragemöglichkeiten niedrig gehalten wird (Mayfield und Mizrach, 1992, S. 370).

Harrison et al. (1999) wenden vor der Dimensionsbestimmung des S&P500-Indizes einen nichtlinearen Rauschfilter an und können zeigen, dass die behandelten Dateien einen starken Hinweis auf das Vorhandensein von Chaos liefern, während das *D2* bei den Rohdaten keine Sättigung erzielt. Sie führen das Ergebnis darauf zurück, dass die Rohdaten so sehr vom Rauschen dominiert sind, dass das dynamische Muster vom GP-Algorithmus nicht erkannt werden kann. Es wird jedoch nicht erläutert, woher das Rauschen in der Zeitreihe stammt.

[229] Scheinkman und LeBaron (1989) erläutert den Begriff des idiosynkratischen Rauschens nicht näher. Daher wird angenommen, dass darunter die Aktienbewegungen verstanden werden, die durch unternehmensspezifische Nachrichten/Ereignisse und nicht durch die systematische Bewegung des Marktes induziert werden. Als Rauschen werden dabei die Fehler einer Regression der Aktienzeitreihe durch einen Marktindex angesehen.

[230] Ein Aggregationsbias entsteht durch den Verlust von Informationen, wenn Mikrorelationen aggregiert werden, um das Verhalten einer makroskopischen Variable zu schätzen. Für eine ausführliche Erläuterung siehe (Theil, 1954; Wesche, 1996).

[231] Vom Aggregationsbias können nicht nur Aktienindizes, sondern auch andere aggregierte Daten, wie z. B. das Bruttosozialprodukt (Brock, 1986) oder die Arbeitslosenrate (Brock und Sayers, 1988) betroffen sein.

Scheinkman und LeBaron (1989) begründen mögliches Rauschen bei End-of-Day-Daten durch deren Sensitivität gegenüber Wochenendeffekten.[232] Einer Studie von Fortune (1999) zufolge hat sich dieser Effekt seit 1987 jedoch stark reduziert und ist in den 90er Jahren fast vollständig verschwunden, sodass er für Rauschen in heutigen Finanzmarktdaten nicht mehr als Erklärungsansatz herangezogen werden kann. Gibbons und Hess (1981, S. 591) führt an, dass es bei der Beobachtung von Aktienpreisen zu Messfehlern kommen kann, wenn die Aktie nicht regelmäßig gehandelt wird und die beobachteten Preise nicht den eigentlichen Wert zum Zeitpunkt der Beobachtung widerspiegeln.[233] Allerdings werden solche potenziellen Messfehler nicht als Ursache für Rauschen, sondern für einen systematischen Bias gesehen, der mögliche Wochentagseffekte erklären kann.

3.3.5.3 Implikationen für den Einsatz von Rauschfiltern

Kapitel 3.3.5.2 hat gezeigt, dass mögliches Rauschen in ökonomischen Zeitreihen einen essenziellen Bestandteil der Systemdynamik ausmachen kann.[234] Während nichtlineare Filter bei Indizes die Systemdynamik des Marktes sichtbar machen können (vgl. Harrison et al., 1999), kann der Einsatz von Rauschfiltern bei Zeitreihen einzelner Aktien dazu führen, dass relevante Informationen über das Systemverhalten verloren gehen, da der Preis der Aktie eindeutig durch den Angebots- und Nachfragepreis bestimmt wird und dementsprechend auch nicht rauschbehaftet sein kann. Systeminduzierte Kursschwankungen, die aufgrund der unbekannten Bewegungsgleichungen als zufällig angesehen werden könnten, würden durch den Rauschfilter geglättet werden. Hierdurch würde sich die Anzahl der Freiheitsgrade der Systemdynamik reduzieren. Eine Dimensionsberechnung der gefilterten Zeitreihe könnte somit

[232] Der Wochenendeffekt bezeichnet das Phänomen, dass Aktienkurse montags häufig signifikant niedriger sind als am unmittelbar vorhergehenden Freitag. French (1980) konnte für den S&P500 Index für den Zeitraum von 1953-1967 nachweisen, dass dessen Renditen montags signifikant negativ ausfielen, während die Renditen an den restlichen Tagen durchschnittlich positiv waren. Die Untersuchungen von Cross (1973) und Gibbons und Hess (1981) bestätigen die Ergebnisse von French (1980), beziehen sich aber ebenfalls auf den S&P500 Index und betrachten annähernd die gleiche Zeitperiode. Ursprünglich wurde dieses Phänomen als Montagseffekt bezeichnet, weil für die Untersuchungen Tagesendkurse verwendet wurden. Rogalski (1984) kann im Rahmen seiner Untersuchung zeigen, dass sich die gesamte negative Preisänderung zwischen dem Handelsschluss am Freitag und der Öffnung der Börse am Montag vollzieht.

[233] Diese Möglichkeit einer Rauschquelle ist für die hier durchgeführte Untersuchung vernachlässigbar, da im Rahmen dieser Arbeit nur die größten NASDAQ-Unternehmen betrachtet wurden, die täglich mit einem sehr hohen Volumen gehandelt wurden (vgl. Kapitel 5.2.1).

[234] Die Diskussion beruht auf der Annahme, dass Rauschen in Aktienzeitreihen in erster Linie von den Noise-Tradern verursacht wird. Diese reagieren einerseits auf externe (triviale) Informationen, entwickeln andererseits jedoch auch ihre eigene irrationale Dynamik, die nicht zwangsläufig von äußeren Einflüssen abhängen muss. Als Rauschen wird dabei der Schätzfehler eines zugrunde liegenden Regressionsmodells betrachtet. Diese Annahme steht zu einem gewissen Teil im Widerspruch zu der Aussage von Chen (1996, S. 102), dass externes Rauschen und Messfehler immer in ökonomischen Daten existieren. Während in dieser Arbeit kurzfristige Änderungen der Ordnung in Aktienzeitreihen einzelner Unternehmen betrachtet werden, ist Chens Untersuchungsgegenstand die übergeordnete, makroökonomische Dynamik des S&P Indizes, die das Verhalten der Investoren nicht berücksichtigt. Das beobachtete „externe Rauschen" auf der Makroebene kann in diesem Sinne die Reaktionen der Noise-Trader auf externe Informationen bzw. stochastische Signale sein (vgl. Chen, 1996, S. 101). Letztendlich ist die Abgrenzung zwischen endogenen und exogenen Variablen für Chaos irrelevant (Barnett und Chen, 2015, S. 507), sodass diese Diskussion an dieser Stelle nicht weitergeführt wird.

einen zu geringen Dimensionswert zur Folge haben, der die Dynamik des ursprünglichen Systems nicht korrekt beschreibt.

Unter dem Rauschen einer Aktienzeitreihe wird häufig auch der Fehlerterm u_t eines Regressionsmodells angesehen, welcher die Abweichung des geschätzten Wertes vom realen Wert angibt. Somit hängt das Rauschniveau von den getroffenen Modellannahmen sowie der Anpassungsgüte des Modells ab. Da das *PD2* im Rahmen dieser Arbeit jedoch nicht auf Basis der Residuen errechnet wird, sondern auf Grundlage der tatsächlichen logarithmierten Renditen, ist ein Rauschfilter an dieser Stelle nicht angebracht und würde sich auf das Ergebnis auswirken, da dessen Anwendung mögliche nichtlineare Strukturen in den Daten zerstören könnte. Das *PD2* soll jedoch genau diese nichtlinearen Strukturen identifizieren. Liegt das Ziel der eigenen Untersuchung also darin, Erkenntnisse über die Systemstruktur und dessen Ordnung zu gewinnen, sollten komplexitätswissenschaftliche Verfahren, wie z. B. das *PD2*, nur auf ungefilterte ökonomische Zeitreihen angewendet werden.

3.4 *PD2*-Eventstudie als Methode zum Nachweis temporärer Änderungen in den Nichtlinearitäten

In Kapitel 3.3 wurden einige Schwierigkeiten und Besonderheiten, die im Rahmen der Berechnung der Korrelationsdimension auftreten können aufgezeigt und einige Lösungsansätze diskutiert. Dennoch ist es ersichtlich, dass die Voraussetzungen des Grassberger-Procaccia-Algorithmus nach unendlich langen, rauschfreien und stationären Zeitreihen in der empirischen Forschung praktisch niemals erfüllt werden können. Die mangelnde Inkompatibilität der Daten wird mit Einbußen bei der Präzision der Dimensionsbestimmung bis hin zu systematischen Fehlschätzungen bestraft.[235] Gershenfeld (1992, S. 153) merkt hierzu an, dass ein berechneter Dimensionswert erst dann als bedeutsam angesehen werden kann, wenn er nicht sensitiv auf die Veränderung der Einbettungsparameter (Timelag, Einbettungsdimension und die Größe des Datensatzes) reagiert. Diese Bedingung kann auf künstlich generierten Daten angewendet werden, doch nur wenige Ergebnisse von empirisch erhobenen Daten dürften dieser Bedingung standhalten.[236]

Dennoch ist der GP-Algorithmus nach wie vor die am häufigsten verwendete Methode zur Bestimmung des *D2*. Dies liegt zum einen am Mangel geeigneter Alternativen zur präzisen Dimensionsberechnung und zum anderen daran, dass der Fokus der empirischen Untersuchungen auf Basis des GP-Algorithmus mehr auf dem Vergleich der Dimensionen zwischen verschiedenen Zeitreihen oder Epochen beruht und weniger auf der exakten Berechnung der Korrelationsdimension. Insbesondere bei Untersuchungen, die nicht aus dem Bereich der Naturwissenschaften kommen, macht die Einzelbetrachtung einer Dimension ohne Vergleichs-

[235] Pritchard und Duke (1995, S. 373) gehen aufgrund dieser Tatsache sogar so weit, das Ergebnis des GP-Algorithmus (für EEG-Daten) als „Dimensionale Komplexität (DCx)" zu bezeichnen, da es sich bei dem Ergebnis nicht um das *D2* handeln kann, welches per Definition absolut genau sein müsste.

[236] Empirische Daten (insb. diskrete Daten wie Aktienkurse) entsprechen nur selten den gesamten quantitativen und qualitativen Anforderungen der Dimensionalitätsmaße. Insbesondere die häufig unzureichende Datenlänge führt dazu, dass die Interpretation der Ergebnisse nur unter Vorbehalt durchgeführt werden kann. Eine Variation des Einbettungsparameters „Datenlänge" wäre nur nach unten möglich, wodurch sich die Dimensionsschätzung nur noch weiter verschlechtern würde.

möglichkeiten wenig Sinn, da abgesehen von der allgemeinen Aussage über die geschätzte Anzahl der involvierten Freiheitsgrade des Systems, keine sinnvollen Implikationen getroffen werden können. Das Hauptmerkmal der Dimensionalitätsmaße – die Möglichkeit der Berechnung einer gebrochenen Dimension – bringt für sich genommen auch keinen großen Mehrwert, sofern man nicht explizit an der Geometrie des Attraktors interessiert ist. Es kann darüber gestritten werden, ob sich ein Attraktor mit einer Korrelationsdimension von 2.9 eher einem dreidimensionalen Objekt zuordnen lässt, während ein Attraktor mit einer Korrelationsdimension von 2.1 einer Fläche ähnelt. Da sich beide Attraktoren zwischen den gleichen ganzzahligen Dimensionen befinden, ist eine genauere qualitative Einordnung bezüglich der Geometrie jenseits der Aussage, dass es sich bei beiden Attraktoren um seltsame Attraktoren handelt, nicht möglich. Erst der direkte Vergleich beider Dimensionswerte erlaubt dahingehend eine weitergehende Kategorisierung als dass die Aussage getroffen werden kann, dass das dem ersten Attraktor zugrunde liegende System eine höhere Dimensionalität aufweist und damit komplexer ist als das System aus dem der zweite Attraktor entstanden ist. Ein Vergleich zweier oder mehrerer Dimensionalitätskennwerte liefert Informationen, die auch bei einer systematischen Unter- oder Überschätzung der Dimensionen valide sind, sofern die untersuchten Systeme gleichermaßen von den Unter- /Überschätzungen betroffen sind. Dies wäre bspw. bei dem Vergleich der Dimensionen zweier Aktienzeitreihen mit einer identischen, aber für die exakte Bestimmung der Korrelationsdimension unzureichenden Länge, der Fall. Da die absolute Höhe der Dimensionen bei einem Vergleich nur eine untergeordnete Rolle spielt, kann das durch den GP-Algorithmus geschätzte *D2* auch als relativer Index der Komplexität eines Systems betrachtet werden (vgl. Pritchard und Duke, 1995), ohne zu sehr auf die exakte Definition des *D2* Bezug nehmen zu müssen. Schließlich ist das *D2* nur ein mögliches Dimensionsmaß aus einer ganzen Familie von Rényi-Dimensionen, für deren Dimensionsmaße sich gemäß Loistl und Betz (1993, S. 88) folgende verallgemeinerte Ungleichung aufstellen lässt:

$$D_q \leq D_{q-1}\,.$$ [237]

Die Höhe der geschätzten Dimension hängt also auch von dem verwendeten Dimensionsmaß ab, was eine Einzelbetrachtung und Interpretation der absoluten Werte des *D2* bezogen auf die Ergebnisse bei ökonomischen Zeitreihen noch weiter erschwert, da das *D2* nur aufgrund der Praktikabilität gegenüber den anderen Dimensionsmaßen bevorzugt wird und nicht, weil dessen theoretische Implikationen besser mit den ökonomischen Theorien vereinbar sind als die der anderen Dimensionalitätsmaße. Daher wird das Augenmerk in der vorliegenden Untersuchung ebenfalls weniger auf der Einzelbetrachtung der Werte für das *D2* bzw. *PD2* liegen, sondern mehr auf den Unterschieden der Dimensionen zwischen einzelnen Zeitpunkten oder verschiedener Aktien.

Dies bedeutet natürlich nicht, dass ein fahrlässiger Umgang mit den Daten erlaubt ist und eine Überprüfung der Daten sowie eine sorgfältige Auswahl der Parameter nicht trotzdem notwendig ist. Insbesondere bei Korrelationsdimensionen, deren Wert sehr nahe an der maxi-

[237] Für eine Definition der Rényi-Dimensionen siehe Kapitel 3.2.4.

mal berechenbaren Korrelationsdimension[238] liegt, sollte im Vorfeld überprüft werden, ob es sich bei der gegebenen Zeitreihe möglicherweise um eine stochastische Zeitreihe handelt.[239]

Zusammenfassend lässt sich sagen, dass sich das *D2* trotz der Limitierungen und deren Auswirkungen auf die Schätzung als relativer Kennwert für die Komplexität von nichtphysikalischen Systemen eignet. Daher verwundert es nicht, dass die Korrelationsdimension auch für ökonomische Daten zu den bevorzugten Methoden für die Komplexitätsbestimmung gehört. So konnte Strunk (2012, S. 246) im Rahmen einer Metastudie über 284 wirtschaftswissenschaftliche Untersuchungen identifizieren, in denen das *D2* berechnet wurde.

Alle Untersuchungen zur Dimension ökonomischer Zeitreihen basieren jedoch fast ausschließlich auf der Berechnung der Korrelationsdimension für den gesamten Zeitraum oder für sehr große Zeitfenster, da das *D2* nicht in der Lage ist, punktuelle Dimensionsschätzungen durchzuführen. Das in Kapitel 3.2.6 vorgestellte *PD2* ist hingegen in der Lage, eine punktgenaue Dimensionsschätzung durchzuführen und ist zudem robust gegenüber Nichtstationaritäten, wie sie auch in ökonomischen Zeitreihen anzutreffen sind.

Erste Versuche zur Anwendung des *PD2* auf ökonomische Zeitreihen wurden von Griessmair (2005) im Rahmen einer Diplomarbeit durchgeführt. Durch die Berechnung des *PD2* für die DAX-Zeitreihe konnte Griessmair (2005) bereits temporäre Dimensionalitätsänderungen bei gewichtigen Ereignissen, wie z. B. dem Anschlag auf das World Trade Center am 11.09.2001, aufzeigen. Eine ähnliche explorative Analyse hat auch Strunk (2012) am Beispiel des DAX sowie des Euro-Referenzkurses zum US-Dollar durchgeführt und konnte ereignisbezogene Dimensionalitätsänderungen aufzeigen. Die Untersuchungen von Griessmair (2005) und Strunk (2012) haben die *PD2*-Werte jedoch nur für jeweils eine zugrunde liegende Return Zeitreihe berechnet und auf die Anwendung einer Eventstudie verzichtet. Hierdurch konnten zwar zeitweilige Änderungen der Dimensionalität um größere Ereignisse festgestellt werden, durch die fehlende Mittelwertbildung der täglichen *PD2*-Werte, so wie es im Rahmen einer Eventstudie praktiziert wird, wurden störende Einflüsse jedoch nicht weggefiltert, sodass der direkte Einfluss eines spezifischen Ereignisses auf die Höhe der Dimensionalität nicht bestimmbar war. Darüber hinaus wurden für die Erhöhung der Anzahl valider Datenpunkte mehrfache Fokuspunkte verwendet, was zu einer Glättung der *PD2*-Zeitreihe führt und die Analyse von *PD2*-Tageswerten erschwert. Zudem merkt Strunk (2012, S. 275) an, dass die vorgenommene Zuordnung von Außenereignissen bei Komplexitätssprüngen den Nachteil mit sich bringt, dass sich in den Nachrichten prinzipiell für jeden beliebigen Tag ein potenziell relevantes Ereignis finden lässt, sodass Schlussfolgerungen nur mit Vorsicht getroffen werden können.

Dass sich Komplexitätskennwerte grundsätzlich auch im Rahmen einer Eventstudie einsetzen lassen, konnte Feigl (2011) zeigen, indem er eine Eventstudie für das Ereignis der Vorstandswechsel in DAX-Unternehmen auf Grundlage der GEntropie durchgeführt hat. Zwar ließen sich systematische Veränderungen in der Komplexität im Umfeld eines Vorstands-

[238] Siehe dazu Kapitel 3.3.1.

[239] Eine Überprüfung könnte beispielsweise durch den BDS-Test erfolgen. Der BDS-Test ist ein nichtparametrischer Test auf weißes Rauschen. Da der BDS-Test jedoch ebenfalls auf dem Grassberger-Procaccia-Algorithmus aufbaut, gelten für diesen auch die Limitierungen des *D2*. Für weiterführende Informationen siehe Brock et al. (1991), Brock et al. (1996) und Barnett et al. (1997).

wechsels erkennen, jedoch ist die Aussagekraft der Ergebnisse aufgrund einer sehr geringen Stichprobengröße von 30 Ereignissen etwas eingeschränkt. Des Weiteren ist der Einsatz der GEntropie als Komplexitätsmaß für Aktienzeitreihen nicht optimal, da die GEntropie „[...]empfindlich für den Datenrange und erfasster Dezimalstellen[...]“ (Strunk, 2012, S. 459) ist und die verwendeten Returns daher mittels einer Lineartransformation normiert werden müssen. Die GEntropie berücksichtigt auch nur Daten mit einem ordinalen Skalenniveau und reizt somit nicht den vollen Informationsumfang der intervallskalierten Return-Zeitreihen aus. Im Gegensatz hierzu sind die Dimensionalitätsmaße durchaus in der Lage, mit intervallskalierten Daten zu arbeiten.

Von den in Kapitel 3.2 aufgezeigten Dimensionalitätsmaßen hat sich das *PD2* aufgrund seiner punktgenauen Dimensionsschätzungen sowie seiner Robustheit gegenüber nichtstationären Daten als bester Kandidat für den Einsatz in Eventstudien zur Identifikation von temporären, eventinduzierten Änderungen der Dimensionalität in Finanzmarktdaten erwiesen. Für die Kombination beider Methoden müssen sowohl die Restriktionen des *PD2* hinsichtlich der Datenlänge als auch die Unwägbarkeiten der Eventstudie bei der Fensterwahl berücksichtigt werden. Diese modifizierte Eventstudie soll als *PD2*-Eventstudie bezeichnet und im folgenden Kapitel in Form einer möglichen Vorgehensweise erläutert werden. Neben dem Vorteil der Messung von temporären Schwankungen der Nichtlinearitäten um ein Event herum erlaubt die *PD2*-Eventstudie zudem die Untersuchung der Adaptive Market Hypothese, indem die Dynamik der Dimensionalitätsschwankungen für sukzessive Perioden betrachtet und miteinander verglichen werden kann. Um einen Vergleich zwischen der *PD2*-Eventstudie und der klassischen Eventstudie zu ermöglichen, wird die klassische Eventstudie ebenfalls durchgeführt. Aus diesem Grund stellt das nachstehende Kapitel zunächst die Konzeption und Durchführung der klassischen Eventstudie vor, um hierauf schließlich die *PD2*-Eventstudie aufzubauen.

3.4.1 Aufbau der klassischen Eventstudie

Die Bestandteile der klassischen Eventstudie wurden bereits in Kapitel 2.4 genannt, sodass an dieser Stelle die einzelnen Schritte der Durchführung erwähnt werden, die im Anschluss für die *PD2*-Eventstudie modifiziert werden müssen.

1. Zunächst muss ein geeignetes und informationshaltiges Event gewählt werden. Sofern es sich um ein Event mit verschiedenartigen Ausprägungen handelt, muss im Vorfeld eine Kategorisierung der Events stattfinden. Zudem muss der Zeitpunkt des Events eindeutig bestimmt werden. In Kapitel 5.1 wird die Auswahl eines für die vorliegende Arbeit geeigneten Events diskutiert und ausgewählt.
2. Anschließend müssen geeignete Aktienzeitreihen ausgewählt werden, bei denen mit einer Beeinflussung durch das Event gerechnet werden kann. Die Unternehmen müssen sich dabei innerhalb eines Marktes befinden, damit dem für die spätere Messung der abnormalen Renditen benötigten Marktmodell, die Zeitreihe des Marktindizes als Referenz zugrunde gelegt werden kann. Ferner müssen für alle hinzugezogenen Zeitreihen Informationen zu den Zeitpunkten der entsprechenden Events sowie deren Ausprägungen vorhanden sein.

3. Aus den Aktienkursen eines Unternehmens werden im nächsten Schritt die täglichen (logarithmierten) Renditen gebildet. Die Rendite R_t einer Aktie von Tag t wird gemäß Fama (1965a, S. 45) als die erste Differenz des natürlichen Logarithmus vom Tagesendkurs P_t einer Aktie am Tag t und dem Tagesendkurs P_{t-1} einer Aktie am Tag t-1 definiert: $R_t = \ln(P_t) - \ln(P_{t-1})$.[240]
4. Im nächsten Schritt werden die Renditen jener Tage mit einem Eventmarker versehen, an denen die Information über das Event veröffentlicht wurden.
5. Um die markierten Renditen wird jeweils ein Fenster gelegt, welches sowohl den Prognosezeitraum vor dem Event als auch den Eventzeitraum nach dem Event umfasst, innerhalb dessen mit möglichen verzögerten Reaktionen der Returns auf das Event gerechnet werden kann. Der Zeitreihenabschnitt innerhalb dieses Fensters wird ausgeschnitten und in einer neuen Datenbank abgelegt.
6. Diese Prozedur erfolgt für alle markierten Renditen eines Unternehmens, sodass sich in der neuen Datenbank sämtliche Eventzeitreihenabschnitte eines Unternehmens nebeneinander befinden.
7. Für die Konstruktion der abnormalen Renditen auf Basis eines Marktmodells wird ein passender Marktindex hinzugezogen, für den ebenfalls die Renditen berechnet werden.
8. Anschließend wird die Index-Renditenzeitreihe mit den Eventmarkern des Unternehmens versehen und wie zuvor Zeitreihenabschnitte daraus erstellt und in einer anderen Datenbank gesammelt.
9. Nun kann das Marktmodell für die erwarteten Renditen des Unternehmens j in Abhängigkeit der Index-Referenzzeitreihen auf Basis des Prognosefensters geschätzt werden: $R_{j,t} = \alpha_j + \beta_j R_{m,t} + e_{j,t}$.
10. Mit dem Marktmodell können nun die Renditen für den Eventzeitraum prognostiziert werden: $\hat{R}_{j,t} = \hat{\alpha}_j + \hat{\beta}_j R_{m,t}$.
11. Aus der Differenz zwischen den beobachteten Renditen und den prognostizierten Renditen gehen die abnormalen Renditen hervor: $AR_{j,t} = R_{j,t} - \hat{R}_{j,t}$.
12. Dieser Schritt wird für alle Eventabschnitte wiederholt und die Ergebnisse in einer neuen Datenbank gespeichert.
13. Für die Kategorisierung der Events werden entsprechende Kriterien definiert, wie z. B. das RUE (vgl. Kapitel 2.4.3), und die Zeitreihenabschnitte entsprechend markiert und sortiert.
14. Je nach aktueller Fragestellung kann nun die mittlere abnormale Rendite $\overline{AR}_t$ eines Unternehmens am Tag t berechnet und auf eine signifikante Abweichung von Null getestet werden. Zusätzlich kann für ein Eventfenster die kumulierte abnormale Rendite $\overline{CAR}(t_A, t_E)$ über die mittleren abnormalen Renditen berechnet und untersucht werden.

[240] Diese Standardtransformation wird auch als „log-return" oder als „continuously compounded daily return" bezeichnet (Campbell et al., 1997, S. 11). Ein großer Vorteil der logarithmierten Renditen liegt in der Neutralisierung des Preis-Level Effektes, der die Variabilität einer einfachen Preisänderungen als steigende Funktion des Preislevels der Aktie ausgibt (vgl. Fama, 1965a, S. 46).

15. Für eine unternehmensübergreifende Untersuchung werden die oben genannten Schritte für alle Unternehmen durchgeführt und die Zeitreihenabschnitte mit den abnormalen Renditen und den Informationen über das Event in einer gemeinsamen Datenbank gesammelt. Die gebildeten (kumulierten) mittleren abnormalen Renditen können im Anschluss im Rahmen von Hypothesentests eingesetzt werden.

3.4.2 Aufbau der PD2-Eventstudie

Da die *PD2*-Eventstudie auf dem gleichen Rohdatensatz der klassischen Eventstudie aufbaut und sich auch von der Durchführung her an der klassischen Eventstudie orientiert, können einige Schritte aus dem Vorgehen der klassischen Eventstudie übernommen werden, sodass die *PD2*-Eventstudie folgendermaßen aufgebaut werden kann:

1. Die vorbereitenden Schritte 1 - 3 der klassischen Eventstudie müssen auch für die *PD2*-Eventstudie durchgeführt werden. Sofern neben der *PD2*-Eventstudie auch die klassische Eventstudie durchgeführt wird, können die konstruierten log-Return-Zeitreihen aus der klassischen Eventstudie direkt für die *PD2*-Eventstudie übernommen werden.
2. Anstatt nun die abnormalen Renditen auf Basis des Marktmodells zu berechnen, werden bei der *PD2*-Eventstudie die täglichen *PD2* der log-Return-Zeitreihen berechnet.
3. Mit den daraus resultierenden *PD2*-Zeitreihen werden anschließend die Schritte 4 – 6 der klassischen Eventstudie durchgeführt, um einen Datensatz mit markierten *PD2*-Zeitreihenabschnitten zu erhalten. Dadurch, dass das Prognosefenster bei der Konstruktion der *PD2*-Eventstudie entfällt, kann der Eventzeitraum für die *PD2-Eventstudie* bereits deutlich früher beginnen. Hierdurch können im Vergleich zur klassischen Eventstudie bereits frühzeitige Änderungen in der Dimensionalität der log-Returns im Vorfeld des Events identifiziert werden.
4. Da beim *PD2* die absoluten Werte von Bedeutung sind, ist eine weitere Bearbeitung der Daten nicht mehr notwendig. Stattdessen können die Zeitreihenabschnitte entsprechend Schritt 13 der klassischen Eventstudie kategorisiert werden.[241]
5. Entsprechend dem Schritt 14 können für die Zeitreihenabschnitte eines Unternehmens die mittleren täglichen $PD2_t$-Werte für alle Eventtage t konstruiert werden.[242] Eine Bildung von kumulierten $PD2_t$-Werten ist nicht sinnvoll, da der Erwartungswert der *PD2* im Gegensatz zu den abnormalen Renditen nicht bekannt ist. Dementsprechend entfällt ein Test der (kumulierten) $PD2_t$-Werte auf einen signifikanten Unterschied zu Null. Stattdessen kann ein mittleres *PD2*-Niveau für ein definiertes Eventfenster berechnet werden, welches dann auf einen signifikanten Unterschied gegenüber einem anderen mittleren *PD2*-Niveau getestet werden kann.

---

241 Dieser Schritt ist optional, denn Änderungen in der Dimensionalität einer Zeitreihe aufgrund eines Events sollten robust gegenüber der Ausprägung des Events sein.

242 Für die Berechnung der $PD2_t$ siehe Kapitel 5.4.

6. Die Durchführung von Signifikanztests gestaltet sich schwieriger als bei der klassischen Eventstudie, da aufgrund eines fehlenden Erwartungswertes kein eindeutiger Referenzwert zur Hypothesentestung existiert. Es bietet sich daher z. B. an, einen durchschnittlichen *PD2*-Wert als Referenzwert $PD2_{ref}$ zu definieren. Da das $PD2_{ref}$ ein vom Event unabhängiges Dimensionalitätsniveau darstellen soll, muss für die Konstruktion des $PD2_{ref}$ ein Zeitabschnitt gewählt werden, für den angenommen werden kann, dass er möglichst wenig vom Event beeinflusst wird.[243] Mithilfe eines solchen $PD2_{ref}$ ist es prinzipiell möglich, ein tägliches oder mittleres Dimensionalitätsniveau im Umfeld eines Events auf eine signifikante Abweichung zum „Normalzustand" zu überprüfen.
7. Für eine unternehmensübergreifende *PD2*-Eventstudie können die $PD2_t$ -Zeitreihenabschnitte aller Unternehmen auch entsprechend Schritt 15 in einer gemeinsamen Datenbank gesammelt werden.

Aufgrund des ähnlichen Vorgehens bei der *PD2*-Eventstudie und der klassischen Eventstudie lassen sich für beide Eventstudien ähnliche Hypothesen formulieren, wodurch ein späterer Vergleich der Ergebnisse möglich wird und sich eine Aussage über die Effektivität der *PD2*-Eventstudie treffen lässt.

An dieser Stelle sei erneut darauf hingewiesen, dass eine Dimensionsänderung in dem System einen Hinweis auf die veränderte Anzahl der Freiheitsgrade und die Komplexität liefert, jedoch kein konkretes Argument für oder gegen die Effizienzmarkthypothese darstellt. Sofern eine signifikant niedrigere Dimensionalität unmittelbar nach dem Event gemessen wird und folglich eine höhere Ordnung im System vorherrscht, widerspricht dies zwar der Annahme vollkommen zufälliger Preisbewegungen, doch da die Preise aufgrund der chaotischen Natur der Daten weiterhin nicht (langfristig) prognostizierbar sind, lassen sich auf dieser Informationsgrundlage keine unmittelbaren Gewinne erzielen, sodass die Effizienzmarkthypothese weiterhin Bestand haben kann.

Nachdem nun ein mögliches Vorgehen zur *PD2*-Eventstudie erläutert wurde, sollen im nächsten Kapitel die Zielsetzungen der empirischen Studie formuliert werden. Der Fokus der empirischen Studie soll dabei auf der Validierung der *PD2*-Eventstudie als geeignetes Instrument zur Identifikation temporärer Dimensionalitätsschwankungen und – daraus ableitend – zur Identifikation von Schwankungen in den linearen und nichtlinearen Abhängigkeiten einer Return Zeitreihe im Umfeld eines Events liegen. Anschließend soll geprüft werden, inwieweit sich die *PD2*-Eventstudie zur Überprüfung der Effizienzmarkthypothese im Vergleich zur klassischen Eventstudie eignet. Zum Schluss sollen Ziele formuliert werden, die eine Überprüfung der Adaptive-Market Hypothese mit Blick auf die mittelstarke Form der EMH im Rahmen einer klassischen und *PD2*-Eventstudie ermöglichen.

[243] Eine weiterführende Diskussion zur Auswahl eines geeigneten $PD2_{ref}$ findet sich in Kapitel 5.5.

4 Zielsetzung der empirischen Studie

Im folgenden Kapitel sollen die Ziele der vorliegenden Arbeit zusammengefasst und skizziert werden. Diese lassen sich in drei Unterkategorien aufteilen.
Die erste Unterkategorie stellt die Primärziele der vorliegenden Arbeit dar und zielt darauf ab, die Eignung des *PD2* in Verbindung mit der Eventstudie für die Untersuchung von nichtlinearen Abhängigkeiten in ökonomischen Zeitreihen (mit Fokus auf Tagesdaten von Aktienkursen) aufzuzeigen. In der zweiten Unterkategorie werden die Sekundärziele für die Überprüfung der mittelstarken Form der Effizienzmarkthypothese für das Event der Ergebnisveröffentlichung[244] mit der klassischen und der *PD2*-Eventstudie hergeleitet. Die letzte Unterkategorie erweitert das Sekundärziel auf die Untersuchung der Adaptive Market Hypothesis mittels klassischer und *PD2*-Eventstudie.

4.1 Etablierung des Event-*PD2* als Untersuchungsmethode für ökonomische Zeitreihen

Kapitel 2.5.2 hat gezeigt, dass bei der Untersuchung zur EMH neben linearen Korrelationen auch Nichtlinearitäten in den Daten berücksichtigt werden müssen, da diese ebenfalls eine Abweichung vom Zufall und damit einhergehend auch eine Verletzung der Effizienzmarkthypothese darstellen.

Während für die schwache Form der EMH bereits zahlreiche Untersuchungen auf nichtlineare Abhängigkeiten in den historischen Daten durchgeführt wurden, werden für die Untersuchung der mittelstarken Form der EMH nach wie vor Eventstudien eingesetzt, deren abnormale Renditen (als Maß für systematische Abweichungen des Kurses vom Zufall) mittels linearer Marktmodelle gebildet werden.

Um diese Forschungslücke zu schließen, wurde in Kapitel 3.4 mit der *PD2*-Eventstudie eine Methode entwickelt, die es erlaubt, eine Eventstudie auf Basis der täglichen *PD2*-Werte von Aktienrenditen durchzuführen. Da das *PD2* sowohl lineare als auch nichtlineare Strukturen in den Daten identifizieren kann, sollte es eine höhere und umfassendere Empfindlichkeit gegenüber systematischen Abweichungen vom Zufall aufweisen als die abnormalen Renditen der klassischen Eventstudie.

Daraus leitet sich folgende Hypothese ab:

H1.a Eine *PD2*-Eventstudie erkennt signifikante Änderungen in der Dimensionalität der Renditen früher als die kumulierten abnormalen Renditen (CAR) der klassischen Eventstudie.

Fama (1970) konnte im Rahmen seiner Literaturübersicht zeigen, dass die Mehrheit der Studien nicht in der Lage ist, die EMH für Wertpapiere abzulehnen.[245] Auch 20 Jahre später be-

---

[244] Die Eignung des Events „Ergebnisveröffentlichung" wird in Kapitel 5.1 diskutiert.

[245] An dieser Stelle zeigt sich eine der Schwierigkeiten bei der Untersuchung der Effizienzmarkthypothese, da es keine Tests gibt, die ihre Gültigkeit belegen können. Demnach kann der Status der EMH lediglich als (noch) nicht widerlegt angesehen werden und auch die Befürworter der EMH müssen im Rahmen der Hypothesenbildung von einer Verletzung der EMH ausgehen.

W. Wagner, *Nichtlineare Zeitreihenanalyse als neue Methode für Eventstudien*,
Komplexität, Entrepreneurship und Ökonomische Bildung,
https://doi.org/10.1007/978-3-658-24443-9_4

kräftigt Fama in seiner Fortsetzung, dass die Belege auf Basis von Eventstudien überwiegend für die Markteffizienz sprechen (Fama, 1991, S. 1577).

Ein typisches Ergebnis von Eventstudien mit Tagesdaten ist die Beobachtung, dass Aktienpreise die veröffentlichten Informationen im Durchschnitt innerhalb eines Tages nach dem Event angepasst haben (Fama, 1991, S. 1601). Bei Gültigkeit der EMH sollten im Anschluss daher auch keinerlei Reaktionen des Marktes auf das Event mehr beobachtet werden können. Falls es sich um ein überraschendes Ereignis mit vollkommen unbekannten Informationen handelt, dürfte auch vor dem Event keine Reaktion des Marktes beobachtet werden. Im Fall des zu untersuchenden Events der Ergebnismeldungen können Marktreaktionen im Vorfeld nicht ausgeschlossen werden, da die Marktteilnehmer die Ergebnisse zu einem gewissen Grad aufgrund von im Vorfeld veröffentlichten, unternehmensrelevanten Informationen antizipieren.[246] Unabhängig davon, ob sich der Kurs auf Basis dieser Antizipationen in die richtige oder falsche Richtung entwickelt, sollte sich diese vorgeschaltete Reaktion des Marktes von der fehlenden Reaktion des Marktes nach dem Event unterscheiden und das *PD2* sollte diesen Unterschied registrieren können.

Aufgrund dessen wird folgende Hypothese aufgestellt:

H1.b Die Höhe des *PD2* in dem Zeitraum unmittelbar vor dem Event unterscheidet sich von der Höhe des *PD2* in dem Zeitraum nach dem Event.

Neben einer höheren Sensitivität gegenüber vorhandenen Strukturen in den Daten hat das *PD2* den Vorteil, dass es Strukturen in den Daten finden kann, ohne dass eine vorherige Kategorisierung der Events nötig ist. Die Kategorisierung der Events in positive und negative unerwartete Gewinne ist für die Eventstudie mit abnormalen Renditen essenziell, da sich die positiven abnormalen Renditen der positiven Events mit den negativen Renditen der negativen Events ausgleichen würden (vgl. Kapitel 2.4.3). Die für eine Kategorisierung benötigten Erwartungswerte der Gewinne können sich jedoch je nach verwendetem Regressionsmodell unterscheiden und zu Variationen bei den unerwarteten Gewinnen – und damit verbunden – bei der Kategorisierung der Events führen. Diese potenzielle Fehlerquelle kann durch die Verwendung des *PD2* umgangen werden, was mit der folgenden Hypothese geprüft werden soll:

H1.c Die Reaktion des *PD2* ist unabhängig von der Ausprägung des Events.

[246] (Ball und Brown, 1968, S. 175) kommen bei ihren Untersuchungen zu jährlichen Ergebnismeldungen bspw. zu dem Schluss, dass bis zum Monat der Ergebnismeldung bereits 85 %-90 % der darin enthaltenen Informationen von den Marktteilnehmern antizipiert wurden.

4.2 Betrachtung der Effizienzmarkthypothese aus Perspektive der klassischen Eventstudie und der *PD2*-Eventstudie

Um die Vorteile bzw. Unterschiede der *PD2*-Eventstudie gegenüber der klassischen Eventstudie aufzeigen zu können, müssen beide Methoden angewendet und anschließend miteinander verglichen werden.

Das Ziel der klassischen Eventstudien liegt in der Identifikation abnormaler Renditen bei bestimmten Ereignissen. Je nach Forschungsfrage wird dabei nicht der gesamte Eventzeitraum als Ganzes betrachtet, sondern in mehrere Eventfenster unterteilt, innerhalb derer die (kumulierten) abnormalen Renditen gebildet werden. Die Unterteilung des Eventzeitraumes in voneinander abgegrenzte Pre-Eventfenster, Eventfenster und Post-Eventfenster, ermöglicht eine differenziertere Betrachtung der Marktreaktionen (Bai und Qin, 2015, S. 308ff.)

Der Pre-Eventzeitraum wird immer dann betrachtet, wenn der Frage nachgegangen wird, ob es im Vorfeld des Events signifikante Kursreaktionen gibt, die beispielsweise einen Hinweis auf mögliche Informationsleaks liefern können. Reaktionen im Pre-Eventzeitraum widersprechen nicht zwangsläufig der EMH, da die Marktteilnehmer aufgrund anderer unternehmensrelevanter Informationen im Laufe der Zeit die Unternehmensentwicklung zu einem gewissen Grade antizipieren können.

Dass es auch im Vorfeld der Ergebnisbekanntgabe zu einem abnormalen Verhalten der Anleger kommen kann, konnte z. B. Mendenhall (1991) zeigen. Er findet eindeutige Hinweise darauf, dass die Reaktionen der Aktienpreise auf halbjährliche Ergebnisbekanntgaben sowohl vor als auch nach dem Veröffentlichungsdatum abnormale Renditen erzeugen können. Daher wird die folgende Hypothese aufgestellt:

H2.a: Vor dem Event können signifikante CAAR gemessen werden.

Aus dieser Hypothese lässt sich unmittelbar der nächste Untersuchungszeitraum ableiten, da ein veröffentlichtes Unternehmensergebnis nur dann neue Informationen liefert und eine Kursreaktion herbeirufen kann, wenn diese Informationen nicht bereits im Vorfeld antizipiert wurden. Ergebnisse zahlreicher Untersuchungen zum Kapitalmarkt lassen den Schluss zu, dass Ergebnisbekanntgaben Informationen enthalten, die die Meinung der Investoren über den Wert des Unternehmens beeinflussen können und in die Aktienpreise eingearbeitet werden (Alzahrani und Gregoriou, 2010, S. 4). Die Kursänderungen auf Basis dieser Informationen sollten in einem effizienten Markt unmittelbar zum Zeitpunkt der Ergebnisbekanntgabe stattfinden (Rendleman Jr. et al., 1982, S. 280). 1968 konnte Beaver erstmals den Informationsgehalt der Ergebnisberichte messen und zeigen, dass zum Zeitpunkt der Ergebnisbekanntgabe sowohl ein erhöhtes Handelsvolumen als auch ein Anstieg der Volatilität beobachtet werden kann. Der Informationsgehalt von Unternehmensergebnissen stellt somit ein weiteres Forschungsziel von Eventstudien dar, indem die Kursreaktion und dessen Höhe auf die veröffentlichten Informationen gemessen werden. Sofern keine Informationen vorher an die Öffentlichkeit geraten, ist es sehr wahrscheinlich, dass das Event neue Informationen liefert und Kursreaktionen induziert. Hieraus lässt sich folgende Hypothese ableiten:

H2.b Beim Eintritt des Events werden signifikante abnormale Renditen beobachtet.

Die anschließende Reaktion des Kurses sollte gemäß EMH eindeutig sein: Nach Veröffentlichung der Information passen sich die Preise unmittelbar an, sodass in den Folgetagen mit keinen abnormalen Renditen mehr zu rechnen ist. Kritiker der EMH zweifeln jedoch auch diesen Verlauf an, da eine vollständige Preisanpassung voraussetzt, dass alle Informationen korrekt von den Marktakteuren verarbeitet wurden und die Akteure vollkommen rational agieren (vgl. Shiller, 2003).

Diverse Eventstudien konnten Hinweise dazu finden, dass abnormale Renditen auf Basis von zuvor veröffentlichten Quartalsberichten vorhersagbar sind (vgl. Ball und Brown, 1968; Rendleman Jr. et al., 1982; Foster et al., 1984; Ball, 1992), da die Preise nach überraschenden Ergebnisveröffentlichungen dazu tendieren, die nächsten drei Quartale in die gleiche Richtung zu driften (vgl. Michaely et al., 1995, S. 574).[247] Dieses Phänomen wird als Post-Earnings-Announcement-Drift (PEAD) bezeichnet und ist ein Indiz dafür, dass die in den Quartalsberichten enthaltenen Informationen nicht unmittelbar von allen Marktteilnehmern verarbeitet werden, sondern es auch Trader gibt, die noch Tage oder Wochen nach dem Event Handelsentscheidungen auf Basis der Ergebnisveröffentlichung treffen. Als möglichen Grund für den PEAD führt (Ball, 1992, S. 339) an, dass die vollständige Bestimmung der Implikationen aus den veröffentlichten Finanzberichten auf zukünftige Gewinne zeit- und kostenintensiv sein kann. Falls die Kosten zur vollständigen Analyse der Daten[248] die erwarteten, prognostizierbaren Gewinne übersteigen, werden die Investoren mit der Preisanpassung auf zukünftige Finanzberichte oder andere Informationen warten. In diesem Fall enthalten die Quartalsberichte auch nach der Veröffentlichung noch kursrelevante Informationen, deren Auswertung jedoch kosteneffizient ist und daher keinen Wiederspruch zur EMH darstellen, da sich aus ihnen keine Gewinne erzielen lassen. Abnormale Renditen im Nachgang des Events müssen also nicht zwangsläufig aus einer systematischen Fehleinschätzung der Informationen entstanden sein, sondern können auch aus einer Fehleinschätzung der Kosten der Informationsverarbeitung resultieren.

Da die Untersuchungen zum PEAD überwiegend der Frage nachgehen, ob aktuelle Quartalsberichte die zukünftigen abnormalen Renditen bei Quartalsberichtsveröffentlichungen vorhersagen können (vgl. Ball, 1992, S. 320), sind die betrachteten Post-Eventfenster für gewöhnlich sehr lang (z. B. die Auswirkungen aktuellen Finanzberichte auf das achte Quartal (Bernard und Thomas, 1990, S. 316) oder der Effekt auf die Gewinne der nächsten fünf Quartale (Rendleman Jr. et al., 1982, S. 275))[249]. Es gibt jedoch auch Untersuchungen zum PEAD,

---

[247] Für weitere Informationen zum PEAD siehe (Bernard und Thomas, 1989; Brown und Pope, 1995; Liang, 2003; Jegadeesh und Livnat, 2006).

[248] Neben den Kosten, die durch die Beschaffung, Verarbeitung und Implementierung von relevanter (und zum Teil komplexer) akademischer Literatur über das Verhalten der Zeitreihen bei Quartalsberichten sowie deren Implikationen auf Aktienrenditen entstehen, müssen zu den Kosten der Informationsverarbeitung auch jene Kosten berücksichtigt werden, die bei der Überprüfung, ob die vorhandenen Informationen bereits von anderen Investoren verwendet und möglicherweise schon in den Preisen verarbeitet sind, anfallen (vgl. Ball, 1992, S. 340).

[249] Der Post-Earnings-Announcement-Drift wird von Rendleman noch als „Standardized Unexpected Earnings" (SUE) bezeichnet, der jedoch wie der PEAD die Beobachtung abnormaler Renditen infolge einer überraschenden Quartalsberichtveröffentlichung beschreibt (vgl. Rendleman Jr. et al., 1982, S. 270).

die einen kürzeren Zeithorizont betrachten und einen Eventzeitraum beginnend vom ersten Tag bis zum 60. Tag nach dem Event wählen (z. B. Foster et al., 1984; Bernard und Thomas, 1989), da dies der durchschnittliche Zeitraum zwischen zwei Quartalsberichtsveröffentlichungen ist. Bernard und Thomas (1989, S. 11) begründen dieses Zeitfenster dadurch, dass der größte Teil des PEAD zwischen dem ersten und dem 60. Tag nach der Quartalsberichtveröffentlichung beobachtet werden kann. Sie führen sogar an, dass ein überproportional großer Teil bereits innerhalb der ersten fünf Tage nach der Veröffentlichung stattfindet (Bernard und Thomas, 1989, S. 13). Aus diesem Grund stellt der Zeitraum nach dem Ereignis ebenfalls einen Untersuchungsgegenstand der klassischen Eventstudien dar und der Argumentation von Bernard und Thomas (1989) folgend, wird für den Post-Eventzeitraum folgende Hypothese aufgestellt:

H2.c In dem Zeitraum nach dem Event gibt es signifikante kumulierte abnormale Renditen.

Wie bereits in Kapitel 2.5.2 dargelegt, deuten zahlreiche Untersuchungen darauf hin, dass in Aktienzeitreihen nichtlineare Abhängigkeiten enthalten sind. Da diese von der klassischen Eventstudie nicht identifiziert werden können, jedoch auch eine Verletzung der Effizienzmarkthypothese darstellen, soll im Anschluss an die Überprüfung des Hypothesenblocks H2 mittels klassischer Eventstudie auch eine *PD2*-Eventstudie durchgeführt werden. Durch die in Kapitel 3.2.6 dargelegte Fähigkeit des *PD2*, tägliche Dimensionalitätsniveaus zu berechnen, sollte die *PD2*-Eventstudie ebenfalls in der Lage sein, neben den linearen Abhängigkeiten auch die nichtlinearen Abhängigkeiten zu messen und dadurch abnormale Reaktion früher, oder zumindest genauer zu erkennen. Da bei der *PD2*-Eventstudie keine abnormalen Renditen, sondern gemittelte *PD2*-Werte betrachtet werden und bislang keine Erwartungswerte bezüglich der *PD2*-Niveaus existieren, ist eine direkte Übertragung der Hypothesen und den dazugehörenden Tests lediglich bei der Hypothese H2.c möglich. Bei den beiden anderen Hypothesen bedarf es zur Ermittlung einer signifikanten Abweichung eines Referenzwertes, welcher wie der Erwartungswert bei der Rendite im eventfreien Zustand vorherrschen sollte. Daher wird bei der *PD2*-Eventstudie als Referenzwert ein *PD2*-Niveau während eines eventfreien Zeitraumes[250] definiert und im Rahmen eines explorativen Ansatzes die mittleren *PD2*-Werte vor, während und nach dem Event untersucht und auf einen signifikanten Unterschied zu dem Referenzwert getestet.

[250] Für eine Diskussion hinsichtlich der Wahl des Referenzwertes siehe Kapitel 5.5.

4.3 Betrachtung der Adaptive-Market Hypothese aus Perspektive der klassischen Eventstudie und der *PD2*-Eventstudie

In Kapitel 2.5.1 wurde die Adaptive-Market Hypothese (AMH) vorgestellt, die als Weiterentwicklung der EMH die Markteffizienz nicht als einen statischen Alles-oder-Nichts Zustand beschreibt, sondern als eine evolutionäre Entwicklung ansieht, bei der die Märkte im Laufe der Zeit effizienter werden, die Effizienz jedoch aufgrund von Krisen, gesetzlichen Regulierungen, oder anderen marktdurchdringenden Ereignissen temporär absinken kann.
Im Gegensatz zu den bisherigen Studien zur AMH, die sich auf (langfristige) Änderungen der linearen Abhängigkeiten innerhalb sukzessiver Zeitabschnitte im Laufe der Jahre konzentrierten, soll im Rahmen der vorliegenden Arbeit die Entwicklung der mittelstarken Form der EMH im Zeitverlauf im Fokus stehen.

Eine Effizienzerhöhung aus Sicht der mittelstarken Form der EMH bedeutet eine schnellere und effizientere Verarbeitung von neuen Informationen auf dem Markt. Für ein Event wie die Ergebnisveröffentlichung würde dies einerseits bedeuten, dass die Reaktion auf das Event präziser ablaufen und schneller abgeschlossen sein sollte. Andererseits würde eine bessere Informationsverarbeitung auch dazu führen, dass für die kurzfristige Antizipation einer Ergebnisveröffentlichung keine Informationen aus den Ergebnissen der Vorperioden herangezogen werden können, da sämtliche Informationen bereits im Vorfeld des Events in die Aktienkurse eingepreist wurden und die Antizipationen hinsichtlich der Ergebnisveröffentlichung somit bereits früher stattfanden. Wenn die Informationen effizienter verarbeitet werden, würde dies auch dazu führen, dass das Unternehmensergebnis durch die Analysten im Laufe der Zeit präziser antizipiert wird und die Gewinnüberraschung am Tag der Ergebnisveröffentlichung dementsprechend geringer ausfällt.

In den letzten 20 Jahren gab es zwei bedeutende Wirtschaftskrisen, die einen enormen negativen Einfluss auf die US-Wirtschaft hatten. Die erste Krise ereignete sich im Jahr 2000, als die Dotcom-Blase platzte und insbesondere IT-Unternehmen hart traf. Sieben Jahre später begann die Banken- und Finanzkrise, ausgelöst durch die US-Immobilienkrise. Der zeitliche Abstand beider Ereignisse ermöglicht es, in diesem Zeitraum vier Perioden zu bilden, von denen zwei Perioden (Periode 2 und 4) jeweils von einer Krise geprägt sind, während die beiden anderen Perioden (Periode 1 und 3) krisenfrei sind (vgl. Tabelle 2).

Tabelle 2: Krisenperioden die zur Hypothesenprüfung genutzt werden können

Periode	Zeitraum	Krise	Beschreibung
Periode 1	1994 – 1998	Nein	Phase des wirtschaftlichen Aufschwungs
Periode 2	1999 – 2002	Ja	Dotcom-Blase
Periode 3	2003 – 2006	Nein	Erholungsphase mit Konjunkturprogramm
Periode 4	2007 – 2012	Ja	Immobilienblase und Finanzkrise

Durch diese Unterteilung in zwei krisenfreie und zwei krisenbehaftete Perioden lässt sich AMH hinsichtlich der Aussage testen, dass Märkte dazu lernen und ihre Effizienz im Laufe der Zeit, z. B. aufgrund von technologischen Entwicklungen, zunimmt. Die Zunahme der Effizienz kann mithilfe der beiden krisenfreien Perioden 1 und 3 getestet werden, da innerhalb dieser Perioden keine Verstörung der Effizienz durch stärkere Schocks oder Krisen erfolgt ist und mögliche Unterschiede zwischen den Perioden auf eine natürliche Effizienzzunahme entsprechend der AMH zurückgeführt werden können. Bezogen auf die mittelstarke Form der Effizienzmarkthypothese sollte eine Effizienzzunahme mit einer rascheren Reaktion auf das Event und geringeren abnormalen Reaktionen vor und nach dem Event verbunden sein, sodass sich zusammenfassend folgende Hypothese aufstellen lässt:

H3.a Die Reaktion auf das Event verläuft in Periode 3 effizienter als in Periode 1.

Andererseits kann durch die Aufteilung ein Vergleich zwischen den Krisenperioden und den krisenfreien Perioden vorgenommen werden, um die AMH hinsichtlich der Aussage zu überprüfen, dass die Markteffizienz durch Schocks oder Krisen verstört wird und dadurch temporär absinkt. Eine geringere Markteffizienz müsste sich auf die mittelstarke Form der EMH dahingehend auswirken, dass die Reaktion auf das Ereignis in den Krisenperioden nicht so schnell abläuft wie innerhalb der krisenfreien Perioden. Auch könnte ein turbulenter Markt dazu führen, dass sich temporäre Ineffizienzen ergeben, die in höheren abnormalen Renditen im Vorfeld des Events resultieren. Die entsprechende Hypothese hierzu lautet:

H3.b Die Reaktion auf das Event ist in den Perioden 2 und 4 weniger effizient als in den Perioden 1 und 3.

Die beiden H3-Hypothesen sollen ebenso wie die H2-Hypothesen zunächst mittels klassischer Eventstudie untersucht werden. Anschließend wird eine explorative Betrachtung der H3-Hypothesen mittels *PD2*-Eventstudie durchgeführt und auf Unterschiede zu der klassischen Eventstudie untersucht, um zu überprüfen, ob sich einerseits die Zunahme der Effizienz durch die allgemeine Marktentwicklung in Form einer Dimensionalitätsveränderung widerspiegelt und ob sich andererseits der Einfluss von Krisen auf die Dimensionalität auswirkt. Von großem Interesse ist dabei die Frage, ob mögliche Auswirkungen von Krisen oder technologischer Entwicklungen von der *PD2*-Eventstudie besser erkannt werden als von der klassischen Eventstudie.

5 Methoden

Ziel des folgenden Kapitels ist die Beschreibung der Methoden zur Berechnung der beiden Eventstudien sowie die Erläuterung der statistischen Tests zur Überprüfung der im vorangehenden Kapitel festgelegten Hypothesen. Das Problem, dass geeignete Testverfahren zur Signifikanz eines Dimensionsschätzers aufgrund der fehlenden Stichprobenverteilung des Schätzers nicht existieren, kann auch an dieser Stelle nicht vollständig gelöst werden. Gemäß Brock (1986) soll es daher das Ziel sein, bei Fragestellungen, die aufgrund einer fehlenden Hypothese explorativ betrachtet werden müssen, „[...] to report our findings in such a way that the reader may make her own judgement as to the significance or stability of any estimate“ (Brock, 1986, S. 189). Das Methodenkapitel ist wie folgt aufgebaut: Vor der Erläuterung des Vorgehens zur Datenerhebung und Aufbereitung, wird zunächst die Auswahl eines geeigneten Events für die klassische und die *PD2*-Eventstudie diskutiert. Nach der Beschreibung der Datenerhebung und Aufbereitung wird die Konstruktion und Durchführung der klassischen Eventstudie und der *PD2*-Eventstudie dargestellt. Im Anschluss wird das Vorgehen zur Überprüfung der in Kapitel 4 aufgestellten Hypothesen beschrieben.

5.1 Auswahl des geeigneten Events als Untersuchungsgegenstand.

Für die Untersuchung von systematischen temporären Änderungen der Ordnung bzw. der Komplexität in ökonomischen Zeitreihen mittels Eventstudien bedarf es eines passenden Events. Der Vorteil der Eventstudien, dass alle unerwünschten Einflüsse durch Mittelwertbildung herausgefiltert werden, ist besonders bei der Verwendung von *PD2*-Zeitreihen aufgrund der Unabhängigkeit der einzelnen *PD2*-Werte von großer Bedeutung. Komplexitätswissenschaftliche Zeitreihen, wie die in dieser Arbeit verwendeten *PD2*-Zeitreihen, sind mitunter weitaus volatiler in ihrem Verlauf als die Aktienkurse, bzw. die logarithmierten Renditen, aus denen die Zeitreihen berechnet wurden, da sie im Gegensatz zu den Renditen auch die nichtlinearen Abhängigkeiten in den Daten berücksichtigen. Dementsprechend kann ihre Reaktion auf andere Ereignisse stärker zu sehen sein als bei den zugehörigen Renditen. Für eine effektive Filterung ist jedoch ein Event notwendig, das hinreichend häufig in vergleichbarer Form auftritt und das sich zeitlich klar abgrenzen lässt. Zudem sollten durch das Event neue Informationen in den Markt fließen und diesen zu einer Reaktion stimulieren.

Ein Event, das all diese Anforderungen erfüllt, ist die Veröffentlichung des Quartals-/Jahresberichtes[251] eines Unternehmens. Ergebnisbekanntgaben eignen sich für den Test der Informationseffizienz im Sinne der mittelstarken Form der EMH, da sie eine unmittelbare Reaktion der Marktteilnehmer hervorrufen (vgl. Prakash, 2013, S. 10). Sie zählen zu den wichtigsten Informationen, die ein Unternehmen gegenüber der Öffentlichkeit bekannt gibt, da sie ein Maß für die aktuelle und zukünftige Performanz des Unternehmens liefern können

---

[251] Ein Jahresbericht ist deutlich umfangreicher als ein Quartalsbericht, denn er bezieht sich auf das gesamte zurückliegende Geschäftsjahr. Da die Ergebnisse der ersten drei Quartale zuvor bereits im Rahmen der Quartalsberichte veröffentlicht wurden, liefert der Jahresbericht im Wesentlichen jedoch nur neue Informationen in Bezug auf das vierte Quartal und ist vom Informationsgehalt daher weitestgehend identisch zu den Quartalsberichten. Daher wird im Rahmen dieser Arbeit keine explizite Unterscheidung zwischen einem Jahresbericht und einem Quartalsbericht gemacht und nur noch vom „Quartalsbericht“ gesprochen. Die Veröffentlichung eines Quartalsberichts wird auch als „Ergebnisbekanntgabe“ bezeichnet.

W. Wagner, *Nichtlineare Zeitreihenanalyse als neue Methode für Eventstudien*,
Komplexität, Entrepreneurship und Ökonomische Bildung,
https://doi.org/10.1007/978-3-658-24443-9_5

(Entwistle et al., 2010, S. 261). Die Verpflichtung zur Publizitätspflicht von Ergebnisberichten wurde bereits in der Sektion 13 des *Securities Exchange Act* von 1934 vorgeschrieben (Reporting, 2010, S. 124) und ist somit eines der ältesten und am häufigsten beobachtete Ereignisse des Finanzmarktes. Ball und Brown (1968, S. 176) kommen hinsichtlich der Relevanz von Ergebnisberichten zu dem Schluss, dass mehr als die Hälfte aller Informationen über das Unternehmen, die im Laufe eines Jahres in den Markt fließen, in den Ergebnisbekanntgaben enthalten sind. Ergebnisbekanntgaben erscheinen vierteljährlich mit einem im Vorfeld angekündigten Veröffentlichungszeitpunkt und eindeutig festgelegten Vorgaben bezüglich des Inhaltes.[252] Neben der Preisgabe aktueller Informationen über die Unternehmensgewinne werden auch substanzielle Details geliefert, die zu einem besseren Verständnis der Marktteilnehmer bezüglich der veröffentlichten Finanzinformationen des Unternehmens führen und die Unterschiede in den Bewertungen der Investoren hinsichtlich des Unternehmens reduzieren sollen (Berkman et al., 2009, S. 377).

Ergebnisse zahlreicher Untersuchungen zum Kapitalmarkt lassen den Schluss zu, dass Ergebnisbekanntgaben Informationen enthalten, die die Meinung der Investoren über den Wert des Unternehmens beeinflussen können und in die Aktienpreise eingearbeitet werden (Alzahrani und Gregoriou, 2010, S. 4). Die Kursänderungen auf Basis dieser Informationen sollten in einem effizienten Markt unmittelbar zum Zeitpunkt der Ergebnisbekanntgabe stattfinden (Rendleman Jr. et al., 1982, S. 280). 1968 konnte Beaver erstmals den Informationsgehalt der Ergebnisberichte nachweisen und zeigen, dass zum Zeitpunkt der Ergebnisbekanntgabe sowohl ein erhöhtes Handelsvolumen als auch ein Anstieg der Volatilität beobachtet werden kann. Dieses Ergebnis wurde drei Jahrzehnte später von Landsman und Maydew (2002) im Rahmen einer groß angelegten Studie mit über 90.000 Quartalsberichten repliziert. Sie bestätigen Beavers Studie und finden darüber hinaus Hinweise dafür, dass der Informationsgehalt von Quartalsberichten innerhalb des 30-jährigen Untersuchungszeitraumes von 1978 – 1998 weiter angestiegen ist und Quartalsberichte somit trotz der fortschreitenden technologischen Entwicklung der Kommunikations- und Informationskanäle eine immer bedeutendere Rolle für die Unternehmensbewertung spielen (vgl. Landsman und Maydew, 2002, S. 798).

Die Vergleichbarkeit der Inhalte von Quartalsberichten verschiedener Unternehmen ermöglicht zudem eine Kategorisierung der Berichte (z. B. in die Kategorien „Erwartungen übertroffen" und „Erwartungen nicht erfüllt", wobei die Gewinnerwartungen im Vorfeld durch Analysten erstellt und auf Plattformen von z. B. Bloomberg oder I/B/E/S veröffentlicht werden) und eine unternehmensübergreifende Untersuchung der Reaktionen und Antizipationen der Marktteilnehmer auf dieses Ereignis. Ein weiterer Aspekt, der für die Ergebnisberichte als geeignetes Event spricht, ist die Tatsache, dass Aktienbewegungen, die durch Ergebnisbekanntgaben verursacht werden, per Definition idiosynkratisch sind (Dohmeyer et al., 2015, S. 3) und sich somit eindeutig von systematischen Kursbewegungen, die aus den Bewegungen des breiten Marktes resultieren, abgrenzen lassen. Durch die gesetzlich vorgeschriebene In-

[252] Um einheitliche Ergebnisbekanntgaben zu gewährleisten, müssen die Unternehmen ihre Berichte gemäß den von der Securities and Exchange Commision (SEC) – dem amerikanischen Pendant zur deutschen Börsenaufsicht – vorgegebenen Formblättern (Form 10-K für Jahresberichte und Form 10-Q für Quartalsberichte) erstellen.

formationssperre[253] für die Unternehmen unmittelbar vor der Veröffentlichung der Ergebnisberichte, erlaubt das Event zudem nicht nur die Untersuchung der Reaktion des Marktes auf die Ergebnisveröffentlichung, sondern auch eine Betrachtung der Antizipationen der Marktteilnehmer im Vorfeld der Veröffentlichung. Dass es auch im Vorfeld der Ergebnisbekanntgabe zu einem abnormalen Verhalten der Anleger kommen kann, konnte z. B. Mendenhall (1991) zeigen. Er findet eindeutige Hinweise darauf, dass die Reaktionen der Aktienpreise auf halbjährliche Ergebnisbekanntgaben sowohl vor als auch nach dem Veröffentlichungsdatum abnormale Renditen erzeugen können. Dementsprechend ist es auch nicht verwunderlich, dass die Ergebnisbekanntgabe eines der am häufigsten untersuchten Events im Rahmen von klassischen Eventstudien ist. Das Event der Quartalsberichtveröffentlichung bietet sich aufgrund der Befunde im Rahmen der klassischen Eventstudien somit auch für die geplante Durchführung einer Eventstudie mit *PD2*-Zeitreihen an, da abnormale Renditen bereits eine Verletzung der Markteffizienz bedeuten und eine Veränderung in der Ordnung bzw. der Komplexität der Daten ebenfalls vermutet werden kann.

5.2 Datenerhebung und Aufbereitung

In den folgenden beiden Unterkapiteln wird zunächst das Vorgehen bei der Datenauswahl und -erhebung erläutert und anschließend die für die Durchführung der beiden Eventstudien notwendige Vor- und Aufbereitung der Daten beschrieben.

5.2.1 Datenerhebung und -selektion

Um eine hinreichende Datenbasis zu gewährleisten, werden Aktienzeitreihen amerikanischer NASDAQ-Unternehmen herangezogen. Die für die geplante Eventstudie benötigten Quartals- und Jahresberichte der im NASDAQ gelisteten Unternehmen, werden auf Basis der „United States Generally Accepted Accounting Principles" (US-GAAP) erstellt, wodurch einheitliche Kennzahlen und Veröffentlichungszeitpunkte gewährleistet werden.[254]

Der Datensatz für die im Rahmen der vorliegenden Arbeit geplanten klassische Eventstudie sowie der *PD2*-Eventstudie, mit dem Event der Ergebnisveröffentlichungen, wurde am

---

[253] Es sei einschränkend zu erwähnen, dass die Unternehmen zwar keine konkreten Informationen im Vorfeld preisgeben können, die Anleger jedoch durch den Zeitpunkt der Veröffentlichung bereits im Vorfeld einen Hinweis auf Art der Veröffentlichung erhalten. So haben z. B. Livnat und Zhang (2015) & So und Weber (2015) gezeigt, dass sowohl eine Änderung des angekündigten Veröffentlichungstermins als auch die Abweichung des (erwarteten) Veröffentlichungstermins im Vergleich zu den Terminen der Vorjahre, Auskunft über die Geschäftsentwicklung geben kann. Beide Studien kommen zu dem Ergebnis, dass Unternehmen, die den Veröffentlichungstermin vorverlegen, einen überdurchschnittlich positiven Quartalsbericht vorweisen können, während Unternehmen mit einem verzögerten Veröffentlichungstermin meistens ein unterdurchschnittliches Ergebnis veröffentlichen. Da eine Änderung der Veröffentlichungszeitpunkte aber nicht als gängige Praxis gesehen werden kann und So und Weber (2015, S. 26) zu dem Schluss kommen, dass die Investoren (bislang) nicht in der Lage sind, die im Veröffentlichungstermin enthaltenen Informationen vollständig zu verarbeiten, wird dieser Aspekt in der Untersuchung nicht weiter berücksichtigt.

[254] Das US-GAAP ist das Pendant zum „International Financial Reporting Standards" (IFRS), einem international gültigen Regelwerk „[...] hochwertiger, verständlicher, durchsetzbarer und weltweit anerkannter Rechnungslegungsstandards, die auf klar formulierten Grundsätzen basieren." (IASB, 2015, S. 1)

28.06.2013 von Bloomberg[255] abgerufen und umfasst den Zeitraum vom 01.01.1990 – 15.01.2014. Er enthält neben den Kursdaten des NASDAQ-Indizes die 73 größten (gemessen am Handelsvolumen) NASDAQ-Unternehmen aus der Technologiebranche. Da sich der Technologiemarkt im Vergleich zu anderen Branchen schneller entwickelt, da stets neue Produkte und Konkurrenten am Markt erscheinen, müssen die am Markt bestehenden Unternehmen eine stetige Strategieanpassung vornehmen. Durch diese Dynamik innerhalb und zwischen den Unternehmen sollte es den Investoren schwerer fallen, präzise langfristige Prognosen für Unternehmen aus der Technologiebranche zu treffen als für Unternehmen aus traditionellen Branchen. Aufgrund kann mit einer höheren Wahrscheinlichkeit für Gewinnüberraschungen bei technologiebasierten Unternehmen gerechnet werden als bei Branchen mit einer trägeren Dynamik.

Sofern vorhanden[256], ist für jedes Unternehmen ein Datensatz mit folgenden täglichen Daten enthalten:

Tabelle 3: Verfügbare Rohdaten

Beschreibung
Datum
Tagesendkurs der Aktie in $
Handelsvolumen
Adjustierte Gewinne pro Aktie (Earnings per Share - EPS)
Prognostizierte Gewinne pro Aktie
Datum der Ergebnisveröffentlichung

Sowohl die Länge der Aktienzeitreihe als auch die Vollständigkeit hinsichtlich der adjustierten und prognostizierten Gewinne pro Aktie sowie der Veröffentlichungsdaten variiert von Unternehmen zu Unternehmen. Dies liegt zum einen daran, dass manche der Unternehmen zu Beginn des Beobachtungszeitraumes noch nicht am NASDAQ-Marktplatz gehandelt wurden und zum anderen daran, dass bspw. Konsensus-Daten[257] zu den Prognosewerten aufgrund fehlender Analysteneinschätzungen nicht vorhanden waren. Für die klassische Eventstudie ist eine hinreichende Anzahl an Ereignissen ebenso unabdingbar wie eine hinreichende Länge der Aktienkurse für die Berechnung der *PD2*-Eventstudie. Daher müssen ungeeignete Datensätze im Vorfeld ausselektiert, bzw. Selektionskriterien für die Inklusion eines gegebenen Unternehmens definiert werden (MacKinlay, 1997, S. 15).

Als erstes Selektionskriterium wird die Vorgabe gemacht, dass das Unternehmen aus der Technologiebranche stammen muss. Dies soll auf Basis der Annahme, dass sich die Investoren dieser Branche hinsichtlich ihrer Antizipationen und ihres Verhaltens am Markt ähneln, zu einer besseren Identifikation von möglichen abnormalen Reaktionen führen. Gemäß Strunk

[255] Bloomberg ist ein 1981 gegründetes Finanzdienstleistungsunternehmen und zählt mit einem jährlichen Umsatz von 9,3 Mrd. $ und derzeit ca. 19.000 Mitarbeitern zu den größten Finanzdienstleistern weltweit (Forbes, 2017).

[256] Es sind nicht alle Daten für jedes Unternehmen verfügbar bzw. vollständig.

[257] Unter Konsensus-Daten werden aggregierte Daten einer Expertengruppe zu einem spezifischen Sachverhalt verstanden.

(2012, S. 264) wird für das *PD2* eine minimale Datenlänge von $N \geq 500-1000$ vorgeschlagen. Er weist jedoch darauf hin, dass es sich hierbei um einen groben Orientierungspunkt handelt und bei hoch komplexen Daten auch längere Zeitreihen nötig sein könnten. In dem vorliegenden Fall ist die Komplexität der Daten nicht bekannt, sodass hochkomplexe Daten nicht ausgeschlossen werden können. Dementsprechend wird als weiteres Selektionskriterium eine minimale Datenlänge der Tagesendkurse von $N \geq 2000$ angesetzt.[258]

Für die Eventstudie ist es zudem notwendig, dass keine Lücken in den Daten vorhanden sind. Mögliche Lücken in den Tagesendkursen könnten zwar für die klassische Eventstudie interpoliert werden, eine Berechnung der *PD2*-Werte auf Basis von interpolierten Werten kann jedoch zu starken systematischen Fehlberechnungen der Dimensionalität führen, da durch die Interpolation künstliche Scheinkorrelationen erzeugt werden. Daher werden nur jene Zeitreihen ausgewählt, die keine Lücken in den Daten aufweisen.[259]

Von den verbleibenden Unternehmen schließt das letzte Selektionskriterium alle Unternehmen aus, für die keine Daten bezüglich der Ergebnisveröffentlichung vorhanden sind. Hierzu zählen sowohl die prognostizierten Gewinne pro Aktie (EEPS – Estimated Earnings per Share) und realisierten Gewinne pro Aktie (EPS – Earnings per Share) als auch die entsprechenden Veröffentlichungszeitpunkte.

5.2.2 Datenaufbereitung

Sobald die Daten gemäß den zuvor genannten Selektionskriterien ausgewählt wurden, müssen sie für die klassische und die *PD2*-Eventstudie aufbereitet werden.

Im ersten Schritt werden aus den Tagesendkursen der Aktienzeitreihen und des NASDAQ-Indizes log-Returns gebildet. Anschließend werden aus dem Rohdatensatz die Eventzeitpunkte extrahiert und als Eventmarker an die entsprechenden Tage innerhalb der log-Return-Zeitreihen platziert. Neben den Eventzeitpunkten müssen aus dem Datensatz die EPS sowie die EEPS für die jeweiligen Eventzeitpunkte ermittelt werden, um die relative Gewinnüberraschung (RUE) zu berechnen. Gemäß der RUE werden die Events in positive, neutrale und negative Gewinnüberraschungen kategorisiert. Die aufbereiteten Daten bilden anschließend die Grundlage für die Durchführung der klassischen und der *PD2*-Eventstudie.

5.2.2.1 Konstruktion der log-Returns

Die tägliche Rendite (engl.: Daily Return) bezeichnet die relative Änderung eines Tagesendkurses P_t am Tag t zum Tagesendkurs P_{t-1} des Vortages:

[258] Gemäß der Bedingung von Procaccia (1988, S. 499), lässt sich bei 2000 Datenpunkten maximal eine Dimension bis *D2*=3,3 mit einer hinreichenden Präzision berechnen. Da das *PD2* mit weniger Datenpunkten auskommt, sollte die Mindestgrenze von 2000 Datenpunkten auch zu interpretierbaren (Point-)Dimensionen oberhalb von 3,3 führen. Mögliche Schwankungen der Dimension aufgrund einer unzureichenden Datenlänge werden durch den Einsatz der Eventstudien weggefiltert.

[259] Als Lücken werden dabei leere Felder oder Felder mit einem „N/A"-Eintrag definiert. Fehlende Werte aufgrund von Wochenenden oder Feiertagen werden nicht berücksichtigt, da sie für alle Unternehmen gelten und in dem Datensatz gar nicht erst erscheinen.

$$R_t = \frac{P_t - P_{t-1}}{P_{t-1}}.$$

Fama (1965a, S. 45) definiert anstatt der normalen Rendite R_t die Rendite r_t einer Aktie von Tag t als die erste Differenz des natürlichen Logarithmus vom Tagesendkurs P_t einer Aktie am Tag t und dem Tagesendkurs P_{t-1} der Aktie vom Vortag:

$$r_t = \log(P_t) - \log(P_{t-1}).$$

Diese Standardtransformation der Renditen wird auch als „log-Return" oder als „continously compounded daily return" bezeichnet (Campbell et al., 1997, S. 11). Ein großer Vorteil der logarithmierten Renditen liegt in der Neutralisierung des Preislevel-Effektes, der die Variabilität einer einfachen Preisänderung als steigende Funktion des Preislevels der Aktie ausgibt (vgl. Fama, 1965a, S. 46).

Für die vorliegende Untersuchung werden daher aus den Rohdaten die Tagesendkurse der ausgewählten Unternehmen entnommen und aus diesen die log-Returns gebildet. Anschließend werden die log-Return-Zeitreihen gruppiert und mit den entsprechenden Kalenderdaten versehen. Dieser Vorgang wird auch für die Zeitreihe des NASDAQ-Kurses durchgeführt, der im Rahmen der klassischen Eventstudie als Referenzwert bei der Konstruktion des Marktmodells zur Schätzung der eventbereinigten Renditen benötigt wird. Da die Verwendung von logarithmierten Renditen keine Modifikation an der Eventstudie erfordert, wird die Bezeichnung R_t auf die logarithmierten Renditen übertragen, sodass die standardisierten Bezeichnungen aus der Literatur übernommen werden können.

5.2.2.2 Bestimmung der Eventmarker

Das genaue Datum der Quartalsberichtveröffentlichungen ist ebenfalls in dem Rohdatensatz von Bloomberg kodiert und muss aus diesem extrahiert werden, um die Eventtage innerhalb der konstruierten log-Return-Zeitreihen als Events zu markieren. Da ein Quartalsbericht erst einige Tage bzw. Wochen nach Ablauf des Quartals veröffentlicht wird, muss das Veröffentlichungsdatum zunächst mit dem Kalenderdatum abgeglichen werden, sodass nur jene Kalendertage mit einem Eventmarker versehen werden, die mit dem Veröffentlichungsdatum übereinstimmen. Um sicherzustellen, dass bei der Konstruktion der Eventmarker kein systematischer Fehler unterlaufen ist, werden alle verfügbaren 8-K Formulare[260] der ausgewählten Un-

[260] Die 8-K Formulare sind nach SEC-Vorgaben codierte Berichte („Current Reports") mit Informationen, die den Investoren zur informierten Entscheidungsfindung dienen sollen. Dabei werden die Berichte allgemein als „materiell" angesehen, was bedeutet, dass eine beträchtliche Wahrscheinlichkeit besteht, dass ein vernünftig handelnder Investor diese Informationen für eine Investitionsentscheidung als wichtig erachten würde (vgl. Advocacy, 2012, S. 1).
Im Zusammenhang mit den Quartals- und Jahresberichten sind jene 8-k Formulare von Bedeutung, die das Item 2.02 „Results of Operations and Financial Condition" enthalten. Diese Reports werden entweder am gleichen Tag, oder einige Tage vor der offiziellen Veröffentlichung der Form 10-K und Form 10-Q Berichte bereitgestellt (vgl. Lerman und Livnat, 2010, S. 762). Sie enthalten typischerweise eine Ankündigung, dass das Unternehmen kurz nach Veröffentlichung der 10-K und 10-Q Formulare einen „Earnings Call" abhält, in

ternehmen aus der Securities and Exchange Comission Datenbank aus dem Untersuchungszeitraum erfasst und die dort vermerkten, offiziellen Veröffentlichungszeitpunkte stichprobenartig mit den Eventdaten der log-Return-Zeitreihen verglichen.
Eine Schwierigkeit bei der exakten Bestimmung des Eventmarkers liegt in dem Veröffentlichungszeitpunkt des Quartalsberichtes innerhalb des Veröffentlichungstages. Während ein Quartalsbericht üblicherweise im Laufe des Handelstages veröffentlicht wird und der Markt noch am selben Tag auf die Informationen reagieren kann, geben einige Unternehmen ihre Quartalsberichte erst nach Börsenschluss bekannt. In solchen Fällen kann der Markt nicht mehr am offiziellen Veröffentlichungstag reagieren, sodass die tatsächliche Reaktion auf den Quartalsbericht erst an dem Tagesendkurs des Folgetages sichtbar werden kann. Da bei einer Eventstudie gleichartige Events bzw. deren Ausprägungen um den Ereignistag zentriert werden, müssen die Eventmarker von Events mit unterschiedlichen Veröffentlichungszeitpunkten dahingehend adjustiert werden, dass sie den Tag kennzeichnen, an dem die tatsächliche Reaktion des Marktes auf das Ereignis gemessen werden kann.[261]

Für diesen Zweck werden die Veröffentlichungsdaten aus dem Rohdatensatz mit den bereitgestellten Veröffentlichungszeitpunkten von Zacks[262] abgeglichen. Zacks liefert zu den Quartalsberichten der letzten vier Jahre die Information, ob es sich um ein „After Close"- oder „Before Open"-Veröffentlichungsdatum handelt. Auf Basis dieser Informationen werden die Eventmarker von Unternehmen, die ihre Quartalsberichte gemäß den Informationen von Zacks erst nach Handelsschluss veröffentlichen, auf den Folgetag verschoben (t(0) = t(-1)). Durch diese Anpassung wirkt sich das Ereignis für beide Veröffentlichungszeitpunkte jeweils auf den Tagesschlusskurs des markierten Eventtages t(0) aus. Der Umstand, dass Zacks nur Informationen der letzten vier Jahre bereitstellt, bedingt eine gewisse Unsicherheit hinsichtlich der exakten Veröffentlichungszeitpunkte in den Jahren davor. Um eine mögliche Variation der Veröffentlichungszeitpunkte in den Vorjahren zu kompensieren, werden die beiden Tage t(-1) und t(1) weder im Pre-Eventfenster noch im Post-Eventfenster enthalten sein. Sie werden auch nicht in die Berechnung des Eventtages mit aufgenommen, sondern dienen vielmehr als Puffer, damit in den Pre- und Post-Eventfenstern keine Reaktionen des Eventtages aufgrund der oben genannten Problematik enthalten sind. Um die Reaktionen der Marktteilnehmer auf die Ergebnisberichte im Rahmen der klassischen Eventstudie sinnvoll auswerten zu können, sollte mindestens zwischen positiven und negativen Berichten unterschieden werden, da positive Berichte zu anderen Reaktionen führen dürften als negative.

welchem die Inhalte der Berichte diskutiert werden. Darüber hinaus enthalten die 2.02-Items bereits eine Zusammenfassung der kompletten Finanzberichte und stellen somit den frühesten Zeitpunkt dar, an dem die Unternehmensergebnisse veröffentlicht werden.

261 Eine Angleichung ist notwendig, um den Effekt des Ereignisses präzise abgrenzen zu können. Wirkt sich ein Ereignis z. B. nur am Tag der Veröffentlichung auf die untersuchte Zeitreihe aus, wäre bei einer Zentrierung und Mittelung der Zeitreihe um das Ereignis ohne vorhergehende Adjustierung an die Veröffentlichungszeitpunkte ein Effekt an zwei aufeinanderfolgenden Tagen beobachtbar. Dies würde zu der fehlerhaften Schlussfolgerung führen, dass sich das Ereignis über mehrere Tage auf die Zeitreihe auswirkt.

262 Zacks Investment Research (www.zacks.com) ist ein alternativer Finanzdienstleister, auf dessen Plattform unter anderem frei zugängliche Informationen zu Quartalsberichtsveröffentlichungen amerikanischer Aktienunternehmen angeboten werden. Die Informationen enthalten sowohl das Veröffentlichungsdatum und den Veröffentlichungszeitpunkt eines Quartalsberichtes als auch den geschätzten und realisierten Gewinn pro Aktie.

5.2.2.3 *Kategorisierung der Events*

Nachdem die log-Return-Zeitreihen mit den Eventmarkern ergänzt worden sind, müssen die Events insbesondere für die klassische Eventstudie kategorisiert werden.

Eine Kategorisierung der Quartalsergebnisse in positive und negative sowie neutrale Ergebnisse kann mit direkten und indirekten Verfahren erreicht werden. Indirekte Verfahren beziehen sich dabei nicht unmittelbar auf den Inhalt der Quartalsberichte, sondern greifen auf Sekundärquellen zu, die ihrerseits eine Bewertung der Quartalsberichte im Vorfeld vornehmen. So ist beispielsweise eine Analyse der im Nachgang veröffentlichten Artikel zu einem Quartalsbericht möglich, indem ein Maß auf Basis der Anzahl von vorher festgelegten Schlagwörtern mit negativer oder positiver Bedeutung innerhalb der Meldung oder der Überschrift gebildet wird (Engelberg et al., 2012, S. 265). Je nachdem wie die Berichterstattung über den Quartalsbericht ausfällt, wird das Event als positiv oder negativ eingestuft. Penman (1987, S. 204) definiert gute und schlechte Ergebnisbekanntgaben auf Basis der Aktienkursreaktionen bei Veröffentlichung der Quartalsberichte. Sofern die abnormale Rendite am Tag der Veröffentlichung größer Null ist, wird der Bericht als positiv eingestuft. Bei negativen abnormalen Renditen wird der Bericht als negativ eingestuft.

Weitaus geläufiger sind jedoch die direkten Verfahren, die zur Bewertung unmittelbar auf die im Quartalsbericht veröffentlichten Kennzahlen zurückgreifen (vgl. Foster et al., 1984; Penman, 1987; Bartov, 1992; Datta und Dhillon, 1993; Chan et al., 1996; Battalio und Mendenhall, 2005; Jegadeesh und Titman, 2011). Die am häufigsten verwendete Methode ist die Kategorisierung mittels der standardisierten unerwarteten Gewinne (engl.: Standardized Unexpected Earnings (SUE)).[263] Die SUE wurden in den klassischen Eventstudien häufig als Maß für den Informationsgehalt von Quartalsberichten verwendet und werden von Latané und Jones (1977, S. 1457) definiert als:

$$SUE = \frac{\text{Gemeldete Gewinne pro Aktie} - \text{Erwartete Gewinne pro Aktie}}{\text{Standardfehler der erwarteten Gewinne pro Aktie}}.$$

Dabei werden die gemeldeten Gewinne aus den Quartalsberichten entnommen, während die erwarteten Gewinne geschätzt werden müssen. Für die Berechnung der erwarteten Gewinne pro Aktie existiert in der Literatur allerdings kein einheitliches Vorgehen. Eine mögliche Methode ist eine Extrapolation aus dem saisonbereinigten Trend der vergangenen 20 Quartale (vgl. Latané et al., 1974; Latané und Jones, 1977; Reinganum, 1981). Aufgrund der eingeschränkten Menge an verwendeten Informationen ist es jedoch fraglich, ob der berechnete Erwartungswert die Erwartungen der Investoren in einem ausreichenden Maße widerspiegelt.[264] Um einen stärkeren Realitätsbezug zu erreichen, wird in der wissenschaftlichen Literatur daher überwiegend auf Gewinnprognosen bzw. Konsensschätzungen von Finanzdienstleistern wie Bloomberg oder I/B/E/S (Institutional Brokers Estimate System) zurückgegriffen

[263] Neben der Kategorisierung der Quartalsergebnisse auf Basis von Zeitungsberichten oder SUE können auch andere Kennzahlen verwendet werden, wie z. B. das Kapital-Gewinn-Verhältnis (KGV) (vgl. Reinganum, 1981). Das KGV setzt den Kurs einer Aktie in Verhältnis zum Gewinn pro Aktie.

[264] Latané und Jones (1977, S. 1547) weisen explizit darauf hin, dass es sich dabei nicht um die beste Technik für die Prognose von Gewinnen handeln muss.

(vgl. MacKinlay, 1997, S. 16). Bei der Konsensschätzung handelt es sich um einen arithmetischen Mittelwert von Prognosewerten ausgewählter Analysten. Ein Analyst kennzeichnet sich durch eine Expertise in einem bestimmten Industriezweig und verfolgt ausgewählte Firmen innerhalb dieses Zweiges, über die er Berichte verfasst, die neben allgemeinen Informationen zum jeweiligen Unternehmen und Investitionsempfehlungen auch Prognosen über zukünftige Gewinne der Unternehmen enthalten. Dabei kann der Analyst aufgrund seiner Fähigkeiten, industriespezifischen Humankapitals oder spezieller Beziehungen zum Unternehmen einen komparativen Vorteil bei der Analyse bestimmter Aktien aufweisen (Cooper et al., 2001, S. 384). Die Anzahl der für die Konsensschätzung berücksichtigten Analysten variiert dabei je nach Unternehmen und wird individuell von Bloomberg mit dem Ziel einer bestmöglichen Repräsentation der aktuellen und zukünftigen Fundamentalwerte des Unternehmens bestimmt (Bloomberg, 2009, S. 2). Je beliebter das Unternehmen und je höher das damit verbundene Handelsvolumen der Aktie ist, desto größer ist der Anreiz für Analysten, diese Aktie in ihrem Portfolio zu haben und Prognosen dafür abzugeben (Barth et al., 2001, S. 1). Da Informationsquellen und Berechnungsmethoden von Analyst zu Analyst unterschiedlich sind, fließen neben den zur Verfügung stehenden Informationen auch individuelle Erfahrungswerte sowie die Grundhaltung (Optimist/Pessimist) in die Berechnungen der Prognosen ein, sodass die abgegebenen Prognosen für ein und dieselbe Aktie mitunter stark variieren und sich nicht nur in der Höhe, sondern zum Teil auch im Vorzeichen unterscheiden können (vgl. Butler und Larry, 1991; Brown, 1993; Richardson et al., 1999; Kothari, 2001).[265,266] Eine vollkommen objektive Bewertung der Informationen ist daher kaum möglich, weshalb in der Fachwelt eine lang anhaltende Debatte darüber herrscht, ob die Analystenprognosen wirklich alle öffentlichen Informationen beinhalten und inwieweit Analysten anfällig gegenüber einem Verhaltensbias sind (Shane und Brous, 2001; Gu und Wu, 2003; Mikhail et al., 2003; Jegadeesh und Kim, 2010).

Da es sich bei den Konsensschätzungen der Finanzdienstleister um gemittelte Erwartungswerte unterschiedlicher Analysten handelt, die ihrerseits individuelle Prognosemodelle verwenden und dabei auf eine viel breitere Informationsbasis zurückgreifen als das saisonbereinigte Regressionsmodell von Latané und Jones (1977), kann angenommen werden, dass sich die unterschiedlichen Grundhaltungen der Analysten und deren variierende Prognosegenauigkeiten (vgl. Clement, 1999) bei einer hinreichend großen Anzahl[267] gegenseitig ausgleichen und die tatsächlichen Erwartungen des Marktes im Hinblick auf die Gewinne besser

---

265 Für eine umfangreiche Studie zu Prognosefehlern von Analysten siehe auch Abarbanell und Lehavy (2003).

266 In der wissenschaftlichen Literatur wird allgemein hin angenommen, dass Analysten ihre wahren Prognosen zugunsten einer optimistischeren Bewertung verzerren (vgl. Dugar und Nathan, 1995; Michaely und Womack, 1999; Dechow et al., 2000; Cowen et al., 2006). Als mögliche Gründe hierfür werden die Angst vor der Gefährdung potenzieller Investmentbanking Geschäfte, Angst vor dem Verlust des Zugriffs auf das jeweilige Management als Informationsquelle oder aber auch dem Streben nach der Generierung von Handelsprovisionen genannt (McNichols und O'Brien, 1997, S. 168).

267 Barth et al. (2001, S. 5) merken hierzu an, dass sich die Höhe der möglichen Fehlbewertung eines Unternehmens durch eine größere Anzahl von Analysten zwar reduziert, die Unsicherheit bezüglich des Unternehmenswertes, Informationsasymmetrien sowie Kosten-/Nutzenrechnungen Analysten jedoch dazu führen, dass weiterhin eine gewisse Fehlbewertung bestehen bleibt.

widerspiegeln als ein einfaches Zeitreihenmodell (O'Brien, 1988, S. 53).[268] Daher verwundert es nicht, dass Konsensschätzungen in der Finanz- und Accounting-Forschung zunehmend als Proxys für die latente Variable „Erwartungswert des Marktes" bezüglich des zukünftigen Gewinns eines Unternehmens eingesetzt werden (O'Brien, 1988, S. 53).
Der Einsatz von Analystenprognosen für die erwarteten Gewinne führt aufgrund fehlender Werte für den Standardfehler jedoch dazu, dass die standardisierten unerwarteten Gewinne nicht berechnet werden können. Aus diesem Grund modifiziert MacKinlay (1997) die Berechnung der SUEs und bildet stattdessen relative unerwartete Gewinne (Relative Unexpected Earnings (RUE)):

$$RUE = \frac{\text{realisierte Gewinne pro Aktie} - \text{geschätzte Gewinne pro Aktie}}{|\text{geschätzte Gewinne pro Aktie}|}.$$

Die RUE geben die relative Abweichung der realisierten Gewinne von den prognostizierten Gewinnen an. Im Gegensatz zu den SUE sind die RUE anfälliger gegenüber Stichproben mit sehr heterogenen Unternehmen hinsichtlich deren Größe und Alter, da bei den Analysten für junge Unternehmen noch nicht so viele Erfahrungswerte vorhanden sind und kleine Unternehmen im Vergleich zu großen und soliden Unternehmen eine größere Variation ihrer realisierten Gewinne aufweisen können.[269]

Welches der oben beschriebenen Verfahren zur Kategorisierung der Quartalsberichte zu bevorzugen ist, lässt sich nicht eindeutig sagen und hängt primär von den Daten ab, die für die Untersuchung zur Verfügung stehen. Dadurch, dass die Analystenprognosen sowohl einerseits auf Modellen basieren, diese andererseits durch die individuellen Präferenzen der Analysten beeinflusst werden, wird an dieser Stelle davon ausgegangen, dass die gemittelten Prognosen die Markterwartungen genauer wiedergeben als einzelne Regressionsmodelle oder die indirekten Verfahren. Dementsprechend erscheint die Verwendung der RUE bei Verfügbarkeit der entsprechenden Daten als die beste Alternative.

Während die Kategorisierung der Ergebnisbekanntgaben für die klassische Eventstudie essenziell ist, sollte das im Rahmen der *PD2*-Eventstudie verwendete Dimensionalitätsmaß prinzipiell unabhängig von den Vorzeichen der RUE sein, da das *PD2* eine Veränderung in den Nichtlinearitäten der Zeitreihe misst und diese unabhängig davon sein sollten, ob der Quartalsbericht überraschend gut oder schlecht ausgefallen ist.

Für die Berechnung der RUE werden in Anlehnung an das Vorgehen von MacKinlay (1997) die geschätzten und realisierten Gewinne pro Aktie aus dem Rohdatensatz herangezogen. Bei den realisierten EPS handelt es sich um die von Bloomberg adjustierten Gewinne pro

[268] Die bessere Eignung der Konsensschätzungen gegenüber herkömmlicher Regressionsmodelle muss nicht bedeuten, dass die Konsensschätzung die Erwartungen des Marktes immer genau widerspiegelt. Abarbanell und Lehavy (2003) können bspw. Asymmetrien in den Querschnittverteilungen von Prognosefehlern von Konsensschätzungen[268] identifizieren und zeigen, dass sich diese auf die Robustheit von statistischen Ergebnissen auf Basis von Daten zu Ergebnisüberraschungen auswirken können.

[269] Diese Überlegung beruht auf der Tatsache, dass sich eine Fehlentscheidung bei einem kleinen Unternehmen, dessen Produktportfolio nicht sehr diversifiziert ist, viel stärker auf den Unternehmensgewinn auswirkt als die Fehlentscheidung innerhalb eines großen Unternehmens. Zudem verfügen große Unternehmen über mehr Kontrollinstanzen, die mögliche Fehlentscheidungen bereits im Vorfeld identifizieren können und damit die Wahrscheinlichkeit für eine gravierende Fehlentscheidung reduzieren.

Aktie eines Unternehmens. Im Rahmen der Adjustierung werden die Gewinne unter anderem hinsichtlich einmaliger Gebühren, Aufwendungen für Aktienoptionen, aufgegebene Geschäftsbereiche, Akquisitionen usw. korrigiert. Die geschätzten EPS sind ein Konsensus aus Einschätzungen einer Gruppe von Analysten und werden von I/B/E/S in dem letzten Fiskalmonat des Quartals zur Verfügung gestellt. Dabei sammelt I/B/E/S die Prognosedaten der Analysten in der ersten Monatshälfte und veröffentlicht die Daten in der Mitte des Monats, sodass die erwarteten EPS keine Informationen von Gewinnvorankündigungen enthalten, die nach der Hälfte des letzten Monats des Quartals veröffentlicht werden (Skinner und Sloan, 2002, S. 294).[270]

Die Anzahl der Analysten, die einem Unternehmen folgen und eine Einschätzung abgegeben haben, ist im Rohdatensatz nicht angegeben und konnte im Vorfeld der Arbeit nicht ermittelt werden. Je höher die Marktkapitalisierung eines Unternehmens ist, desto häufiger wird es von den Analysten in ihr Portfolio aufgenommen und beobachtet. Somit variiert die Anzahl der Analysten pro Unternehmen und da die Analysten ihr Portfolio an die Marktgegebenheiten anpassen, kann sich die jeweilige Anzahl der Analysten für ein Unternehmen im Zeitverlauf ebenfalls ändern. Dementsprechend ändert sich auch der Grad der Genauigkeit der geschätzten EPS sowohl über die Unternehmen als auch über die Zeit. Jedoch werden die geschätzten EPS im Rahmen der vorliegenden Arbeit ausschließlich zur Konstruktion der RUE verwendet, um eine Kategorisierung der Events in „positive“, „neutrale“ und „negative“ Events zu ermöglichen, weshalb die Kenntnis über die genaue Anzahl der Analysten und die Präzision des Konsensus-Wertes nicht von großer Bedeutung ist. Da Bloomberg zu den größten Finanzdienstleistungsunternehmen in den USA zählt, wird daher an dieser Stelle die Annahme getroffen, dass die zur Verfügung gestellten Daten zu den geschätzten EPS die durchschnittlichen Erwartungen des Marktes hinreichend genau widerspiegeln. Dennoch muss jedoch darauf hingewiesen werden, dass sich die geschätzten Daten von Bloomberg zu den Schätzungen anderer Finanzdienstleister unterscheiden können, da nicht jeder Finanzdienstleister auf dieselben Analysten zurückgreift. Bhushan (1994, S. 54) folgend ist das Vorhandensein von geschätzten EPS im Datensatz und eine damit verbundene positive Anzahl an Analysten, die dem Unternehmen folgen, zugleich ein Selektionskriterium für die zu untersuchenden Unternehmen. Im Rohdatensatz sind geschätzte und realisierte EPS für weiter zurückliegende Zeitpunkte bei manchen Unternehmen nicht für alle Events vorhanden. Dies kann z. B. daran liegen, dass es zu der Zeit nicht hinreichend Analysten gab, die dieses Unternehmen in ihrem Portfolio hatten. Dementsprechend werden Eventmarker, für die entweder die geschätzten oder die realisierten EPS fehlen, wieder aus den log-Return-Zeitreihen gelöscht. Sind für ein Eventdatum beide EPS-Werte vorhanden, wird daraus die RUE gemäß der Formel

$$RUE = \frac{realisierte\ EPS - geschätzte\ EPS}{|geschätzte\ EPS|}$$

[270] Bis zum Februar 2007 griff Bloomberg dabei auf die Daten von I/B/E/S zurück, bevor es ab März 2007 eigene Schätzwerte, basierend auf den „Bloomberg Best EPS Estimate Consensus“-Daten, bereitstellte (vgl. Bloomberg, 2006).

gebildet und neben dem entsprechenden Eventmarker platziert.

Die Kategorisierung der Events erfolgt anhand der Höhe der relativen Abweichung der realisierten EPS von den geschätzten EPS. Wie fein die Kategorisierung ausfällt, hängt von der Fragestellung und der Genauigkeit des RUE ab. In der Literatur variiert die Anzahl der Kategorien zwischen zwei Kategorien (positiv und negativ) (vgl. Park et al., 2014, S. 233) und bis zu zehn Kategorien (vgl. Bernard, 1992, S. 34), bei denen die positiven und negativen unerwarteten Gewinne noch in weitere Kategorien entsprechend der Höhe der unerwarteten Gewinne unterteilt werden. Beide Extreme sind für die geplante Studie nicht geeignet, da sie einerseits eine Präzision bezüglich der unerwarteten Gewinne voraussetzen, die im Rahmen der vorliegenden Studie nicht erfüllt werden kann und andererseits sehr viele Events erfordern, um mögliche signifikante Unterschiede zwischen den Kategorien messen zu können. Eine Einteilung der unerwarteten Gewinne in zehn Kategorien bringt für die vorliegende Untersuchung keine praktischen Vorteile, da die klassische Eventstudie hier nur als Referenz herangezogen werden soll und die Ergebnisse der *PD2*-Eventstudie vollkommen unabhängig von jeglicher Kategorisierung sein sollten. Umgekehrt kann die Unterteilung der Gewinnüberraschungen in nur zwei Kategorien dazu führen, dass Events, deren Gewinnüberraschung sehr niedrig ausgefallen ist, die Reaktionen der entsprechenden Kategorie verfälschen bzw. abschwächen könnten.[271] Daher wird für diese Arbeit neben einer positiven und negativen Kategorie auch eine neutrale Kategorie gebildet, in der jene Events zusammengefasst werden, deren Gewinnüberraschung sehr niedrig oder nicht eindeutig ausgefallen ist. Auf diese Weise werden die Reaktionen der positiven und negativen Gewinnüberraschung stärker hervorgehoben.

Die Kategorisierung erfolgt dabei angelehnt an MacKinlay (1997, S. 16), indem eine Gewinnüberraschung als positiv eingestuft wird, wenn der RUE $\geq 2{,}5\,\%$ ist und als negativ eingestuft wird, wenn der RUE $\leq -2{,}5\,\%$ ist. Eine Gewinnüberraschung, deren RUE zwischen -2,5 % und +2,5 % liegt, wird der neutralen Kategorie zugewiesen. Jedes Event wird entsprechend dieser Kriterien kategorisiert und ergänzend bezeichnet, sodass als Resultat der Datenaufbereitung für jedes Unternehmen eine Tabelle vorliegt, die für jeden Handelstag folgende Werte enthält bzw. enthalten kann:

Tabelle 4: Elemente der log-Return-Zeitreihe eines Unternehmens

Datum	log-Return	Eventmarker	Rel. Gewinnüberraschung (RUE)	Kategorie

Während für jedes Datum ein Wert für den log-Return vorhanden sein muss, ist der Eventmarker, die relative Gewinnüberraschung sowie die Kategorie nur für jene Tage vorhanden, an denen ein Ergebnisbericht veröffentlicht wurde. Die aufbereiteten Daten bilden mit Ausnahme der NASDAQ-log-Return-Zeitreihe, die nur für die klassische Eventstudie benötigt

[271] Da die Zahl der zugrunde liegenden Analysten für die geschätzten EPS nicht bekannt ist, können niedrige Gewinnüberraschungen das Resultat einer geringen Anzahl an Analysten sein, welche die Markterwartungen nicht zwangsläufig widerspiegeln. Dementsprechend könnte das Vorzeichen einer solchen Gewinnüberraschung – und damit auch deren Kategorisierung – aufgrund der Fehleinschätzung einer zu kleinen Analystengruppe zustande gekommen sein.

wird, die Grundlage für die klassische und die *PD2*-Eventstudie, deren Durchführung in den folgenden Kapiteln erläutert wird.

5.3 Durchführung der klassischen Eventstudie

Das folgende Vorgehen zur Durchführung der in Kapitel 2.4 diskutierten Eventstudie bezieht sich zunächst jeweils auf die Zeitreihe eines einzelnen Unternehmens. Erst wenn die abnormalen Renditen gebildet und die Events gemäß ihrer relativen Gewinnüberraschung kategorisiert/zusammengefasst wurden, werden im letzten Schritt die AR-Abschnittsfenster aller Unternehmen in einer gemeinsamen Datenbank für die Hypothesentests gesammelt und können zur Hypothesentestung herangezogen werden.

5.3.1 Erstellung der log-Return-Zeitreihenabschnitte

Im ersten Schritt der klassischen Eventstudie wird innerhalb der zuvor aufbereiteten log-Return-Zeitreihe um jedes Event ein Fenster gelegt, dass gemäß den Überlegungen in Kapitel 2.4.4 den Zeitraum t[-270: 15] umfasst, wobei t(0) der Tag der Ergebnisveröffentlichung ist. In diesem Zeitraum ist sowohl das Prognosefenster enthalten, welches sich über den Zeitraum t[-270: -21] erstreckt und das zurückliegende Handelsjahr abdeckt als auch der Eventzeitraum, der von t(-20) bis t(15) verläuft. Der Eventzeitraum berücksichtigt vier Handelswochen vor dem Event und drei Wochen nach dem Event. Die asymmetrische Positionierung des Eventzeitraumes um das Event herum resultiert aus der Überlegung, dass bereits einige Wochen im Vorfeld des Ereignisses Antizipationen der Marktteilnehmer zu einem abnormalen Verhalten der log-Returns führen können, während die Reaktionen nach dem Event gemäß der EMH rasch abgeschlossen sein müssten und die Betrachtung eines längeren Zeitraumes nach dem Event keine relevanten Informationen liefern dürfte.

Das gewählte Fenster wird ausgeschnitten und der ausgeschnittene Zeitreihenabschnitt in eine neue Tabelle eingefügt. Dort wird der Abschnitt für eine spätere Identifikation und Sortierung, mit dem Unternehmensnamen, dem Eventdatum sowie der RUE und der Ereigniskategorie versehen. Dieser Vorgang wird für alle Events der log-Return-Zeitreihe durchgeführt, bei denen die Konstruktion des Fensters möglich ist. Events am Anfang der Zeitreihe, deren Prognosefenster keine Länge von 250 Tagen erreicht sowie Events am Ende der Zeitreihe, deren Eventfenster sich nicht bis t(15) erstreckt, werden ausgeschlossen. Tabelle 5 zeigt den Aufbau eines einzelnen Event-Zeitreihen-abschnittes.

Tabelle 5: Aufbau eines Event-Zeitreihenabschnittes

Unternehmen
Eventdatum
RUE
Ereigniskategorie
log-Return t(-270)
⋮
log-Return t(15)

5.3.2 Konstruktion der NASDAQ-log-Return-Zeitreihenabschnitte

Um die abnormalen Renditen zu erhalten, wird ein Marktmodell gemäß Kapitel 2.4.2 benötigt. Hierzu muss für jeden Event-Zeitreihenabschnitt ein komplementärer NASDAQ-Zeitreihenabschnitt gebildet werden, dessen Kalenderdaten mit denen des betrachteten Event-Zeitreihenabschnittes übereinstimmen. Hierzu wird die NASDAQ-log-Return-Zeitreihe mit den Eventmarkern der Unternehmenszeitreihe versehen. Anschließend wird um jedes Event ein Eventfenster mit der Länge [-270: 15] gebildet und ausgeschnitten. Der so entstandene NASDAQ-Zeitreihenabschnitt wird jeweils neben dem entsprechenden Eventzeitreihenabschnitt mit dem gleichen Eventdatum platziert.

5.3.3 Konstruktion der abnormalen log-Return-Zeitreihenabschnitte

Wenn für alle Event-Zeitreihenabschnitte die entsprechenden NASDAQ-Zeitreihen-abschnitte konstruiert wurden, kann mithilfe der folgenden Regressionsgleichung ein individuelles Marktmodell für jeden Zeitreihenabschnitt erstellt werden:

$$R_{jt} = \alpha_j + \beta_j R_{jt}^m + e_t, \text{für } t = -270:-21.$$

R_{jt} ist der log-Return des Zeitreihenabschnittes von Event j zum Tag t und R_{jt}^m ist der log-Return des zum Event j entsprechenden NASDAQ-Zeitreihenabschnittes zum Tag t.

Auf Basis der geschätzten Regressionskoeffizienten $\hat{\alpha}_j$ und $\hat{\beta}_j$ werden die erwarteten (eventfreien) log-Returns des Unternehmens für den Eventzeitraum des Events j prognostiziert:

$$\hat{R}_{jt} = \hat{\alpha} + \hat{\beta} R_{jt}^m, \text{für t} = -20:15.$$

Durch die Subtraktion der prognostizierten log-Returns von den realisierten log-Returns für den Eventzeitraum des Events j ergeben sich die abnormalen log-Returns:

$$AR_{jt} = R_{jt} - \hat{R}_{jt}, \textit{ für } t = -20:15.$$

Die Zeitreihenabschnitte mit den abnormalen log-Returns werden nebeneinander in eine gesonderte Tabelle eingefügt und mit den gleichen Informationen der entsprechenden log-Return-Zeitreihenabschnitte versehen.

Dieser Vorgang wird für sämtliche log-Return-Zeitreihen aller ausgewählten Unternehmen durchgeführt, bevor im letzten Schritt die AR-Zeitreihenabschnitte aller Unternehmen in einer Gesamttabelle gesammelt werden. Innerhalb der Gesamttabelle können die Zeitreihenabschnitte entsprechend der Kategorie bzw. der zu untersuchenden Hypothese gefiltert und die mittleren abnormalen log-Returns für den Tag t gebildet werden:

$$\overline{AR_t} = \frac{1}{N} \sum_{j=1}^{N} AR_{jt},$$

wobei N die Menge der ausgewählten Events und dementsprechend auch die Menge der verwendeten AR-Zeitreihenabschnitte angibt.

Neben einer Gruppierung der AR-Zeitreihenabschnitte nach der Ereigniskategorie kann eine weitere Gruppierung nach den in Kapitel 6.3 vorgestellten Zeitperioden vorgenommen werden. Für die Überprüfung der Hypothesen aus Kapitel 4.3 werden alle drei Ereigniskategorien jeweils in vier Unterkategorien gemäß Tabelle 2 unterteilt und die mittleren abnormalen log-Returns gebildet.

Insgesamt werden für die Hypothesentestung 20 unterschiedliche Gruppierungen der AR-Zeitreihenabschnitte vorgenommen, deren Codierung in Tabelle 6 abgebildet ist.

Tabelle 6: Darstellung der verwendeten Datensätze für die Eventstudie

	Kategorie			
Zeitraum	**Alle**	**Positiv**	**Neutral**	**Negativ**
Gesamt (1994-2012)	All.Ges	Pos.Ges	Neu.Ges	Neg.Ges
Periode 1 (1994-1998)	All.P1	Pos.P1	Neu.P1	Neg.P1
Periode 2 (1999-2002)	All.P2	Pos.P2	Neu.P2	Neg.P2
Periode 3 (2003-2006)	All.P3	Pos.P3	Neu.P3	Neg.P3
Periode 4 (2007-2012)	All.P4	Pos.P4	Neu.P4	Neg.P4

5.4 Durchführung der *PD2*-Eventstudie

Die Durchführung der *PD2*-Eventstudie orientiert sich an der klassischen Eventstudie und orientiert sich nach dem in Kapitel 3.4.2 erläuterten Vorgehen. Die Berechnungen der *PD2*-Zeitreihen werden dabei mithilfe der Software GChaos[272] vorgenommen.

Zunächst wird die aufbereitete log-Return-Zeitreihe eines Unternehmens (ohne Datum und Event-Informationen) in die Software GChaos geladen und anschließend der Menüpunkt „*D2/PD2*" ausgewählt. Bevor das *PD2* berechnet werden kann, muss in einem vorgelagerten Schritt ein grober Skalierungsbereich ermittelt werden, innerhalb dessen nach einer linearen Skalierungsregion gesucht werden kann. Der Skalierungsbereich wird durch die Berechnung des *D2* für die entsprechende Zeitreihe ermittelt. Für die Berechnung des *D2* müssen einige Parameter festgelegt werden (vgl. Abbildung 19), die im Anschluss auch für die Berechnung des *PD2* übernommen werden. Es ist davon auszugehen, dass sich die verwendeten Aktienzeitreihen aufgrund ihrer Platzierung auf der NASDAQ-Handelsplattform und der sich ähnelnden Eigenschaften (technologische Ausrichtung, Marktvolumen etc.) in ihrer Struktur ähneln. Hinzu kommen die rechtlichen Rahmenbedingungen, die für alle untersuchten Unter-

[272] GChaos ist eine von Guido Strunk entwickelte Software und kann unter www.complexity-research.com bezogen werden.

nehmen gelten und dadurch die Grenzen des Systems festlegen. Dies spricht dafür, dass sich die Systemdynamiken der Aktien zwar in gewissem Maße unabhängig voneinander verhalten, deren Verhalten jedoch durch die oben genannten Faktoren bis zu einem gewissen Grad eingeschränkt ist. Dementsprechend kann auch davon ausgegangen werden, dass sich die Menge an Freiheitsgraden, die die Systemdynamik bestimmen, zwischen den einzelnen Aktienzeitreihen nicht erheblich voneinander unterscheidet, sodass die für die Berechnungen des *D2/PD2* gesetzten Parameter weitestgehend einheitlich für alle Unternehmen verwendet werden können. Darüber hinaus soll die einheitliche Festlegung der Einbettungsdimensionen im Rahmen der anschließenden Eventstudie für vergleichbare *PD2*-Zeitreihen sorgen.

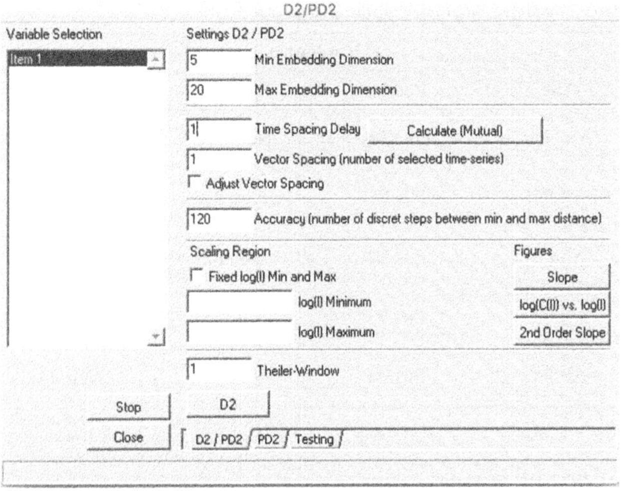

Abbildung 19: GChaos - Parametereinstellungen *D2*

Die Abbildung zeigt das Einstellungsfenster der Software GChaos zur Berechnung des *D2*.

Folgende Parameter gelten für alle Unternehmen und werden wie folgt festgelegt[273]:

- **Min Embedding Dimension: 5** – Kleinste Einbettungsdimension, innerhalb derer nach einer Sättigung der Steigungsgerade gesucht wird. Strunk (2012, S. 246) weist in seiner Metastudie über den Einsatz vom *D2* in ökonomischen Daten für Aktienzeitreihen mit Tagesdaten ein mittleres *D2* von 4,9 mit einer Standardabweichung von 2 aus. Da vor diesem Hintergrund ein $D2 < 2$ sehr unwahrscheinlich ist, wird die minimale Einbettungsdimension auf $m = 5$ festgelegt.[274]

[273] Die Parameter „Vector Spacing" sowie „Adjust Vector Spacing" sind nur bei multiplen Variablen relevant und werden nicht näher erläutert. Der Parameter „Accuracy" wird auf den von Strunk (2012, S. 240) vorgeschlagenen Standardeinstellungen belassen.

[274] Diks (2004, S. 52) hat für die log-Returns des NASDAQ-Indizes ein *D2*=2,2 ermittelt. Eine Einbettungsdimension von 5 liegt auch in diesem Fall innerhalb der von (Farmer, 1982a) vorgeschlagenen Faustregel $m \geq 2D2+1$. Dieses Vorgehen ist analog zu Skinner (1992, S. 3), der die Werte für die Einbettungsdimen-

- **Max Embedding Dimension: 20** – Größte Einbettungsdimension, innerhalb derer nach einer Sättigung gesucht werden soll. Eine Einbettungsdimension von $m=20$ ermöglicht theoretisch die Einbettung eines Attraktors mit der Korrelationsdimension *D2*=9,5. Da die vorhandenen Zeitreihenlängen der log-Returns nach der Vorgabe von (Eckmann und Ruelle, 1992) nur eine reliable Korrelationsdimension von $D2<8$ erlauben[275], liefert eine maximale Einbettungsdimension $m>20$ keine verwertbaren Informationen, da für $D2=8$ gemäß dem Theorem von Whitney (1936) bzw. Takens (1981) eine Einbettungsdimension von $m \geq 2*8+1=17$ bereits ausreichen sollte. Um eine Sättigung über drei aufeinanderfolgende Einbettungsdimensionen zu ermöglichen, wird die Obergrenze somit auf $m=20$ festgelegt.
- **Time Spacing Delay: 1** – Der Timelag wird auf 1 festgelegt, da die unmittelbaren Reaktionen auf das Ereignis im Rahmen des Intradayhandels noch während des Veröffentlichungstages stattfinden sollten. Ein Timelag >1 würde zudem eine Korrelation von zwei aufeinanderfolgenden Handelstagen implizieren, wodurch sich lukrative Handelsstrategien ergeben würden. Dies ist gemäß der EMH jedoch ausgeschlossen.[276]
- **Theiler-Window: 1** – Das Theiler-Fenster wird gemäß Kapitel 3.3.4 auf 1 festgelegt.

Die Parameter „log(l) Minimum“[277] und „log(l) Maximum“ geben die untere und obere Grenze für den Skalierungsbereich an, innerhalb dessen nach einer Skalierungsregion gesucht wird.[278] Bei der ersten Berechnung der Korrelationsdimension werden hier die automatisch ermittelten Werte für das absolute Minimum und Maximum aller Skalierungsbereiche angezeigt. Diese werden im Anschluss gemäß der Empfehlung von Strunk (2012, S. 241) durch die Aktivierung der Option „Fixed log(l) Min and Max“ fixiert und die Berechnung des *D2* wird erneut ausgeführt. Durch die Fixierung werden das ermittelte Minimum und Maximum als Unter- und Obergrenze des Skalierungsbereiches für alle Einbettungsdimensionen vorgegeben, wodurch die Wahrscheinlichkeit für reliablere Werte erhöht wird. Da sich die optimalen Skalierungsbereiche zwischen den Unternehmenszeitreihen unterscheiden können, wird dieser Schritt bei jedem Unternehmen individuell durchgeführt, sodass an dieser Stelle kein einheitlicher Wert vorgegeben werden kann.

Ist der Skalierungsbereich ermittelt und fixiert, wird in GChaos als nächster Schritt der Karteireiter „*PD2*“ für die eigentliche Berechnung der *PD2*-Zeitreihe ausgewählt. Die dort

sion so gewählt hat, dass diese in etwa die Größe des erwarteten *D2* abbilden können. Eine Einbettungsdimension von m=5 könnte demnach bereits eine Korrelationsdimension von $D2=2$ überschneidungsfrei abbilden.

275 Laut der Vorgabe von Eckmann und Ruelle (1992), wären für eine Korrelationsdimension von *D2*=8 mindestens $N=10^{8/2}=10000$ Datenpunkte nötig. Da der vorhandene Datensatz einen Zeitraum von 24 Jahren abdeckt und ein Jahr durchschnittlich 250 Handelstage umfasst, weisen die Zeitreihen nur eine Länge von maximal $N \approx 6000$ auf. Dementsprechend können nur Korrelationsdimensionen interpretiert werden, die kleiner sind als acht.

276 Dieser Timelag deckt sich mit dem von Strunk (2012, S. 242) ermittelten Timelag für die Tagesschlusskurse des Deutschen Aktienindizes.

277 Die in GChaos verwendet Bezeichnung log(l) ist gleichbedeutend mit der in Kapitel 3.2.4 verwendeten Bezeichnung $\log(\varepsilon)$.

278 log(l) Min und log(l) Max sind somit nicht der Start- und Endpunkt der Skalierungsregion, sondern der Bereich, in dem sich die Skalierungsregion befindet.

aufgelisteten Parameter werden bis auf den Parameter „Number of Focus Points" auf ihren Standardwerten belassen (vgl. Abbildung 20).[279] Der Parameter „Number of Focus Points" legt fest, über wie viele aufeinanderfolgende Referenzpunkte das *PD2* berechnet werden soll. Dieses Vorgehen beruht auf einem Vorschlag von Strunk (2004) und wird für den Einsatz bei kurzen Zeitreihen empfohlen, um die Anzahl der Punkte zur Bestimmung der Skalierungsregion und damit verbunden auch die Reliabilität der Analyse zu erhöhen. Eine Berechnung über mehrere Punkte hat jedoch eine Glättung der *PD2* Zeitreihe zur Folge, was für den Einsatz innerhalb einer Eventstudie zu Scheinkorrelationen bei der Dimensionalität von aufeinanderfolgenden Tagen führen kann. Daher wird dieser Parameter auf den Wert 1 gesetzt.

Nach einer Festlegung der einzelnen Berechnungsparameter erfolgt die Berechnung vollautomatisch[280] und gibt neben einer *PD2*-Zeitreihe eine Tabelle mit deskriptiven Informationen für die einzelnen Einbettungsdimensionen aus. Zu diesen Informationen gehören der jeweilige Stichprobenumfang, das mittlere *PD2*, die Standardabweichung sowie der Median des *PD2*. Darüber hinaus gibt die Software noch die relative Anzahl an validen Datenpunkten (%OK) an, für die eine Skalierung bzw. Sättigung erreicht werden konnte. Strunk (2012, S. 264) legt als Untergrenze für die Anzahl valider Daten bzw. Referenzpunkte 75 % fest. Wird diese Grenze nicht erreicht, ist eine reliable Analyse nicht möglich und die Zeitreihe muss aus der Untersuchung ausgeschlossen werden. Für den Einsatz der *PD2*-Zeitreihe im Rahmen einer Eventstudie ist die Grenze zu niedrig angesetzt, da hierdurch zu viele Lücken in dem Datensatz erlaubt wären. Aus diesem Grund wird die Untergrenze für die relative Anzahl valider Datenpunkte für die *PD2*-Eventstudie auf 95 % erhöht.

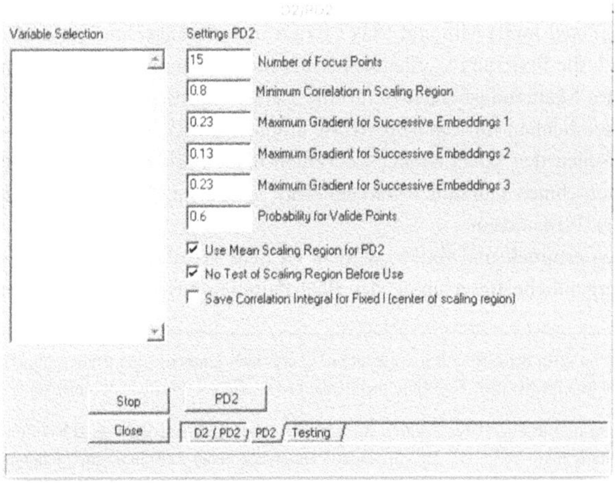

Abbildung 20: Parametereinstellungen *PD2*

Die Abbildung zeigt das Einstellungsfenster von GChaos zur Berechnung des *PD2* an. Bei den vorgegebenen Parameterwerten handelt es sich um theoretisch abgeleitete Werte oder um Erfahrungswerte des Programmierers.

[279] Die Bedeutung der einzelnen Parameter wird ausführlich in Strunk (2012, S. 267ff.) beschrieben.
[280] Der Algorithmus, den die Software bei der *PD2*-Berechnung durchläuft, wird in Strunk (2012, S. 266f.) erläutert.

Wird diese Untergrenze bei der Berechnung des *PD2* nicht erreicht, kann es einerseits daran liegen, dass der Datensatz zu verrauscht ist und viele Referenzpunkte nicht sättigen. Andererseits kann es auch daran liegen, dass für die Referenzpunkte innerhalb des bei der *D2* Berechnung ermittelten Skalierungsbereiches kein linearer Steigungsbereich gefunden werden konnte, der den Kriterien des *PD2* genügt. Da die Skalierungsbereiche des *D2* nicht zwangsläufig auch für das *PD2* optimal sein müssen, empfiehlt sich in solchen Fällen daher eine systematische Variation der Skalierungsbereiche, um die höchstmögliche relative Anzahl an validen Datenpunkten zu erreichen. Bei der Variation wird das log (l) Minimum zunächst einmal um einen Wert μ^+ erhöht und einmal um einen Wert μ^+ reduziert und das *PD2* für beide Variationen berechnet. Anschließend wird geprüft, ob sich durch die Variation die relative Anzahl valider Datenpunkte erhöht hat und das μ mit der höheren Anzahl valider Datenpunkte ausgewählt. Aus diesem μ werden im nächsten Schritt die neuen μ^+ und μ^- konstruiert, indem das μ einmal um 50 % erhöht und einmal um 50 % verringert wird. Mit diesen Werten wird das log(l) Minimum erneut variiert und geprüft, ob die daraus berechneten *PD2*-Ergebnisse eine Verbesserung der Anzahl valider Datenpunkte aufweisen. Diese Prozedur wird so lange iterativ wiederholt, bis sich die Anzahl der validen Datenpunkte nicht mehr signifikant erhöht. Als signifikante Erhöhung wird eine Erhöhung der relativen Anzahl valider Datenpunkte von einem Iterationsschritt zum nächsten um mindestens 0,5 % angesehen. Abbildung 21 veranschaulicht den Prozess zur Bestimmung des optimalen Variationsparameters μ:

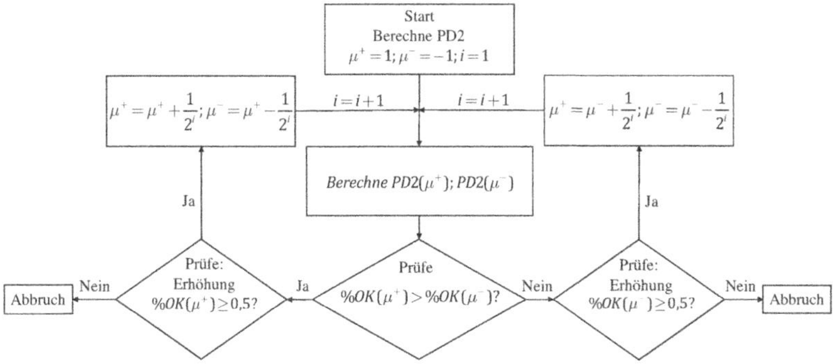

Abbildung 21: Bestimmung des optimalen Wertes für den Variationsparameter

Die Abbildung beschreibt das iterative Vorgehen zur Bestimmung des optimalen Variationsparameters μ für das log(l) Minimum und Maximum. Als Startwert wird $\mu^+=1$ und $\mu^-=-1$ festgelegt. Da davon ausgegangen wird, dass nur ein Maximum für die Anzahl valider Datenpunkte existiert, können die %OK-Werte von μ^+ und μ^- nicht gleich groß sein, sofern die %OK-Werte des *PD2* ohne Variation niedriger sind. Dementsprechend ist die Prüfung zwischen beiden Werten als eine reine „>"-Bedingung formuliert.

Findet keine signifikante Erhöhung mehr statt, wird anschließend derselbe Vorgang für das log(l) Maximum durchgeführt. Dann wird das Ergebnis daraufhin geprüft, ob es die 95 %-Mindestgrenze erreicht hat. Falls die Mindestgrenze nicht erreicht wurde, muss die Zeitreihe aus der *PD2*-Eventstudie ausgeschlossen werden. Damit die *PD2*-Zeitreihen für die Eventstudie möglichst wenige Lücken aufweisen, wird die Variation der Skalierungsbereiche auch bei den *PD2*-Zeitreihen vorgenommen, die bereits mit den unveränderten Skalierungsbereichen die Mindestgrenze erfüllt haben.

Bei Erreichen der Mindestgrenze wird die *PD2*-Zeitreihe in eine neue Tabelle übertragen und mit den Kalenderdaten sowie den Eventmarkern ergänzt. Dabei entspricht das Datum des ersten Wertes der log-Return-Zeitreihe auch dem Datum des ersten *PD2*-Wertes.[281]

Für die *PD2*-Eventstudie wird ein Eventzeitraum von t[-30: 30] festgelegt. Im Vergleich zur klassischen Eventstudie müssen die Zeitreihenabschnitte keinen Prognosezeitraum beinhalten, da für das *PD2* kein Marktmodell konstruiert werden muss. Dafür ist der Pre-Eventzeitraum größer gewählt, da eine Dimensionalitätsänderung zeitlich nicht parallel zum abnormalen Verhalten der log-Returns verlaufen muss, sondern auch früher (oder später) beginnen kann. Um dieser Phase der Unsicherheit gerecht zu werden, wurde der Pre-Eventzeitraum daher im Vergleich zur klassischen Eventstudie um eine Handelswoche verlängert. Der Post-Eventzeitraum ist ebenfalls größer gewählt, da die letzten Werte des Zeitraumes zur Konstruktion eines Referenz-*PD2*-Wertes[282] verwendet werden sollen, welcher für die spätere Hypothesentestung benötigt wird.

Der Eventzeitraum wird im nächsten Schritt in der ergänzten *PD2*-Zeitreihe um jedes Eventdatum in Form eines Fensters mit der Länge [-30: 30] gelegt, ausgeschnitten und in eine neue Tabelle nebeneinander eingefügt.

Die gebildeten *PD2*-Zeitreihenabschnitte werden in der neuen Tabelle zur späteren Kategorisierung und Identifikation mit dem Unternehmensnamen, dem Eventdatum sowie der RUE und der Kategorie der Überraschung versehen. Im letzten Schritt werden alle *PD2*-Zeitreihenabschnitte aller Unternehmen in einer Gesamttabelle zusammengetragen, wo sie entsprechend der Tabelle 6 für die explorativen Betrachtungen und die Hypothesentests nach ihrer Kategorie und/oder nach einer Zeitperiode gruppiert werden können. Innerhalb der einzelnen Kategorien können nun die mittleren täglichen $PD2_t$[283] berechnet werden:

$$PD2_t = \frac{1}{N_{tj}} \sum_{j=1}^{N_{tj}} PD2_{tj} ,$$

mit der Varianz

$$\sigma^2_{PD2_t} = \frac{1}{N_{tj} - 1} \sum_{j=1}^{N_{tj}} \left(PD2_{tj} - PD2_t \right)^2 .$$

---

[281] Es gilt zu beachten, dass sich die *PD2*-Zeitreihe aufgrund der Konstruktion der Zeitverzögerungskoordinaten um $\tau(m-1)$ Datenpunkte verkürzt. Bei einem Timelag von $\tau = 1$ und einer maximalen Einbettungsdimension von $m = 20$ endet die *PD2*-Zeitreihe 19 Datenpunkte früher als die log-Return-Zeitreihe.

[282] Der Referenz-*PD2* wird im Kapitel 5.5 näher erläutert.

[283] Die Berechnung der mittleren täglichen *PD2*-Werte erfolgt individuell für jeden Hypothesentest entsprechend der verwendeten (Unter-)Gruppen.

N_{tj} ist die Anzahl der vorhandenen $PD2_{tj}$-Werte für einen Eventtag t innerhalb der betrachteten Gruppe. Sie kann zwischen den Eventtagen variieren, falls die *PD2*-Zeitreihenabschnitte innerhalb der betrachteten Gruppe Lücken enthalten, weil entsprechenden Datenpunkte den Kriterien des *PD2*-Algorithmus nicht genügt haben und keine Sättigung eingetreten ist. Deren *PD2*-Werte werden bei der Mittelwertbildung nicht berücksichtigt.

5.5 Hypothesentests

Sobald die Daten aufbereitet und die klassische und *PD2*-Eventstudie durchgeführt wurden, können im nächsten Schritt die Hypothesen aus Kapitel 4 geprüft werden.

Bei der Analyse von Eventstudien bieten sich zunächst Grafiken und Plots der kumulierten abnormalen Renditen als explorative Untersuchungsmethode an. Um Hypothesengeleitete Fragestellungen beantworten zu können, müssen diese aber durch statistische Tests gestützt werden (Henderson, 1990, S. 286).

Bei den Eventstudien lassen sich sowohl parametrische als auch nichtparametrische Tests anwenden. Die Entscheidung zwischen beiden Varianten hängt dabei von der Frage ab, wie präzise die nichtparametrischen Tests spezifiziert werden können und inwieweit sich die zugrunde liegenden Daten für einen parametrischen Test, wie z. B. den t-Test eignen. Während parametrische Tests problemlos bei Tagesrenditen angewendet werden können, tendieren nichtparametrische Tests dazu, den Fehler 1. Art herunter zu spielen (Berry et al., 1990, S. 78). Henderson (1990, S. 298) gelangt daher zu der Schlussfolgerung, dass nichtparametrische Tests eine unnötige Komplikation darstellen, und empfiehlt aufgrund dessen die Verwendung eines einfachen t-Tests für die Betrachtung einzelner Tage oder Tests, die auf summierten (und ggf. quadrierten) t-Werten basieren, wenn aggregierte abnormale Renditen betrachtet werden.

Üblicherweise werden dazu t-Tests herangezogen, die entsprechend den Daten und den Hypothesen modifiziert werden. Die Modifikation besteht dabei primär in der Wahl bzw. Konstruktion der Standardabweichung der CAAR, die wiederum von der Konstruktion der CAAR selbst abhängt. So kann die CAAR bspw. als Mittelwert der betrachteten CAR der einzelnen Zeitreihenabschnitte bzw. Events gebildet werden oder als Summe der mittleren AR_t innerhalb des Eventfensters. Je nach Vorgehen wird die Varianz daher entsprechend auf Basis der CAR (vgl. Albers et al., 2009, S. 477) oder der AR_t (vgl. Rendleman Jr. et al., 1982, S. 282) berechnet. Während die Varianz der ersten Vorgehensweise von der Anzahl der berücksichtigten Events abhängt, hängt die Varianz der zweiten Vorgehensweise von der Anzahl der Tage innerhalb des Eventfensters ab. Dementsprechend können sich die Teststatistiken beider Vorgehensweisen je nach Anzahl der Events und Länge des Eventfensters stark voneinander unterscheiden. Die Teststatistik der vorliegenden Arbeit orientiert sich an der Vorgehensweise von Brown und Warner (1985), der für die Teststatistik die Standardabweichung $\hat{s}(AR_t)$ der Residuen des Marktmodells innerhalb des Prognosefensters verwendet (vgl. Kapitel 2.4.2), die mit der Anzahl der Tage im Eventfenster multipliziert werden:

$$t_{CAAR[t_A,t_E]} = \frac{\sum_{t=t_A}^{t=t_E} AR_t}{\sqrt{\sum_{t=t_A}^{t=t_E} s^2(AR_t)}},$$

mit

$$\hat{s}^2(AR_t) = \frac{1}{N_p - 1}\sum_{t=p1}^{t=p2}(AR_t - \overline{AR_t})^2$$

und df=$N_p - 1$.

N_p ist die Anzahl der Tage innerhalb des Prognosefensters, welches am Tag p1 beginnt und am Tag p2 endet. In der vorliegenden Untersuchung verläuft das Prognosefenster vom Tag p1=-270 bis zum Tag p2=-21 und ist $N_p = 250$ Tage lang.

Die Teststatistik für die abnormale Rendite eines Eventtages t lautet entsprechend:

$$t_{AR_t} = \frac{AR_t}{\hat{s}(AR_t)}.$$

Der Ansatz von Brown und Warner (1985) hat gegenüber den Varianten von Albers et al. (2009) und Rendleman Jr. et al. (1982) den Vorteil, dass die Anzahl der Freiheitsgrade sehr hoch ist und weder von der Anzahl der Events noch von der Länge des Eventfensters abhängt. Da die Varianz innerhalb des Eventfensters nicht berücksichtigt wird, neigt der Ansatz von Brown und Warner dazu, die Signifikanz der CAAR zu überschätzen, wodurch die klassische Eventstudie beim Vergleich zur *PD2*-Eventstudie einen Vorteil erhält. Diese Teststatistik lässt sich nicht ohne Weiteres auf die *PD2*-Eventstudie übertragen, da im Gegensatz zu den abnormalen Renditen keine Erwartungswerte der $PD2_t$ bekannt sind und dementsprechend auch nicht bestimmt werden kann, ab wann ein *PD2*-Wert signifikant im Sinne einer Abweichung vom Erwartungswert ist.

Statistische Tests mit den absoluten Dimensionalitätswerten sind aufgrund einer fehlenden formalen Theorie über die asymptotische Verteilung der Schätzer der Korrelationsdimension bisher nicht möglich (Barnett und Hinich, 1992, S. 12). Im Gegensatz zur Korrelationsdimension, die nur einen Wert für eine betrachtete Zeitreihe ausgibt, berechnet das *PD2* tägliche Werte, sodass beim *PD2* aufgrund des zentralen Grenzwertsatzes eine Normalverteilung der Mittelwerte bei hinreichend vielen Datenpunkten angenommen werden kann.

Das Vorgehen bei den Signifikanztests der *PD2*-Eventstudie kann daher an die klassische Eventstudie angelehnt werden, mit dem Unterschied, dass die $PD2_t$-Werte innerhalb des Eventfensters nicht kumuliert werden können, da bei den *PD2*-Werten im Gegensatz zu den abnormalen Renditen die absoluten Werte von Interesse sind und eine Aufsummierung der täglichen Dimensionsniveaus nicht zielführend ist. Stattdessen werden die (absoluten) täglichen $PD2_t$ innerhalb der Eventfenster gemittelt, um ein durchschnittliches Dimensionalitätsniveau zu erhalten, welches dann für mögliche Signifikanztests herangezogen werden kann.

Um einen Signifikanztest durchführen zu können, ist es zuvor notwendig, einen Erwartungs- bzw. Referenzwert für das *PD2* zu definieren, der bei den Tests als Vergleichswert herangezogen werden kann. Dieser Referenzwert $PD2_{ref}$ soll den „Normalzustand" des Dimensionalitätsniveaus einer log-Return-Zeitreihe beschreiben, wobei die Eigenschaft „normal" einen Zustand definieren soll, bei dem die log-Returns und deren Dimensionalität nicht oder so wenig wie möglich durch das betrachtete Event beeinflusst werden.[284] Angelehnt an die klassische Eventstudie bietet sich zunächst der Mittelwert der gesamten Zeitreihe als $PD2_{ref}$ an. Es ist jedoch nicht bekannt, inwieweit sich das durchschnittliche Dimensionalitätsniveau einer Aktienzeitreihe im Laufe der Jahre verändert. So ist es durchaus denkbar, dass die Komplexität des Marktes bspw. durch die Zunahme des automatisierten Handels mit der Zeit gesunken ist. Andererseits könnte der technische Fortschritt auch zu einer schnelleren Informationsbeschaffung und Informationsverarbeitung führen und so die Effizienz des Marktes erhöhen, was mit einer Steigerung der Komplexität einhergehen würde. Träfe eine der beiden Möglichkeiten zu, würde dies für den *PD2*-Gesamtmittelwert bedeuten, dass er nicht zu jedem Zeitpunkt ein erwartungstreuer Indikator für den Normalzustand wäre.

Selbst wenn das Dimensionalitätsniveau über die Zeit hinweg konstant bleibt, kann ein Gesamtmittelwert als Indikator für den Normalzustand ungeeignet sein, sofern es sich bei dem betrachteten Event um ein häufig wiederkehrendes Event handelt. Es ist bislang noch nicht untersucht worden, über welche Zeitspanne das *PD2* einer Aktienzeitreihe durch ein Event beeinflusst wird.[285] Sofern sich das Event über einen längeren Zeitraum auf die Dimensionalität auswirkt, besteht die Gefahr, dass sich der Effekt durch die häufige Wiederholung des Events[286] zu sehr im Mittelwert widerspiegelt. Somit fällt der Mittelwert über die gesamte *PD2*-Zeitreihe als Referenzwert weg.

Um zu gewährleisten, dass das $PD2_{ref}$ den Normalzustand innerhalb eines Eventzeitraumes beschreibt, muss der Referenzwert daher individuell für jeden Zeitabschnitt berechnet werden. Die Verwendung des Mittelwerts über den gesamten Zeitreihenabschnitt kann sich ebenfalls als problematisch erweisen. Aufgrund des untersuchten Events der Quartalsberichtveröffentlichungen, die sich im Durchschnitt alle 62 Handelstage wiederholen, kann die eventinduzierte Reaktion der Dimensionalität einen erheblichen Einfluss auf den *PD2*-Mittelwert des Zeitreihenabschnittes ausüben, sofern die Reaktion nicht erst unmittelbar vor

---

284 Hierbei handelt es sich um eine idealtypische Annahme, da nicht bekannt ist, über welchen Zeitraum die nichtlinearen Zusammenhänge einer Zeitreihe durch das Event beeinflusst werden und es daher auch theoretisch möglich wäre, dass es zwischen wiederkehrenden Events überhaupt keine Zeiträume gibt, an denen die Zeitreihe nicht unter dem Einfluss des Events steht.

285 Die Dauer und Höhe der Beeinflussung durch das Event hängt von dem Event selbst ab und kann je nach Art des Events variieren. Je uneindeutiger die Informationen sind, die mit dem Event einhergehen, desto länger könnte sich das Event auf die Zeitreihe auswirken, da mit verzögerten Reaktionen der Investoren gerechnet werden muss.

286 Ein Jahr hat durchschnittlich 251 Handelstage. Somit liegen im Durchschnitt 62,75 Handelstage zwischen zwei Quartalen. Da die Anzahl der Handelstage zwischen den Quartalen aufgrund einer ungleichmäßigen Verteilung der Feiertage leicht schwankt, wird die Zeitspanne für die folgenden Betrachtungen auf 61 Tage (Eventtag $\pm$ 30 Handelstage) festgelegt, um eine Überschneidung der Eventzeiträume zu vermeiden.

dem Event, sondern schon einige Tage oder Wochen zuvor beginnt. Ein solcher Mittelwert, der zwischen dem vom Event beeinflussten Dimensionalitätsniveau und dem eventfreien Dimensionalitätsniveau liegt, kann bei Verwendung als Referenzwert dazu führen, dass ein Test zu keinem Zeitpunkt innerhalb des Eventzeitraumes einen signifikanten Unterschied zwischen dem $PD2_t$ und $PD2_{ref}$ messen kann. Um potenzielle Einflüsse des Events bestmöglich auszuschließen, sollte daher nur ein Teil des Eventzeitraumes für die Berechnung des Referenzwertes herangezogen werden. Dieser Teil muss so ausgewählt werden, dass er so weit wie möglich vom Eventtag t(0) entfernt liegt. Im Rahmen der vorliegenden Arbeit wird für die *PD2*-Eventstudie ein Eventzeitraum von jeweils 30 Tagen vor und nach dem Event festgelegt. Das Zeitfenster für die Berechnung des Referenzwertes wäre somit am weitesten von einem Event entfernt, wenn dessen Mittelpunkt am Rande des Beobachtungsfensters liegt, also am Tag t+30 bzw. t-30, da es sich dann genau zwischen zwei Events befindet (vgl. Abbildung 22a).

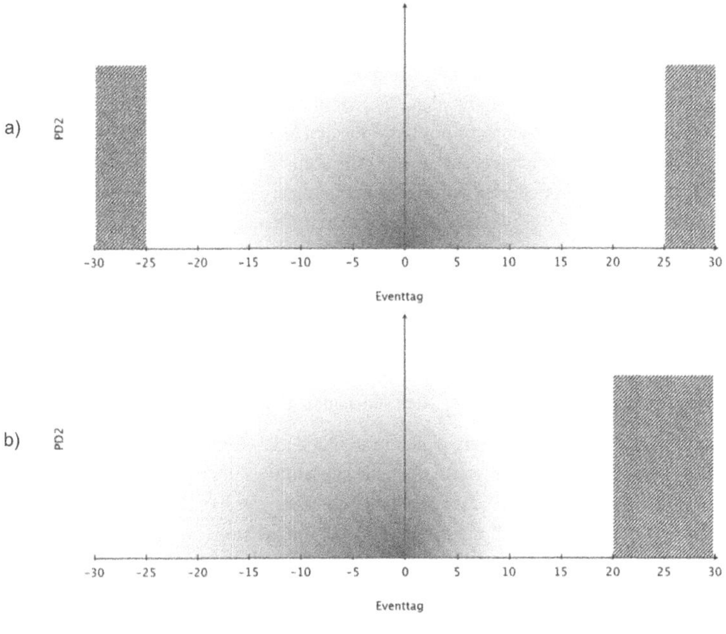

Abbildung 22: Position des Zeitfensters zur Berechnung des Referenzwertes bei dem Event Quartalsbericht

Die Position des Referenzfensters muss abhängig vom erwarteten Beginn und Dauer des Effektes platziert werden. Bei unbekanntem Beginn und Ende des Effektes ist eine Platzierung des Referenzfensters (schraffierte Fläche) an den Rändern des Beobachtungsfensters sinnvoll (Abbildung a). Im Fall von Quartalsberichten ist jedoch mit Reaktionen der Marktteilnehmer deutlich vor dem Event zu rechnen, während die Reaktionen nach dem Event sehr schnell abklingen sollten. Daher wird das Referenzfenster für das Event der Quartalsberichte an das Ende des Beobachtungsfensters gesetzt.

Bei einer festgelegten Breite des Fensters für die Berechnung des Referenzwertes auf 10 Handelstage, können auf diese Weise die Auswirkungen des Events auf die Dimensionalität von bis zu fünf Handelswochen (25 Handelstage) vor und nach dem Eventtag betrachtet werden. Unter Berücksichtigung der mittelstarken Form der EMH muss eine genaue Zentrierung des Referenzfensters zwischen zwei Events allerdings nicht zwangsläufig auch den weitesten Abstand zu den möglichen eventinduzierten Veränderungen des *PD2* bedeuten. Wenn ein Event korrekt antizipiert wird oder Insiderinformationen im Vorfeld veröffentlicht werden, sollte die Preisanpassung bereits vor dem Event beginnen und spätestens am Tag des Events vollständig abgeschlossen sein. Liefert das Event den Marktteilnehmern hingegen neue und unerwartete Informationen, sollten die Informationen unverzüglich nach der Ergebnisveröffentlichung in den Aktienkursen eingepreist werden, sodass die Reaktion der Aktienkurse auf das Event sehr rasch abgeschlossen ist.[287] In beiden Fällen ist maximal mit kurzfristigen[288] Nachwirkungen des Events in den Tagen nach dem Event zu rechnen. Vor dem Event – insbesondere vor einem wiederkehrenden Event wie dem der Quartalsberichtveröffentlichung – können jedoch schon Tage und Wochen im Voraus Spekulationen über das Event aufkeimen oder Informationen durchsickern und die Aktivitäten der Händler steigern. Eine Untersuchung mittels abnormaler Renditen kann diese einige Wochen im Voraus liegenden, eventinduzierten Aktivitäten aber konstruktionsbedingt nicht immer aufdecken. Der Grund hierfür liegt in der Notwendigkeit der Kategorisierung der Events nach positiven, neutralen und negativen unerwarteten Gewinnen[289] vor der eigentlichen Durchführung der Eventstudie (vgl. MacKinlay, 1997, S. 16). Würde keine Kategorisierung erfolgen, würden sich die abnormalen Renditen von positiven und negativen RUEs gegenseitig neutralisieren.[290]

Abhängig davon, zu welchem Zeitpunkt die letzten offiziellen Prognosen der Analysten hinsichtlich der erwarteten Gewinne veröffentlicht wurden, kann es auch vorkommen, dass die Verläufe von abnormalen Renditen von RUEs derselben Kategorie sich zu Beginn der Eventperiode zunächst in unterschiedliche Richtungen bewegen, bevor sich die Erwartungen der Marktteilnehmer bezüglich des bevorstehenden Events angleichen.[291] Abbildung 23 zeigt den exemplarischen Verlauf einer CAAR-Zeitreihe für positive SUE (durchgezogene Linie). Da es sich bei dieser CAAR-Zeitreihe um eine gemittelte Zeitreihe aus CAR-Zeitreihen mit einem positiven RUE handelt, kann es sich beispielsweise um eine Kombination aus den beiden CAR-Zeitreihen CAR^+ und CAR^- handeln.[292] CAR^+ stellt eine Entwicklung dar, bei der die Gewinnerwartungen der Investoren bereits in den ersten Tagen des gezeigten Eventzeit-

---

[287] Sofern die Preisanpassung (in einem perfekten Kapitalmarkt) nicht unmittelbar stattfände, würden sich Möglichkeiten für risikolose Spekulationsgeschäfte ergeben (Latané und Jones, 1977, S. 1457).

[288] In klassischen Eventstudien zur EMH wurden kurzfristige ex post Effekte kaum beachtet. Es existiert jedoch eine Vielzahl an Untersuchungen zum Post-Earnings-Announcement-Drift (PEAD), die sich auf die Auswirkungen des Events auf die Reaktionen nachfolgender Quartalsberichtsveröffentlichungen konzentrieren. Für weitere Informationen zum PEAD siehe Bernard und Thomas (1989), Brown und Pope (1995), Liang (2003), Jegadeesh und Livnat (2006).

[289] Je nach Umfang der Untersuchung werden die SUE in bis zu zehn Kategorien aufgeteilt (vgl. Rendleman Jr. et al., 1982, S. 281; Bernard und Thomas, 1989, S. 3).

[290] Die Neutralisierung geschieht unter der Annahme, dass die Reaktion auf positive und negative Events ein unterschiedliches Vorzeichen besitzt, aber gleich stark ausfällt und genauso viele positive wie negative Events im Datensatz vorhanden sind.

[291] Die Angleichung der Erwartungen kann z. B. durch neue Informationen bezüglich des Events oder Korrekturen von Analysten zustande kommen.

[292] Es sei ferner angenommen, dass es sich bei „CAR+“ und „CAR-“ bereits um gemittelte Zeitreihen handelt, aus denen alle nicht eventbezogenen Einflüsse herausgefiltert wurden.

raumes positiv waren. Bei der Entwicklung der CAR^--Zeitreihe hatten die Marktteilnehmer hingegen zunächst negative Gewinnerwartungen, die im weiteren Verlauf aufgrund von neuen Informationen jedoch zu positiven Gewinnerwartungen korrigiert wurden. Eine differenziertere Kategorisierung der positiven Gewinnüberraschungen in CAR^+ und CAR^- hätte bei beiden Zeitreihen eine signifikante Abweichung der kumulierten abnormalen Rendite in dem Fenster [-19: -14] sichtbar machen können. Durch die Kombination beider Zeitreihen wird deren abnormales Verhalten zu Beginn des Eventzeitraumes jedoch weggemittelt, sodass die CAAR-Zeitreihe innerhalb dieses Zeitraumes nicht signifikant von Null abweicht. Auch wenn es sich hierbei nur um ein Beispiel handelt, zeigt es die Fehleranfälligkeit der klassischen Eventstudie, da unterschiedliche Kategorisierungen der Events zu variierenden Ergebnissen hinsichtlich der (kumulierten) abnormalen Renditen führen können.

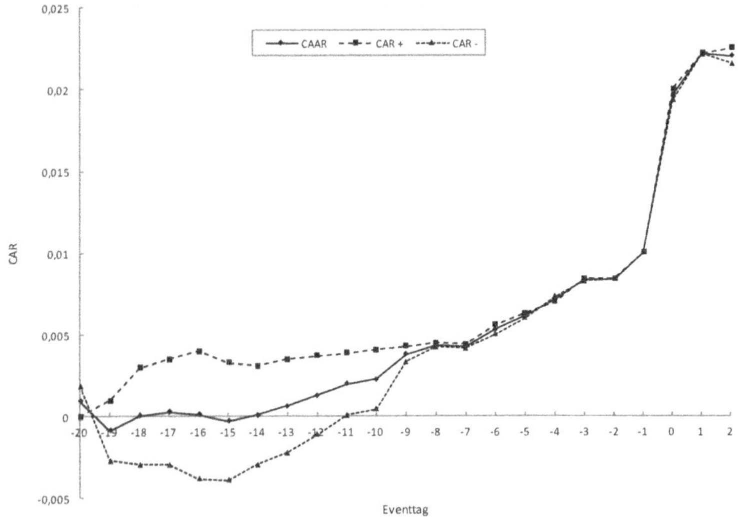

Abbildung 23: Kumulierte durchschnittliche abnormale Renditen (CAAR) für positive Gewinnveröffentlichungen

Exemplarische Darstellung einer CAAR-Zeitreihe aus zwei anderen CAR-Zeitreihen. Die an (MacKinlay, 1997, S. 25) angelehnte „CAAR"-Zeitreihe aus der Kategorie der positiven SUE ist eine Kombination aus den beiden Zeitreihen CAR^+ und CAR^-. Während sich die Gewinnerwartungen der CAR^- in den Tagen t(-20) bis t(-15) negativ entwickeln und erst ab Tag t(-14) eine Korrektur der Erwartungen vorgenommen wird, sind die Gewinnerwartungen der CAR^+ bereits von Beginn an positiv. Obwohl die beiden Zeitreihen für sich betrachtet schon ab Tag t(-19) sichtbare Reaktionen aufweisen, ist bei der kombinierten Zeitreihe erst ab dem Tag t(-13) eine Reaktion zu verzeichnen.

Im Gegensatz dazu ist das *PD2* unabhängig von dem Vorzeichen der RUE, da es ausschließlich nach linearen und nichtlinearen Korrelationen in den Daten sucht. Daher sollte es in der Lage sein, jegliche durch die Aktivitäten der Marktteilnehmer veränderte Ordnung im System früher zu erkennen. Dementsprechend sollte der Zeitraum vor dem Event so groß wie möglich gewählt werden, um auch frühe Änderungen der Dimensionalität identifizieren zu können.

Aufgrund dieser Überlegung und der erwarteten kurzfristigen Reaktion des Marktes nach Veröffentlichung der Daten wird das Referenzfenster nicht zwischen den Events zentriert, sondern an das Ende des Beobachtungsfensters platziert, sodass es die letzten zwei Wochen des Eventzeitraumes umfasst (vgl. Abbildung 22b). Hierdurch können vor dem Event bis zu sechs Handelswochen untersucht werden und es verbleiben immer noch vier Handelswochen nach dem Event, in denen mögliche zeitverzögerte Effekte identifiziert und Eventfenster für Mittelwertvergleiche gebildet werden können. Da es bislang keine Erfahrungswerte für event-induzierte Dimensionalitätsänderungen bei Aktienzeitreihen gibt, kann eine ex post Reaktion der Dimensionalität nach dem Event nicht ausgeschlossen werden und soll daher auch einen Teil der Untersuchungen darstellen. Das Referenz-*PD2* wird jeweils auf Basis der $PD2_t$-Werte der zu testenden Untergruppe gebildet, mit der Formel:

$$PD2_{ref} = \frac{1}{N_{ref}} \sum_{t=t1}^{t=t2} PD2_t,$$

mit einer Varianz von

$$\mathrm{var}(PD2_{ref}) = \frac{1}{N_{ref}-1} \sum_{t=t1}^{t=t2} (PD2_t - PD2_{ref})^2$$

und

$$N_{ref} = t2 - t1 + 1.$$

t1 und t2 bezeichnen dabei jeweils den ersten und letzten Tag des Referenzfensters. Der Zeitraum des Referenzfensters umfasst in der geplanten Untersuchung den Zeitraum von t(21) bis t(30).

Um im Rahmen der *PD2*-Eventstudie zu prüfen, ob es signifikante Unterschiede zwischen dem *PD2*-Niveau eines Eventfensters und dem $PD2_{ref}$ gibt, kann ein angepasster t-Test eingesetzt werden. Hierfür wird innerhalb der zu prüfenden (Unter-)Gruppe zunächst das $PD2_{ref}$ und das mittlere Dimensionalitätsniveau $\overline{PD2}_{[t_A:t_E]}$ für ein Eventfenster $[t_A : t_E]$ gebildet:

$$\overline{PD2}_{[t_A:t_E]} = \frac{1}{N_{[t_A:t_E]}} \sum_{t=t_A}^{t=t_E} PD2_t,$$

$$\sigma^2_{[t_A:t_E]} = \frac{1}{N_{[t_A:t_E]}} \sum_{t=t_A}^{t_E} \left(PD2_t - \overline{PD2}_{[t_A:t_E]} \right)^2,$$

$$N_{[t_A:t_E]} = t_E - t_A + 1.$$

Die entsprechende H0-Hypothese für das Eventfenster $[t_A : t_E]$ lautet:

$$H_0 := \overline{PD2}_{[t_A:t_E]} = PD2_{ref}$$
$$H_1 := \overline{PD2}_{[t_A:t_E]} \neq PD2_{ref}.$$

Die t-Statistik für den Mittelwertvergleich von $\overline{PD2}_{[t_A:t_E]}$ und $PD2_{ref}$ lautet:

$$t = \frac{\overline{PD2}_{[t_A:t_E]} - PD2_{ref}}{\sigma},$$

mit der Standardabweichung

$$\sigma = \sqrt{\frac{\sigma^2_{[t_A:t_E]} * (N_{[t_A:t_E]} - 1) + \sigma^2_{ref} * (N_{ref} - 1)}{N_{[t_A:t_E]} + N_{ref} - 2}} * \sqrt{\frac{1}{N_{[t_A:t_E]}} + \frac{1}{N_{ref}}}$$

und $df = N_{[t_A:t_E]} + N_{ref} - 2$ Freiheitsgraden, wobei $N_{[t_A:t_E]}$ die Anzahl der Tage innerhalb des Eventfensters $[t_A : t_E]$ und N_{ref} die Anzahl der Tage innerhalb des Referenzfensters angibt. Soll das *PD2*-Niveau eines einzelnen Tages mit dem $PD2_{ref}$ verglichen werden, so muss in der Formel zur Berechnung der Standardabweichung σ das $\sigma^2_{[t_A:t_E]}$ durch $\sigma^2_{PD2_t}$ und $N_{[t_A:t_E]}$ durch N_{tj} ersetzt werden. Die Anzahl der Freiheitsgrade ändert sich entsprechend zu $df = N_{tj} + N_{ref} - 2$.

Mithilfe der t-Statistiken der klassischen und der *PD2*-Eventstudie können nun die in Kapitel 4 aufgestellten Hypothesen getestet werden. Das Vorgehen für die Tests der einzelnen Hypothesen wird im Folgenden erläutert.

5.5.1 H1

Die erste Unterhypothese aus dem Hypothesenblock H1 lautet:

H1.a **Eine *PD2*-Eventstudie erkennt Änderungen in der Dimensionalität der Renditen früher als die kumulierten abnormalen Renditen der klassischen Eventstudie.**

Die Hypothese zielt darauf ab zu überprüfen, ob es einen Unterschied zwischen der klassischen und der *PD2*-Eventstudie hinsichtlich des Zeitpunktes gibt, an dem eine vorgelagerte Reaktion auf das Event innerhalb der Daten identifiziert werden kann. Da die klassische Eventstudie (kumulierte) abnormale Renditen als eventbezogene Reaktion misst, während bei der *PD2*-Eventstudie eine Änderung des Dimensionsniveaus als Reaktion auf das Event gesehen wird, ist ein direkter Vergleich beider Messgrößen nicht möglich. Stattdessen erfolgt die Überprüfung der Hypothese in zwei Schritten.

Im ersten Schritt werden die zuvor nach Eventkategorie gruppierten Zeitreihenabschnitte beider Eventstudien zunächst in weitere Untergruppen unterteilt. Die Unterteilung erfolgt dabei nach den ausgewählten Unternehmen, sodass für jedes Unternehmen drei Untergruppen gebildet werden, innerhalb derer jeweils die Zeitreihenabschnitte nach positiven, neutralen und negativen Eventkategorien des Unternehmens gruppiert werden. Anschließend werden im ersten Testdurchgang innerhalb jeder Untergruppe die mittleren abnormalen Renditen bzw. die mittleren täglichen $PD2_t$ gebildet und mit den zuvor beschriebenen t-Tests für unterschiedliche Eventfenster getestet. Abbildung 24 veranschaulicht das Vorgehen bei der Gruppierung der Daten für die anschließenden Signifikanztests:

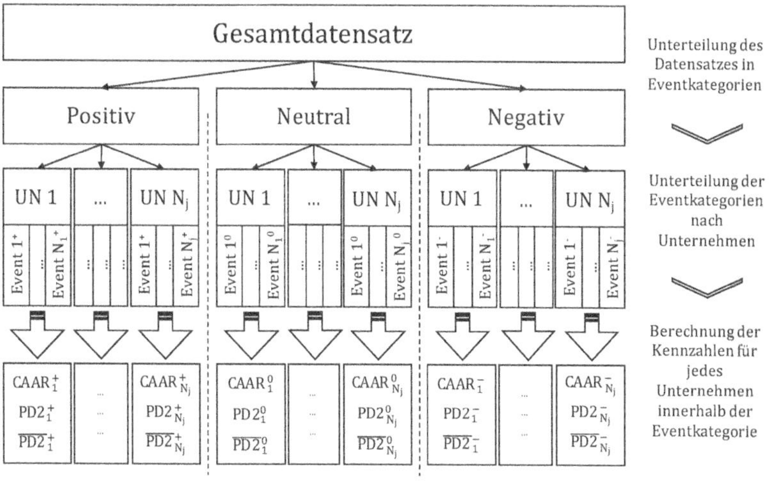

Abbildung 24: Gruppierung des Gesamtdatensatzes für Hypothese H1

Vorgehen bei der Gruppierung der Zeitreihenabschnitte für den zweistufigen Hypothesentest der Hypothese H1. Das Vorgehen ist dabei sowohl für die AR-Zeitreihenabschnitte der klassischen Eventstudie als auch für die *PD2*-Zeitreihenabschnitte der *PD2*-Eventstudie identisch.

Im zweiten Schritt werden die Ergebnisse der einzelnen Tests gesammelt und mittels des Fishers Exact Test darauf geprüft, ob die *PD2*-Eventstudie mehr signifikante Reaktionen misst als die klassische Eventstudie. Beide Schritte werden im Folgenden genauer erläutert.

Erster Schritt

Um eine Aussage darüber treffen zu können, ob es einen Unterschied zwischen beiden Eventstudien bei der Identifikation signifikanter Unterschiede im Vorfeld des Events gibt, wäre grundsätzlich eine Untersuchung über den gesamten Pre-Eventzeitraum ausreichend. Sollte die *PD2*-Eventstudie mehr signifikante Abweichungen der mittleren Dimensionalität im Vorfeld des Events finden, als die klassische Eventstudie es mit der Messung signifikanter kumulierter abnormalen Renditen vermag, könnte dies bereits als ein Beleg für die Überlegenheit der *PD2*-Eventstudie gewertet werden. Jedoch kann durch eine Unterteilung des Pre-Eventzeitraumes in mehrere nichtüberlappende Eventfenster eine differenziertere Untersuchung ermöglicht werden und es kann neben der Frage, ob die *PD2*-Eventstudie mehr signifikante Unterschiede im Pre-Eventzeitraum identifiziert zudem noch die Frage untersucht werden, in welchen Zeiträumen die *PD2*-Eventstudie eine mögliche Überlegenheit bei der Identifikation von eventbezogenen Reaktionen hinsichtlich der Sensitivität aufweist. Daher wird der Pre-Eventzeitraum für beide Untersuchungen in vier Eventfenster unterteilt (vgl. Tabelle 7). Für den Fall, dass beide Methoden keine signifikanten Reaktionen im Vorfeld des Events messen können, wird zusätzlich zu den Eventfenstern des Pre-Eventzeitraumes auch das Eventfenster t[-1: 1] mit in die Untersuchung aufgenommen, innerhalb dessen eine Reaktion gemäß der EMH stattfinden muss, falls das Ereignis im Vorfeld nicht vollständig antizipiert wurde.[293]

Tabelle 7: Eventfenster des Pre-Eventzeitraumes

	Tage des Eventfensters (Relativ zum Eventtag t(0))	
Zeitraum	**Erster Tag t_A**	**Letzter Tag t_E**
4. Woche vor dem Event	-20	-16
3. Woche vor dem Event	-15	-11
2. Woche vor dem Event	-10	-6
Die letzten vier Pre-Eventtage	-5	-2
Das Event	-1	1

Diese Eventfenster in Tabelle 7 bilden die Grundlagen für den ersten Testdurchgang. Der erste Testdurchgang besteht darin, bei beiden Eventstudien einen Signifikanztest für jedes der fünf Eventfenster in allen gebildeten Unterkategorien durchzuführen.

Bei der klassischen Eventstudie werden hierfür innerhalb einer gewählten Untergruppe die kumulierten mittleren abnormalen Renditen $CAAR[t_A:t_E]$ für das entsprechende Event-

[293] Das Eventfenster [-1: 1] kann an dieser Stelle als Kontrollfenster angesehen werden, da beide Methoden spätestens für dieses Eventfenster signifikante Ergebnisse anzeigen sollten.

fenster $[t_A : t_E]$ gebildet und mittels t-Test auf einen signifikanten Unterschied gegen null getestet.[294]

Sobald die t-Statistiken für alle Untergruppen berechnet wurden, werden für jedes Eventfenster und jede Eventkategorie die Anzahl der t-Statistiken bestimmt, bei denen der berechnete p-Wert kleiner als das Signifikanzniveau $\alpha = 0{,}05$ ist und die H_0-Hypo-these abgelehnt wird. Zusammen mit der Gesamtzahl der untersuchten Untergruppen ergibt sich daraus für ein Eventfenster $[t_A : t_E]$ der relative Anteil von signifikanten kumulierten mittleren abnormalen Renditen innerhalb einer Kategorie. Die Ergebnisse werden für den zweiten Schritt der Untersuchung wie in Tabelle 8 zusammengetragen:

Tabelle 8: Exemplarische Darstellung der Zwischenergebnisse der Hypothese H1.a

Eventfenster $[t_A : t_E]$	Kategorie der Events								
	Positiv			Neutral			Negativ		
	Anzahl Gesamt	Anzahl sig.	% sig.	Anzahl Gesamt	Anzahl sig.	% sig.	Anzahl Gesamt	Anzahl sig.	% sig.
[-20: -16]									
[-15: -11]									
[-10: -6]									
[-5: -2]									
[-1: 1]									

Um im Rahmen der *PD2*-Eventstudie zu prüfen, ob es signifikante Unterschiede zwischen den *PD2*-Niveaus vor dem Event und einem eventfreien Referenz-*PD2* gibt, werden die *PD2*-Mittelwerte der Eventfenster für alle Untergruppen ebenfalls mittels eines t-Tests getestet.

Für den Test werden die *PD2*-Zeitreihenabschnitte innerhalb der zuvor gebildeten Eventkategorien „Positiv", „Neutral" und „Negativ", wie schon bei der klassischen Eventstudie, in weitere Untergruppen nach den einzelnen Unternehmen unterteilt. Innerhalb jeder Untergruppe werden die mittleren täglichen $PD2_t$ und das $PD2_{ref}$ gebildet. Anschließend werden für alle Untergruppen die mittleren $\overline{PD2}_{[t_A:t_E]}$ für die in Tabelle 7 aufgelisteten Eventfenster $[t_A : t_E]$ berechnet und gemäß dem oben beschriebenen Test auf einen signifikanten Unterschied zu den jeweiligen $PD2_{ref}$-Werten getestet.

Sobald die t-Statistiken für alle Untergruppen berechnet worden sind, werden bei der *PD2*-Eventstudie ebenfalls alle t-Statistiken eines Eventfensters innerhalb einer Kategorie zusammengezählt, bei denen der berechnete p-Wert kleiner als das Signifikanz-Niveau $\alpha = 0{,}05$ ist und die Hypothese angenommen wurde.

294 Da in einem effizienten Markt sämtliche Informationen unmittelbar eingepreist werden, ist die erwartete Rendite gleich null. Dementsprechend darf es keine signifikanten abnormalen Renditen und auch keine kumulierten abnormalen Renditen geben.

Gemeinsam mit der Gesamtzahl der getesteten Untergruppen pro Kategorie ergibt sich für jedes Eventfenster und jede Eventkategorie ein Wert, der die relative Häufigkeit signifikanter Unterschiede zwischen dem Referenz-*PD2* und dem mittleren *PD2* innerhalb eines Eventfensters widerspiegelt. Für den anschließenden Vergleich mit der klassischen Eventstudie werden die Ergebnisse der *PD2*-Eventstudie ebenfalls entsprechend der Tabelle 8 zusammengefasst.

Zweiter Schritt

Der Vergleich der Ergebnisse aus der *PD2*-Eventstudie und der klassischen Eventstudie erfolgt mittels des Fishers Exact Tests auf Unabhängigkeit zweier Merkmale einer Stichprobe innerhalb einer 2×2 Kontingenztabelle (Fisher, 1934). Der Fishers Exact Test stellt keine Mindestanforderungen an den Stichprobenumfang und eignet sich somit auch für eine geringe Anzahl an Beobachtungen.[295]

Die übergeordnete Hypothese, dass bei der *PD2*-Eventstudie früher eine Reaktion in den Renditen (in Form einer signifikanten Dimensionalitätsänderung) identifiziert werden kann als bei der klassischen Eventstudie (in Form von signifikanten kumulierten abnormalen Renditen), lässt sich durch den Vergleich der relativen Anzahl signifikanter Ergebnisse beider Methoden innerhalb der gewählten Eventfenster überprüfen. Da die Kategorisierung primär für die Signifikanztests der CAR im ersten Schritt relevant ist und bei dem Vergleich der Anzahl signifikanter Ergebnisse für eine globale Aussage prinzipiell keine Rolle mehr spielt, wird für den Fishers Exact Test die Summe der Anzahl signifikanter Testergebnisse über die drei Kategorien hinweg verwendet. Auf diese Weise können für die einzelnen Eventfenster folgende Unterhypothesen gebildet werden:

$H_{1.a.1}$ Die *PD2*-Eventstudie weist in der vierten Woche [-20: -16] vor dem Event eine höhere Anzahl signifikanter Werte auf als die klassische Eventstudie

$H_{1.a.2}$ Die *PD2*-Eventstudie weist in der dritten Woche [-15: -11] vor dem Event eine höhere Anzahl signifikanter Werte auf als die klassische Eventstudie

$H_{1.a.3}$ Die *PD2*-Eventstudie weist in der zweiten Woche [-10: -6] vor dem Event eine höhere Anzahl signifikanter Werte auf als die klassische Eventstudie

$H_{1.a.4}$ Die *PD2*-Eventstudie weist in den letzten vier Tagen [-5: -2] vor dem Event eine höhere Anzahl signifikanter Werte auf als die klassische Eventstudie

$H_{1.a.5}$ Die *PD2*-Eventstudie weist während des Events [-1: 1] eine höhere Anzahl signifikanter Werte auf als die klassische Eventstudie

Jede Unterhypothese wird mittels Fishers Exact Test auf Signifikanz getestet. Eine Unterhypothese gilt als angenommen, wenn der berechnete p-Wert < 0,05 ist.

[295] In der Literatur wird der Fishers Exact Test häufig als sehr konservativ gesehen, wenn er mit einem fixierten Signifikanzlevel, wie z. B. $\alpha = 0.05$, verwendet wird (Pearson, 1947; McDonald et al., 1977; Haber, 1987). Für die vorliegende Arbeit ist dies aber im Sinne einer strengeren Überprüfung positiv anzumerken. Aufgrund der stark diskreten Natur der Testergebnisse kann die tatsächliche Wahrscheinlichkeit zur Ablehnung der Nullhypothese möglicherweise deutlich unter dem betrachteten Level liegen, sodass Befürworter des Tests von der Verwendung fixer Signifikanzniveaus abraten und stattdessen nur die Veröffentlichung der p-Werte empfehlen (Agresti, 1992, S. 146).

Damit die Überlegenheit der *PD2*-Eventstudie im Vergleich zur klassischen Eventstudie gezeigt werden kann, muss mindestens eine Unterhypothese angenommen werden. Misst die *PD2*-Eventstudie für ein Eventfenster signifikant häufiger signifikante Unterschiede zum Referenzwert, so ist dies ein Hinweis darauf, dass das *PD2* eine höhere Sensitivität gegenüber Marktreaktionen im Vorfeld des Events aufweist als die klassische Studie.[296] Eine steigende Anzahl von angenommenen Unterhypothesen deutet auf eine zunehmende Überlegenheit der *PD2*-Eventstudie gegenüber der klassischen Eventstudie hin. Um eine allgemeine Aussage über die Überlegenheit der *PD2*-Eventstudie gegenüber der klassischen Eventstudie treffen zu können, müssen die Signifikanzniveaus der Unterhypothesen zuvor im Rahmen einer α-Adjustierung angepasst werden. Da an dieser Stelle mehrere Tests gleichzeitig durchgeführt werden, steigt die Wahrscheinlichkeit eines Fehlers 1. Art, da sich die Fehlerwahrscheinlichkeiten bei multiplen Tests summieren.[297] Sofern eine globale Hypothese aufgestellt wird, für deren Annahme es erforderlich ist, dass die Teststatistiken der Unterhypothesen zu einem globalen α-Niveau signifikant sind oder mehrere Tests zur Beantwortung einer Hypothese durchgeführt werden, muss eine α-Adjustierung der Signifikanzniveaus der einzelnen Tests vorgenommen werden. Typischerweise wird hierfür die nach dem italienischen Statistiker Carlo Bonferroni (1892-1960) benannte Bonferroni-Adjustierung eingesetzt, welche auf einer von Neyman und Pearson (1928) vorgestellten Methode basiert und das gewählte Signifikanzniveau der einzelnen Tests durch die Gesamtzahl der durchgeführten Tests teilt. Alternativ können auch die errechneten p-Werte mit der Anzahl der durchgeführten Tests multipliziert werden.

Während eine α-Adjustierung der Testergebnisse beim zweiten Schritt des Hypothesentests von H1.a notwendig ist, wird für den ersten Schritt der Überprüfung keine α-Adjustierung vorgenommen, da einerseits keine globale Aussage auf Basis der einzelnen Testergebnisse getroffen wird und andererseits sowohl die klassische als auch die *PD2*-Eventstudie in gleichem Maße durch eine fehlende Adjustierung begünstigt werden.

Die fünf Unterhypothesen für die jeweiligen Eventfenster ermöglichen eine allgemeine Aussage über die Sensitivität der *PD2*-Eventstudie bei der Identifikation von signifikanten Änderungen in den Abhängigkeiten der Renditen im Vorfeld des Events. Um eine erweiterte Betrachtung zu ermöglichen, werden neben den Tests über alle Events zusätzlich auch Fishers Exact Tests für die kategorisierten Events durchgeführt. Dies ist insbesondere hinsichtlich der Sensitivität der *PD2*-Eventstudie bei der neutralen Eventkategorie interessant, da dort die klassische Eventstudie konstruktionsbedingt kaum signifikante Ergebnisse identifizieren dürfte.[298] Da es keine theoriegestützte Hypothese zu einem Unterschied in der Anzahl signifikanter

296 Sollte die klassische Eventstudie eine signifikant höhere Anzahl signifikanter Ergebnisse als das *PD2* innerhalb eines oder mehrerer Eventfenster aufweisen, muss dies bei der späteren Auswertung berücksichtigt und zur Anzahl signifikanter *PD2*-Ergebnisse gegenübergestellt werden. Eindeutige Aussagen zur Dominanz der einen oder der anderen Methode können in diesem Fall nicht mehr getroffen werden.

297 Wenn die H_0-Hypothese wahr ist und $p \leq 0{,}05$ als Testkriterium für alle Tests verwendet wird, dann wird bei 20 durchgeführten Tests durch Zufall eine signifikante Abweichung mit einer Wahrscheinlichkeit von 1 beobachtet werden können.

298 Da in der neutralen Eventkategorie die Zeitreihenabschnitte mit schwach positiven und negativen RUE gesammelt werden, sollten sich bei der klassischen Eventstudie die positiven und negativen abnormalen Renditen gegenseitig wegmitteln, sodass keine signifikante Abweichung zu Null messbar sein sollte.

Testergebnisse zwischen Eventkategorien gibt, werden die Testergebnisse aus rein explorativer Perspektive betrachtet.

H1.b **Die Höhe des *PD2* in dem Zeitraum vor dem Event unterscheidet sich von der Höhe des *PD2* in dem Zeitraum nach dem Event.**

Um die Dimensionalitätsniveaus vor und nach dem Event miteinander zu vergleichen, werden zwei Eventfenster symmetrisch um das Event gelegt. Anschließend wird für jedes Eventfenster das mittlere *PD2* berechnet und die beiden Mittelwerte mittels eines t-Tests auf einen signifikanten Unterschied hin getestet. Die Fensterbreite der Eventfenster wird auf zehn Tage festgelegt, sodass jeweils zwei Handelswochen vor und nach dem Event betrachtet werden. Damit die unmittelbare Reaktion des Marktes auf das Event in keines der beiden Fenster einfließt, sind die ersten Tage vor und nach dem Event nicht in den Eventfenstern enthalten. Somit umfasst das Pre-Eventfenster den Zeitraum [11: -2] und das Post-Eventfenster umfasst den Zeitraum [2: 11]. Gemäß den Überlegungen in Kapitel 2.4.3, sollte die Reaktion des *PD2* unabhängig von der Kategorie des Events ausfallen, sodass für diese Hypothese die Zeitreihenabschnitte des Gesamtdatensatzes („All.Ges") zur Berechnung der $PD2_t$ herangezogen werden können. Ob die Reaktion des *PD2* tatsächlich unabhängig von der Kategorisierung ausfällt, wurde bislang jedoch noch nicht überprüft und stellt den Gegenstand der Hypothese H1.c dar. Falls das *PD2* nicht unabhängig von den Kategorisierungen ist, kann die undifferenzierte Betrachtung über alle Events zu einer Verfälschung der Testergebnisse von Hypothese H1.b führen.[299] Wenn die Reaktion des *PD2* jedoch unabhängig von den Kategorisierungen des Events ist, so sollten sich die *PD2*-Niveaus der Pre- und Post-Eventfenster auch innerhalb der einzelnen Eventkategorien voneinander unterscheiden. Aus diesem Grund werden zur Beantwortung der Hypothese H1.b neben einer Unterhypothese für den gesamten Datensatz jeweils auch Unterhypothesen für die drei gebildeten Eventkategorien abgeleitet und getestet. Die Testung der Unterhypothesen ist notwendig, da der Gesamtdatensatz zwar sämtliche Ereignisse aller Kategorien umfasst, der Anteil der Events aus den einzelnen Eventkategorien jedoch nicht bekannt ist, sodass möglicherweise eine Kategorie innerhalb des Datensatzes überrepräsentiert ist. In diesem Fall könnte ein signifikanter Unterschied zwischen dem Dimensionalitätsniveau des Pre- und Post-Eventfensters eher ein Hinweis auf einen Effekt innerhalb der dominanten Kategorie sein als ein Beleg für die Unabhängigkeit der *PD2*-Eventstudie gegenüber den Eventkategorien. Ein signifikantes Testergebnis für den Gesamtdatensatz kann somit nur als ein Indiz für die Unabhängigkeit des *PD2* und der Gültigkeit der übergeordneten Hypothese dienen. Es kann jedoch als Gegenbeleg für die Unabhängigkeit des *PD2* angesehen werden, falls die Nullhypothese vom Gesamtdatensatz nicht abgelehnt werden kann, während die Nullhypothesen der Unterkategorien abgelehnt werden. Solch ein Ergebnis wäre ein Hinweis darauf, dass sich die *PD2*-Niveaus der drei Kategorien – wie bei der

[299] Falls das *PD2* auf ein Ereignis je nach Ereigniskategorie unterschiedlich reagiert, könnten sich die *PD2*-Werte der positiven Events mit den negativen *PD2*-Werten ausgleichen, mit dem Resultat, dass bei der Durchführung der *PD2*-Eventstudie mit dem Gesamtdatensatz keine signifikante Dimensionsänderung aufgrund des Events messbar wäre.

klassischen Eventstudie – gegenseitig ausgleichen und das *PD2* somit nicht ohne eine Kategorisierung eingesetzt werden kann.
Die zu testenden Hypothesen lauten:

$H_{1.b.1}$ Für die Daten „All.Ges" unterscheidet sich das $\overline{PD2}_{[-11:-2]}$ des Pre-Eventfensters signifikant vom $\overline{PD2}_{[2:11]}$ des Post-Eventfensters

$H_{1.b.2}$ Für die Daten „All.Pos" unterscheidet sich das $\overline{PD2}_{[-11:-2]}$ des Pre-Eventfensters signifikant vom $\overline{PD2}_{[2:11]}$ des Post-Eventfensters

$H_{1.b.3}$ Für die Daten „All.Neu" unterscheidet sich das $\overline{PD2}_{[-11:-2]}$ des Pre-Eventfensters signifikant vom $\overline{PD2}_{[2:11]}$ des Post-Eventfensters

$H_{1.b.4}$ Für die Daten „All.Neg" unterscheidet sich das $\overline{PD2}_{[-11:-2]}$ des Pre-Eventfensters signifikant vom $\overline{PD2}_{[2:11]}$ des Post-Eventfensters

Damit die Hypothese H1.b angenommen werden kann, sollten die gemessenen Unterschiede in den Pre- und Post-*PD2*-Niveaus bei allen Unterhypothesen das gleiche Vorzeichen aufweisen, und mindestens eine der Unterhypothesen $H_{1.b.2} - H_{1.b.4}$ sollte nach erfolgter α-Adjustierung der Testergebnisse angenommen werden.

H1.c. **Die Reaktion des *PD2* ist unabhängig von der Ausprägung des Events.**

Sofern das *PD2* unabhängig von der Art des Events ist, sollten sich die Verläufe der täglichen *PD2*-Werte der positiven, neutralen und negativen Eventkategorien während des Eventzeitraumes ähneln und miteinander korrelieren. Für die Überprüfung dieser Hypothese wird daher die mittlere Korrelation der drei *PD2*-Verläufe berechnet und geprüft, ob eine starke Korrelation vorliegt und ob diese signifikant ist. Hierzu werden zunächst die Pearson Korrelationskoeffizienten für die *PD2*-Verläufe von positiven und neutralen Events, positiven und negativen Events sowie von neutralen und negativen Events innerhalb eines Eventfensters berechnet. Anschließend werden die drei Korrelationskoeffizienten einer Fischer-Z-Transformation[300] unterzogen und ein Mittelwert über die transformierten Korrelationskoeffizienten gebildet. Um den mittleren Korrelationskoeffizienten aus den drei Kategorien zu erhalten, wird dieser Mittelwert wieder mittels inverser Fisher-Z-Transformation in interpretierbare Werte zurücktransformiert.

Als Eventfenster für die Korrelationsberechnung wird das Fenster [-20: 10] definiert. Damit ist ein hinreichend großer Zeitraum für die antizipativen Reaktionen im Vorfeld des

300 Die Fisher-Z-Transformation ist notwendig, da der Korrelationskoeffizient zweiseitig [-1: 1] begrenzt ist und nicht als intervallskalierte Maßzahl betrachtet werden kann. Um die Mittelwertbildung zu ermöglichen, wird der Korrelationskoeffizient durch die Transformation in seinem gesamten Wertebereich annähernd auf eine Normalverteilungsform gebracht (vgl. Bortz, 2013). Nach der Transformation lassen sich neben der Berechnung des Mittelwertes auch normalverteilungsbasierte Testmethoden auf den Korrelationskoeffizienten anwenden.

Events sowie für mögliche verzögerte Reaktionen nach dem Event gegeben. Da die Start- und Endzeitpunkte der Reaktion der täglichen *PD2*-Werte auf das Event nicht bekannt sind, kann nicht ausgeschlossen werden, dass in den Randbereichen des Eventfensters auch Zeitabschnitte vorhanden sind, die nicht durch das Event beeinflusst wurden. Aufgrund der Glättung durch die Eventstudie dürfte der *PD2*-Verlauf innerhalb dieser Zeitabschnitte keine Veränderungen in den *PD2*-Werten aufweisen. Diese Abschnitte bilden unabhängig von der Kategorie somit eine Flatline im Dimensionsverlauf und könnten die Korrelationsberechnung negativ beeinflussen.[301] Da sich diese partielle Korrelation auf die Korrelation des gesamten Eventfensters auswirkt, muss damit gerechnet werden, dass diese nach oben oder unten verzerrt ist.[302] Um diesem Umstand Rechnung zu tragen, wird die Hypothese nur dann angenommen, wenn mindestens eine hohe (signifikante) Korrelation vorliegt. Dies ist der Fall, wenn der Korrelationskoeffizient mindestens $|r| > 0{,}5$ beträgt (vgl. Cohen, 1988, S. 82).

Eine mögliche Korrelation zwischen den *PD2*-Verläufen der drei Kategorien lässt zwar eine Aussage darüber zu, ob die Reaktion bei den drei Kategorien identisch verläuft, es kann hierdurch aber noch nicht gezeigt werden, ob die absoluten Niveaus der mittleren *PD2* bei den drei Kategorien ebenfalls identisch sind. Um zu überprüfen, ob es einen Unterschied hinsichtlich der Höhe der absoluten Dimensionalitätsniveaus bei den drei Kategorien gibt, werden zusätzlich die $\overline{PD2}$ explorativ auf signifikante Unterschiede zwischen den drei Kategorien hin untersucht. Hierfür wird das verwendete Eventfenster [-20: 10] in ein Pre- und Post-Eventfenster der Länge [-20: -2] und [2: 10] unterteilt, wobei das Eventfenster [-1: 1] an dieser Stelle nicht berücksichtigt wird.

Der Vergleich der *PD2*-Niveaus der Pre-Eventfenster kann Rückschlüsse darüber liefern, ob die Reaktion im Vorfeld des Events von Kategorie zu Kategorie unterschiedlich stark ausfällt. Für die Untersuchung werden folgende *PD2*-Niveaus mittels 2-seitigem t-Test auf einen signifikanten Unterschied zueinander getestet:

$T_{1.c.1}$ $\overline{PD2}_{[-20:-2]}$ der Daten „All.Pos“ vs. $\overline{PD2}_{[-20:-2]}$ der Daten „All.Neu“

$T_{1.c.2}$ $\overline{PD2}_{[-20:-2]}$ der Daten „All.Pos“ vs. $\overline{PD2}_{[-20:-2]}$ der Daten „All.Neg“

$T_{1.c.3}$ $\overline{PD2}_{[-20:-2]}$ der Daten „All.Neu“ vs. $\overline{PD2}_{[-20:-2]}$ der Daten „All.Neg“

Falls mindestens eines der drei Testergebnisse nach einer α-Adjustierung einen signifikanten Wert aufweist, muss die Nullhypothese, dass kein Unterschied zwischen den Dimensionsniveaus der Eventkategorien vorliegt, abgelehnt und die Alternativhypothese akzeptiert werden. Dies würde hinsichtlich der Dimensionalitätsniveaus gegen die Hypothese H1.c sprechen, sofern jedoch in dem vorhergehenden Test eine hohe Korrelation zwischen den *PD2*-Niveaus

[301] Eine hohe Korrelation innerhalb dieser Zeitabschnitte beruht auf der Annahme, dass die Start- und Endzeitpunkte der Reaktion bei allen Kategorien gleich sind.

[302] Da die Wahrscheinlichkeit eventfreier Abschnitte mit steigender Eventfensterlänge wächst, wird nicht der gesamte Eventzeitraum betrachtet. Allerdings steigt mit einem kürzeren Eventfenster wiederum die Wahrscheinlichkeit, dass das Eventfenster nicht die gesamte Reaktion berücksichtigt. Für die Korrelationsberechnung ist diese Option jedoch die bessere Alternative, da das Ergebnis unverzerrt ist.

der Eventkategorien gemessen werden konnte, kann die Hypothese H2.c dennoch nicht vollständig verworfen werden.

Gemäß der EMH muss die Reaktion der Kurse unmittelbar nach Eintritt des Events abgeschlossen sein. Einzelne Untersuchungen, wie z. B. von Bernard und Thomas (1989) deuten jedoch auf eine verzögerte Kursreaktion im Nachgang einer Ergebnisveröffentlichung hin, was in Bezug auf das *PD2* bedeuten könnte, dass nach dem Event noch ein messbarer Unterschied zum eventfreien Dimensionalitätsniveau vorhanden sein könnte. Falls sich die Art des Events nicht nur auf die abnormalen Renditen auswirkt, sondern auch auf das *PD2*, könnte eine nachgelagerte Reaktion auf das Event auch zu unterschiedlichen *PD2*-Niveaus zwischen den Eventkategorien im Nachgang des Events führen.
Um diesen Überlegungen nachzugehen, werden die *PD2*-Niveaus der Post-Eventfenster der einzelnen Kategorien wie bei dem Pre-Eventfenster explorativ mittels 2-seitigem t-Test auf Unterschiede zueinander getestet. Die einzelnen Tests lauten wie folgt:

$T_{1.c.4}$ $\overline{PD2}_{[2:10]}$ der Daten „All.Pos" vs. $\overline{PD2}_{[2:10]}$ der Daten „All.Neg"

$T_{1.c.5}$ $\overline{PD2}_{[2:10]}$ der Daten „All.Pos" vs. $\overline{PD2}_{[2:10]}$ der Daten „All.Neu"

$T_{1.c.6}$ $\overline{PD2}_{[2:10]}$ der Daten „All.Neu" vs. $\overline{PD2}_{[2:10]}$ der Daten „All.Neg"

Die Ergebnisse werden wie bei der Untersuchung der Pre-Eventfenster einer α-Adjustierung unterzogen. Zeigt mindestens einer der Tests einen signifikanten Unterschied auf, ist dies ein weiterer Hinweis darauf, dass das *PD2* nicht vollkommen unabhängig von der Eventkategorie ist.

5.5.2 H2

Dieser Hypothesenblock soll die Gültigkeit der Effizienzmarkthypothese für die vorliegenden Daten mittels klassischer Effizienzmarkthypothese untersuchen und anschließend prüfen, inwieweit die Ergebnisse der *PD2*-Eventstudie den Ergebnissen der klassischen Eventstudie entsprechen. Die erste Hypothese aus dem zweiten Block lautet:

H2.a Vor dem Event können signifikante kumulierte abnormale Renditen gemessen werden

Diese Hypothese weist eine analoge Vorgehensweise zum ersten Schritt der klassischen Eventstudie von Hypothese H1.a auf. Im Gegensatz zur Hypothese H1.a ist der früheste Zeitraum, innerhalb dessen signifikante CAR gemessen werden können, an dieser Stelle nicht relevant, sodass eine Unterteilung des Pre-Eventzeitraumes in mehrere Fenster nicht notwendig ist. Als Eventfenster werden die letzten zwei Handelswochen [-11: -2] vor dem Event gewählt, innerhalb dessen die CAAR gebildet und gemäß der Teststatistik von Brown und Warner (1985) auf Signifikanz getestet werden. Ein direkter Test der Hypothese über den Gesamtdatensatz ist nicht zielführend, da auf diese Weise bei den Events keine Differenzierung zwischen den drei Eventkategorien stattfindet. Dies hätte zur Folge, dass sich die abnormalen Renditen der verschiedenen Kategorien aufgrund unterschiedlicher Vorzeichen[303] gegenseitig neutralisieren könnten und dadurch keine signifikanten kumulierten abnormalen Renditen gemessen werden. Zur Beantwortung der Hypothese H2.a müssen daher Unterhypothesen für die drei Eventkategorien gebildet werden. Die Unterhypothesen lauten:

$H_{2.a.1}$ Die $CAAR_{[-11;\,-2]}$ für den Datensatz „All.Pos" sind signifikant von Null verschieden.

$H_{2.a.2}$ Die $CAAR_{[-11;\,-2]}$ für den Datensatz „All.Neu" sind signifikant von Null verschieden.

$H_{2.a.3}$ Die $CAAR_{[-11;\,-2]}$ für den Datensatz „All.Neg" sind signifikant von Null verschieden.

Weisen die Tests der Unterhypothesen nach einer α-Adjustierung einen signifikanten Wert auf, kann dies als Hinweis für die Gültigkeit der Hypothese H2.a gesehen werden.

Wenn signifikante CAAR im Vorfeld des Events als antizipative Reaktionen nicht ausgeschlossen werden können, kann auch angenommen werden, dass sich das mittlere Dimensionalitätsniveau im Vorfeld des Events aufgrund der eventinduzierten Aktivitäten der Marktteilnehmer ebenfalls von dem Dimensionalitätsniveau unterscheidet, welches in einem eventfreien Zustand vorliegt.[304] Das eventfreie Dimensionalitätsniveau wird im Rahmen dieser Untersuchung durch das $PD2_{ref}$ dargestellt, sodass sich analog zu den Hypothesen der klassischen Eventstudie auch die Hypothesen für die *PD2*-Eventstudie aufstellen lassen. Für die Überprüfung der Hypothese, dass sich das mittlere Dimensionalitätsniveau vor dem Event von dem eventfreien Dimensionalitätsniveau unterscheidet, müssten entsprechend zu den vorhergehenden Überlegungen ebenfalls keine Unterhypothesen für die einzelnen Kategorien gebildet werden, da die Reaktion des *PD2* unabhängig von der Kategorisierung ausfallen sollte. Doch solange das Ergebnis der Hypothese H1.c nicht bekannt ist, kann auch hier nicht ausgeschlossen werden, dass die Reaktion der Dimensionalität im Vorfeld des Ereignisses je nach Kategorie unterschiedlich ausfallen kann. Neben der Unterhypothese für den Gesamtdatensatz werden daher zusätzlich noch Unterhypothesen für die Einzelkategorien gebildet und mittels der in Kapitel 5.5 konstruierten Teststatistik getestet. Die Unterhypothesen lauten:

$H_{2.a.4}$ Für die Daten „All.Ges" unterscheidet sich das $\overline{PD2}_{[-11;\,-2]}$ des Pre-Eventfensters signifikant vom eventfreien Dimensionalitätsniveau $PD2_{ref}$

$H_{2.a.5}$ Für die Daten „All.Pos" unterscheidet sich das $\overline{PD2}_{[-11;\,-2]}$ des Pre-Eventfensters signifikant vom eventfreien Dimensionalitätsniveau $PD2_{ref}$

303 Dass sich die Vorzeichen der kumulierten abnormalen Renditen zwischen den verschiedenen Kategorien der Ergebnisveröffentlichungen unterscheiden, lässt sich bspw. der Studie von MacKinlay (1997) entnehmen.

304 Signifikante CAAR deuten auf lineare Abhängigkeiten in den Daten hin. Da das *PD2* nicht nur auf nichtlineare Abhängigkeiten, sondern auch auf lineare Abhängigkeiten reagiert, sollten signifikante CAAR auch mit einer Änderung des *PD2* einhergehen.

$H_{2.a.6}$ Für die Daten „All.Neu" unterscheidet sich das $\overline{PD2}_{[-11;-2]}$ des Pre-Eventfensters signifikant vom eventfreien Dimensionalitätsniveau $PD2_{ref}$

$H_{2.a.7}$ Für die Daten „All.Neg" unterscheidet sich das $\overline{PD2}_{[-11;-2]}$ des Pre-Eventfensters signifikant vom eventfreien Dimensionalitätsniveau $PD2_{ref}$

Da die Ergebnisse der Unterhypothesen $H_{2.a.5}-H_{2.a.7}$ einer α-Adjustierung unterzogen werden, reicht die Annahme von mindestens einer dieser Unterhypothesen prinzipiell aus, um die Hypothese anzunehmen, dass sich das Dimensionalitätsniveau im Pre-Eventfenster von dem Dimensionalitätsniveau des Referenz-*PD2* unterscheidet. Im Gegensatz zur klassischen Eventstudie könnte die Hypothese bei der *PD2*-Eventstudie auch direkt durch die Unterhypothese $H_{2.a.4}$ des Gesamtdatensatzes getestet werden, sodass die Ergebnisse aus dessen Test mit den Ergebnissen der Tests der Unterhypothesen der Eventkategorien explorativ miteinander verglichen werden können.[305] Darüber hinaus kann eine nicht erfolgte Ablehnung der Nullhypothese von $H_{2.a.4}$ auch als Argument gegen die Hypothese H1.c betrachtet werden, sofern alle anderen Unterhypothesen angenommen werden, da dies ein Hinweis darauf sein könnte, dass sich die Dimensionalitätsniveaus der einzelnen Eventkategorien gegenseitig neutralisieren.

H2.b Beim Eintritt des Events können signifikante abnormale Renditen beobachtet werden

Um diese Hypothese zu testen, muss zunächst der Zeitraum definiert werden, innerhalb dessen das Event veröffentlicht wird.

Das Eventfenster kann entweder nur aus dem Tag t(0) der Ergebnisbekanntgabe bestehen oder auch den Tag vor bzw. nach der Veröffentlichung einschließen, falls nicht ausgeschlossen werden kann, dass die Ergebnisbekanntgabe am Eventtag erst nach Börsenschluss veröffentlicht oder der Eventtag fälschlicherweise dem Folgetag zugewiesen wurde (vgl. Hess und Bhagat, 1986). In Kapitel 5.2.2 wurde bereits darauf hingewiesen, dass das Eventfenster der Ergebnisbekanntgabe jeweils auch den Tag vor und nach dem offiziellen Veröffentlichungsdatum inkludiert. Sollte die Wahrscheinlichkeit für die Variation des Veröffentlichungszeitpunktes sehr groß sein, bietet sich für die klassische Untersuchung der genannten Hypothese ein Signifikanztest für $CAAR_{[-1;1]}$ an, um sämtliche Reaktionen der Ergebnisveröffentlichung einzufangen.[306] Da die Berechnung der Teststatistik der kumulierten mittleren abnormalen Renditen jedoch von der Anzahl der berücksichtigten Tage abhängt, steigt mit der Verwen-

---

[305] Der direkte Test der übergeordneten Hypothese kann aufgrund der fehlenden Verifikation hinsichtlich der Robustheit des *PD2* gegenüber der Eventkategorisierung nicht ohne die Berücksichtigung der Unterhypothesen betrachtet werden, da ein signifikanter Unterschied im Dimensionalitätsniveau innerhalb des Gesamtdatensatzes auch durch die Überrepräsentation einer Eventkategorie in den Daten zustande kommen könnte.

[306] Dieser Zeitraum wurde bspw. auch von (Chari et al., 1988; Landsman und Maydew, 2002; Battalio und Mendenhall, 2005; Fernando et al., 2016) zur Messung der Reaktion auf die Ergebnisveröffentlichung verwendet.

dung eines dreitägigen Eventfensters das Risiko für den Fehler 2. Art, falls bei den verwendeten Zeitreihenabschnitten nur wenige Ergebnisveröffentlichungen fälschlicherweise in den beiden Tagen um das Event herum enthalten sind. In solch einem Fall würde das $CAAR_{[-1;\,1]}$ annähernd der abnormalen Rendite am Tag t(0) entsprechen, deren Varianz in der Teststatistik würde jedoch dreifach gewichtet. Durch den Abgleich der Veröffentlichungszeitpunkte mit den Informationen von Zacks (vgl. Kapitel 5.2.2) kann bei dem aufbereiteten Datensatz von einer geringen Streuung des Ereignistages ausgegangen werden, sodass sich die Hypothese H2.b ausschließlich auf die abnormale Rendite am Tag t(0) bezieht, während für die beiden umgebenden Tage eine explorative Untersuchung auf signifikante abnormale Renditen durchgeführt wird.[307] Wie bei Hypothese H2.a kann auch die Hypothese H2.b nicht direkt getestet werden, sondern bedarf der Konstruktion von Unterhypothesen für die drei Eventkategorien. Die jeweiligen Unterhypothesen lauten:

$H_{2.b.1}$ Die abnormale Rendite für den Datensatz „All.Pos“ unterscheidet sich am Veröffentlichungstag t(0) signifikant von Null

$H_{2.b.2}$ Die abnormale Rendite für den Datensatz „All.Neu“ unterscheidet sich am Veröffentlichungstag t(0) signifikant von Null

$H_{2.b.3}$ Die abnormale Rendite für den Datensatz „All.Neg“ unterscheidet sich am Veröffentlichungstag t(0) signifikant von Null

Weist mindestens eine Unterhypothese nach einer α-Adjustierung signifikante Werte in der Teststatistik auf, kann dies als Hinweis für die Gültigkeit der Hypothese H2.b gewertet werden.

Für die explorative Untersuchung der beiden umgebenden Eventtage t(-1) und t(1) werden folgende Tests durchgeführt:

$T_{2.b.1.pre}$ Die abnormale Rendite für den Datensatz „All.Pos“ unterscheidet sich am Eventtag t(-1) signifikant von Null

$T_{2.b.2.pre}$ Die abnormale Rendite für den Datensatz „All.Neu“ unterscheidet sich am Eventtag t(-1) signifikant von Null

$T_{2.b.3.pre}$ Die abnormale Rendite für den Datensatz „All.Neg“ unterscheidet sich am Eventtag t(-1) signifikant von Null

$T_{2.b.1.post}$ Die abnormale Rendite für den Datensatz „All.Pos“ unterscheidet sich am Eventtag t(1) signifikant von Null

$T_{2.b.2.post}$ Die abnormale Rendite für den Datensatz „All.Neu“ unterscheidet sich am Eventtag t(1) signifikant von Null

$T_{2.b.3.post}$ Die abnormale Rendite für den Datensatz „All.Neg“ unterscheidet sich am Eventtag t(1) signifikant von Null

---

307 Für die beiden umgebenden Tage muss ein explorativer Ansatz gewählt werden, da bei der getroffenen Annahme davon ausgegangen wird, dass diese Tage keine abnormalen Renditen aufweisen und es für die entsprechende Hypothese keinen Test gibt. Sofern es jedoch eine Streuung der Eventmarker in dem Datensatz geben sollte, sollten sich auch in den Tagen vor und nach dem Event abnormale Renditen messen lassen.

Da die beiden umgebenden Eventtage individuell betrachtet werden, wird die Bonferroni-Adjustierung für die Ergebnisse der beiden Tage getrennt vorgenommen.

Grundsätzlich lässt sich die Hypothese H2.b der klassischen Eventstudie auch auf die *PD2*-Eventstudie übertragen, da das *PD2* sowohl nichtlineare als auch lineare Abhängigkeiten identifizieren kann und somit in der Lage sein sollte, mindestens auch die von der klassischen Eventstudie gemessenen Effekte zu erfassen. Zudem sollte die *PD2*-Eventstudie die Änderung der Dimensionalität am Ereignistag unabhängig von der Eventkategorie erkennen, sodass auch ein direkter Test der übergeordneten Hypothese mit dem Gesamtdatensatz möglich sein sollte und der Weg über die Validierung anhand der drei Unterhypothesen für die einzelnen Kategorien obsolet wird. Das *PD2*-Niveau $PD2_0$ des Eventtages wird dabei über alle vorhandenen Events gebildet und gegen das $PD2_{ref}$ getestet. Doch solange die Unabhängigkeit des *PD2* gegenüber den Eventkategorien nicht nachgewiesen wurde, kann auch hier nicht auf die Überprüfung der Hypothese mithilfe der Unterhypothesen der Eventkategorien verzichtet werden. Die Unterhypothese für den Gesamtdatensatz und die Unterhypothesen für die einzelnen Eventkategorien lauten:

$H_{2.b.4}$ Das $PD2_0$ am Veröffentlichungstag t(0) unterscheidet sich für den Datensatz „All.Ges“ signifikant vom eventfreien Dimensionalitätsniveau $PD2_{ref}$

$H_{2.b.5}$ Das $PD2_0$ am Veröffentlichungstag t(0) unterscheidet sich für den Datensatz „All.Pos“ signifikant vom eventfreien Dimensionalitätsniveau $PD2_{ref}$

$H_{2.b.6}$ Das $PD2_0$ am Veröffentlichungstag t(0) unterscheidet sich für den Datensatz „All.Neu“ signifikant vom eventfreien Dimensionalitätsniveau $PD2_{ref}$

$H_{2.b.7}$ Das $PD2_0$ am Veröffentlichungstag t(0) unterscheidet sich für den Datensatz „All.Neg“ signifikant vom eventfreien Dimensionalitätsniveau $PD2_{ref}$

Die Hypothese H2.b kann aus Sicht der *PD2*-Eventstudie angenommen werden, wenn mindestens eine der Unterhypothesen $H_{2.b.5} - H_{2.b.7}$ nach einer α-Adjustierung einen signifikanten Wert annimmt. Das Ergebnis des Tests der Unterhypothese $H_{2.b.4}$ kann aufgrund der unbekannten Verteilung der Kategorien innerhalb des Gesamtdatensatzes nicht ohne die Ergebnisse der anderen Unterhypothesen bewertet werden und dient erneut primär als möglicher Gegenbeleg zur Hypothese H1.c.

Der Vergleich des $PD2_0$ mit dem $PD2_{ref}$ liefert zwar einen Hinweis darauf, ob sich die Dimensionalität am Veröffentlichungstag signifikant von der eventfreien Dimensionalität unterscheidet, er liefert jedoch keine Informationen darüber, ob sich die Reaktion der Dimensionalität ausschließlich auf den Veröffentlichungstag beschränkt. Um den Zeitraum der Reaktion etwas einzugrenzen, werden daher auch die *PD2*-Niveaus der drei Eventkategorien sowie für den Gesamtdatensatz für die Tage vor und nach dem Event explorativ auf einen signifikanten Unterschied zum $PD2_{ref}$ getestet.[308]

Die explorativen Tests sind dabei analog zu den Tests der Hypothesen $H_{2.b.4} - H_{2.b.7}$ aufgebaut und lauten:

$T_{2.b.4.pre}$	Das $PD2_0$ am Eventtag t(-1) unterscheidet sich für den Datensatz „All.Ges" signifikant vom eventfreien Dimensionalitätsniveau $PD2_{ref}$
$T_{2.b.5.pre}$	Das $PD2_0$ am Eventtag t(-1) unterscheidet sich für den Datensatz „All.Pos" signifikant vom eventfreien Dimensionalitätsniveau $PD2_{ref}$
$T_{2.b.7.pre}$	Das $PD2_0$ am Eventtag t(-1) unterscheidet sich für den Datensatz „All.Neu" signifikant vom eventfreien Dimensionalitätsniveau $PD2_{ref}$
$T_{2.b.7.pre}$	Das $PD2_0$ am Eventtag t(-1) unterscheidet sich für den Datensatz „All.Neg" signifikant vom eventfreien Dimensionalitätsniveau $PD2_{ref}$
$T_{2.b.4.post}$	Das $PD2_0$ am Eventtag t(1) unterscheidet sich für den Datensatz „All.Ges" signifikant vom eventfreien Dimensionalitätsniveau $PD2_{ref}$
$T_{2.b.5.post}$	Das $PD2_0$ am Eventtag t(1) unterscheidet sich für den Datensatz „All.Pos" signifikant vom eventfreien Dimensionalitätsniveau $PD2_{ref}$
$T_{2.b.7.post}$	Das $PD2_0$ am Eventtag t(1) unterscheidet sich für den Datensatz „All.Neu" signifikant vom eventfreien Dimensionalitätsniveau $PD2_{ref}$
$T_{2.b.7.post}$	Das $PD2_0$ am Eventtag t(1) unterscheidet sich für den Datensatz „All.Neg" signifikant vom eventfreien Dimensionalitätsniveau $PD2_{ref}$

H2.c In dem Zeitraum nach dem Event gibt es signifikante kumulierte abnormale Renditen.

Die Vorgehensweise zur Überprüfung der Hypothese H2.c erfolgt analog zu der Überprüfung der Hypothese H2.a mit dem Unterschied, dass die kumulierte mittlere abnormale Rendite nicht für den Pre-, sondern für den Post-Eventzeitraum berechnet wird. Die Hypothese H2.c kann aus denselben Gründen wie zuvor nicht direkt getestet werden, sodass zu ihrer Überprüfung erneut Unterhypothesen für die drei Eventkategorien gebildet werden müssen. Als Eventfenster wird der Zeitraum [2: 11] festgelegt und die CAAR innerhalb der jeweiligen Kategorien berechnet. Anschließend werden die CAAR mittels zweiseitigem t-Test auf einen signifikanten Unterschied zu Null getestet. Die entsprechenden Unterhypothesen lauten:

[308] Eine α-Adjustierung der Ergebnisse wird an dieser Stelle nur hinsichtlich der Eventkategorien eines Tages, nicht hinsichtlich beider Tage vorgenommen, da die Ergebnisse für die beiden Tage unabhängig voneinander interpretiert werden und keine übergeordnete Hypothese bestätigt werden muss.

$H_{2.c.1}$ Die $CAAR_{[2:\ 11]}$ für den Datensatz „All.Pos“ sind signifikant von Null verschieden

$H_{2.c.2}$ Die $CAAR_{[2:\ 11]}$ für den Datensatz „All.Neu“ sind signifikant von Null verschieden

$H_{2.c.3}$ Die $CAAR_{[2:\ 11]}$ für den Datensatz „All.Neg“ sind signifikant von Null verschieden

Weist mindestens eine der drei Unterhypothesen nach einer α-Adjustierung ein signifikantes Testergebnis auf, kann die Hypothese H2.c als angenommen betrachtet werden.

Um mögliche nichtlineare Reaktionen des Kurses im Nachgang der Ergebnisveröffentlichung mithilfe der *PD2*-Eventstudie zu identifizieren, wird das mittlere Dimensionalitätsniveau für das Post-Eventfenster [2: 11] gebildet und auf einen signifikanten Unterschied zum eventfreien Dimensionalitätsniveau $PD2_{ref}$ getestet. Die Hypothesen für die *PD2*-Eventstudie werden dabei ebenfalls aus den Hypothesen der klassischen Eventstudie abgeleitet, da die Hypothese von kumulierten abnormalen Renditen im Post-Eventzeitraum lineare Abhängigkeiten in den Daten impliziert, welche vom *PD2* ebenfalls erkannt werden sollten. Darüber hinaus können mittels der *PD2*-Eventstudie auch mögliche, von der klassischen Eventstudie nicht beobachtbare, nichtlineare Abhängigkeiten identifiziert werden. Für die Überprüfung der Hypothese, dass sich das mittlere Dimensionalitätsniveau nach dem Event von dem eventfreien Dimensionalitätsniveau unterscheidet, werden erneut drei Unterhypothesen für die einzelnen Eventkategorien gebildet. Zusätzlich wird auch eine Unterhypothese für den Gesamtdatensatz aufgestellt, um die Hypothese direkt zu messen. Wie zuvor erläutert, ist der Test über den Gesamtdatensatz nur zur explorativen Betrachtung gedacht und dient primär als Kontrolle der Hypothese H1.c. Die Unterhypothesen lauten:

$H_{2.c.4}$ Für die Daten „All.Ges“ unterscheidet sich das $\overline{PD2}_{[2:\ 11]}$ des Post-Eventfensters signifikant vom eventfreien Dimensionalitätsniveau $PD2_{ref}$

$H_{2.c.5}$ Für die Daten „All.Pos“ unterscheidet sich das $\overline{PD2}_{[2:\ 11]}$ des Post-Eventfensters signifikant vom eventfreien Dimensionalitätsniveau $PD2_{ref}$

$H_{2.c.6}$ Für die Daten „All.Neu“ unterscheidet sich das $\overline{PD2}_{[2:\ 11]}$ des Post-Eventfensters signifikant vom eventfreien Dimensionalitätsniveau $PD2_{ref}$

$H_{2.c.7}$ Für die Daten „All.Neg“ unterscheidet sich das $\overline{PD2}_{[2:\ 11]}$ des Post-Eventfensters signifikant vom eventfreien Dimensionalitätsniveau $PD2_{ref}$

Wird mindestens eine der drei Unterhypothesen $H_{2.c.5} - H_{2.c.7}$ nach erfolgter α-Adjustierung angenommen, kann die Hypothese, dass sich das Dimensionalitätsniveau nach dem Event von dem eventfreien Dimensionalitätsniveau unterscheidet, aus Sicht der *PD2*-Eventstudie angenommen werden. Sollte der Wert des Tests der Hypothese $H_{2.c.4}$ nicht signifikant ausfallen, während alle drei Testergebnisse der restlichen Unterhypothesen signifikant sind, so deutet dies auf eine Verletzung der Hypothese H1.c hin.

5.5.3 H3

Die Anwendung der Eventstudie zur Überprüfung der AMH hat in dieser Form bislang noch nicht stattgefunden, da die Eventstudie auf die Identifikation systematischer und kurzfristiger abnormaler Renditen im Rahmen eines zuvor festgelegten Events ausgelegt ist und somit auf die mittelstarke Form der EMH abzielt, während die AMH von Effizienzschwankungen im Sinne der schwachen Form ausgeht und nach Veränderungen in den (nicht-)linearen Abhängigkeiten in den historischen Daten sucht. Sofern die abnormale Rendite als systematische Abweichung von der erwarteten Rendite in einem effizienten Markt verstanden werden kann, besteht das Ziel der Überprüfung der Hypothese H3 darin, die Veränderung der systematischen Abweichung im Laufe der Zeit zu betrachten und somit zu prüfen, ob die Reaktion des Marktes auf das Ereignis effizienter geworden ist. Eine kontinuierliche Betrachtung der Veränderung über einzelne Jahre bzw. Quartale hinweg ist nicht möglich, da die Methode der Eventstudien eine Mindestanzahl an Events bzw. Zeitreihen benötigt, um nicht-eventbezogene Kursreaktionen hinreichend gut herauszufiltern. Die Notwendigkeit der Eventkategorisierung bei der klassischen Eventstudie verschärft diese Problematik, da die Mindestanzahl an Events innerhalb der Eventstudie für jede Kategorie erreicht sein sollte, damit eine statistische Analyse möglich ist. Dementsprechend kann die Betrachtung der systematischen Veränderungen nur für ausreichend lange Zeitperioden vorgenommen werden, innerhalb derer die Eventstudie durchgeführt wird. Deshalb wird der Untersuchungszeitraum in vier Perioden gemäß Tabelle 6 unterteilt, wobei Periode 1 und 3 krisenfrei und Periode 2 und 4 krisenbehaftet sind. Innerhalb jeder Periode wird anschließend eine weitere Unterteilung in die Eventkategorien vorgenommen. Die Untersuchung des Hypothesenblocks H3 mittels *PD2*-Eventstudie wird ausschließlich explorativ durchgeführt und am Ende des Blocks gemeinsam für die beiden übergeordneten Hypothesen erläutert.

H3.a Die Reaktion auf das Event verläuft in Periode 3 effizienter als in Periode 1

Die AMH geht von einer Effizienzzunahme über die Jahre hinweg aus, gestattet jedoch Effizienzschwankungen und -einbrüche aufgrund von Schocks oder Krisen. Ein Vergleich alle vier Perioden würde an dieser Stelle zu schwer interpretierbaren Ergebnissen führen, da zwei der vier Perioden krisenbehaftet sind und eine Änderung der Effizienz in diesen beiden Perioden nicht zwangsläufig dem technologischen Fortschritt bzw. der allgemeinen Entwicklung des Marktes zugeschrieben werden kann, sondern auch durch die enthaltenen Krisen hervorgerufen worden sein kann. Um die Hypothese zu überprüfen, dass der Markt mit der Zeit effizienter wird, werden daher nur die krisenfreien Perioden 1 und 3 miteinander verglichen.

Für die Beantwortung der Hypothese H3.a muss der Pre-Eventzeitraum und der Eventzeitraum der Ergebnisveröffentlichung getrennt voneinander betrachtet werden.

Bei der Betrachtung des Pre-Eventzeitraumes werden die kumulierten abnormalen Renditen der Pre-Eventfenster beider krisenfreier Perioden miteinander verglichen. Eine Steigerung der Effizienz des Marktes kann für den Pre-Eventzeitraum bspw. eine frühere und präzisere Antizipation des Unternehmensergebnisses durch die Analysten bedeuten sowie einen besseren Umgang der Marktteilnehmer mit den im Vorfeld veröffentlichten ergebnisbezogenen

Nachrichten. Eine sehr wichtige Informationsquelle für unternehmensbezogene Meldungen im Vorfeld der Ergebnisveröffentlichung stellen die Ergebnisvorankündigungen der Unternehmen dar, die bspw. in Form von Gewinnwarnungen, wichtige Informationen über die zu veröffentlichenden Unternehmensergebnisse enthalten und eine vorzeitige Kursanpassung ermöglichen (vgl. Skinner und Sloan, 2002, S. 291). Soffer et al. (2000) berichten, dass Vorankündigungen im Schnitt 20 Kalendertage vor der Ergebnisveröffentlichung an die Analysten und Investoren gemeldet werden, was in etwa drei Handelswochen entspricht. In einem effizienten Markt sollten diese Informationen unmittelbar in den Aktienpreis einfließen, sodass zwischen den Vorveröffentlichungen und den Ergebnisveröffentlichungen keine signifikanten Preisanpassungen mehr stattfinden sollten. Dementsprechend sollte die kumulierte abnormale Rendite innerhalb dieses Zeitraumes umso geringer ausfallen, je effizienter der Markt ist.

Bezogen auf die beiden Perioden 1 und 3 lässt sich dementsprechend die erste übergeordnete Hypothese formulieren:

H3.aI Die kumulierten abnormalen Renditen des Pre-Eventfensters in der Periode 3 sind betragsmäßig kleiner als die kumulierten abnormalen Renditen in Periode 1

Um mögliche Preisanpassungen durch Vorankündigungen aus dem Untersuchungsfenster möglichst auszuschließen, werden als Pre-Eventfenster die drei Handelswochen vor der Ergebnisveröffentlichung festgelegt, wobei der Eventtag t(-1) zum Eventfenster der Ergebnisveröffentlichung gezählt wird. Bezogen auf die drei Eventkategorien lassen sich hieraus für die kumulierten abnormalen Renditen des Pre-Eventfensters [-16: -2] folgende Unterhypothesen bilden, die mittels einseitigem t-Test[309] getestet werden, dessen Testergebnisse anschließend einer α-Adjustierung unterzogen werden.

$H_{3.aI.1}$ Die $CAAR_{[-16:\,-2]}$ des Datensatzes „Pos.P3" sind betragsmäßig geringer als die $CAAR_{[-16:\,-2]}$ des Datensatzes „Pos.P1"

$H_{3.aI.2}$ Die $CAAR_{[-16:\,-2]}$ des Datensatzes „Neu.P3" sind betragsmäßig geringer als die $CAAR_{[-16:\,-2]}$ des Datensatzes „Neu.P1"

$H_{3.aI.3}$ Die $CAAR_{[-16:\,-2]}$ des Datensatzes „Neg.P3" sind betragsmäßig geringer als die $CAAR_{[-16:\,-2]}$ des Datensatzes „Neg.P1"

Da sich die CAAR bei der neutralen Eventkategorie gegenseitig ausgleichen sollten und die CAAR dementsprechend in beiden Perioden Null betragen müsste, spielt die Unterhypothese $H_{3.aI.2}$ bei der Überprüfung der Hypothese H3.aI eher eine untergeordnete Rolle[310], sodass der Fokus auf die beiden Unterhypothesen der positiven und negativen Eventkategorie gelegt wird. Dabei ist eine individuelle Betrachtung der Testergebnisse sinnvoll, da bei der positiven

[309] Da hier die Mittelwerte der CAAR miteinander verglichen werden, wird nicht der t-Test nach Brown und Warner (1985), sondern ein normaler t-Test eingesetzt. Die CAAR ergeben sich dabei aus den mittleren CAR der einzelnen Events.

[310] Auf die Überprüfung der neutralen Eventkategorie sollte dennoch nicht verzichtet werden, da ein signifikantes Testergebnis bspw. ein Hinweis auf eine ungeeignete Eventkategorisierung sein kann.

und negativen Ereigniskategorie eine unterschiedlich starke Reaktion in den CAAR erwartet werden kann.

Sofern innerhalb des Pre-Eventfensters keine weiteren Informationen zu der Ergebnisveröffentlichung durchsickern, werden am Veröffentlichungstag t(0) neue Informationen veröffentlicht, die im Falle einer positiven oder negativen Gewinnüberraschung in einem effizienten Markt unmittelbar zu einer präzisen Kurskorrektur führen sollten.[311]

Ist der Markt hingegen nicht vollkommen effizient, kann es vorkommen, dass am Veröffentlichungstag die Informationen aus den Unternehmensergebnissen von den Marktteilnehmern unvollständig oder inkorrekt verarbeitet werden, sodass die Kurskorrektur nicht sofort im vollen Umfang stattfindet. Hieraus lässt sich die zweite übergeordnete Hypothese des Hypothesenblocks H3.a aufstellen:

H3.aII Die abnormale Rendite am Veröffentlichungstag ist in Periode 3 betragsmäßig höher als die abnormale Rendite in Periode 1.

Zur Überprüfung dieser Hypothese müssen die beiden Perioden jeweils in die drei Eventkategorien unterteilt und die abnormalen Renditen am Tag der Ergebnisveröffentlichung der jeweiligen Kategorienpaare zwischen den beiden Perioden miteinander verglichen werden. Es ergeben sich folgende Unterhypothesen, die mittels einseitigem t-Test getestet werden:

$H_{3.aII.1}$ Für den Veröffentlichungstag t(0) ist die abnormale Rendite des Datensatzes „Pos.P3" betragsmäßig höher als die abnormale Rendite des Datensatzes „Pos.P1"

$H_{3.aII.2}$ Für den Veröffentlichungstag t(0) ist die abnormale Rendite des Datensatzes „Neu.P3" betragsmäßig höher als die abnormale Rendite des Datensatzes „Neu.P1"

$H_{3.aII.3}$ Für den Veröffentlichungstag t(0) ist die abnormale Rendite des Datensatzes „Neg.P3" betragsmäßig höher als die abnormale Rendite des Datensatzes „Neg.P1"

Wie auch bei den kumulierten durchschnittlichen abnormalen Renditen der vorangehenden Hypothese ist bei der abnormalen Rendite der neutralen Eventkategorie keine starke Reaktion zu erwarten.[312] Bei den abnormalen Renditen der positiven und negativen Eventkategorien werden hingegen deutliche Reaktionen am Veröffentlichungstag erwartet, wobei sich die zu testende Veränderung der abnormalen Renditen über die beiden Perioden hinweg bei den beiden Eventkategorien unterschiedlich stark ausgeprägt sein dürfte.[313] So finden bspw. Kaminsky und Schmukler (1999, S. 558) im Rahmen ihrer empirischen Untersuchung Belege dafür, dass Investoren stärker auf negative Nachrichten reagieren als auf positive. Daraus

---

[311] Dies ist nicht der Fall, wenn zwischen der letzten Analystenprognose und der Ergebnisveröffentlichung eine Gewinnwarnung seitens des Unternehmens herausgegeben wird, da die Kurskorrektur in solch einem Fall direkt nach der Gewinnwarnung vollzogen wird und am Tag der Ergebnisveröffentlichung mit keiner starken Reaktion mehr zu rechnen ist.

[312] Ein neutrales Event bedeutet dessen korrekte Antizipation durch die Analysten und Marktteilnehmer, sodass die Ergebnisveröffentlichung keine kursrelevanten neuen Informationen liefert und es folglich keinen Grund für eine Kursanpassung gibt.

[313] Skinner und Sloan (2002) finden in ihren Untersuchungen von Wachstumstiteln Hinweise darauf, dass negative Gewinnüberraschungen im Vergleich zu positiven Gewinnüberraschungen zu asymmetrisch großen Preisreaktionen führen.

kann z. B. gefolgert werden, dass die absolute Höhe der abnormalen Renditen bei positiven Events grundsätzlich niedriger ausfällt als bei negativen Events, wodurch die Differenz bei den abnormalen Renditen der positiven Events zwischen den beiden Perioden bei einer Effizienzsteigerung auch niedriger ausfallen dürfte als die Differenz der abnormalen Renditen der negativen Events. Damit einhergehend sollte auch die Messung eines signifikanten Unterschiedes bei den AR der positiven Events schwieriger werden als bei den AR der negativen Events. Um die Hypothese H3.aII aus Sicht der klassischen Eventstudie anzunehmen, sollte mindestens ein Test nach erfolgter α-Adjustierung einen signifikanten Wert aufweisen.
Sofern die Antizipationen der Analysten im Laufe der Zeit ebenfalls präziser werden, sollte sich auch die Höhe der Gewinnüberraschungen im Laufe der Zeit verringern, woraus sich die dritte übergeordnete Hypothese ergibt:

H3.aIII Die relativen unerwarteten Gewinne in der Periode 3 sind kleiner als die relativen unerwarteten Gewinne in Periode 1.

Die RUE werden einer positiven oder negativen Kategorie zugeordnet, wenn sie um mehr als 5 % von den relativen erwarteten Gewinnen abweichen. Fällt die Abweichung geringer aus, werden die RUE der neutralen Kategorie zugeordnet, sodass die neutrale Kategorie sowohl niedrige positive als auch niedrige negative RUE enthält und dementsprechend im Durchschnitt bei Null liegen müsste. Da eine Änderung in den RUE der anderen beiden Kategorien keine Auswirkung auf den Erwartungswert der neutralen Kategorie haben sollte, werden für die Überprüfung der übergeordneten Hypothese nur zwei Unterhypothesen aufgestellt und mittels eines einfachen einseitigen t-Tests getestet:

$H_{3.aIII.1}$ Die RUE des Datensatzes „Pos.P3" sind geringer als die RUE des Datensatzes „Pos.P1".

$H_{3.aIII.2}$ Die RUE des Datensatzes „Neg.P3" sind geringer als die RUE des Datensatzes „Neg.P1".

Die Hypothese H3.aIII ist als Ergänzung zu den beiden vorhergehenden Hypothesen gedacht, da sie nicht die Effizienz im Sinne der Reaktion des Marktes beschreibt, sondern die Effizienz der Analysten im Sinne einer präziseren Prognose. Die beiden Unterhypothesen sind unabhängig voneinander zu betrachten, da hohe positive RUE auf eine pessimistischere Einstellung der Analysten hindeuten, während hohe negative RUE auch ein Hinweis auf eine zu optimistische Sichtweise der Analysten sein könnten.

Neben der Annahme, dass Märkte lernfähig sind und damit im Laufe der Zeit effizienter werden, erlaubt die AMH auch temporäre Schwankungen der Effizienz, woraus sich die zweite übergeordnete Hypothese aus dem Hypothesenblock H3 ergibt:

H3.b Die Reaktion auf das Event ist in den Perioden 2 & 4 weniger effizient als in den Perioden 1 & 3

Die übergeordnete Hypothese beruht auf der Annahme, dass die Markteffizienz in Krisenzeiten geringer ist als in krisenfreien Zeiten. Einen Hinweis darauf konnten bspw. Cheong et al. (2007) für den malaysischen Aktienmarkt finden. Sie können mithilfe des Hurst Exponenten zeigen, dass die Marktineffizienz während der malaysischen Wirtschaftskrise (1997-1998) im Vergleich zu den Perioden vor und nach der Krise am höchsten ist. Perioden mit Krisen oder Schocks können starke Turbulenzen am Aktienmarkt verursachen und die Anleger zu Panikreaktionen animieren.[314] Uninformierte Marktteilnehmer können bspw. trotz solider Fundamentaldaten einen Preissturz verursachen, indem sie bei sinkenden Kursen die falschen Rückschlüsse ziehen und auf diese Weise kleine Preisänderungen zu großen diskontinuierlichen Preissprüngen aufblähen (vgl. Barlevy und Veronesi, 2003). Kaminsky und Schmukler (1999, S. 558) kommen im Rahmen ihrer Untersuchungen zu dem Ergebnis, dass einerseits die Anzahl von Nachrichtenmeldungen während einer Krisenperiode steigt und andererseits die Unsicherheit der Investoren in Bezug auf die in den Nachrichten enthaltenen Informationen zunimmt. Bezogen auf das Ereignis der Ergebnisveröffentlichung kann daher geschlussfolgert werden, dass die Marktteilnehmer das Event während einer Krisenperiode schlechter antizipieren können und die Preisanpassungen im Vorfeld des Events aufgrund von Vorankündigungen oder anderen Meldungen nicht so rasch und präzise erfolgen wie in krisenfreien Perioden. Hierdurch kann sich für professionelle Investoren die Gelegenheit ergeben, abnormale Renditen zu erwirtschaften, was zu folgender Hypothese führt:

H3.bI: Die kumulierten durchschnittlichen abnormalen Renditen des Pre-Eventfensters sind in den krisenfreien Perioden 1 & 3 betragsmäßig geringer als in Krisenperioden 2 & 4.

Um diese übergeordnete Hypothese zu testen, müssen für die klassische Eventstudie erneut Unterhypothesen entsprechend den Eventkategorien gebildet werden. Im verfügbaren Beobachtungszeitraum sind zwei krisenbehaftete (Periode 2 & 4) und zwei krisenfreie (Periode 1 & 3) Perioden vorhanden, weshalb für die Berechnung der CAAR einer Eventkategorie jeweils die Datensätze beider krisenbehafteten und beider krisenfreien Perioden zusammengelegt werden.

Als Eventzeitraum wird erneut der Zeitraum [-16: -2] zwischen den Vorankündigungen und der Ergebnisveröffentlichung festgelegt. Die $CAAR_{[-16:\,-2]}$ für die krisenfreie Periode werden für die einzelnen Eventkategorien wie folgt konstruiert:

$$CAAR_{[-16:\,-2]}^{P1,P3} = \frac{1}{N_{P1} + N_{P3}} \left(\sum_{j=1}^{N_{P1}} CAR_{[-16:\,-2],j} + \sum_{i=1}^{N_{P3}} CAR_{[-16:\,-2],i} \right),$$

mit N_{P1}=Anzahl der Events in Periode 1 und N_{P3}=Anzahl der Events in Periode 3.

Analog dazu lauten die $CAAR_{[-16:\,-2]}$ der krisenbehafteten Perioden:

[314] Bereits der Begriff „Panikreaktion" weist darauf hin, dass es sich bei der Reaktion um keine rationale Handlung handelt.

$$CAAR_{[-16:-2]}^{P2,P4} = \frac{1}{N_{P2}+N_{P4}}\left(\sum_{j=1}^{N_{P2}} CAR_{[-16:-2],j} + \sum_{i=1}^{N_{P4}} CAR_{[-16:-2],i}\right),$$

mit N_{P2}=Anzahl der Events in Periode 2 und N_{P4}=Anzahl der Events in Periode 4.

Die CAAR der jeweiligen Kategorien werden in die oben genannten Formeln auf Basis der entsprechenden Datensätze gemäß Tabelle 6 gebildet. Anschließend werden die krisenbehafteten CAAR mittels des einseitigen t-Tests von Brown und Warner (1985) auf einen signifikanten Unterschied gegen die krisenfreien CAAR getestet. Die Unterhypothesen lauten:

$H_{3.bI.1}$ Die $CAAR_{[-16:-2]}^{Pos.P1,Pos.P3}$ der krisenfreien Perioden 1 & 3 sind betragsmäßig geringer als die $CAAR_{[-16:-2]}^{Pos.P2,Pos.P4}$ der Krisenperioden 2 & 4

$H_{3.bI.2}$ Die $CAAR_{[-16:-2]}^{Neu.P1,Neu.P3}$ der krisenfreien Perioden 1 & 3 sind betragsmäßig geringer als die $CAAR_{[-16:-2]}^{Neu.P2,Neu.P4}$ der Krisenperioden 2 & 4

$H_{3.bI.3}$ Die $CAAR_{[-16:-2]}^{Neg.P1,Neg.P3}$ der krisenfreien Perioden 1 & 3 sind betragsmäßig geringer als die $CAAR_{[-16:-2]}^{Neg.P2,Neg.P4}$ der Krisenperioden 2 & 4

Es ist nicht davon auszugehen, dass bei den CAAR der neutralen Kategorie ein signifikanter Unterschied zwischen den krisenfreien und krisenbehafteten Perioden gemessen werden kann, weshalb die zweite Unterhypothese bei der Beantwortung der Hypothese H3.bII nicht berücksichtigt wird.[315,316] Für die Beantwortung der Hypothese H3.bII sind somit die Ergebnisse der beiden Unterhypothesen $H_{3.bI.1}$ und $H_{3.bI.3}$ ausschlaggebend.

Eine suboptimale Informationsverarbeitung durch die Marktteilnehmer während Krisenzeiten bedeutet auch, dass nicht alle relevanten Informationen in den veröffentlichten Unternehmensergebnissen vollständig erkannt oder verarbeitet werden. Infolgedessen kann angenommen werden, dass die Kursanpassung am Tag der Ergebnisveröffentlichung in Krisenperioden weniger präzise erfolgt als in krisenfreien Perioden, sodass folgende Hypothese aufgestellt werden kann:

H3.bII: Die abnormalen Renditen am Tag der Ergebnisveröffentlichung fallen in Krisenzeiten betragsmäßig geringer aus als in krisenfreien Zeiten.

[315] Die neutrale Kategorie enthält sowohl Events mit einem leicht positiven RUE als auch Events mit einem leicht negativen RUE, deren CAAR innerhalb des Pre-Eventfensters unterschiedliche Vorzeichen aufweisen und sich somit gegenseitig neutralisieren dürften, sodass die CAAR der neutralen Kategorie erwartungsgemäß bei Null liegen sollten und Unterschiede zwischen den Perioden höchstens durch eine andere Verteilung der RUE innerhalb des Datensatzes hervorgerufen werden könnten.

[316] Die Unterhypothese für die neutrale Kategorie ist zwar für die klassische Eventstudie nicht von Bedeutung, sie kann jedoch als Vergleichsgrundlage für die explorative Betrachtung mittels *PD2*-Eventstudie verwendet werden, da das *PD2* unabhängig von der Eventkategorisierung sein sollte.

Wie schon bei der Hypothese H3.bI kann die Hypothese H3.bII nicht direkt mithilfe des Gesamtdatensatzes geprüft werden, da die abnormalen Renditen am Eventtag, abhängig von der Eventkategorie, erwartungsgemäß ein anderes Vorzeichen aufweisen dürften und eine undifferenzierte Betrachtung der abnormalen Renditen aufgrund dessen sowohl für die krisenfreien Perioden als auch für die Krisenperioden einen Erwartungswert von Null hätten, sodass ein Unterschied nicht messbar wäre. Dementsprechend müssen für die Überprüfung der Hypothese wieder Unterkategorien entsprechend den Eventkategorien gebildet werden, um die durchschnittlichen abnormalen Renditen in Krisenzeiten mit den durchschnittlichen abnormalen Renditen in krisenfreien Zeiten auf einen signifikanten Unterschied zu testen. Die krisenfreien abnormalen Renditen werden wie die kumulierten abnormalen Renditen für die jeweilige Kategorie als durchschnittliche abnormale Renditen aus den beiden zusammengelegten Datensätzen der krisenfreien Perioden 1 und 3 gebildet:

$$AR_{P1,P3}(0) = \frac{1}{N_{P1} + N_{P3}} \left(\sum_{j=1}^{N_{P1}} AR_j(0) + \sum_{i=1}^{N_{P3}} AR_i(0) \right).$$

Analog dazu werden die abnormalen Renditen der Krisenperioden als durchschnittliche abnormale Renditen der Perioden 2 und 4 gebildet:

$$AR_{P2,P4}(0) = \frac{1}{N_{P2} + N_{P4}} \left(\sum_{j=1}^{N_{P2}} AR_j(0) + \sum_{i=1}^{N_{P4}} AR_i(0) \right).$$

Die zu testenden Unterhypothesen lauten:

$H_{3.bII.1}$ Die $AR_{Pos.P1,\ Pos.P3}(0)$ der krisenfreien Perioden 1 & 3 sind betragsmäßig größer als die $AR_{Pos.P2,\ Pos.P4}(0)$ der krisenbehafteten Perioden 2 & 4

$H_{3.bII.2}$ Die $AR_{Neu.P1,\ Neu.P3}(0)$ der krisenfreien Perioden 1 & 3 sind betragsmäßig größer als die $AR_{Neu.P2,\ Neu.P4}(0)$ der krisenbehafteten Perioden 2 & 4

$H_{3.bII.3}$ Die $AR_{Neg.P1,\ Neg.P3}(0)$ der krisenfreien Perioden 1 & 3 sind betragsmäßig größer als die $AR_{Neg.P2,\ Neg.P4}(0)$ der krisenbehafteten Perioden 2 & 4

Die Unterhypothesen werden mittels einseitigem t-Test getestet. Ein allgemeiner Rückschluss von einer Unterhypothese auf die übergeordnete Hypothese kann an dieser Stelle nicht getroffen werden, da einerseits bei der Unterhypothese der neutralen Kategorie kein signifikantes Ergebnis zu erwarten ist und andererseits entsprechend den Ergebnissen von Kaminsky und Schmukler (1999, S. 558) damit gerechnet werden muss, dass Investoren stärker auf negative Nachrichten reagieren als auf positive, sodass die Unterhypothese für die negative Eventkategorie mit einer höheren Wahrscheinlichkeit angenommen werden sollte als die Unterhypothese der positiven Eventkategorie. Sollten die Beträge der abnormalen Renditen am Veröffentlichungstag jedoch sowohl bei der positiven als auch bei der negativen Eventkategorie in krisenfreien Perioden höher ausfallen als in den Krisenperioden und sollte zudem mindestens einer der beiden Tests einen signifikanten Wert aufweisen, kann dies als ein Hinweis auf die Gültigkeit der Hypothese H3.bII gesehen werden.

Überprüfung des Hypothesenblocks H3 mittels PD2-Eventstudie

Die Übertragung der Hypothesen des Blocks H3 auf die *PD2*-Eventstudie ist im Gegensatz zu den vorhergehenden Hypothesen nicht direkt möglich, denn während die angenommene Steigerung der Effizienz über die Perioden hinweg grundsätzlich immer geringere abnormale Renditen impliziert, können aufgrund der bislang fehlenden Theorie zu Dimensionalitätsentwicklungen im Rahmen einer Eventstudie keine Implikationen über die Auswirkungen einer Effizienzerhöhung auf die Entwicklung der Dimensionalität vor oder während des Events getroffen werden. Zwar konnte Lim (2006) mithilfe des Hinich-Bikorrelationstests signifikante nichtlineare Abhängigkeiten und Strukturen in Krisenzeiten messen, jedoch lassen sich dadurch einerseits nur Implikationen auf die schwache Form der EMH schließen und andererseits nur Informationen hinsichtlich der Existenz und der Häufigkeit der gemessenen Nichtlinearitäten entnehmen, nicht aber über das Ausmaß bzw. die Stärke der Nichtlinearitäten.

Grundsätzlich kann die EMH als verletzt angesehen werden, sobald sich Nichtlinearitäten in den Daten identifizieren lassen. Ausgehend von der Annahme, dass die Dimensionalität bei einer Zufallszeitreihe unendlich groß ist bzw. nicht messbar sein sollte, müsste die Verletzung der EMH umso stärker ausfallen, je geordneter der Markt ist und je weniger Freiheitsgrade auf die Dynamik des Marktes einwirken.[317] Eine höhere Unsicherheit am Markt, wie sie in Krisenzeiten vorherrscht, kann wiederum dazu führen, dass Marktteilnehmer vermehrt irrationale und systematische Fehlentscheidungen treffen und somit eine höhere Ordnung (in Form von gleichgerichtetem Fehlverhalten, wie z. B. dem Herdentrieb, vgl. Nofsinger und Sias, 1999, S. 2263) im System erzeugen, sodass eine vergleichsweise niedrigere gemessene Dimensionalität auf einen höheren Grad an Ineffizienz hindeuten könnte.

Für die explorative Betrachtung der Hypothese H3.a hinsichtlich einer effizienteren Reaktion in Periode 3 gegenüber Periode 1, können die Unterhypothesen H3.aI und H3.aII der klassischen Eventstudie als Konstruktionsvorlage für die *PD2*-Eventstudie verwendet werden.

Sollte der Markt im Laufe der Jahre effizienter geworden sein, so kann auch mit einer effizienteren Antizipation bzw. eines effizienteren Verhaltens im Vorfeld des Events gerechnet werden. Analog zur Hypothese H3.aI sollte eine Änderung dann auch in den mittleren Dimensionalitätsniveaus der Pre-Eventfenster beobachtbar sein. Um diese Annahme zu überprüfen, werden die mittleren *PD2*-Niveaus der Pre-Eventfenster [-16: -2] der jeweiligen Eventkategorien sowie des Gesamtdatensatzes aus Periode 1 mit denselben Pre-Eventfenstern aus Periode 3 mittels 2-seitigem t-Test[318] auf einen signifikanten Unterschied hin getestet, sodass sich folgende Tests ergeben.

---

[317] Eine eventuelle Prognose eines Aktienkurses müsste dementsprechend umso schwieriger sein, je höher die gemessene Dimension ist, da bei unendlich vielen Dimensionen Zufall vorherrscht und eine Prognose überhaupt nicht mehr möglich ist, sodass der Markt an solch einem Zeitpunkt als vollkommen effizient betrachtet werden kann.

[318] Das mittlere *PD2*-Niveau eines Datensatzes ergibt sich aus den durchschnittlichen mittleren *PD2*-Niveaus der einzelnen Events.

$T_{3.aI.1}$ $\overline{PD2}_{[-16;-2]}$ der Daten „P1.Ges" vs. $\overline{PD2}_{[-16;-2]}$ der Daten „P3.Ges"

$T_{3.aI.2}$ $\overline{PD2}_{[-16;-2]}$ der Daten „P1.Pos" vs. $\overline{PD2}_{[-16;-2]}$ der Daten „P3.Pos"

$T_{3.aI.3}$ $\overline{PD2}_{[-16;-2]}$ der Daten „P1.Neu" vs. $\overline{PD2}_{[-16;-2]}$ der Daten „P3.Neu"

$T_{3.aI.4}$ $\overline{PD2}_{[-16;-2]}$ der Daten „P1.Neg" vs. $\overline{PD2}_{[-16;-2]}$ der Daten „P3.Neg"

Im Gegensatz zur klassischen Eventstudie wird die neutrale Eventkategorie aufgrund der angenommenen Robustheit des *PD2* gegenüber den Eventkategorien auch in die Ergebnisauswertung der mittleren *PD2*-Niveaus der Pre-Eventfenster aufgenommen, da sich eine Veränderung der Dimensionalität infolge einer allgemeinen Effizienzzunahme innerhalb des Marktes bei allen drei Kategorien in die gleiche Richtung bewegen sollte.

Der Test des Gesamtdatensatzes dient erneut als Kontrolle hinsichtlich der Unabhängigkeit des *PD2* gegenüber den Eventkategorien. Sollte der Test des Gesamtdatensatzes nicht signifikant ausfallen, während die Tests der Eventkategorien alle signifikante Werte liefern, ist dies ein Hinweis darauf, dass die Dimensionalitätsniveaus abhängig von der Eventkategorie sind und sich wie die abnormalen Renditen der klassischen Eventstudie gegenseitig neutralisieren.

Bezogen auf die Hypothese H3.aII wird für den Gesamtdatensatz und jede Eventkategorie das Dimensionalitätsniveau $PD2_0$ am Veröffentlichungstag während der Periode 1 mittels zweiseitigem t-Test auf einen signifikanten Unterschied[319] zum Dimensionalitätsniveau des Veröffentlichungstages der Periode 3 getestet, sodass sich folgende Tests ergeben.

$T_{3.aII.1}$ $PD2_0$ der Daten „P1.Ges" vs. $PD2_0$ der Daten „P3.Ges"

$T_{3.aII.2}$ $PD2_0$ der Daten „P1.Pos" vs. $PD2_0$ der Daten „P3.Pos"

$T_{3.aII.3}$ $PD2_0$ der Daten „P1.Neu" vs. $PD2_0$ der Daten „P3.Neu"

$T_{3.aII.4}$ $PD2_0$ der Daten „P1.Neg" vs. $PD2_0$ der Daten „P3.Neg"

Wie schon bei dem Test der mittleren Dimensionalitätsniveaus erläutert, kann die neutrale Eventkategorie ebenfalls bei der Auswertung berücksichtigt werden.

Um eine allgemeine Aussage darüber treffen zu können, ob sich das Dimensionalitätsniveau am Veröffentlichungstag von Periode 1 zu Periode 3 signifikant verändert hat, sollten die gemessenen signifikanten Differenzen zwischen den $PD2_0$-Werten aufgrund der ange-

[319] Die oben aufgeführte Überlegung hinsichtlich einer höheren Ordnungsbildung aufgrund von gleichgerichtetem irrationalen Verhalten reicht an dieser Stelle nicht als Grundlage für einen einseitigen Test aus, da es auch denkbar wäre, dass ein irrationales Verhalten in Zeiten größerer Unsicherheit zu willkürlichen Entscheidungen führt, die die Zeitreihe eher verrauschen, als dass sie eine Ordnung hinein bringen.

nommenen Unempfindlichkeit des *PD2* gegenüber den Eventkategorien allerdings dasselbe Vorzeichen aufweisen.

Da sich die Hypothese H3.aIII auf die RUE bezieht, gilt sie sowohl für die klassische als auch für die *PD2*-Eventstudie, sodass sie nicht gesondert im Rahmen der *PD2*-Eventstudie überprüft werden muss.

Für die explorative Untersuchung der Hypothese H3.b mittels der *PD2*-Eventstudie muss die Annahme getroffen werden, dass sich die Dimensionalität vor und während des Events zwischen den krisenfreien und den krisenbehafteten Perioden aufgrund eines unterschiedlichen Effizienzniveaus in beiden Perioden ebenfalls unterscheidet. Zur Überprüfung dieser Annahme werden die *PD2*-Niveaus der verschiedenen Perioden mittels eines explorativen Vorgehens auf einen signifikanten Unterschied hin überprüft. Die Überprüfung erfolgt nach der jeweiligen Eventkategorie, wobei für die Konstruktion des durchschnittlichen *PD2* des Eventtages t(0) oder des mittleren $\overline{PD2}$ eines Eventfensters für die krisenfreie Periode die entsprechenden Datensätze aus Periode 1 und 3 zusammengelegt werden, während für die durchschnittlichen *PD2* der krisenbehafteten Periode die jeweiligen Datensätze aus Periode 2 und 4 als ein Datensatz betrachtet werden.[320] Tabelle 9 zeigt die Kombinationen der Datensätze entsprechend der Tabelle 6 an, die für die Konstruktion der jeweiligen *PD2* im Rahmen der Untersuchung zur AMH verwendet werden:

Tabelle 9: Datensatzkombinationen zur Untersuchung der AMH mittels *PD2*-Eventstudie

		Kategorie			
	PD2	**Gesamt**	**Positiv**	**Neutral**	**Negativ**
Zustand	**Krisenfrei**	[Ges.P1, Ges.P3]	[Pos.P1, Pos.P3]	[Neu.P1, Neu.P3]	[Neg.P1, Neg.P3]
	Krisenbehaftet	[Ges.P2, Ges.P4]	[Pos.P2, Pos.P4]	[Neu.P2, Neu.P4]	[Neg.P2, Neg.P4]

Für die Übertragung der Hypothese H3.bI auf die *PD2*-Eventstudie werden die mittleren Dimensionalitätsniveaus der Pre-Eventfenster [-16: -2] für die krisenfreie und krisenbehaftete Periode anhand der Tabelle 9 gebildet und nach den jeweiligen Eventkategorien sowie für den Gesamtdatensatz mittels 2-seitigem t-Test auf einen signifikanten Unterschied getestet. Die Tests für die einzelnen Kategorien lauten wie folgt.

---

320 Bspw. wird das $PD2_0$ der positiven Kategorie der krisenfreien Periode als der Mittelwert über alle $PD2_{i0}$ aus den Datensätzen Pos.P1 und Pos.P3 gebildet.

$T_{3.bI.1}$ $\overline{PD2}_{[-16;-2]}$ des Gesamtdatensatzes im krisenfreien Zeitraum vs. $\overline{PD2}_{[-16;-2]}$ des Gesamtdatensatzes im krisenbehafteten Zeitraum

$T_{3.bI.2}$ $\overline{PD2}_{[-16;-2]}$ der positiven Kategorie im krisenfreien Zeitraum vs. $\overline{PD2}_{[-16;-2]}$ der positiven Kategorie im krisenbehafteten Zeitraum

$T_{3.bI.3}$ $\overline{PD2}_{[-16;-2]}$ der neutralen Kategorie im krisenfreien Zeitraum vs. $\overline{PD2}_{[-16;-2]}$ der neutralen Kategorie im krisenbehafteten Zeitraum

$T_{3.bI.4}$ $\overline{PD2}_{[-16;-2]}$ der negativen Kategorie im krisenfreien Zeitraum vs. $\overline{PD2}_{[-16;-2]}$ der negativen Kategorie im krisenbehafteten Zeitraum

Ob sich die Hypothese der unterschiedlichen mittleren Dimensionalitätsniveaus im Vorfeld des Events zwischen krisenfreien und krisenbehafteten Zeiten bestätigt, hängt von der gemeinsamen Betrachtung der α-adjustierten Testergebnisse der Eventkategorien ab. Eine Einzelbetrachtung der Testergebnisse ist an dieser Stelle aber auch sinnvoll, da Marktteilnehmer wie oben angeführt insbesondere in Krisenzeiten stärker auf negative Nachrichtenmeldungen reagieren und es dementsprechend einen größeren Unterschied beim Dimensionalitätsniveau der negativen Kategorie zwischen den krisenfreien und krisenbehafteten Perioden geben könnte.

Die Hypothese H3.bII der klassischen Eventstudie, dass die abnormalen Renditen am Tag der Ergebnisveröffentlichung in Krisenzeiten geringer ausfallen als in krisenfreien Zeiten, impliziert eine geringere Effizienz am Veröffentlichungstag in Krisenzeiten, da der durch die Informationen in den Ergebnisveröffentlichungen induzierte Preisanpassungsprozess nicht vollständig abgeschlossen wurde. Wenn die Effizienz umso geringer ist, je stärker das Verhalten der Aktienkurse vom Zufall abweicht, bedeutet dies für die Dimensionalität, dass eine geringere Effizienz mit einer höheren Ordnung des Systems und damit mit einer niedrigeren Dimension einhergeht. Es liegt daher die Vermutung nahe, dass die Dimensionalität am Veröffentlichungstag in Krisenperioden niedriger ausfallen sollte als in krisenfreien Perioden. Um diese Vermutung zu überprüfen, wird das $PD2_0$ der krisenfreien Perioden mit dem $PD2_0$ der krisenbehafteten Perioden mittels 2-seitigem t-Test[321] auf signifikante Unterschiede getestet. Die Konstruktion der $PD2_0$ erfolgt dabei analog zur Konstruktion der mittleren *PD2* aus der Übertragung der Hypothese H3.bI auf die *PD2*-Eventstudie, mit dem Unterschied, dass kein mittleres *PD2* des Pre-Eventfensters erzeugt wird, sondern das mittlere $PD2_0$ des Veröffentlichungstages. Für die drei Eventkategorien und den Gesamtdatensatz ergeben sich folgende Einzeltests.

321 Der Einsatz eines 2-seitigem Tests erfolgt aufgrund der Tatsache, dass die niedrigere Dimensionalität am Veröffentlichungstag während einer krisenbehafteten Periode lediglich eine Vermutung darstellt und es sich prinzipiell auch argumentieren ließe, dass das Anlegerverhalten in Krisenzeiten irrationaler und unsicherer ist, wodurch die Anleger zu willkürlichem und unvorhersehbarem Verhalten tendieren. Ein unvorhersehbares und zufälligeres Verhalten könnte wiederum einen Dimensionalitätsanstieg bedeuten.

$T_{3bII.1}$ $PD2_0$ des Gesamtdatensatzes im krisenfreien Zeitraum vs. $PD2_0$ des Gesamtdatensatzes im krisenbehafteten Zeitraum

$T_{3bII.2}$ $PD2_0$ der positiven Eventkategorie im krisenfreien Zeitraum vs. $PD2_0$ der positiven Eventkategorie im krisenbehafteten Zeitraum

$T_{3bII.3}$ $PD2_0$ der neutralen Eventkategorie im krisenfreien Zeitraum vs. $PD2_0$ der neutralen Eventkategorie im krisenbehafteten Zeitraum

$T_{3bII.4}$ $PD2_0$ der negativen Eventkategorie im krisenfreien Zeitraum vs. $PD2_0$ der negativen Eventkategorie im krisenbehafteten Zeitraum

Um eine Aussage über die Gültigkeit der Annahme, dass sich das Dimensionalitätsniveau am Veröffentlichungstag von krisenfreien und krisenbehafteten Perioden unterscheidet, treffen zu können, sollten die Differenzen der *PD2*(0)-Niveaus bei allen Einzeltests das gleiche Vorzeichen besitzen, und es sollte mindestens ein Test nach erfolgter α-Adjustierung einen signifikanten Wert aufweisen. Wie bei den mittleren *PD2* des Pre-Eventzeitraumes muss auch eine Einzelbetrachtung der Testergebnisse vorgenommen werden, um zu überprüfen, ob die Veränderung des $PD2_0$ in Krisenzeiten unterschiedliche Vorzeichen zwischen den Eventkategorien aufweist.[322] Sollte dies der Fall sein, kann eine Aussage über die Gültigkeit der Hypothese H3.bII aus Sich der *PD2*-Eventstudie nur mit großer Vorsicht getroffen werden.

[322] Diese Betrachtung wird rein explorativer Natur und durch keinen Tests abgesichert sein. Implikationen bezüglich einer unterschiedlichen Reaktion zwischen zwei Tests können nur dann getroffen werden, wenn ein Test signifikante Werte aufweist und der andere nicht.

6 Ergebnisse der empirischen Studie

6.1 Deskriptive Statistik

Von den im Rohdatensatz enthaltenen 73 Unternehmen konnten insgesamt 23 Unternehmen alle Selektionskriterien erfüllen und sowohl eine ausreichende Datenlänge als auch die erforderlichen Informationen über die erwarteten und realisierten Gewinne aufweisen. Aus den Tagesendkursen der ausgewählten Unternehmen wurden log-Returns gebildet, deren deskriptive Statistiken in Tabelle 10 zu sehen sind. Die deskriptive Statistik umfasst dabei nur jene Bereiche der log-Return-Zeitreihen, die für die Eventstudie verwendet wurden. Zeitreihenabschnitte ohne Eventmarker oder fehlender Informationen zu den erwarteten/realisierten Gewinnen wurden ebenfalls nicht berücksichtigt.

Tabelle 10: Deskriptive Statistik der ausgewählten log-Return Zeitreihen

Unternehmen	Symbol	Mittelwert	SD	Minimum	Maximum	Anzahl
Apple Inc.	*AAPL*	0,0010	0,0319	-0,7312	0,2868	4776
Adobe Inc.	*ADBE*	0,0005	0,0334	-0,3532	0,2599	4583
Amazon	*AMZN*	0,0009	0,0283	-0,2462	0,2386	2001
Applied Materials Inc.	*AMAT*	0,0005	0,0326	-0,1510	0,2282	4836
Automatic Data Processing	*ADP*	0,0003	0,0166	-0,2689	0,1178	4826
Broadcom Corp.	*BRCM*	0,0003	0,0418	-0,2158	0,3399	3575
Cisco Systems, Inc.	*CSCO*	0,0005	0,0286	-0,2210	0,2182	4765
Cognizant Technology Solutions Corp	*CTSH*	0,0013	0,0362	-0,2809	0,2578	3521
Comcast Corp.	*CMCSA*	0,0003	0,0207	-0,1586	0,2275	2064
Dell Inc.	*DELL*	0,0007	0,0301	-0,2610	0,1886	4835
eBay Inc.	*EBAY*	0,0004	0,0363	-0,2304	0,3178	3441
Gilead Sciences, Inc.	*GILD*	0,0010	0,0334	-0,2542	0,2212	4454
Google Inc.	*GOOG*	0,0009	0,0219	-0,1234	0,1823	1999
Intel Corp.	*INTC*	0,0004	0,0260	-0,2489	0,1833	4764
Intuit Inc.	*INTU*	0,0006	0,0338	-0,3487	0,2933	4702
Microsoft Corp.	*MSFT*	0,0005	0,0212	-0,1696	0,1787	4835
Qualcomm Inc.	*QCOM*	0,0008	0,0336	-0,1845	0,3272	4836
Sirius XM Holdings Inc.	*SIRI*	-0,0002	0,0474	-0,7280	0,4190	2003
Starbucks Corp.	*SBUX*	0,0007	0,0269	-0,3325	0,1687	4840
Texas Instruments Inc.	*TXN*	0,0003	0,0295	-0,2012	0,2157	3951
T Rowe Price Group Inc.	*THROW*	0,0006	0,0271	-0,1977	0,1950	4837
Twenty-First Century Fox Inc.	*FOXA*	0,0002	0,0246	-0,1699	0,1887	1938
Yahoo! Inc	*YHOO*	0,0006	0,0386	-0,2444	0,3901	3831

W. Wagner, *Nichtlineare Zeitreihenanalyse als neue Methode für Eventstudien*,
Komplexität, Entrepreneurship und Ökonomische Bildung,
https://doi.org/10.1007/978-3-658-24443-9_6

Mit Ausnahme von einem Unternehmen weisen alle Unternehmen positive durchschnittliche log-Returns auf, die zwischen -0,0002 (Sirius Holdings Inc.; SD=0,0474) und 0,0013 (Cognizant Technology Solutions Corp.; SD=0,0362) liegen und damit die insgesamt positive Entwicklung der Aktienmärkte in dem betrachteten Zeitraum von 1994 – 2012 widerspiegeln. Abgesehen vom negativen Mittelwert zeichnet sich Sirius Holdings Inc. mit einem Wert von SD=0,00474 auch durch die höchste Standardabweichung des log-Returns aus. Die Anzahl der vorhandenen Datenpunkte variiert mitunter sehr stark zwischen den Unternehmen mit Werten zwischen 1938 (Twenty-First Century Fox Inc.) und 4837 (T Rowe Price Group Inc.) Datenpunkten. Dies liegt zum einen daran, dass für einige Unternehmen die Daten zu den erwarteten und realisierten Gewinnen erst im Laufe der Jahre verfügbar waren, und zum Anderen daran, dass einige der Unternehmen zu Beginn des Untersuchungszeitraumes noch nicht an der NASDAQ-Börse gehandelt wurden bzw. noch überhaupt nicht am Markt waren. So waren zu Beginn des Beobachtungszeitraumes lediglich von 11 der 23 Unternehmen vollständige Eventdaten vorhanden. Erst ab dem Jahr 2006 lieferten alle 23 Unternehmen vollständige Eventdaten, sodass auch die Anzahl der verfügbaren Events in der letzten Periode am größten ist, wobei die letzte Periode mit einer Dauer von sechs Jahren auch die längste der vier Perioden ist.

Folgende Tabelle 11 zeigt eine Übersicht über die Events innerhalb der vier Perioden.

Insgesamt weist die Stichprobe 1340 Events auf. Während sich die Anzahl positiver Events über die Perioden fast verdoppelt hat, hat sich die Anzahl der neutralen und negativen Events in den ersten drei Perioden kaum verändert. Erst in der vierten Periode hat die Anzahl von neutralen und negativen Events deutlich zugenommen, wobei die Menge der negativen Events sogar die positiven Events überstiegen hat.

Tabelle 11: Periodische Übersicht der kategorisierten Events

		Eventkategorie			
Zeitraum	**Jahre**	**Positiv**	**Neutral**	**Negativ**	**Gesamt**
1994-1998	5	110	56	58	224
1999-2002	4	162	56	61	279
2003-2006	4	185	66	59	310
2007-2012	6	202	104	217	523
Summe	19	659	282	395	**1336**

Tabelle 12 zeigt eine Übersicht über die Anzahl der berücksichtigten Events der jeweiligen Unternehmen gemäß den Eventkategorien. Es fällt auf, dass die Verteilung zwischen positiven und negativen Events nur bei sehr wenigen Unternehmen, wie z. B. Intuit, Gilead Sciences oder Sirius XM Holdings, annähernd gleich ausfällt und der überwiegende Teil der Unternehmen eine deutliche Tendenz zu positiven oder negativen Gewinnüberraschungen aufweist. Automatic Data Processing hat als einziges Unternehmen mehr neutrale Gewinnüberraschungen als positive oder negative Gewinnüberraschungen. Des Weiteren neigen Unternehmen mit einer relativ großen Anzahl an neutralen Events auch dazu, darüber hinaus mehr positive als negative Events zu haben.

Tabelle 12: Übersicht der kategorisierten Events der ausgewählten Unternehmen

Unternehmen	Eventkategorie		
	Positiv	Neutral	Negativ
Adobe Inc.	36	8	29
Amazon	2	0	26
Apple Inc.	57	3	11
Applied Materials Inc.	55	10	8
Automatic Data Processing	12	48	13
Broadcom Corp.	17	0	34
Cisco Systems, Inc.	27	25	20
Cognizant Technology Solutions Corp	23	21	8
Comcast Corp.	19	3	7
Dell Inc.	33	25	14
eBay Inc.	21	8	22
Gilead Sciences, Inc.	25	15	27
Google Inc.	4	3	21
Intel Corp.	49	9	14
Intuit Inc.	29	6	32
Microsoft Corp.	53	12	7
Qualcomm Inc.	30	10	31
Sirius XM Holdings Inc.	11	2	12
Starbucks Corp.	32	29	12
Texas Instruments Inc.	36	14	9
T Rowe Price Group Inc.	36	24	13
Twenty-First Century Fox Inc.	19	2	6
Yahoo! Inc	33	5	19

Die Ausprägungen der Events wurden entsprechend dem Vorgehen in Kapitel 5.2.2.3 in Form der RUE berechnet. Tabelle 13 fasst die Informationen zu den RUE entsprechend den Eventkategorien zusammen. Es zeigt sich, dass die negativen RUE mit einem Mittelwert von -0,3394 (SD=1,4043) im Schnitt betragsmäßig größer ausfallen als die positiven RUE, die einen Mittelwert von 0,2621 (SD=0,7169) aufweisen. Auch ist der maximale negative RUE mit -24,33 betragsmäßig mehr als doppelt so groß wie der maximale positive RUE. Da die positiven und negativen RUE jeweils eine Unter- bzw. Obergrenze haben, werden die niedrigsten Werte nicht näher betrachtet. Die neutrale Kategorie, innerhalb der sich die RUE befinden, die einen Wert zwischen -0,025 und 0,025 aufweisen, liegt mit einem Mittelwert von 0,0011 (SD=0,0132) erwartungsgemäß bei annähend Null.

Tabelle 13: Deskriptive Statistik der Relative Unexpected Earnings (RUE)

Eventkategorie	Mittelwert	SD	Minimum	Maximum	Summe	Anzahl
Pos. RUE	0,2621	0,7169	0,0251	10	172,72	659
Neu. RUE	0,0011	0,0132	-0,0247	0,0249	0,32	282
Neg. RUE	-0,3394	1,4043	-24,3333	-0,0254	-134,07	395

Insgesamt sind mit 659 (49,3 %) Events deutlich mehr positive Events vorhanden als negative Events, deren Gesamtzahl sich auf 395 (29,6 %) beläuft. Die Verteilung der RUE, wie sie in Abbildung 25 zu sehen ist, zeigt, dass die Dominanz der positiven Eventkategorie durch die starke Häufung der relativen unerwarteten Gewinne im Bereich von 2,5 % – 12,5 % zustande kommt. Erwähnenswert sind auch die Anzahl der extremen Gewinnüberraschungen der beiden Kategorien. So gibt es bei der negativen Eventkategorie 18 (1,3 %) Events, deren negativer RUE über 100 % liegt. Bei der positiven Eventkategorie sind es sogar 29 (2,2 %) Events deren RUE diesen Wert übersteigt. Die neutrale Eventkategorie ist mit insgesamt 282 (21,1 %) Events am schwächsten vertreten.

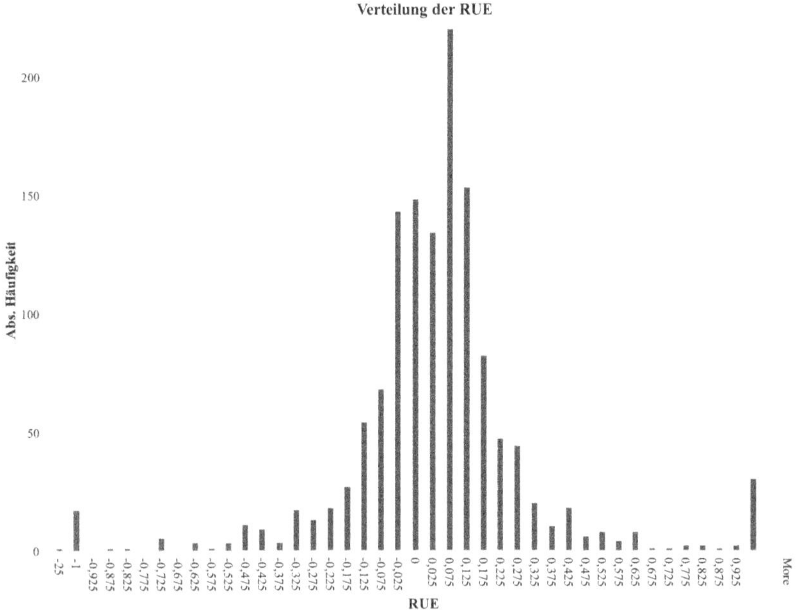

Abbildung 25: Verteilung der Relative Unexpected Earnings (RUE)

Für die *PD2*-Eventstudie wurden aus den log-Return-Zeitreihen der 23 Unternehmen die *PD2*-Zeitreihen berechnet. Um eine möglichst große Datengrundlage zu gewährleisten und die Dynamik des Systems bestmöglich zu erfassen, erfolgte die Berechnung der *PD2*-Zeitreihe auf Basis der jeweils kompletten log-Return Zeitreihen. Für die *PD2*-Eventstudie wurden aus den *PD2*-Zeitreihen anschließend nur jene Bereiche entnommen, die unmittelbar in der *PD2*-Eventstudie verwendet wurde. Da die *PD2*-Eventstudie keinen Prognosezeitraum benötigt, beginnt der Eventzeitraum nicht schon 270 Tage vor dem Event, sondern erst 30 Tage zuvor. Dementsprechend ist die Anzahl der *PD2*-Datenpunkte der einzelnen Unternehmen in der in Tabelle 14 gezeigten deskriptiven Statistik kürzer als die Anzahl der log-Returns der jeweiligen Unternehmen.

Das durchschnittliche *PD2*-Niveau der Unternehmen liegt bei *PD2*=3,12 (SD=1,30), mit einer niedrigsten Dimensionalität von *PD2*=2.63 (SD=1,82) bei eBay Inc. und der größten Dimensionalität von *PD2*=3,42 (SD=1,97) bei Adobe Inc. Damit liegen die durchschnittlichen Dimensionalitätsniveaus zwischen den Unternehmen zwar relativ nahe beieinander, innerhalb der Unternehmen variiert das *PD2* jedoch sehr stark, mit Maximalwerten von *PD2*=19,02 (Qualcomm Inc.). Der niedrigste Wert von *PD2*=0 kann bei mehreren Unternehmen beobachtet werden. Es ist jedoch davon auszugehen, dass es sich hierbei um einen nicht interpretierbaren Wert handelt, der evtl. von identischen, aufeinanderfolgenden Zahlenwerten der Tagesendkurse herrührt. Der kleinste *PD2*-Wert, der größer als Null ist, liegt bei *PD2*=0,96 und ist bei Intuit Inc. zu finden. Eine durchschnittliche Spannweite der *PD2*-Werte von 7,92 deutet darauf hin, dass alle Unternehmen große Fluktuationen in den *PD2*-Niveaus erlebt haben.

Tabelle 14: Deskriptive Statistik der *PD2*-Zeitreihen

Unternehmen	Symbol	Mittelwert	Median	Std. Abw.	Spannweite	Minimum	Maximum	Anzahl
Apple Inc.	AAPL	3,19	2,74	1,53	17,25	0,00	17,25	4520
Adobe Inc.	ADBE	3,42	2,80	1,97	15,74	1,55	17,29	4507
Amazon	AMZN	2,83	2,24	1,73	13,59	1,35	14,94	1750
Automatic Data Processing	ADP	2,70	2,31	1,46	17,68	0,00	17,68	4540
Applied Materials Inc.	AMAT	3,22	2,72	1,65	12,83	1,52	14,35	4572
Broadcom Corp.	BRCM	2,89	2,28	1,85	16,79	1,28	18,07	3300
Cisco Systems, Inc.	CSCO	3,22	2,59	1,91	15,64	1,45	17,09	4493
Cognizant Technology Solutions Corp	CTSH	2,79	2,12	1,92	15,22	1,19	16,41	3231
Comcast Corp.	CMCSA	3,00	2,46	1,79	17,67	0,00	17,67	1789
Dell Inc.	DELL	2,85	2,47	1,44	9,82	1,23	11,05	4574
eBay Inc.	EBAY	2,63	1,98	1,82	16,14	1,21	17,35	3137
Gilead Sciences, Inc.	GILD	3,18	2,43	1,89	12,74	1,34	14,07	4186
Google Inc.	GOOG	2,81	2,23	1,70	14,39	1,15	15,55	1746
Intel Corp.	INTC	2,76	2,30	1,56	13,25	1,26	14,51	4485
Intuit Inc.	INTU	3,15	2,32	2,29	16,16	0,96	17,12	4371
Microsoft Corp.	MSFT	2,99	2,50	1,75	16,82	1,32	18,13	4563

Unternehmen	Symbol	Mittelwert	Median	Std. Abw.	Spannweite	Minimum	Maximum	Anzahl
Qualcomm Inc.	QCOM	3,21	2,57	1,96	17,67	1,35	19,02	4540
Sirius XM Holdings Inc.	SIRI	3,13	2,45	2,18	15,36	0,00	15,36	1690
Starbucks Corp.	SBUX	3,10	2,71	1,52	12,66	1,49	14,15	4574
Texas Instruments Inc.	TXN	2,97	2,42	1,64	12,79	1,34	14,14	3691
T Rowe Price Group Inc.	THROW	2,92	2,42	1,75	17,62	1,29	18,91	4534
Twenty-First Century Fox Inc.	FOXA	3,05	2,34	2,22	18,56	0,00	18,56	1642
Yahoo! Inc.	YHOO	3,21	2,31	2,21	13,75	1,31	15,07	3539
	Mittelwert	3,12	2,78	1,30	7,91	1,52	9,43	4662

Für die Durchführung der t-Tests im Rahmen der *PD2*-Eventstudie wurden Referenz-*PD2* ($PD2_{ref}$) benötigt, die eine eventfreie Dimensionalität möglichst genau abbilden und einen Vergleichswert für die *PD2*-Niveaus innerhalb des Eventfensters darstellen sollten. Die Tabelle 15 zeigt die deskriptive Statistik der $PD2_{ref}$ für den Gesamtdatensatz sowie für die Datensätze der drei Eventkategorien auf.

Tabelle 15: Deskriptive Statistik des Referenz-*PD2*

$PD2_{ref}$	Mittelwert	Median	Std. Abw.	Spannweite	Minimum	Maximum	Anzahl
Gesamt	2,84	2,80	0,53	2,85	1,53	4,37	67
Positiv	2,83	2,83	0,46	2,28	1,53	3,81	23
Neutral	2,78	2,62	0,61	2,45	1,93	4,37	21
Negativ	2,89	2,81	0,54	2,15	1,97	4,12	23

Die $PD2_{ref}$ wurden innerhalb jedes Datensatzes als mittleres *PD2*-Niveau des Fensters [21:30] berechnet. Ein Vergleich der Mittelwerte der drei Eventkategorien zeigt keine auffälligen Abweichungen von dem eventübergreifenden Mittelwert des $PD2_{ref}$ des Gesamtdatensatzes und kann somit als ein Hinweis auf die Unabhängigkeit des *PD2* hinsichtlich der Eventkategorisierung gesehen werden. Zwar liegt der Mittelwert des $PD2_{ref}$ des Gesamtdatensatzes mit *PD2*=2,84 (SD=0,53) unter dem Mittelwert des *PD2* aller Unternehmen (*PD2*=3,12), jedoch zeigt eine Betrachtung der Median-Werte eine sehr große Ähnlichkeit auf, mit einem Wert von *PD2*=2,80 (Range=2,85) für den Median des $PD2_{ref}$ des Gesamtdatensatzes und *PD2*=2,78 (Range=7,91) für den Median aller Unternehmen, sodass das verwendete $PD2_{ref}$ als eine gute Approximation des eventfreien *PD2*-Niveaus erscheint. Die deutliche Differenz zwischen dem *PD2*-Mittelwert und dem *PD2*-Median deuten auf eine schiefe Verteilung der

PD2 bzw. auf Ausreißerwerte innerhalb der Daten hin. Für eine bessere Beurteilung der Verteilung der *PD2*-Werte kann es hilfreich sein, sich die Verläufe der einzelnen *PD2*-Zeitreihen über den Beobachtungszeitraum hinweg anzusehen. Abbildung 26 zeigt eine Übersicht der *PD2*-Verläufe der ausgewählten Unternehmen. Fast alle *PD2*-Verläufe zeigen in der Krisenperiode von 1999 – 2003 ein erhöhtes Dimensionalitätsniveau mit starken Ausreißern auf, gefolgt von einem niedrigen und relativ flachen Dimensionalitätsniveau bis zur zweiten Krisenperiode, in welcher erneut ein hohes *PD2*-Niveau zu erkennen ist, wobei diese Spitze jedoch nicht so lange andauert wie in der ersten Krisenperiode. Interessant ist auch die Beobachtung, dass das *PD2*-Niveau in der ersten Periode bei dem Großteil der Unternehmen zwar niedriger erscheint als in der zweiten Periode, es jedoch höher und deutlich volatiler wirkt als das *PD2*-Niveau in der dritten, ebenfalls krisenfreien, Periode. Insgesamt betrachtet scheint sich das *PD2*-Niveau und dessen Volatilität nach der ersten Krisenperiode dauerhaft gesenkt zu haben. Bei der Einzelbetrachtung der *PD2*-Zeitreihen fällt der *PD2*-Verlauf des Unternehmens Apple auf, dessen Dimensionalität im Zuge der Dotcom-Blase im Vergleich zur Vorperiode und den *PD2*-Verläufen der anderen Unternehmen nicht nennenswert größer oder volatiler wurde. Auch nach der ersten Krisenperiode scheint das *PD2*-Niveau von Apple in etwa gleich, wenn auch weniger volatil geblieben zu sein.

Die visuelle Betrachtung der *PD2*-Verläufe gibt einen Hinweis darauf, warum der Mittelwert des *PD2*-Niveaus über dessen Median liegt und bestätigt die Annahme, dass die Beurteilung des $PD2_{ref}$ als eventfreies Dimensionalitätsniveau auf Grundlage des Medians an dieser Stelle sinnvoller erscheint.

Das folgende Unterkapitel befasst sich mit der Ergebnisdarstellung der drei Hypothesenblöcke H1 – H3.

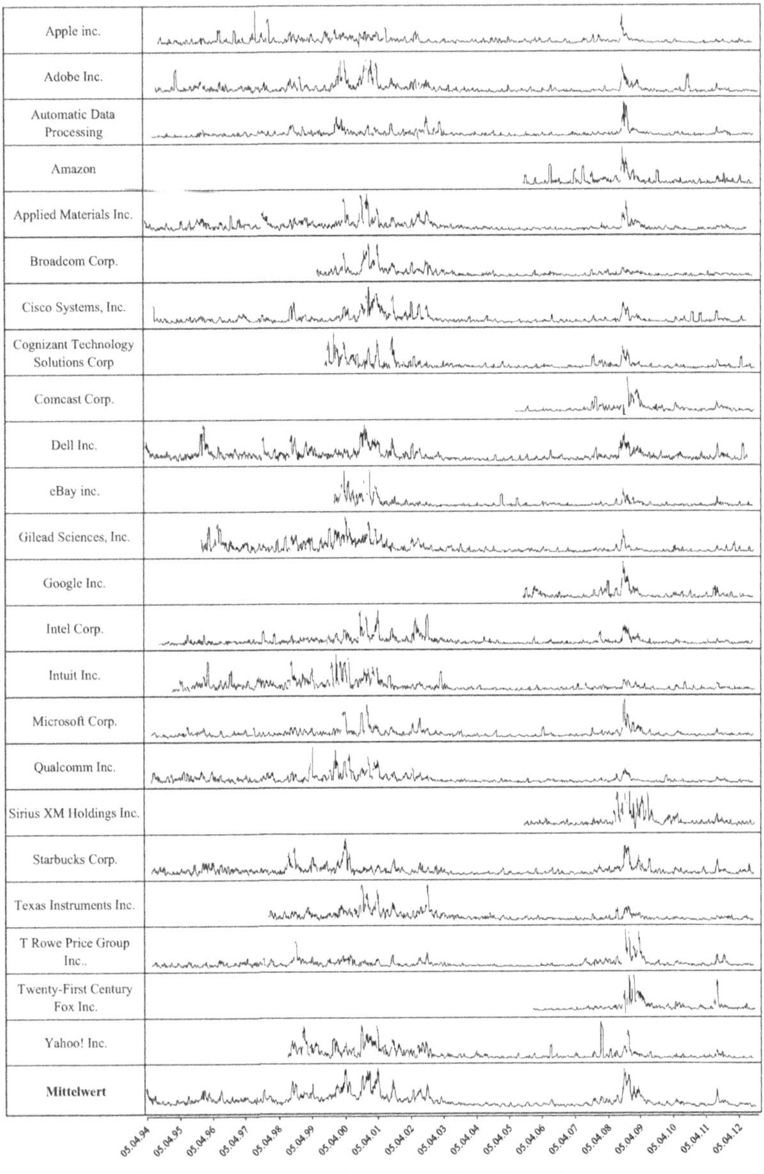

Abbildung 26: Übersicht der *PD2*-Verläufe der ausgewählten Unternehmen

Die Abbildung zeigt die *PD2*-Zeitreihenabschnitte der ausgewählten Unternehmen, die bei der Eventstudie eingesetzt wurden. Die Zeitreihen beginnen jeweils 30 Tage vor dem ersten berücksichtigten Event und enden 30 Tage nach dem letzten berücksichtigten Event. Insgesamt wird mit den *PD2*-Zeitreihen ein Zeitraum vom 05.04.1994 bis zum 05.11.2012 abgedeckt.

6.2 Hypothesen

Im Rahmen der vorliegenden Arbeit wurden drei Hypothesenblöcke überprüft. Während der erste Hypothesenblock H1 die generelle Eignung der *PD2*-Eventstudie als Untersuchungsmethode für Finanzmarktzeitreihen überprüft und mit der klassischen Eventstudie vergleicht, wird die *PD2*-Eventstudie im Hypothesenblock H2 zur Überprüfung der mittelstarken Form der Effizienzmarkthypothese eingesetzt und deren Ergebnisse zu den Ergebnissen der klassischen Eventstudie gegenübergestellt. Der letzte Hypothesenblock H3 befasst sich mit der Untersuchung der Adaptive Market Hypothese in Bezug auf die mittelstarke Form der Effizienzmarkthypothese. Die Untersuchung erfolgt dabei zunächst mit der klassischen Eventstudie und anschließend mit der *PD2*-Eventstudie.

Die Grundlage zur Überprüfung der drei Hypothesenblöcke liefert die Durchführung der klassischen und der *PD2*-Eventstudie. Hierzu gehört die Datenaufbereitung und anschließende Erzeugung der AR- und *PD2*-Zeitreihenabschnitte für jedes vorhandene Event. Diese Zeitreihenabschnitte werden im Anschluss je nach Hypothese unterschiedlich aggregiert und gemittelt, bevor sie im nächsten Schritt getestet werden.

Abbildung 27 zeigt den Verlauf der aggregierten und gemittelten AR-Zeitreihenabschnitte der klassischen Eventstudie für den Gesamtdatensatz sowie für die drei Eventkategorien. Auf den ersten Blick schwanken die AR-Zeitreihen unauffällig um den Nullpunkt. Lediglich am Eventtag t(0) sind bei den abnormalen Renditen der positiven und negativen Eventkategorie ein sichtbarer Ausschlag zu sehen.

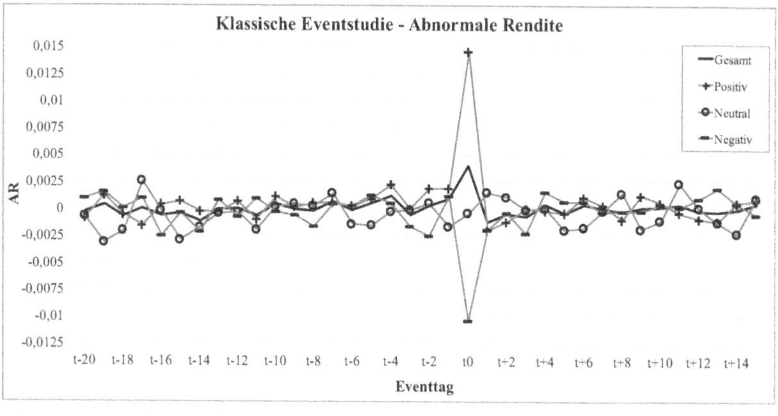

Abbildung 27: AR-Verlauf der klassischen Eventstudie

Um eine mögliche Systematik der abnormalen Renditen im Umfeld des Events zu messen, wurden daher kumulierte abnormale Renditen für zuvor definierte Zeitfenster gebildet und auf einen signifikanten Unterschied zum Erwartungswert Null getestet. Abbildung 28 zeigt den Verlauf der CAAR-Zeitreihen für das Fenster [-20: 15]. Die Summierung der abnormalen Renditen offenbart einen sichtbar unterschiedlichen Verlauf zwischen den drei Eventkategorien. Während die CAAR der positiven Eventkategorie bis zum letzten Tag vor dem Event eine leichte Aufwärtsbewegung aufweist, driftet die CAAR der negativen Eventkategorie in die gegenläufige Richtung ab und weist am Ende des Eventfensters ein negatives Vorzeichen auf. Spätestens am Eventtag t(0) wird die gegensätzliche Entwicklung der CAAR der positiven und negativen Eventkategorien deutlich sichtbar. Unmittelbar nach dem Event hört der Drift bei beiden CAAR-Zeitreihen auf und es lässt sich keine Veränderung der CAAR mehr erkennen. Erstaunlicherweise weist die CAAR-Zeitreihe der neutralen Eventkategorie einen schwachen, aber konstant negativen Drift auf, der von der Ergebnisveröffentlichung weder verstört noch beendet wird.

Die Betrachtung der eventübergreifenden CAAR-Zeitreihe des Gesamtdatensatzes verdeutlicht die Notwendigkeit der Kategorisierung bei der klassischen Eventstudie. Im Gegensatz zu der CAAR der neutralen Eventkategorie, weist die unkategorisierte CAAR des Gesamtdatensatzes so gut wie keinen sichtbaren Drift auf und befindet sich sowohl vor als auch nach dem Event in der Nähe des Nullpunktes. Der leichte positive Ausschlag am Veröffentlichungstag kann auf die ungleichmäßige Verteilung der positiven (N=659; 49,3 %) und negativen (N=395; 29,6 %) Events innerhalb des Gesamtdatensatzes und der folglich stärkeren Beeinflussung durch die positive Eventkategorie zurückgeführt werden.

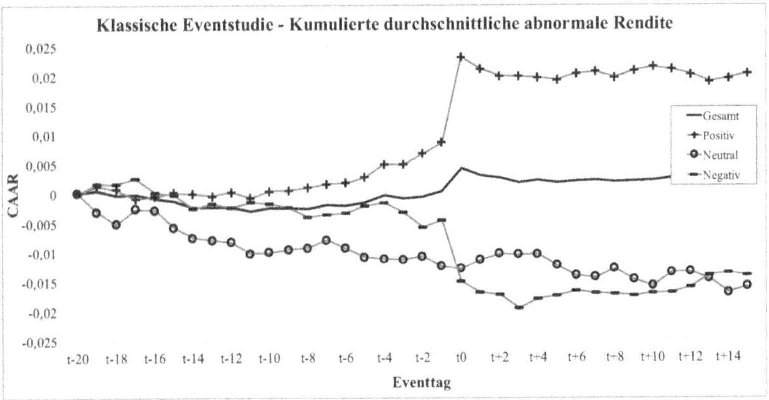

Abbildung 28: CAAR[-20; 15] -Verlauf der klassischen Eventstudie

Eine unkategorisierte Betrachtung der CAAR kann somit zu der Schlussfolgerung führen, dass das Ereignis der Ergebnisveröffentlichungen keine abnormale Reaktion in den Renditen hervorruft.

Der Dimensionalitätsverlauf der *PD2*-Eventstudie in Abbildung 29 unterscheidet sich hingegen optisch sowohl von der AR-Zeitreihe als auch von der CAAR-Zeitreihe. Während der CAAR-Verlauf der klassischen Eventstudie eine fortlaufende Aggregation darstellt und der Wert der CAAR an einem bestimmten Tag nicht ohne Berücksichtigung der vorhergehenden Tage interpretiert werden kann, handelt es sich bei den *PD2*-Werten um absolute Werte, die unabhängig von den benachbarten Werten betrachtet werden können.[323] Eine weitere Auffälligkeit der *PD2*-Eventstudie im Gegensatz zu der klassischen Eventstudie ist die Ähnlichkeit zwischen den *PD2*-Verläufen der einzelnen Eventkategorien. Während sich die positiven und negativen CAAR in gegensätzliche Richtungen entwickeln, entwickeln sich die *PD2*-Verläufe der positiven, neutralen und negativen Kategorie stets in dieselbe Richtung, wobei die *PD2*-Werte der neutralen Kategorie zumindest vor der Ergebnisveröffentlichung deutlich unterhalb der *PD2*-Werte der positiven und negativen Kategorie liegen. Bereits drei Handelswochen vor dem Event lässt sich ein starker Anstieg der Dimensionalität beobachten. Der Anstieg hält bis zum 4. bzw. 3. Tag vor der Ergebnisveröffentlichung an, bevor die Dimensionalität erst leicht sinkt und am ersten Tag nach dem Event sprunghaft abfällt. An den Folgetagen verbleibt das *PD2* auf einem konstant niedrigeren Niveau, welches sich zudem unterhalb des Dimensionalitätsniveaus befindet, das zu Beginn des Eventfensters vorzufinden war. Neben den *PD2*-Verläufen der drei Eventkategorien und des Gesamtdatensatzes zeigt Abbildung 29 zudem das mittlere $PD2_{ref}$ des Gesamtdatensatzes, welches als Referenzwert für jene Tests der *PD2*-Eventstudie dient, bei denen auf eine signifikante Abweichung der *PD2*-Niveaus zu einem eventfreien *PD2*-Niveau getestet wird.[324] Das $PD2_{ref}$ befindet sich zu Beginn des Eventfensters auf gleicher Höhe zum *PD2*-Niveau der neutralen und negativen Eventkategorie und unterhalb des *PD2*-Niveaus der positiven Eventkategorie. Nach dem Event fallen die *PD2*-Niveaus der Eventkategorien unterhalb das $PD2_{ref}$, nähern sich zum Ende des Eventfensters jedoch wieder an das Referenzniveau heran. Auffällig ist auch, dass die *PD2*-Niveaus der positiven und negativen Kategorie vor dem Event relativ nahe beieinander liegen, während das *PD2*-Niveau der neutralen Eventkategorie mit einem größeren Abstand tiefer liegt.

---

[323] Eine vollkommen losgelöste Einzelbetrachtung und Interpretation eines *PD2*-Wertes kann nur unter Kenntnis des allgemeinen *PD2*-Niveaus bzw. dessen Erwartungswertes stattfinden. Wenn dieses nicht bekannt ist, muss ein Referenzwert herangezogen werden, zu dem der *PD2*-Wert in Relation gesetzt werden kann.

[324] Das abgebildete $PD2_{ref}$ bezieht sich auf den eventübergreifenden Gesamtdatensatz und dient in der Abbildung lediglich als optischer Indikator für die Referenz-*PD2*, da bei den Signifikanztests der Hypothese H1.a die Referenzwerte individuell für jedes Unternehmen innerhalb einer Eventkategorie berechnet wurden. Wie der Tabelle 15 entnommen werden kann, liegen die Referenzwerte der Eventkategorien jedoch relativ nahe beieinander, sodass die Darstellung vom Referenz-*PD2* des Gesamtdatensatzes an dieser Stelle genügen soll.

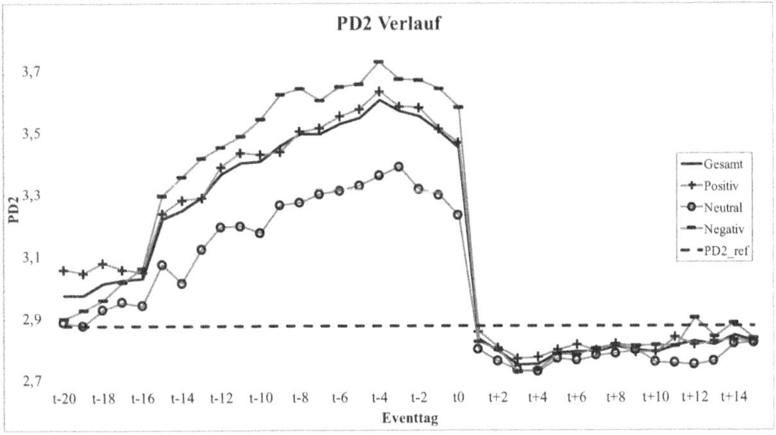

Abbildung 29: Dimensionalitätsverlauf der *PD2*-Eventstudie

Die Abbildung zeigt den Verlauf der durchschnittlichen täglichen *PD2*-Werte für den Eventzeitraum von [-20: 15]. Die Kurve „Gesamt" gibt die täglichen Mittelwerte des *PD2* über alle Events an, während die Kurven „Positiv", „Neutral" und „Negativ" die Mittelwerte aus den jeweiligen Eventkategorien abbilden.

6.2.1 Hypothese H1: Etablierung des Event-PD2 als Untersuchungsmethode für ökonomische Zeitreihen

Der Hypothesenblock H1 befasst sich mit der Eignung und einer mögliche Überlegenheit der *PD2*-Eventstudie gegenüber der klassischen Eventstudie. Hierzu wurden drei Unterhypothesen aufgestellt, die jeweils unterschiedliche Aspekte der Hypothese beleuchten sollen.

Die erste Unterhypothese H1.a: „*Eine PD2-Eventstudie erkennt signifikante Änderungen in der Dimensionalität der Renditen früher als die kumulierten abnormalen Renditen (CAR) der klassischen Eventstudie*" prüft, ob die PD2-Eventstudie einen zeitlichen Vorteil bei der Identifikation von Änderungen in den logarithmierten Renditen gegenüber der klassischen Eventstudie aufweist. Hierfür wurden im ersten Schritt vier Eventfenster im Pre-Eventzeitraum sowie ein Eventfenster um das Event gebildet (vgl. Tabelle 7). Anschließend wurde innerhalb jeder Eventkategorie für jedes Unternehmen eine klassische- und PD2-Eventstudie durchgeführt und für die fünf Eventfenster jeweils ein Signifikanztest auf eine signifikante CAAR bzw. einen signifikanten Unterschied zwischen dem mittleren PD2 und dem entsprechenden $PD2_{ref}$ durchgeführt.[325] Tabelle 16 fasst die Ergebnisse der Signifikanztests für die klassische Eventstudie zusammen:

[325] Alle t-Tests der vorliegenden Arbeit, die nicht nach dem Vorgehen von Brown und Warner (1985) konstruiert wurden, wurden im Vorfeld mittels F-Test auf unterschiedliche Verteilungen geprüft und die Freiheitsgrade der t-Statistik je nach Ergebnis des F-Tests entsprechend angepasst.

Tabelle 16: Zwischenergebnisse der klassischen Eventstudie der Hypothese H1.a

Ergebnis klassische Eventstudie		Eventfenster				
		[-20: -16]	**[-15: -11]**	**[-10: -6]**	**[-5: -2]**	**[-1: 1]**
All.Pos	Tests Gesamt	23	23	23	23	23
	Tests signifikant ($\alpha = 0{,}05$)	0	0	1	1	11
	Anteil signifikanter Tests (%)	0	0	4,35	4,35	47,83
All.Neu	Tests Gesamt	21	21	21	21	21
	Tests signifikant ($\alpha = 0{,}05$)	1	2	2	2	6
	Anteil signifikanter Tests (%)	4,76	9,52	9,52	9,52	28,57
All.Neg	Tests Gesamt	23	23	23	23	23
	Tests signifikant ($\alpha = 0{,}05$)	1	1	1	0	9
	Anteil signifikanter Tests (%)	4,35	4,35	4,35	0,00	39,13
All.Ges	Tests Gesamt	67	67	67	67	67
	Tests signifikant ($\alpha = 0{,}05$)	2	3	4	3	26
	Anteil signifikanter Tests (%)	2,99	4,48	5,97	4,48	38,81

Von den 67 durchgeführten Signifikanztests pro Eventfenster weist lediglich das Eventfenster [-1: 1] mit einem Anteil von 38,81 % (N=26) an signifikanten Teststatistiken eine erhöhte Anzahl signifikanter Werte auf, während in den vier Pre-Eventfenstern lediglich zwischen 2,99 % (N=2; Eventfenster [-20: -16]) und 5,97 % (N=4; Eventfenster [-10: -6]) der Teststatistiken signifikante Werte aufweisen.

Ein Vergleich der Ergebnisse der *PD2*-Eventstudie zeigt deutlich mehr signifikante Werte in den Teststatistiken der *PD2* (vgl. Tabelle 17). Während bei dem am weitesten zurückliegenden Pre-Fenster [-20: -16] bereits 50,75 % (N=34) der Tests einen signifikanten Unterschied des mittleren *PD2*-Niveaus zum $PD2_{ref}$ messen können, steigt der Anteil in dem letzten Pre-Eventfenster [-5: -2] bereits auf 91,04 % (N=61). Der Anteil an signifikanten Ergebnissen für das Eventfenster [-1: 1] ist bei der *PD2*-Eventstudie mit 20,9 % (N=14) jedoch nur halb so groß wie bei der klassischen Eventstudie und weist im Vergleich zu den vorhergehenden Pre-Eventfenstern den niedrigsten Wert auf.

Tabelle 17: Zwischenergebnisse der *PD2*-Eventstudie der Hypothese H1.a

Ergebnis *PD2*-Eventstudie		Eventfenster				
		[-20: -16]	[-15: -11]	[-10: -6]	[-5: -2]	[-1: 1]
All.Pos	Tests Gesamt	23	23	23	23	23
	Tests signifikant ($\alpha = 0,05$)	14	17	21	21	5
	Anteil signifikanter Tests (%)	60,87	73,91	91,30	91,30	21,74
All.Neu	Tests Gesamt	21	21	21	21	21
	Tests signifikant ($\alpha = 0,05$)	10	17	17	19	5
	Anteil signifikanter Tests (%)	47,62	80,95	80,95	90,48	23,81
All.Neg	Tests Gesamt	23	23	23	23	23
	Tests signifikant ($\alpha = 0,05$)	10	18	22	21	4
	Anteil signifikanter Tests (%)	43,48	78,26	95,65	91,30	17,39
All.Ges	Tests Gesamt	67	67	67	67	67
	Tests signifikant ($\alpha = 0,05$)	34	52	60	61	14
	Anteil signifikanter Tests (%)	50,75	77,61	89,55	91,04	20,90

Dennoch lässt sich bereits für die Ergebnisse des ersten Schrittes des Hypothesentests festhalten, dass die *PD2*-Eventstudie bei jedem der vier betrachteten Pre-Eventfenster eine höhere Anzahl signifikanter Teststatistiken aufweist als die klassische Eventstudie. Um diese Erkenntnis statistisch zu verifizieren, wurde im zweiten Schritt der Hypothese H1.a für jedes Eventfenster die relative Anzahl signifikanter Testergebnisse der klassischen Eventstudie mittels Fishers Exact Test auf einen signifikanten Unterschied zur relativen Anzahl signifikanter Testergebnisse der *PD2*-Eventstudie getestet.

Die Tabelle 18 zeigt die Ergebnisse des 2-seitigen Fishers Exact Tests für die fünf Eventfenster in Form der α-adjustierten[326] p-Werte an. Neben den eventübergreifenden Testergebnissen zu den aufgestellten Unterhypothesen sind auch die Ergebnisse der einzelnen Eventkategorien zur explorativen Betrachtung aufgeführt.

[326] Das Eventfenster [-1: 1] ist von der Bonferroni-Adjustierung ausgeschlossen, da sich die Hypothese H1.a lediglich auf die Pre-Eventfenster bezieht. Das Eventfenster [-1: 1] wurde mitgetestet, um sicherzustellen, dass getroffenen Modellannahmen gültig für die Eventstudie geeignet sind. Eine Überprüfung der Einzeltage innerhalb des Eventfensters [-1: 1] wird im Rahmen der Hypothese H2.b vorgenommen.

Tabelle 18: Signifikanzwerte des Fishers Exact Test für Hypothese H1.a

Eventfenster	[-20: -16]	[-15: -11]	[-10: -6]	[-5: -2]	[-1: 1]
All.Ges	<0,0001	<0,0001	<0,0001	<0,0001	0,03710
All.Pos	<0,0001	<0,0001	<0,0001	<0,0001	0,12050
All.Neu	0,00360	<0,0001	<0,0001	<0,0001	0,74000
All.Neg	0,00410	<0,0001	<0,0001	<0,0001	0,18940

Bei einem globalen Signifikanzniveau von $\alpha = 0{,}05$ wird die Nullhypothese bei allen vier Tests der Pre-Eventfenster innerhalb des Gesamtdatensatzes klar abgelehnt. Der Test für das Eventfenster [-1: 1] weist ebenfalls einen signifikanten Wert auf, dieser ist mit p=0,0371 jedoch nicht hochsignifikant. Im Gegensatz zu den Tests der Pre-Eventfenster fällt die Differenz jedoch zugunsten der klassischen Eventstudie aus, da diese mit 26 (38,81 %) signifikanten Testergebnissen in der ersten Testphase mehr signifikante Testergebnisse aufweist als die *PD2-Eventstudie* mit 14 (20,9 %) signifikanten Testergebnissen. Dementsprechend können die Unterhypothesen $H_{1.a.1} - H_{1.a.4}$ angenommen werden, sodass auch die übergeordnete Hypothese, dass die *PD2*-Eventstudie in der Lage ist, früher signifikante Veränderungen in der Dimensionalität der Renditen zu erkennen als die klassische Eventstudie Veränderungen in den CAAR erkennt, mit großer Sicherheit angenommen werden kann.

Während die p-Werte der Signifikanztests der einzelnen Eventkategorien für alle vier Pre-Eventfenster deutlich unterhalb eines Signifikanzniveaus von $\alpha = 0{,}01$ liegen, trifft dies für die Tests des Eventfensters [-1: 1], was der Unterhypothese $H_{1.a.5}$ entspricht, nicht zu. Zwar weist die klassische Eventstudie für dieses Eventfenster bei jeder Eventkategorie mehr signifikante Testergebnisse im ersten Testdurchlauf auf als die *PD2*-Eventstudie, jedoch kann für keine der Eventkategorien ein signifikanter Unterschied mittels Fishers Exact Test festgestellt werden, da die errechneten p-Werte zwischen p=0,12 (positive Eventkategorie) und p=0,74 (neutrale Eventkategorie) liegen. Im Vergleich zum Ergebnis des Gesamtdatensatze kann eine Überlegenheit der klassischen Eventstudie beim Eventfenster [-1: 1] bei der Betrachtung der Einzelkategorien nicht festgestellt werden.

Dass die klassische Eventstudie am Tag der Ergebnisveröffentlichung bei einer positiven oder negativen Gewinnüberraschung eine Reaktion identifizieren kann, war jedoch zu erwarten. Eine zu geringe Anzahl signifikanter Testergebnisse im ersten Testdurchlauf müsste an dieser Stelle als Hinweis auf eine Missspezifikation des Marktmodells gesehen werden.

Die zweite Hypothese des Hypothesenblocks H1 lautet: *„H1.b Die Höhe des PD2 in dem Zeitraum vor dem Event unterscheidet sich von der Höhe des PD2 in dem Zeitraum nach dem Event."*

Sie zielt darauf ab zu überprüfen, ob die *PD2*-Eventstudie einen Unterschied in der Dimensionalität vor und nach dem Event messen kann, da die Dimensionalität nach dem Event und der erfolgten Preisanpassung ein anderes Niveau aufweisen sollte als die Dimensionalität im Vorfeld des Events, wo Preisantizipationen und -spekulationen hinsichtlich des Unternehmensergebnisses zu einer Veränderung der Dimensionalität in den Aktienpreisen führen könnten. Zur Überprüfung der Hypothese H1.b wurden vier Unterhypothesen $H_{1.b.1} - H_{1.b.4}$

aufgestellt, wobei die Unterhypothese $H_{1.b.1}$ als Kontrollhypothese zur Unabhängigkeit der *PD2*-Eventstudie bezüglich der Eventkategorisierung dient und getrennt von den anderen Unterhypothesen betrachtet werden sollte. Die verwendeten Pre- und Post-Eventfenster umfassen jeweils zwei Handelswochen. Für beide Eventfenster wurde ein Mittelwert über die enthaltenen $PD2_t$ -Werte gebildet und mittels eines zweiseitigen t-Tests für auf einen signifikanten Unterschied getestet. Der errechnete p-Wert wurde anschließend einer α -Adjustierung unterzogen, um eine Aussage über die Signifikanz zu einem globalen Signifikanzniveau von $\alpha = 0{,}05$ treffen zu können.

Eine Betrachtung der *PD2*-Verläufe innerhalb der Pre- und Post-Eventfenster lässt bereits einen sichtbaren Unterschied in der Höhe der Dimensionalitätsniveaus der Pre- und Post-Eventfenster erkennen (vgl. Abbildung 30).

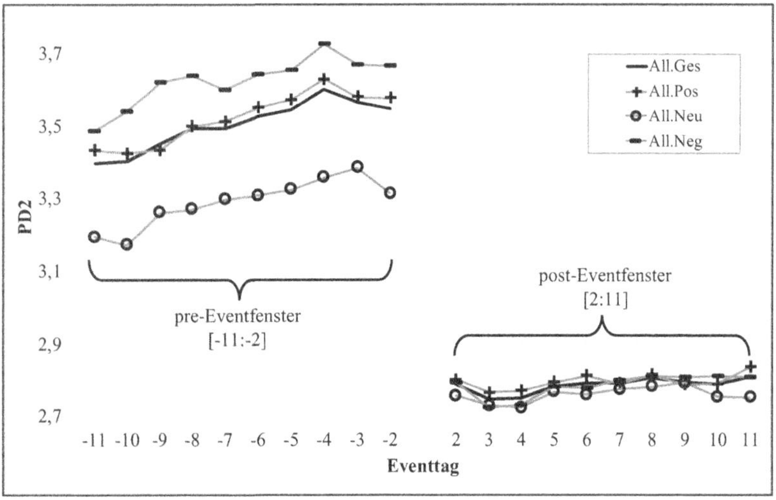

Abbildung 30: Dimensionalitätsniveaus der Pre-und Post-Eventfenster der Hypothese H1.b

So liegen die *PD2*-Werte des Pre-Eventfensters alle oberhalb von *PD2*=3,1, während sich die *PD2*-Werte des Post-Eventfensters alle unterhalb von *PD2*=2,9 befinden. Innerhalb des Pre-Eventfensters lässt sich zudem ein Anstieg der *PD2*-Werte bei allen drei Eventkategorien erkennen, während das *PD2*-Niveau innerhalb des Post-Eventfensters bei keinem der Eventkategorien eine auffällige Entwicklung nach oben oder unten aufzeigt. Dies zeigt sich auch in den Standardabweichungen der mittleren *PD2*-Werte, wie in Tabelle 19 zu sehen ist.

Bei allen vier Datensätzen ist sowohl das mittlere *PD2* des Pre-Eventfensters als auch dessen Standardabweichung größer als das mittlere *PD2* und die Standardabweichung des Post-Eventfensters. Während das mittlere *PD2* des Pre-Eventfensters zwischen *PD2*=3,288 (SD=0,0668; neutrale Eventkategorie) und *PD2*=3,624 (SD=0,0684) negative Eventkategorie) liegt, nimmt das mittlere *PD2* des Post-Eventfensters nur Werte zwischen *PD2*=2,759

(SD=0,0217; neutrale Eventkategorie) und *PD2*=2,796 (SD= 0,0209; positive Eventkategorie) an. Die Standardabweichungen der mittleren *PD2*-Niveaus sind innerhalb des Pre-Eventfensters doppelt (negative Eventkategorie) bis dreimal (positive Eventkategorie) so hoch wie die Standardabweichungen innerhalb des Post-Eventfensters.

Tabelle 19: Ergebnis der Teststatistiken der Hypothese H1.b

	PD2[-11: -2]			*PD2*[2: 11]			t-Test		
Kategorie	**Mittelwert**	**SD**	**N**	**Mittelwert**	**SD**	**N**	**t-Wert**	**FG**	**p-Wert**
All.Ges	3,5019	0,0675	10	2,7846	0,0215	10	32,15	10,92	<0,0001
All.Pos	3,5206	0,0722	10	2,7961	0,0209	10	30,57	10,52	<0,0001
All.Neu	3,2883	0,0668	10	2,7585	0,0217	10	23,72	10,92	<0,0001
All.Neg	3,6236	0,0684	10	2,7842	0,0326	10	35,14	13,02	<0,0001

Für alle der vier durchgeführten Signifikanztests liegt der errechnete und adjustierte p-Wert mit $p<0{,}0001$ deutlich unterhalb des Signifikanzniveaus von $\alpha=0{,}05$, sodass die Nullhypothesen der drei Unterhypothesen der Eventkategorien abgelehnt und somit alle drei Unterhypothesen $H_{1.b.2}-H_{1.b.4}$ angenommen werden müssen. Somit kann die Hypothese H1.b, dass sich die Höhe des *PD2* in dem Zeitraum vor dem Event von der Höhe des *PD2* in dem Zeitraum nach dem Event unterscheidet, als bestätigt angenommen werden. Zusätzlich kann die Annahme der Unterhypothese $H_{1.b.1}$ des Gesamtdatensatzes als ein Hinweis auf die Unabhängigkeit des *PD2* gegenüber der Eventkategorisierung gewertet werden.

Die Unabhängigkeit des *PD2* gegenüber den Eventkategorien sollte mit der Hypothese H1.c *„Die Reaktion des PD2 ist unabhängig von der Ausprägung des Events"* direkt geprüft werden. Bei einer Unabhängigkeit gegenüber der Kategorisierung sollten die *PD2*-Verläufe der einzelnen Eventkategorien bei der *PD2*-Eventstudie denselben Verlauf innerhalb des Eventfensters aufweisen und daher miteinander korrelieren. Eine Betrachtung der gegeneinander abgetragenen *PD2*-Werte der drei Eventkategorien in Abbildung 31 lässt aufgrund der sehr flachen Punktwolken bereits eine große Ähnlichkeit der drei *PD2*-Verläufe erahnen.

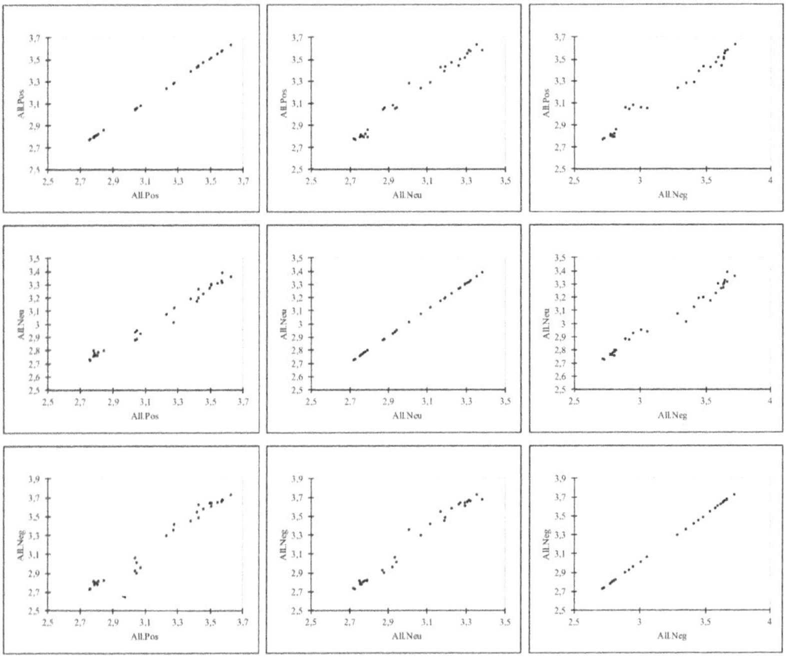

Abbildung 31: Punkt-Diagramme des *PD2* der drei Eventkategorien

In diesem Punkt-Diagramm sind die mittleren täglichen *PD2*-Werte aus den Datensätzen All.Pos, All.Neu und All.Neg für das Eventfenster [-20: 10] gegeneinander abgetragen. Je näher sich die Punktwolke innerhalb eines Diagrammes an der diagonalen Steigungsgeraden befindet, desto größer ist die Ähnlichkeit der beiden Datensätze zueinander.

Zur statistischen Verifizierung der visuellen Einschätzung wurde der Pearson-Korrelationskoeffizient als Testwerkzeug herangezogen, mit dessen Hilfe die mittlere Korrelation zwischen den *PD2*-Zeitreihen der drei Eventkategorien innerhalb des Eventfensters [-20: 10] bestimmt werden sollte. Hierzu wurde zunächst eine Korrelationsmatrix auf Basis der *PD2*-Verläufe der drei Eventkategorien gebildet. Wie in Tabelle 20 zu sehen, weisen die drei *PD2*-Verläufe eine sehr starke positive Korrelation zueinander auf, mit Werten zwischen $r = 0{,}988$ bei der Korrelation zwischen den *PD2*-Werten der negativen und positiven Eventkategorie und $r = 0{,}991$ zwischen den *PD2*-Werten der positiven und neutralen Eventkategorie. Mit Signifikanzwerten von $p < 0{,}0001$ sind alle drei Korrelationskoeffizienten bei einem Signifikanzniveau von $\alpha = 0{,}05$ hochsignifikant von Null verschieden.

Tabelle 20: Pearson-Korrelationsmatrix der Hypothese H1.c

	Korrelationskoeffizient (Pearson)			p-Wert		
	All.Pos	**All.Neu**	**All.Neg**	**All.Pos**	**All.Neu**	**All.Neg**
All.Pos	1	0,9909	0,9880	0	< 0,0001	< 0,0001
All.Neu	0,9909	1	0,9896	< 0,0001	0	< 0,0001
All.Neg	0,9880	0,9896	1	< 0,0001	< 0,0001	0

Die Tabelle zeigt im linken Tabellenblock die Pearson-Korrelationskoeffizienten der *PD2*-Werte zwischen den drei Eventkategorien für das Eventfenster [-20: 10] an. Die dazugehörigen Signifikanzwerte sind im rechten Tabellenblock aufgeführt.

Für die Bestimmung des mittleren Korrelationskoeffizienten wurden die drei zuvor berechneten Korrelationskoeffizienten einer Fisher-Z-Transformation unterzogen, gemittelt und anschließend zurücktransformiert. Der errechnete mittlere Korrelationskoeffizient der *PD2*-Werte der drei Eventkategorien für das Eventfenster [-20: 10] beträgt $r = 0{,}9895$ und ist mit einem p-Wert von $p < 0{,}0001$ ebenfalls hochsignifikant. Die starke Ähnlichkeit der *PD2*-Verläufe kann demnach bestätigt und die Hypothese H1.c angenommen werden.

Ergänzend zur Überprüfung der Korrelation der drei *PD2*-Verläufe sollte im Rahmen einer explorativen Analyse auch der Frage nachgegangen werden, ob sich die mittleren Dimensionalitätsniveaus der drei *PD2*-Verläufe signifikant voneinander unterscheiden, da ein signifikanter Unterschied in den Dimensionalitätsniveaus dafür sprechen würde, dass das *PD2* nicht vollkommen unabhängig von der Eventkategorie ist. Um ein differenzierteres Ergebnis zu erhalten, wurde das Eventfenster [-20: 10] in ein Pre- und Post-Eventfenster unterteilt, innerhalb derer die Dimensionalitätsniveaus zwischen den Eventkategorien mittels eines zweiseitigen t-Tests auf einen signifikanten Unterschied zueinander verglichen wurden. Tabelle 21 zeigt die Ergebnisse der drei Tests.

Tabelle 21: Testergebnisse für das Pre-Eventfenster der Hypothese H1.c

	***PD2*[-20: -2]**			***PD2*[-20: -2]**			**t-Test**		
Kategorie	**Mittelwert**	**SD**	**N**	**Mittelwert**	**SD**	**N**	**t-Wert**	**FG**	**p-Wert**
Pos vs. Neu	3,3507	0,2108	19	3,1493	0,1741	19	3,22	36,00	0,0082
Pos vs. Neg	3,3507	0,2108	19	3,3992	0,2895	19	-0,58	32,89	1,000[b]
Neu vs. Neg	3,1493	0,1741	19	3,3992	0,2895	19	-3,22	29,47	0,0094

p-Werte, die mit einem b markiert sind, übersteigen nach der Bonferroni-Adjustierung den Wert 1 und wurden auf 1 abgerundet.

Der in Abbildung 30 sichtbare Unterschied in dem Dimensionalitätsniveau bei der neutralen Eventkategorie gegenüber der positiven und negativen Eventkategorie findet sich auch in den Ergebnissen der Tests wieder. So kann die Nullhypothese des Tests der positiven gegen die negative Eventkategorie mit einem adjustierten p-Wert von p=1,00 nicht verworfen werden, während die beiden Tests, das *PD2*-Niveau der positiven sowie der negativen Eventkategorie gegen das mittlere *PD2*-Niveau der neutralen Eventkategorie testen, hochsignifikante Werte ausgeben, mit p-Werten von p=0,0082 und p=0,0094. Somit zeigen sich signifikante Unterschiede in dem Pre-Eventfenster zwischen des Dimensionalitätsniveaus der neutralen Eventkategorie zu den beiden anderen Eventkategorien.

Innerhalb des Post-Eventfensters gilt diese Aussage lediglich für die beiden Dimensionalitätsniveaus der positiven und neutralen Eventkategorie, für die der t-Test mit einem p-Wert von p=0,0096 einen signifikanten Wert aufweist und damit ein Unterschied zwischen den beiden Dimensionalitätsniveaus nachgewiesen werden kann (vgl. Tabelle 22).

Für die beiden Tests der positiven gegen die negative sowie der negativen gegen die neutrale Eventkategorie lassen sich hingegen keine signifikanten Werte feststellen. Dies ist insbesondere dahingehend beachtenswert, als dass die Standardabweichungen der drei mittleren *PD2*-Niveaus sehr gering sind und zwischen SD=0,0167 (positive Eventkategorie) und SD=0,0334 liegen (negative Eventkategorie), sodass für das Post-Eventfenster [2: 10] auf eine sehr konstante Dimensionalität innerhalb allen drei Eventkategorien geschlussfolgert werden kann.

Tabelle 22: Testergebnisse für das Post-Eventfenster der Hypothese H1.c

	***PD2*[2: 10]**			***PD2*[2: 10]**			**t-Test**		
Kategorie	**Mittelwert**	**SD**	**N**	**Mittelwert**	**SD**	**N**	**t-Wert**	**FG**	**p-Wert**
Pos vs. Neu	2,7917	0,0167	9	2,7594	0,0228	9	3,46	16,00	0,0096
Pos vs. Neg	2,7917	0,0167	9	2,7815	0,0334	9	0,81	11,97	1,0000[b]
Neu vs. Neg	2,7594	0,0228	9	2,7815	0,0334	9	-1,72	16,00	0,3167

p-Werte, die mit einem b markiert sind, übersteigen nach der Bonferroni-Adjustierung den Wert 1, sodass diese auf 1 abgerundet werden müssen.

Für die explorative Untersuchung der Hypothese H1.c lautet das Ergebnis somit, dass es vor dem Event durchaus signifikante Unterschiede in der Höhe der Dimensionalitäten der drei Eventkategorien gibt, wobei die Abgrenzung hierbei zwischen einem Event mit einer Gewinnüberraschung (positiv oder negativ) und einem Event ohne Gewinnüberraschung (neutral) stattfindet. Nach dem Event fällt das *PD2*-Niveau bei allen Eventkategorien auf einen niedrigen Wert zurück, der sich bis auf eine Ausnahme nicht signifikant zwischen den drei Eventkategorien unterscheidet. Das signifikante Ergebnis zwischen dem mittleren *PD2* der positiven und neutralen Eventkategorie lässt sich auf die sehr geringe Standardabweichung zurückführen, da sich die beiden *PD2*-Mittelwerte lediglich in der zweiten Nachkommastelle voneinander unterscheiden.

Unter Berücksichtigung der sehr hohen Korrelation zwischen den drei Eventkategorien lässt sich für Hypothese H1.c abschließend zusammenfassen, dass die Dimensionalitätsänderung während des Eventzeitraumes in allen drei Eventkategorien nahezu identisch abläuft, die Stärke der Reaktion des *PD2* im Vorfeld des Events jedoch davon abhängt, ob bei dem Event eine Gewinnüberraschung eintritt, oder nicht.

Der nächste Hypothesenblock stellt die Ergebnisse zur Untersuchung der mittelstarken Form der Effizienzmarkthypothese mittels klassischer und *PD2*-Eventstudie vor.

6.2.2 Hypothese H2: Betrachtung der Effizienzmarkthypothese aus Perspektive der klassischen Eventstudie und der PD2-Eventstudie

Nachdem im Hypothesenblock H1 die grundsätzliche Eignung des *PD2* als erweiterte Untersuchungsmethode im Rahmen einer Eventstudie getestet wurde, soll die *PD2*-Eventstudie im Rahmen einer Eventstudie zur Überprüfung der mittelstarken Form der Effizienzmarkthypothese angewendet werden. Um eine Aussage darüber treffen zu können, ob die *PD2*-Eventstudie Informationen liefert, die über die Ergebnisse der klassischen Eventstudie hinausgehen, wurden vor den Tests der *PD2*-Eventstudie zunächst die Tests der klassischen Eventstudie durchgeführt.

Die erste Hypothese aus dem Hypothesenblock H2 lautet: H2.a: *Vor dem Event können signifikante CAAR gemessen werden.*

Zur Überprüfung der Hypothese mithilfe der klassischen Eventstudie wurden für jede der drei Eventkategorien die kumulierten mittleren abnormalen Renditen der letzten zwei Handelswochen vor dem Event gebildet und mittels des zweiseitigen t-Tests von Brown und Warner (1985)[327] auf einen signifikanten Unterschied zu Null getestet. Die Existenz von signifikanten CAAR kann eine Verletzung der Effizienzmarkthypothese darstellen, da sich daraus theoretisch lukrative Handelsstrategien ableiten lassen können. Abbildung 32 zeigt die Entwicklung der kumulierten mittleren abnormalen Renditen der drei Eventkategorien für das Pre-Eventfenster [-11: -2].

[327] Der t-Test nach Brown und Warner (1985) neigt dazu, die Standardabweichung der abnormalen Renditen zu unterschätzen und dementsprechend die Teststärke zu überschätzen. Da bei der *PD2*-Eventstudie für die einzelnen *PD2* ein regulärer t-Test eingesetzt wird, erhält die klassische Eventstudie an dieser Stelle einen Vorteil gegenüber der *PD2*-Eventstudie. Ein regulärer t-Test führte bei der Hypothese H2.b zu höheren p-Werten bei der klassischen Eventstudie, deren Ergebnis bei demselben Signifikanzniveau von $\alpha = 0{,}05$ jedoch dem Ergebnis des t-Tests nach Brown und Warner (1985) entsprach. Die verwendete Standardabweichung ist die geschätzte Standardabweichung der Residuen des Marktmodells. Da der Prognosezeitraum bei allen Zeitreihenabschnitten identisch ist, ist auch die Anzahl der Freiheitsgrade bei den Tests der klassischen Eventstudie identisch.

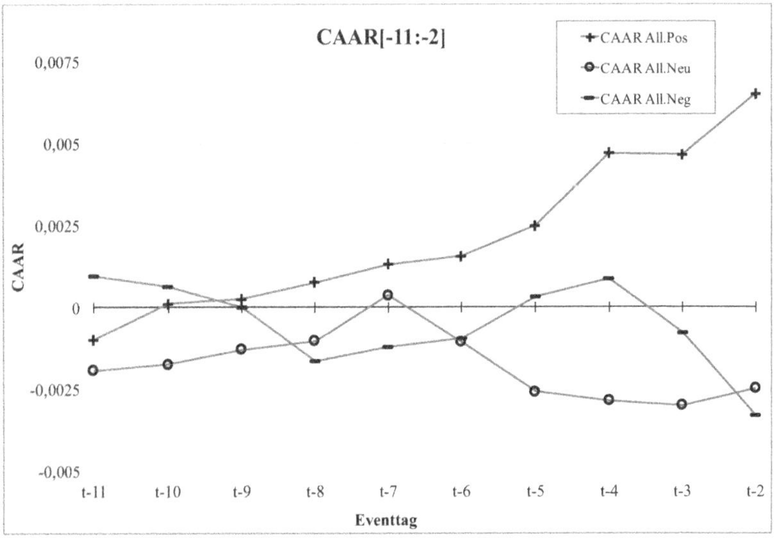

Abbildung 32: CAAR[-11: -2]-Verlauf der drei Eventkategorien

Die Abbildung zeigt die Entwicklung der kumulierten durchschnittlichen abnormalen Renditen innerhalb des Pre-Eventfensters [-11: -2] für die drei Eventkategorien an.

Die Betrachtung der CAAR-Verläufe zeigt, dass die CAAR der positiven Eventkategorie zunächst einen leichten positiven Trend aufweisen, der mit einer kürzeren Entfernung zum Veröffentlichungstag zunimmt und zu einem Wert von CAAR=0,007 am Ende des Eventfensters führt. Für die CAAR der negativen Eventkategorie ist bis zum Tag t(-4) kein konstanter Trend zu erkennen, sondern eine leicht negative Entwicklung bis zum Eventtag t(-8) und eine anschließende positiven Entwicklung bis zum Tag t(-4). Erst am Tag t(-3) ist ein stärkerer negativer Trend zu verzeichnen. Die CAAR der neutralen Eventkategorie weisen zunächst eine positive Entwicklung auf, driften ab dem Eventtag t(-6) jedoch ins Negative ab und weisen am Ende des Eventfensters einen negativen Wert von -0,0025 auf, der nur knapp oberhalb der CAAR der negativen Eventkategorie liegt, welche einen Wert von -0,0033 aufweist.
Die Testergebnisse für die drei Unterhypothesen sind in Tabelle 23 dargestellt.

Tabelle 23: Testergebnisse der klassischen Eventstudie der Hypothese H2.a

	CAAR[-11: -2]		t-Test		
Kategorie	**Mittelwert**	**SD**	**t-Wert**	**FG**	**p-Wert**
All.Pos	0,0065	0,0033	1,97	249,00	0,1507
All.Neu	-0,0025	0,0038	-0,66	249,00	1,0000[b]
All.Neg	-0,0033	0,0042	-0,78	249,00	1,0000[b]

p-Werte, die mit einem b markiert sind, überstiegen nach der Bonferroni-Adjustierung den Wert 1, sodass diese auf 1 abgerundet wurden. Die Standardabweichung sowie die Freiheitsgrade wurden gemäß dem Vorgehen von Brown und Warner (1985) berechnet.

Alle drei der α-adjustierten p-Werte liegen deutlich oberhalb des vorgegebenen Signifikanzniveaus von $\alpha = 0{,}05$, sodass keine der Unterhypothesen $H_{2.a1} - H_{2.a3}$ angenommen werden kann. Das Ergebnis der klassischen Eventstudie bezogen auf die Hypothese H2.a lautet daher, dass im Vorfeld einer Ergebnisveröffentlichung bei NASDAQ-Unternehmen keine signifikanten kumulierten abnormalen Renditen gemessen werden können.

Als Nächstes werden die Ergebnisse der *PD2*-Eventstudie hinsichtlich der Hypothese H2.a präsentiert, wobei bei der *PD2*-Eventstudie nicht nach abnormalen Renditen im Vorfeld des Events gesucht wird, sondern nach Unterschieden in der mittleren Dimensionalität innerhalb des Eventfensters gegenüber der mittleren Dimensionalität in einem eventfreien Zeitraum. Zur Durchführung eines Signifikanztests mussten hierfür zunächst die Referenz-*PD2* des Gesamtdatensatzes sowie der einzelnen Eventkategorien bestimmt werden, die das eventfreie *PD2*-Niveau abbilden sollen und als Vergleichswert zu den mittleren *PD2*-Niveaus des Pre-Eventfensters dienen. Die $PD2_{ref}$ der jeweiligen Kategorien bzw. Datensätze sind die mittleren *PD2*-Niveaus des Fensters [21:30]. Tabelle 24 zeigt die deskriptive Statistik zu den $PD2_{ref}$-Werten der drei Eventkategorien sowie dem $PD2_{ref}$ des Gesamtdatensatzes. Diese Referenz-*PD2* werden bei allen Tests der vorliegenden Arbeit herangezogen, die auf einen signifikanten Unterschied zwischen einem täglichen oder mittleren *PD2* zu einem eventfreien Dimensionalitätsniveau testen.[328]

Tabelle 24: Deskriptive Statistik zu den Referenz-*PD2* der Eventkategorien

Datensatz	*PD2*_ref	Median	Std. Abw.	Spannweite	Minimum	Maximum	Anzahl
All.Ges	2,8704	2,8611	0,0422	0,1194	2,8196	2,9389	10
All.Pos	2,9445	2,9486	0,0692	0,2007	2,8567	3,0574	10
All.Neu	2,7399	2,7458	0,0298	0,0970	2,6772	2,7743	10
All.Neg	2,8404	2,8339	0,0301	0,0884	2,8010	2,8894	10

Die Referenz-*PD2* sind das mittlere tägliche *PD2*-Niveau des Eventfensters [21:30].

Die $PD2_{ref}$ liegen zwischen $PD2_{ref} = 2{,}7399$ (SD=0,0298) für den Datensatz der neutralen Eventkategorie und $PD2_{ref} = 2{,}9445$ (SD=0,0692) für den Datensatz der positiven Eventkategorie. Die negative Eventkategorie weist ein $PD2_{ref}$ von $PD2_{ref} = 2{,}8404$ (SD= 0,0301) auf.

Ein visueller Vergleich der $PD2_{ref}$ mit den *PD2*-Verläufen innerhalb des Pre-Eventfensters [-11: -2] macht deutlich, dass die Dimensionalitätsniveaus innerhalb des Pre-Eventfensters sichtbar oberhalb der Dimensionalitätsniveaus der $PD2_{ref}$ liegen (vgl. Abbildung 33).

[328] Hiervon ausgenommen sind die Tests der Hypothese H1.a, da dort individuelle Referenz-*PD2* für jedes Unternehmen gebildet wurden.

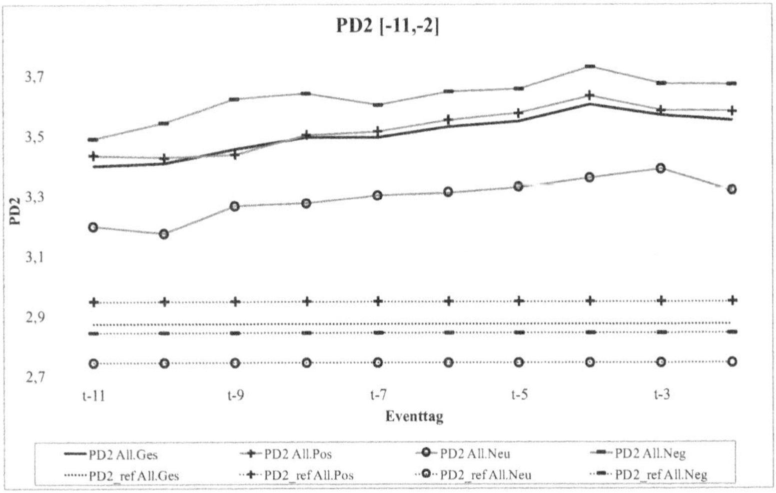

Abbildung 33: *PD2*[-11: -2]-Verläufe im Vergleich zu den Referenz-*PD2*

Zur Überprüfung der Unterhypothesen $H_{2.a4} - H_{2.a7}$ auf einen signifikanten Unterschied zwischen den mittleren *PD2*-Niveaus der Pre-Eventfenster und den dazugehörigen $PD2_{ref}$ wurde ein zweiseitiger t-Test durchgeführt, dessen α-adjustierte Ergebnisse in Tabelle 25 abgebildet sind.

Tabelle 25: Testergebnisse der *PD2*-Eventstudie der Hypothese H2.a

	PD2[-11: -2]			*PD2*_ref			t-Test		
Kategorie	**Mittelwert**	**SD**	**N**	**Mittelwert**	**SD**	**N**	**t-Wert**	**FG**	**p-Wert**
All.Ges	3,5019	0,0675	10	2,8704	0,0422	10	25,09	15,10	<0,0001
All.Pos	3,5207	0,0722	10	2,9445	0,0692	10	18,23	18,00	<0,0001
All.Neu	3,2882	0,0668	10	2,7399	0,0298	10	23,70	12,45	<0,0001
All.Neg	3,6236	0,0684	10	2,8404	0,0301	10	33,16	12,36	<0,0001

Die Differenzen zwischen den mittleren *PD2* des Pre-Eventfensters [-11: -2] und der $PD2_{ref}$ liegen zwischen 0,5483 bei der neutralen Kategorie und 0,7832 bei der negativen Eventkategorie und liefern mit beobachteten t-Werten zwischen 18,23 (positive Eventkategorie) und 33,16 (negative Eventkategorie) für alle vier Tests hochsignifikante p-Werte von $p < 0{,}0001$. Somit werden alle vier Unterhypothesen $H_{2.a4} - H_{2.a7}$ der *PD2*-Eventstudie eindeutig angenommen und es kann die Hypothese bestätigt werden, dass bei dem Event der Ergebnisveröffentlichung von NASDAQ-Unternehmen ein signifikanter Unterschied im Dimensionalitätsniveau des Pre-Eventfensters im Vergleich zu dem eventfreien Dimensionalitätsniveau des $PD2_{ref}$ vorhanden ist.

Die zweite Hypothese aus dem Hypothesenblock H2 lautet: *H2.b Beim Eintritt des Events werden signifikante abnormale Renditen beobachtet.*

Diese Hypothese teilt sich sowohl bei der klassischen als auch bei der *PD2*-Eventstudie in zwei Teile auf. Als Erstes wird ein direkter Test der Hypothese bzw. der Unterhypothesen für die abnormale Rendite und die Dimensionalität am offiziellen Veröffentlichungstag t(0) durchgeführt. Danach werden im Rahmen einer explorativen Betrachtung die abnormalen Renditen und die *PD2* der beiden Tage vor und nach dem Event, t(-1) und t(1), getestet. Diese Tage wurden bei der Abgrenzung der Eventfenster dem Eventfenster der Ergebnisveröffentlichung zugewiesen, da nicht ausgeschlossen werden konnte, dass das tatsächliche Veröffentlichungsdatum bspw. aufgrund einer Veröffentlichung nach Börsenschluss um einen Tag variiert, sodass die abnormalen Renditen der beiden Tage unter Umständen Effekte der Ergebnisveröffentlichung enthalten und die Ergebnisse der Pre- bzw. Post-Eventfenster negativ beeinflussen.

Tabelle 26 zeigt die Ergebnisse der zweiseitigen t-Tests der drei Unterhypothesen $H_{2.b1} - H_{2.b3}$ für die abnormale Rendite am Eventtag t(0).

Tabelle 26: Testergebnisse der klassischen Eventstudie der Hypothese H2.b

	AR(0)		t-Test		
Kategorie	**Mittelwert**	**SD***	**t-Wert**	**FG***	**p-Wert**
All.Pos	0,0145	0,0010	13,95	249	< 0,0001
All.Neu	-0,0004	0,0012	-0,36	249	1,000[b]
All.Neg	-0,0104	0,0013	-7,86	249	< 0,0001

p-Werte, die mit einem b markiert sind, überstiegen nach der Bonferroni-Adjustierung den Wert 1, sodass diese auf 1 abgerundet wurden. Die Standardabweichung sowie die Freiheitsgrade wurden gemäß dem Vorgehen von Brown und Warner (1985) berechnet.

Wie zu erwarten weist die abnormale Rendite der positiven Eventkategorie einen positiven Wert von AR(0)=0,0145 (SD=0,001), während die abnormale Rendite der negativen Eventkategorie einen Wert von AR=-0,0104 (SD=0,0013) aufweist. Die abnormale Rendite der neutralen Eventkategorie liegt mit AR=-0,0004 (SD=0,0012) mittig zwischen den beiden anderen abnormalen Renditen und nahe an Null.

Die Testergebnisse weisen sowohl für die abnormale Rendite der positiven Eventkategorie als auch für die abnormale Rendite der negativen Eventkategorie p-Werte auf, die unterhalb von p=0,0001 liegen und zu einem Signifikanzniveau von $\alpha = 0{,}05$ hochsignifikant sind. Dementsprechend können die Unterhypothesen $H_{2.b1}$ und $H_{2.b3}$ angenommen werden. Für die abnormale Rendite der neutralen Eventkategorie weist die Bonferroni-adjustierte Teststatistik einen p-Wert von p=1,00 auf, sodass die Nullhypothese der Unterhypothese $H_{2.b2}$ bei einem Signifikanzniveau von $\alpha = 0{,}05$ nicht abgelehnt werden kann. Da aufgrund der gegenseitigen Neutralisierung von schwach positiven und schwach negativen Events keine abnormalen

Renditen bei der neutralen Eventkategorie am Eventtag t(0) zu erwarten waren und signifikante abnormale Renditen bei der positiven und negativen Eventkategorie gemessen werden konnten, kann die Hypothese H2.b auf Grundlage der Ergebnisse der klassischen Eventstudie angenommen werden.

Bevor die Testergebnisse der *PD2*-Eventstudie für die Hypothese H2.b erläutert werden, werden zunächst die explorativen Testergebnisse der abnormalen Renditen an den beiden Tagen t(-1) und t(1) betrachtet. Tabelle 27 zeigt die α-adjustierten Ergebnisse der zweiseitigen t-Tests nach Brown und Warner (1985) für die abnormalen Renditen der jeweiligen Eventkategorien an den Eventtagen t(-1) und t(1).

Tabelle 27: Explorative Ergebnisse der klassischen Eventstudie der Hypothese H2.b

	Datensatz	Mittelwert	SD	t-Wert	FG	p-Wert
AR(-1)	**All.Pos**	0,0019	0,0010	1,8	249	0,2211
	All.Neu	-0,0017	0,0012	-1,38	249	0,5072
	All.Neg	0,0012	0,0013	0,89	249	1,000[b]
AR(1)	**All.Pos**	-0,0020	0,0010	-1,94	249	0,1593
	All.Neu	0,0015	0,0012	1,25	249	0,6413
	All.Neg	-0,0019	0,0013	-1,45	249	0,4467

p-Werte, die mit einem b markiert sind, überstiegen nach der Bonferroni-Adjustierung den Wert 1, sodass diese auf 1 abgerundet wurden. Die Standardabweichung sowie die Freiheitsgrade wurden gemäß dem Vorgehen von Brown und Warner (1985) berechnet.

Mit Werten zwischen AR=0,0012 (SD=0,0013) für die negative Eventkategorie am Tag t(-1) und AR=-0,002 (SD=0,001) für die positive Eventkategorie am Tag t(1) betragen die abnormalen Renditen der umgebenden Tage nur etwa 10 % – 20 % der gemessenen abnormalen Renditen am Eventtag t(0). Die niedrigen abnormalen Renditen gehen mit niedrigen t-Statistiken einher, die zwischen t=0,89 für die Teststatistik der AR der negativen Eventkategorie am Tag t(-1) und t=-1,94 für die AR der positiven Eventkategorie am Tag t(1) liegen. Folglich liegen auch die adjustierten p-Werte deutlich oberhalb des Signifikanzniveaus von $\alpha = 0{,}05$, sodass für keine der abnormalen Renditen an dem Tag vor und nach dem Event ein signifikanter Unterschied zu Null gemessen werden kann. Das Ergebnis für die beiden umgebenden Tage kann als Hinweis darauf gewertet werden, dass die Variation der Eventmarker im vorliegenden Datensatz sehr gering ist und die unmittelbare Preisanpassung des Aktienkurses aufgrund der Ergebnisveröffentlichung überwiegend am Eventtag t(0) beginnt und auch endet.

Zur Untersuchung der Hypothese H2.b mittels der *PD2*-Eventstudie wurden, analog zu den Unterhypothesen der klassischen Eventstudie, Unterhypothesen für das Dimensionalitätsniveau am Tag t(0) aufgestellt, welche mittels zweiseitigem t-Test auf einen signifikanten Unterschied zum $PD2_{ref}$ der entsprechenden Eventkategorie getestet wurden. Zusätzlich zu den *PD2*-Niveaus der drei Eventkategorien wurde auch das *PD2*-Niveau des Gesamtdatensatzes auf einen signifikanten Unterschied zum Referenz-*PD2* getestet.

Tabelle 28 zeigt die Ergebnisse der *PD2*-Eventstudie der Hypothese H2.b für das *PD2*-Niveau am Eventtag t(0) an.

Tabelle 28: Testergebnisse der *PD2*-Eventstudie von Hypothese H2.b

	PD2(0)			*PD2*_ref			t-Test		
Kategorie	Mittelwert	SD	N	Mittelwert	SD	N	t-Wert	FG	p-Wert
All.Ges	3,4470	1,8281	1325	2,8704	0,0422	10	11,10	875,50	<0,0001
All.Pos	3,4634	1,7741	656	2,9445	0,0692	10	7,14	459,30	<0,0001
All.Neu	3,2275	1,5968	279	2,7399	0,0298	10	5,08	282,61	<0,0001
All.Neg	3,5766	2,0497	390	2,8404	0,0301	10	7,06	394,37	<0,0001

Die *PD2*-Niveaus am Veröffentlichungstag liegen mit Werten zwischen *PD2*=3,2275 (SD=1,5968; neutrale Eventkategorie) und *PD2*=3,5766 (SD=2,0497; negative Eventkategorie) deutlich oberhalb der entsprechenden $PD2_{ref}$-Niveaus und weisen trotz einer relativ hohen Standardabweichung von bis zu SD=2,0497 bei der negativen Eventkategorie p-Werte auf, die alle auch nach erfolgter α-Adjustierung unterhalb von p=0,0001 liegen.[329] Somit kann die Hypothese, dass sich das *PD2*-Niveau am Eventtag vom $PD2_{ref}$ unterscheidet, für alle drei Eventkategorien sowie für den Gesamtdatensatz angenommen werden. Im Gegensatz zur klassischen Eventstudie erkennt die *PD2*-Eventstudie also auch bei der neutralen Eventkategorie einen Unterschied zum Referenz-*PD2*. Zudem ist die Annahme der Unterhypothese $H_{2.b.4}$ für den Gesamtdatensatz ein weiteres Argument für die Unabhängigkeit des *PD2* gegenüber einer Eventkategorisierung.

Die Betrachtung der explorativen Testergebnisse der *PD2*-Niveaus an den Eventtagen t(-1) und t(1) in Tabelle 29 verdeutlicht unter Berücksichtigung der mittleren *PD2*-Niveaus des Pre-Eventfensters den Verlauf der Dimensionalität im Zuge des Events. So liegen die *PD2*-Niveaus am Vortag des Events mit Werten zwischen *PD2*=3,294 (SD=1,6569; neutrale Eventkategorie) und *PD2*=3,6369 (SD=2,0665; negative Eventkategorie) relativ dicht an den *PD2*-Niveaus am Eventtag t(0), während die *PD2*-Niveaus am Tag nach der Ergebnisveröffentlichung mit Werten zwischen *PD2*=2,794 (SD=1,4915; neutrale Eventkategorie) und *PD2*=3,8528 (SD=1,4338; positive Eventkategorie) deutlich darunter liegen und sich eher auf dem Dimensionalitätsniveau der $PD2_{ref}$ befinden.

[329] Die hohe statistische Signifikanz ist an dieser Stelle auch auf die hohe Zahl an Freiheitsgraden zurückzuführen, die zwischen FG=282,61 (neutrale Eventkategorie) und FG=459,3 (positive Eventkategorie) liegt.

Tabelle 29: Explorative Testergebnisse der *PD2*-Eventstudie von Hypothese H2.b

	Datensatz	*PD2*(t)			*PD2*_ref			t-Test		
		Mittelwert	SD	N	Mittelwert	SD	N	t-Wert	FG	p-Wert
PD2(-1)	All.Ges	3,5014	1,8783	1328	2,8704	0,0422	10	11,85	908,77	<0,0001
	All.Pos	3,5090	1,8437	656	2,9445	0,0692	10	7,50	482,05	<0,0001
	All.Neu	3,2940	1,6569	280	2,7399	0,0298	10	5,57	283,36	<0,0001
	All.Neg	3,6369	2,0665	392	2,8404	0,0301	10	7,60	396,34	<0,0001
PD2(1)	All.Ges	2,8310	1,4899	1325	2,8704	0,0422	10	-0,92	608,67	0,3605
	All.Pos	2,8528	1,4338	654	2,9445	0,0692	10	-1,52	323,09	0,3857
	All.Neu	2,7940	1,4915	280	2,7399	0,0298	10	0,60	284,17	1,0[b]
	All.Neg	2,8212	1,5814	391	2,8404	0,0301	10	-0,24	397,67	1,0[b]

p-Werte, die mit einem b markiert sind, übersteigen nach der Bonferroni-Adjustierung den Wert 1, sodass diese auf 1 abgerundet werden müssen.

Die Ergebnisse der explorativen Tests für die Eventkategorien bestätigen diese Beobachtungen und weisen mit errechneten t-Werten von t=5,57 (neutrale Eventkategorie) bis t=7,6 (negative Eventkategorie) hochsignifikante Ergebnisse für die *PD2*-Niveaus am Tag vor dem Event auf, sodass ein Unterschied zwischen den *PD2*-Werten am Eventtag t(-1) und dem $PD2_{ref}$ für alle drei Eventkategorien bestätigt werden kann.

Bei den *PD2*-Niveaus am Tag nach dem Event kann hingegen für keine Eventkategorie ein signifikanter Unterschied zum $PD2_{ref}$ gemessen werden. Somit scheint das *PD2*-Niveau im Vorfeld des Events signifikant anzusteigen und bis einschließlich des Eventtages auf dem erhöhten Niveau zu verweilen, um am Tag nach dem Event auf ein Niveau abzufallen, welches sich nicht mehr signifikant vom eventfreien $PD2_{ref}$-Niveau unterscheidet.

Die Tests für den Gesamtdatensatz fallen beide Tage um das Event analog zu den Ergebnissen der Tests der Eventkategorien aus, sodass auch an dieser Stelle die Annahme der Unabhängigkeit des *PD2* gegenüber der Eventkategorisierung bekräftigt werden kann.

Die dritte Hypothese (H2.c) aus dem Hypothesenblock H2 lautet: *In dem Zeitraum nach dem Event gibt es signifikante kumulierte abnormale Renditen.*

Das Vorgehen bei der Überprüfung der Hypothese H2.b entspricht genau dem Vorgehen bei der Hypothese H2.a, mit dem Unterschied, dass hier abnormale Reaktionen, wie z. B. der „Post Earnings Announcement Drift" (vgl. Bernard und Thomas, 1989), im Post-Eventfenster gesucht werden. Abnormale Renditen im Nachgang eines Events, wie sie im Rahmen der Hypothese H2.c angenommen werden, verstoßen gegen die mittelstarke Form der Effizienzmarkthypothese, da neue Informationen umgehend in den Aktienkursen eingepreist werden müssten, da sich ansonsten profitable Handelsregeln aus den beobachteten (kumulierten) abnormalen ableiten ließen. Die Darstellung der CAAR[2: 11] in Abbildung 34 zeigt zunächst kein auffälliges Verhalten in den CAAR der einzelnen Eventkategorien.

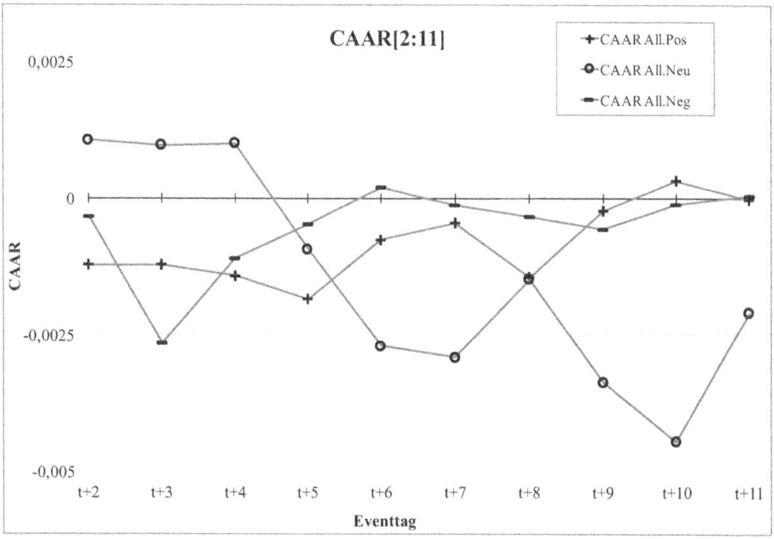

Abbildung 34: CAAR[2: 11]-Verlauf der drei Eventkategorien

Sowohl die CAAR der negativen als auch der positiven Eventkategorie beginnen mit einem leicht negativen Startwert für die CAAR, bewegen sich innerhalb der zehn Tage jedoch schwankend gegen Null und nehmen diesen Wert am Ende des Post-Eventfensters auch an, wie in Tabelle 30 der Testergebnisse zu sehen ist. Lediglich der Verlauf der CAAR der neutralen Eventkategorie weist einen schwachen, aber erkennbaren Abwärtstrend in den ersten neun Tagen des Eventfensters auf und bleibt insgesamt für das Post-Eventfenster trotz eines deutlichen Anstiegs am letzten Tag negativ.

Die Testergebnisse des t-Tests fallen dementsprechend eindeutig aus. Mit einem CAAR=-0,0021 (SD=0,0038) weist die negative Eventkategorie die betragsmäßig größten kumulierten abnormalen Renditen auf sowie den betragsmäßig größten berechneten t-Wert von t=|-0,5475|. Mit einem adjustierten p-Wert von p=1,00 kann die Nullhypothese jedoch weder für die neutrale Eventkategorie noch für die beiden anderen Eventkategorien verworfen werden, da sowohl die CAAR der positiven als auch der negativen Kategorie den Wert null annehmen und denselben p-Wert haben wie der Test der neutralen Eventkategorie.

Tabelle 30: Testergebnisse der klassischen Eventstudie der Hypothese H2.c

Kategorie	CAAR[2: 11]		t-Test		
	Mittelwert	**SD***	**t-Wert**	**FG***	**p-Wert**
All.Pos	0,0000	0,0033	-0,007	249	1,000[b]
All.Neu	-0,0021	0,0038	-0,5475	249	1,000[b]
All.Neg	0,0000	0,0042	0,0089	249	1,000[b]

p-Werte, die mit einem b markiert sind, überstiegen nach der Bonferroni-Adjustierung den Wert 1, sodass diese auf 1 abgerundet wurden. Die Standardabweichung sowie die Freiheitsgrade wurden gemäß dem Vorgehen von Brown und Warner (1985) berechnet.

Dementsprechend kann die Hypothese H2.c für die klassische Eventstudie nicht bestätigt werden und es kann geschlussfolgert werden, dass in dem Post-Eventfenster nach der Eventveröffentlichung keine signifikanten kumulierten abnormalen Renditen gemessen werden können.

Zur Überprüfung der Hypothese H2.c mittels *PD2*-Eventstudie wurden die mittleren *PD2*-Niveaus der drei Eventkategorien und des Gesamtdatensatzes für das Post-Eventfenster [2: 11] gebildet und jeweils mittels zweiseitigem t-Test auf einen signifikanten Unterschied zum $PD2_{ref}$ getestet. Zur Veranschaulichung der Testergebnisse sind in Abbildung 35 die *PD2*-Verläufe innerhalb des Post-Eventfensters [2: 11] sowie die *PD2*-Niveaus der entsprechenden $PD2_{ref}$ abgebildet. Im Gegensatz zu den *PD2*-Niveaus der Pre-Eventfenster sind die Post-Event *PD2*-Verläufe niedriger und befinden sich innerhalb des gesamten Post-Eventfensters unterhalb der $PD2_{ref}$-Niveaus der positiven und negativen Eventkategorie. Lediglich das $PD2_{ref}$ der neutralen Eventkategorie liegt mit einem Wert von *PD2*=2,7399 (SD=0,0298) in den meisten Tagen unterhalb der *PD2*-Veräufe der einzelnen Eventkategorien. Dabei liegen die *PD2*-Verläufe an allen Tagen sehr dicht beieinander und eine klare Abgrenzung zwischen dem *PD2*-Niveau der neutralen Kategorie und den *PD2*-Niveaus der positiven und negativen Eventkategorie ist im Gegensatz zu den Niveaus im Pre-Eventfenster an dieser Stelle nicht mehr möglich.

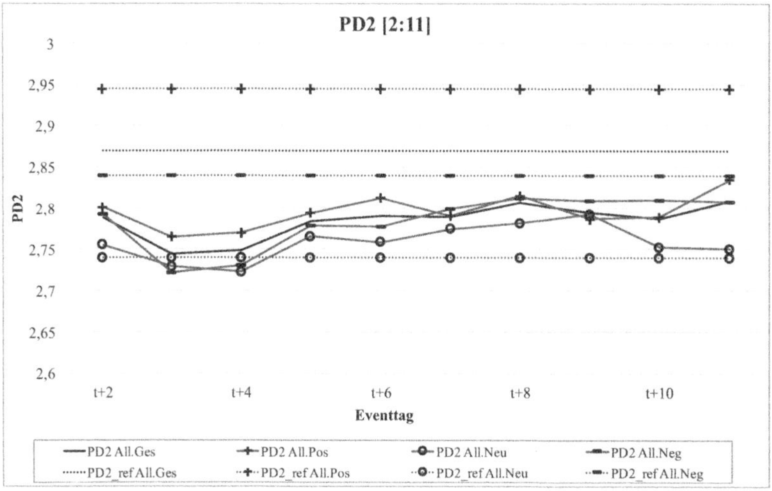

Abbildung 35: *PD2*[2: 11]-Verlauf der einzelnen Eventkategorien

Die Abbildung zeigt den Verlauf der täglichen *PD2*-Werte innerhalb des Post-Eventfensters [2: 11] für die drei Eventkategorien sowie für den Gesamtdatensatz. Zusätzlich sind die entsprechenden Referenz-*PD2*-Niveaus als gepunktete Linien abgebildet.

Die Testergebnisse der *PD2*-Eventstudie zur Hypothese H2.c sind inTabelle 31 abgebildet. Die Betrachtung der Mittelwerte der PD2-Niveaus bestätigt die große Ähnlichkeit der PD2-Werte zwischen den Eventkategorien. So beträgt die Spannweite zwischen dem niedrigsten PD2-Niveau (neutrale Eventkategorie) und dem höchsten PD2-Niveau (positive Eventkategorie) lediglich 0,0376, was lediglich ein Zehntel der Spannweite der PD2-Niveaus des Pre-Eventfensters ausmacht, welche bei 0,336 liegt. Auch sind die Standardabweichungen der mittleren PD2-Niveaus im Post-Eventfenster nur maximal halb so groß wie die Standardabweichungen der PD2-Niveaus im Pre-Eventfenster.

Tabelle 31: Testergebnisse der *PD2*-Eventstudie der Hypothese H2.c

	***PD2*[2: 11]**			***PD2*_ref**			**t-Test**		
Kategorie	**Mittelwert**	**SD**	**N**	**Mittelwert**	**SD**	**N**	**t-Wert**	**FG**	**p-Wert**
All.Ges	2,7846	0,0215	10	2,8704	0,0422	10	-5,73	13,38	0,0002
All.Pos	2,7961	0,0209	10	2,9445	0,0692	10	-6,49	10,63	0,0002
All.Neu	2,7585	0,0217	10	2,7399	0,0298	10	1,60	18,00	0,3840
All.Neg	2,7842	0,0326	10	2,8404	0,0301	10	-4,01	18,00	0,0025

Die geringen Standardabweichungen werden dazu beigetragen haben, dass die Signifikanztests der mittleren *PD2*-Niveaus trotz deutlich geringerem Abstand zum $PD2_{ref}$ als es im Pre-Eventfenster der Fall war, für zwei der drei Unterhypothesen signifikante Werte ergeben haben. So weisen die adjustierten p-Werte der positiven Eventkategorie (p=0,0002) und der negativen Eventkategorie (p=0,0025) zwar höhere p-Werte auf als bei den t-Tests des Pre-Eventfensters, nichtsdestotrotz sind die Ergebnisse hochsignifikant zum globalen Signifikanzniveau von $\alpha = 0{,}05$. Bei dem mittleren *PD2*-Niveau des Post-Eventfensters der neutralen Eventkategorie konnte hingegen kein signifikanter Unterschied zum $PD2_{ref}$ nachgewiesen werden. Somit lässt sich für die *PD2*-Eventstudie der Hypothese H2.c zusammenfassen, dass sich die *PD2*-Niveaus der positiven und negativen Eventkategorie im Nachgang des Events signifikant von den eventfreien *PD2*-Niveaus unterscheiden, im Gegensatz zum Pre-Eventfenster jedoch unterhalb der eventfreien *PD2*-Niveaus liegen und somit eine gegenläufige, wenn auch geringe, Reaktion zum Pre-Eventfenster aufweisen. Das signifikante Testergebnis für den Gesamtdatensatz kann an dieser Stelle aufgrund des nichtsignifikanten Ergebnisses der neutralen Eventkategorie nur bedingt als Argument für die Unabhängigkeit des *PD2* gegenüber der Eventkategorisierung herangezogen werden.

Der letzte Hypothesenblock untersucht mittels klassischer- und *PD2*-Eventstudie die Gültigkeit der Adaptive-Markets Hypothese hinsichtlich der mittelstarken Form der Effizienzmarkthypothese. Dabei wird einerseits der Frage nachgegangen, ob eine Veränderung der Effizienz bei der Reaktion der Marktteilnehmer im Umfeld von Ergebnisveröffentlichungen aufgrund der zeitlichen Entwicklung stattgefunden hat und andererseits wird geprüft, ob eine Veränderung der Effizienz durch Krisen hervorgerufen werden kann.

6.2.3 Hypothese H3: Betrachtung der Adaptive-Market Hypothese aus Perspektive der klassischen Eventstudie und der PD2-Eventstudie

Der Hypothesenblock H3 hat das Ziel, die Adaptive-Markets-Hypothese aus Sicht der mittelstarken Form der EMH zu betrachten und mittels klassischer Eventstudie sowie der *PD2*-Eventstudie auf Gültigkeit zu überprüfen. Um eine Veränderung der mittelstarken Form der Effizienz gemäß der AMH überprüfen zu können, wurde der Beobachtungszeitraum in vier Perioden unterteilt und mittels der beiden Eventstudien untersucht. Dabei sind die Perioden 1 und 3 als krisenfreie Perioden definiert, während die Perioden 2 und 4 die krisenbehafteten Perioden darstellen, da sie einerseits die Dotcom-Blase und andererseits die Immobilen-/Finanzkrise umfassen. Abbildung 36 zeigt den Verlauf der kumulierten mittleren abnormalen Renditen für den Eventzeitraum [-20: 15] innerhalb der einzelnen Perioden.

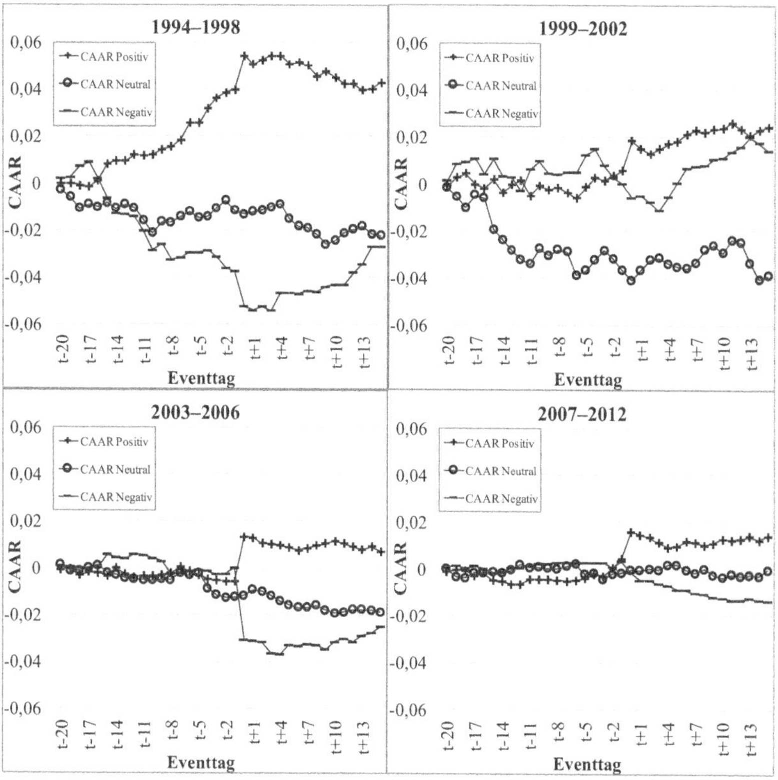

Abbildung 36: CAAR[-20: 15]-Verläufe innerhalb der vier Perioden

Innerhalb der vier Perioden lassen sich deutliche Unterschiede in den CAAR-Verläufen der einzelnen Eventkategorien erkennen. So ist in der ersten Periode bereits ab dem 17. Tag vor der Ergebnisveröffentlichung ein deutlicher Aufwärts- bzw. Abwärtstrend der CAAR der positiven und negativen Eventkategorie zu sehen. Dieser Trend verläuft relativ konstant bis zum Eventtag und kehrt sich anschließend in einen schwachen gegenläufigen Trend um. Im Gegensatz dazu ist in der dritten Periode bis zum Veröffentlichungstag bei keinem der CAAR ein deutlicher Trend ersichtlich, wobei die Reaktion am Veröffentlichungstag bei den CAAR der positiven und negativen Eventkategorie stärker erscheint als bei den CAAR der ersten Periode. Ein ähnlicher Verlauf zur Periode drei zeigt sich auch in Periode vier, jedoch mit einer deutlich geringeren Reaktion der CAAR der negativen Eventkategorie am Veröffentlichungstag und einem anschließenden leichten Abwärtstrend in den Folgetagen. In der zweiten Periode, die aufgrund der Dotcom-Blase zu den Krisenperioden gezählt wird, ist der Verlauf der CAAR im Vorfeld des Events turbulenter und weniger eindeutig als bei den restlichen Perioden. Eine Reaktion am Eventtag lässt sich lediglich bei der CAAR der positiven Eventkategorie relativ klar erkennen. Die CAAR der negativen Eventkategorie schlägt bereits vier Tage vor der Ergebnisveröffentlichung einen negativen Trend ein, den sie bis zum dritten Tag nach dem Event beibehält, bevor sie in einen Aufwärtstrend umschlägt.

Die CAAR der neutralen Eventkategorie weist, abgesehen von der vierten Periode, bei allen Perioden eine negative Entwicklung auf. Trotz größerer Turbulenzen in der zweiten Periode lässt sich beobachten, dass die Differenz zwischen den CAAR der positiven und negativen Eventkategorien nach der Ergebnisveröffentlichung mit voranschreitenden Perioden immer geringer zu werden scheint.

Auch beim *PD2*-Verlauf lassen sich unterschiedliche Verläufe zwischen den Perioden ausmachen. Die in Abbildung 37 abgebildeten *PD2*-Verläufe innerhalb der vier Perioden ähneln alle den entsprechenden *PD2*-Verläufen des gesamten Beobachtungszeitraumes (vgl. Abbildung 29), grenzen sich jedoch in der absoluten Höhe des Dimensionalitätsniveaus voneinander ab. Während die *PD2*-Werte der positiven und negativen Eventkategorie in der ersten Periode einen nahezu identischen Verlauf haben, liegen die *PD2*-Werte der negativen Eventkategorie in der zweiten Periode sichtbar oberhalb der *PD2*-Werte der positiven Eventkategorie. Doch auch deren Werte erscheinen im Vergleich zur ersten Periode höher. Grundsätzlich ist bei der Krisenperiode (1999-2002) ein höheres Dimensionalitätsniveau zu sehen als für die vorhergehende krisenfreie erste Periode. So startet das Eventfenster der ersten Periode mit *PD2*-Werten zwischen 3 und 3,5 und endet für alle Eventkategorien mit einem *PD2* von $PD2 \approx 3$, während die zweite Periode mit *PD2*-Niveaus zwischen 4,5 und 5 beginnt und mit Werten zwischen 3,5 und 4,5 endet.

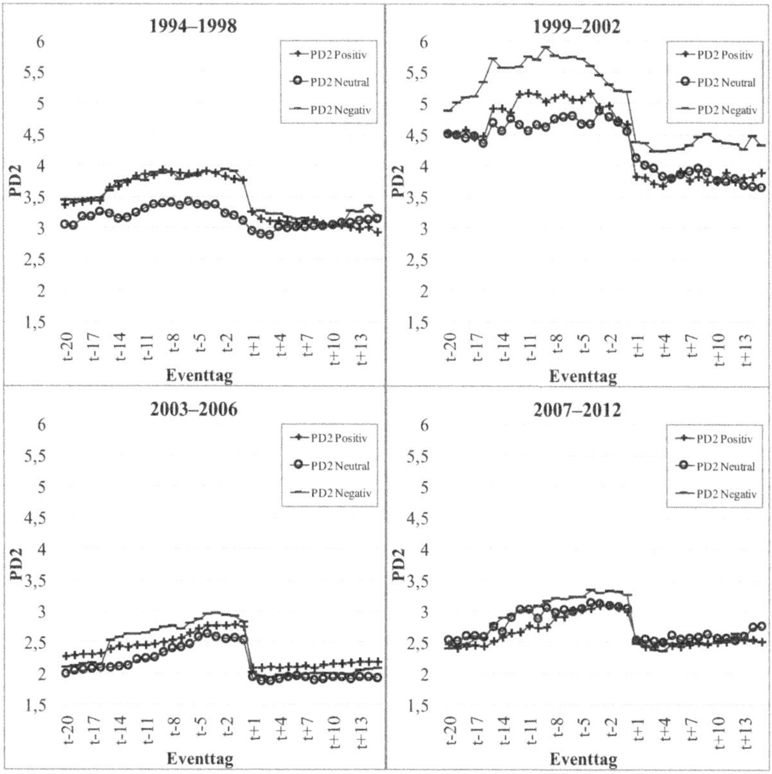

Abbildung 37: ***PD2*[-20: 15]-Verläufe innerhalb der vier Perioden**

Die Differenz zwischen den *PD2*-Werten der negativen zu den *PD2*-Werten der positiven Eventkategorie nimmt in den folgenden beiden Perioden wieder ab, sodass die *PD2*-Niveaus der drei Eventkategorien in Periode 3 und 4 wieder sehr nahe beieinander liegen. Dabei liegt das *PD2*-Niveau in Periode 3 unterhalb der *PD2*-Niveaus der vorhergehenden Perioden und beginnt mit *PD2*-Werten zwischen 2 und 2,5 und endet mit *PD2*-Werten, die ungefähr bei *PD2*=2 liegen. Die zweite Krisenperiode (2007-2012) liegt vom *PD2*-Niveau leicht oberhalb der Periode drei, mit Start- und Endwerten von $\mathrm{PD2} \approx 2{,}5$. Im Vergleich zur ersten Krisenperiode ist das *PD2*-Niveau der zweiten Krisenperiode jedoch sichtbar niedriger, mit einem gleichmäßigeren Anstieg der Dimensionalität bis zum Eventtag und einem konstanteren *PD2*-Niveau in den Tagen nach dem Eventtag. Die in der Abbildung 37 augenscheinlich sichtbare Veränderung der Dimensionalitätsverläufe, sowie die Veränderung in den Verläufen der CAAR (Abbildung 36) im Umfeld des Events der Ergebnisveröffentlichungen über die Perioden hinweg, kann bereits als ein erster Hinweis darauf gesehen werden, dass die AMH auch im Rahmen der mittelstarken Form der Effizienzmarkthypothese zum Tragen kommt und ein Unterschied in der Reaktion des Marktes auf das Event zwischen den beiden krisenfreien Perioden besteht, sowie zwischen den krisenfreien Perioden und den Krisenperioden. Der Unterschied bei der Reaktion zwischen den krisenfreien Perioden wurde mittels Hypothese *„H3.a Die Reaktion auf das Event verläuft in Periode 3 effizienter als in Periode 1"* getestet. Für eine differenziertere Untersuchung der Hypothese wurden drei Teilhypothesen gebildet. Die erste Teilhypothese lautet:

„H3.aI Die kumulierten abnormalen Renditen des Pre-Eventfensters in der Periode 3 sind betragsmäßig kleiner als die kumulierten abnormalen Renditen in Periode 1."

Zu Überprüfung dieser Teilhypothesen wurden wiederum Unterhypothesen für die einzelnen Eventkategorien erstellt. Für jede dieser Unterhypothesen wurden die CAAR[-16: -2] aus dem Datensatz der Periode 1 sowie der Periode gebildet und mittels einseitigem t-Test auf einen signifikanten Unterschied zueinander getestet. Die Ergebnisse der drei Tests sind in Tabelle 32 aufgelistet.

Tabelle 32: Testergebnisse der klassischen Eventstudie der Hypothese H3.aI

	CAAR[-16: -2] Periode 1			CAAR[-16: -2] Periode 3			t-Test		
Kategorie	**Mittelwert**	**SD**	**N**	**Mittelwert**	**SD**	**N**	**t-Wert**	**FG**	**p-Wert**
Positiv	0,0402	0,1163	110	-0,0038	0,0575	185	3,71	141,22	0,0004
Neutral	0,0017	0,0900	56	-0,0126	0,0579	66	1,02	90,92	0,4636
Negativ	-0,0449	0,1111	58	-0,0021	0,0508	59	-2,67	79,54	0,0137

Sowohl bei der positiven als auch bei der negativen Eventkategorie sind die CAAR[-16: -2] sowie deren Standardabweichungen in der Periode 3 betragsmäßig geringer als in Periode 1. Mit einem adjustierten p-Wert von p=0,0004 und p=0,0137 ergibt sich bei einem Signifikanzniveau von $\alpha = 0{,}05$ für den t-Test der positiven und negativen Eventkategorie jeweils ein signifikanter Wert zu. Wie zu erwarten, kann die Nullhypothese der negativen Eventkategorie mit einem p-Wert von p=0,4636 nicht verworfen werden, wobei die CAAR der neutralen Kategorie in Periode 3 zudem betragsmäßig größer ausfällt als in Periode 1. Der signifikante Unterschied bei den CAAR der positiven und negativen Eventkategorie bestätigt jedoch die Hypothese H3.a.I und lässt die Schlussfolgerung zu, dass die Reaktion im Vorfeld einer Ergebnisveröffentlichung im Laufe der Perioden aus Sicht der klassischen Eventstudie effizienter geworden ist.

Die zweite Teilhypothese lautet H3.aII *„Die abnormale Rendite am Veröffentlichungstag ist in Periode 3 betragsmäßig höher als die abnormale Rendite in Periode 1"* und untersucht die Veränderung der Effizienz bei der unmittelbaren Kursreaktion nach der Ergebnisveröffentlichung. Sollte eine Gewinnüberraschung vorliegen, so müsste eine rasche Preisanpassung des Aktienkurses auf Grundlage der neuen Informationen erfolgen. Je effizienter der Markt ist, desto besser und vollständiger werden die Informationen verarbeitet und eingepreist, sodass auch die Reaktion stärker ausfallen müsste. Zur Überprüfung dieser Teilhypothese wurden drei Unterhypothesen entsprechend den Eventkategorien gebildet. Für jede Unterhypothese wurden die abnormalen Renditen am Veröffentlichungstag innerhalb der Perioden 1 und 3 berechnet und mittels einseitigem t-Test daraufhin getestet, ob die abnormale Rendite am

Veröffentlichungstag in Periode 3 signifikant größer ist als die abnormale Rendite am Veröffentlichungstag in Periode 1. Die Ergebnisse der drei Tests sind in Tabelle 34 dargestellt.

Tabelle 33: Testergebnisse der klassischen Eventstudie der Hypothese H3.aII

	AR[0] Periode 1			AR[0] Periode 3			t-Test		
Kategorie	Mittelwert	SD	N	Mittelwert	SD	N	t-Wert	FG	p-Wert
Positiv	0,0144	0,0593	110	0,0192	0,0586	185	-0,68	293,00	0,7481
Neutral	-0,0015	0,0372	56	0,0007	0,0507	66	-0,28	117,67	1,000[b]
Negativ	-0,0150	0,0789	58	-0,0308	0,0719	59	1,13	115,00	0,3897

p-Werte, die mit einem b markiert sind, übersteigen nach der Bonferroni-Adjustierung den Wert 1, sodass diese auf 1 abgerundet wurden.

Sowohl für die positive als auch für die negative Eventkategorie fallen die abnormalen Renditen des Veröffentlichungstages in Periode 3 betragsmäßig höher aus als in Periode 1. Mit adjustierten p-Werten von p=0,7481 (positive Eventkategorie) und p=0,3897 (negative Eventkategorie) kann jedoch für keine der beiden Kategorien ein signifikanter Unterschied in den abnormalen Renditen gemessen werden. Auch für die negative Eventkategorie kann der t-Test, wie erwartet, keinen signifikanten Unterschied feststellen. Somit kann die Teilhypothese H3.aII nicht bestätigt werden und es lässt sich keine Effizienzzunahme hinsichtlich der Marktreaktion am Eventtag auf Grundlage der klassischen Eventstudie feststellen.

Neben einer schnelleren und genaueren Reaktion auf die Ergebnisveröffentlichung kann eine Effizienzzunahme auch eine präzisere Prognose des Unternehmensergebnisses seitens der Analysten bedeuten, da diese die im Vorfeld vorhandenen Marktinformationen (bspw. durch Informationen von Zulieferern) besser auf das Unternehmensergebnis übertragen können. Präzisere Erwartungswerte der Analysten zum Unternehmensergebnis müssten dazu führen, dass das realisierte Ergebnis nicht mehr so stark vom erwarteten Ergebnis abweicht. Diese Überlegung wurde im Rahmen der dritten Teilhypothese *H3.aIII „Die relativen unerwarteten Gewinne in der Periode 3 sind geringer als die relativen unerwarteten Gewinne in Periode 1"* untersucht.

Da eine Reduktion der Gewinnüberraschungen bei der neutralen Eventkategorie nicht messbar ist, wurden nur Unterhypothesen für die positive und negative Eventkategorie gebildet. Innerhalb der Unterhypothesen wurden die mittleren RUE für die Perioden 1 und 3 gebildet und mittels einseitigem t-Test auf eine signifikant positive bzw. signifikant negative Differenz getestet.

Tabelle 34: Testergebnisse der Hypothese H3.aIII

	RUE Periode 1			RUE Periode 3			t-Test		
Kategorie	Mittelwert	SD	N	Mittelwert	SD	N	t-Wert	FG	p-Wert
Positiv	0,2632	0,5444	110	0,1730	0,2514	185	1,64	137,09	0,1559
Negativ	-0,4104	0,8485	56	-0,2010	0,3005	59	-1,75	67,96	0,1281

Die in Tabelle 34 aufgeführten Ergebnisse der Tests zeigen sowohl bei den positiven als auch bei den negativen Mittelwerten der RUE eine Verringerung der absoluten Werte, mit einer Reduktion von RUE=0,2632 (SD=0,5444) auf RUE=0,173 (SD=0,2514) bei der positiven Eventkategorie und von RUE=-0,4104 (SD=0,8485) auf RUE=-0,201 (SD=0,3005) bei der negativen Eventkategorie. Auch die Standardabweichungen sind bei beiden Eventkategorien gesunken. Die verringerte Standardabweichung kann aufgrund der einseitigen Begrenzung der RUE als ein Hinweis darauf gesehen werden, dass es in Periode 3 wenige bzw. geringere Ausreißer in den RUE gab als in Periode 1. Die errechneten p-Werte von p=0,1559 (positive Eventkategorie) und p=0,1281 (negative Eventkategorie) lassen jedoch keinen signifikanten Unterschied in den RUE zwischen den beiden Perioden erkennen, sodass die Teilhypothese H3.aIII nicht bestätigt werden kann.

Zusammenfassend kann die Hypothese H3.a auf Grundlage der Ergebnisse der klassischen Eventstudie nicht angenommen werden, da lediglich bei den CAAR des Pre-Eventfensters der negativen Eventkategorie eine signifikante Veränderung festgestellt werden konnte.

Die zweite Hypothese des Hypothesenblocks H3 lautet *„H3.b: Die Reaktion auf das Event ist in den Perioden 2 & 4 weniger effizient als in den Perioden 1 & 3"* und untersucht die Gültigkeit der AMH hinsichtlich der Annahme, dass temporäre Effizienzschwankungen am Markt aufgrund von Krisen entstehen können. Für die Überprüfung der Hypothese H3.b wurde sie in zwei Teilhypothesen unterteilt, um einerseits eine Änderung in der Reaktion im Vorfeld des Events und andererseits eine Änderung in der Reaktion am Tag der Ergebnisveröffentlichung messen und testen zu können. Für die Überprüfung der ersten Teilhypothese *„H3.bI: Die kumulierten durchschnittlichen abnormalen Renditen des Pre-Eventfensters sind in den krisenfreien Perioden 1 & 3 betragsmäßig geringer als in Krisenperioden 2 & 4."* mittels klassischer Eventstudie wurden erneut drei Unterhypothesen für die einzelnen Eventkategorien gebildet. Innerhalb jeder Unterhypothese wurden die CAAR[-16: -2] für die zusammengelegten krisenfreien Perioden 1 und 3 sowie für die zusammengelegten Krisenperioden 2 und 4 gebildet und mittels einseitigem t-Test auf einen signifikanten Unterschied zueinander getestet.

Die Ergebnisse der drei Tests finden sich in Tabelle 35.

Tabelle 35: Testergebnisse der klassischen Eventstudie der Hypothese H3.bI

	CAAR[-16: -2] Periode 1 & 3			CAAR[-16: -2] Periode 2 & 4			t-Test		
Kategorie	**Mittelwert**	**SD**	**N**	**Mittelwert**	**SD**	**N**	**t-Wert**	**FG**	**p-Wert**
Positiv	0,0126	0,0868	295	0,0036	0,0893	364	1,30	657,00	1,000[b]
Neutral	-0,0060	0,0744	122	-0,0097	0,0826	160	0,39	280,00	1,000[b]
Negativ	-0,0233	0,0884	117	-0,0020	0,0885	278	-2,18	393,00	1,000[b]

p-Werte, die mit einem b markiert sind, übersteigen nach der Bonferroni-Adjustierung den Wert 1, sodass diese auf 1 abgerundet wurden.

Wie sich zeigt, kann die Annahme, dass die kumulierten abnormalen Renditen des Pre-Eventsfensters in Krisenzeiten höher ausfallen als in krisenfreien Zeiten, nicht bestätigt wer-

den. Sowohl die CAAR[-16: -2] der positiven als auch der negativen Eventkategorie weisen innerhalb der Krisenperiode mit CAAR=0,0036 (SD=0,0893) positive Eventkategorie) und CAAR=-0,002 (SD=0,0885) geringere absolute Werte auf als die CAAR der krisenfreien Periode, deren Werte bei CAAR=0,0126 (SD=0,0868; positive Eventkategorie) und CAAR=-0,0233 (SD=0,0884; negative Eventkategorie liegen. Es ist daher auch nicht verwunderlich, dass die adjustierten p-Werte für alle drei Tests mit p=1,00 das festgelegte Signifikanzniveau übersteigen und die Teilhypothese H3.bI aus Sicht der klassischen Eventstudie für keine der drei Unterhypothesen angenommen werden kann.
Die zweite Teilhypothese von Hypothese H3.b lautet *„H3.bII: Die abnormalen Renditen am Tag der Ergebnisveröffentlichung fallen in Krisenzeiten betragsmäßig geringer aus als in krisenfreien Zeiten.“* Wie bereits in Hypothese H3.bI wurden Datensätze der beiden krisenfreien Perioden sowie die beiden Datensätze der krisenbehafteten Perioden konsolidiert und es wurden erneut drei Unterhypothesen für die Eventkategorien gebildet. Innerhalb der Unterhypothesen wurden anschließend die abnormalen Renditen am Veröffentlichungstag aus dem krisenfreien und krisenbehafteten Datensatz gebildet und mittels einseitigem t-Test auf einen signifikanten Unterschied gegeneinander getestet.

Tabelle 36: Testergebnisse der klassischen Eventstudie der Hypothese H3.bII

	AR[0] Periode 1 & 3			AR[0] Periode 2 & 4			t-Test		
Kategorie	**Mittelwert**	**SD**	**N**	**Mittelwert**	**SD**	**N**	**t-Wert**	**FG**	**p-Wert**
Positiv	0,0174	0,0588	295	0,0122	0,0653	364	1,07	649,72	0,4247
Neutral	-0,0003	0,0449	122	-0,0005	0,0566	160	0,03	279,54	1,000[b]
Negativ	-0,0230	0,0755	117	-0,0052	0,0745	278	-2,16	393,00	0,0471

p-Werte, die mit einem b markiert sind, überstiegen nach der Bonferroni-Adjustierung den Wert 1, sodass diese auf 1 abgerundet wurden.

Wie in Tabelle 36 zu sehen ist, weisen die abnormalen Renditen der positiven und negativen Eventkategorie bei dem Datensatz der krisenbehafteten Perioden in der Tat geringere absolute Werte auf als bei dem Datensatz der krisenfreien Perioden. Allerdings gibt lediglich der t-Test der AR(0) der negativen Eventkategorie mit einem adjustierten p-Wert von p=0,0471 ein Ergebnis aus, welches zu einem Signifikanzniveau von $\alpha = 0,05$ gerade noch signifikant ist. Der Test der positiven Eventkategorie liegt hingegen mit p=0,4247 deutlich oberhalb des Signifikanzniveaus, sodass die Nullhypothese nicht abgelehnt werden kann. Gleiches gilt für die neutrale Eventkategorie, deren abnormale Rendite in den krisenbehafteten Perioden mit AR=-0,0005 (SD=0,0566) betragsmäßig über der abnormalen Rendite der krisenfreien Perioden (AR=-0,0003; SD=0,0449) liegt, allerdings sehr nahe am Nullpunkt liegt und daher ebenfalls mit p=1,00 kein signifikantes Ergebnis ausweist.

Somit lässt sich für die Teilhypothese H3.bII zusammenfassen, dass grundsätzlich zwar eine Reduktion der abnormalen Renditen am Eventtag während Krisenperioden zu beobachten ist, der Unterschied zu den abnormalen Renditen in den krisenfreien Perioden jedoch lediglich bei negativen Gewinnüberraschungen signifikant ist. Gemeinsam mit der Hypothese H3.bI lässt sich somit für die Unterschiede in der Effizienz zwischen einer krisenfreien und einer krisenbehafteten Periode folgern, dass aus Sicht der klassischen Eventstudie keine nennenswerten Veränderungen zu beobachten sind, sodass die Hypothese H2.b nicht angenommen werden kann.

Als Nächstes werden die Ergebnisse der *PD2*-Eventstudie für den Hypothesenblock H3 dargestellt. Die durchgeführten Tests sind explorativer Natur und beruhen auf der Annahme, dass eine Änderung in der Effizienz hinsichtlich der mittelstarken Form der EMH, auch mit einer Änderung in der Dimensionalität einhergehen sollte. Die Richtung der angenommenen Dimensionalitätsänderung konnte im Vorfeld jedoch nicht eindeutig geklärt werden, sodass die durchgeführten Signifikanztests im Gegensatz zu den Signifikanztests der klassischen Eventstudie für die Hypothese H3 bei der *PD2*-Eventstudie nur nach Unterschieden suchen und dementsprechend zweiseitige t-Tests sind. Darüber hinaus wurde neben den drei Eventkategorien auch ein Test mit dem Gesamtdatensatz durchgeführt, um die Unabhängigkeit der *PD2*-Eventstudie gegenüber der Eventkategorisierung zu überprüfen. Der Aufbau der Signifikanztests für die *PD2*-Eventstudie erfolgt analog zu den Hypothesentests der klassischen Eventstudie, mit dem Unterschied, dass für die Untersuchung von Eventfenstern keine kumulierten Kenngrößen gebildet werden, sondern ein Mittelwert der täglichen *PD2* innerhalb des Eventfensters gebildet wird, um das durchschnittliche *PD2*-Niveau des Eventfensters abzubilden.

Der Signifikanztest der *PD2*-Eventstudie für die Hypothese H3.aI testet die mittleren *PD2*-Niveaus des Pre-Eventfensters von den beiden krisenfreien Perioden 1 und 3 auf einen signifikanten Unterschied zueinander. Die Ergebnisse der zweiseitigen t-Tests für die drei Eventkategorien sowie für den Gesamtdatensatz sind in Tabelle 37 abgebildet.

Tabelle 37: Testergebnisse der *PD2*-Eventstudie der Hypothese H3.aI

	***PD2*[-16: -2] Periode 1**			***PD2*[-16: -2] Periode 3**			**t-Test**		
Kategorie	**Mittelwert**	**SD**	**N**	**Mittelwert**	**SD**	**N**	**t-Wert**	**FG**	**p-Wert**
All.Ges	3,7012	1,6515	224	2,5316	0,8253	310	9,76	303,61	<0,0001
All.Pos	3,8198	1,5768	110	2,5437	0,6621	185	8,08	132,19	<0,0001
All.Neu	3,3050	1,5709	56	2,3391	0,5690	66	4,36	67,22	<0,0001
All.Neg	3,8586	1,8244	58	2,7090	1,3420	59	3,88	104,66	0,0006

Sowohl für den Gesamtdatensatz als auch für die drei Eventkategorien zeigt sich eine höhere mittlere Dimensionalität innerhalb des Pre-Eventfensters der Periode 1 im Vergleich zur Periode 3. So weisen die mittleren *PD2*-Niveaus des Pre-Eventfensters in Periode 1 Werte zwischen *PD2*=3,305 (SD=1,5709; neutrale Eventkategorie) und *PD2*=3,8586 (SD=1,8244; negative Eventkategorie) auf, während die *PD2*-Niveaus der gleichen Kategorien in Periode 3 nur noch bei *PD2*=2,3391 (SD=0,569) und *PD2*=2,709 (SD=1,342) liegen. Die Standardabweichung der *PD2*-Niveaus ist in Periode 3 ebenfalls deutlich gesunken und beträgt für die neutrale Eventkategorie bspw. in Periode 3 nur noch in etwa ein Drittel der Standardabweichung in Periode 1. Auch die positive Eventkategorie zeigt einen starken Rückgang bei der Standardabweichung, von SD=1,6515 in Periode 1 auf SD=0,6621 in Periode 3, wohingegen der Rückgang bei der negativen Kategorie moderater ausfällt. Dies kann ein Grund dafür sein, dass das Testergebnis der negativen Eventkategorie mit einem adjustierten p-Wert von p=0,0006 im Vergleich zu den anderen beiden Eventkategorien, deren p-Werte kleiner als p=0,0001 sind, am höchsten ausfällt, aber nichtsdestotrotz ein hochsignifikantes Ergebnis aufweist. Es konnten somit für alle drei Eventkategorien signifikante Unterschiede in den *PD2*-Niveaus der Pre-Eventfenster von Periode 1 und 3 gefunden werden. Auch für die *PD2*-Niveaus des Gesamtdatensatzes konnte mit einem p-Wert von p<0,0001 ein signifikanter Unterschied zwischen Periode 1 und 3 gemessen werden, sodass die Annahme der Unabhängigkeit der *PD2*-Eventstudie gegenüber der Eventkategorisierung durch dieses Ergebnis erneut bekräftigt wird.

Für die Überprüfung der Hypothese H3.aII mittels *PD2*-Eventstudie wurden für den Gesamtdatensatz und die drei Eventkategorien jeweils die mittleren täglichen *PD2* am Eventtag in der Periode 1 sowie der Periode 3 gebildet und mittels zweiseitigem t-Test auf einen signifikanten Unterschied zueinander getestet. Wie in der Tabelle 38 zu sehen ist, ähneln die Mittelwerte der *PD2* am Veröffentlichungstag den korrespondierenden mittleren *PD2*-Niveaus des Pre-Eventfensters, mit Werten zwischen *PD2*=3,1139 (SD=1,0438; neutrale Eventkategorie) und *PD2*=3,7701 (SD=1,7419; positive Eventkategorie) in der Periode 1 und Werten zwischen *PD2*=2,5378 (SD=0,8389; neutrale Eventkategorie) und *PD2*=2,8329 (SD=1,4111; negative Eventkategorie) in der Periode 3.

Zwar ist die Standardabweichung der Mittelwerte etwas höher als bei den mittleren *PD2*-Niveaus, dennoch weisen die t-Tests auch bei den täglichen *PD2*-Werten für alle drei Eventkategorien signifikante t-Werte auf, mit adjustierten p-Werten zwischen p<0,0001 (positive Eventkategorie) und p=0,0177 (negative Eventkategorie), sodass die Nullhypothese für alle drei Eventkategorien und auch für den Gesamtdatensatz abgelehnt werden muss. Es lässt sich somit für den Hypothesenblock H3.a festhalten, dass die *PD2*-Eventstudie bei den beiden krisenfreien Perioden 1 und 3 signifikante Unterschiede in deren Dimensionalitätsniveaus sowohl innerhalb des Pre-Eventfensters als auch am Veröffentlichungstag selbst für alle drei Eventkategorien sowie für den Gesamtdatensatz identifiziert, mit einem höheren Dimensionalitätsniveaus in Periode 1 und einem niedrigeren Dimensionalitätsniveau in Periode 3.

Tabelle 38: Testergebnisse der *PD2*-Eventstudie der Hypothese H3.aII

	***PD2*(0) Periode 1**			***PD2*(0)Periode 3**			**t-Test**		
Kategorie	**Mittelwert**	**SD**	**N**	**Mittelwert**	**SD**	**N**	**t-Wert**	**FG**	**p-Wert**
All.Ges	3,6046	1,7123	223	2,7202	0,9865	309	6,93	327,55	<0,0001
All.Pos	3,7701	1,7419	110	2,7500	0,8642	185	5,74	141,45	<0,0001
All.Neu	3,1139	1,0438	56	2,5378	0,8389	66	3,32	105,10	0,0037
All.Neg	3,7671	2,0797	57	2,8329	1,4111	58	2,81	98,36	0,0177

Hervorzuheben ist an dieser Stelle die hohe Signifikanz der Testergebnisse der neutralen Eventkategorie für das mittlere *PD2*-Niveau des Pre-Eventfensters sowie für das mittlere *PD2* am Veröffentlichungstag. Diese Ergebnisse zeigen, dass die *PD2*-Eventstudie in der Lage ist, Nichtlinearitäten auch in Datensätzen zu finden, bei der die klassische Eventstudie aufgrund der Datensatzkonstruktion versagt und keinerlei Auffälligkeiten in den Daten identifizieren kann.

Während der Hypothesenblock H3.a nach Dimensionalitätsveränderungen im Laufe der Zeit gesucht hat, hat die explorative Untersuchung des Hypothesenblocks H3.b mittels *PD2*-Eventstudie nach Unterschieden in der Dimensionalität zwischen krisenfreien und krisenbehafteten Perioden mit der Annahme gesucht, dass mögliche Schwankungen in der Effizienz aufgrund von Krisen oder Schocks auch mit Veränderungen in der Dimensionalität einhergehen.

Für die Untersuchung der Hypothese H3.bI mittels *PD2*-Eventstudie wurden die Datensätze der beiden krisenfreien Perioden (1 und 3) sowie der beiden krisenbehafteten Perioden (2 und 4) zusammengelegt und anschließend für jede Eventkategorie und für den Gesamtdatensatz das mittlere *PD2*-Niveau des Pre-Eventfensters [-16: -2] berechnet. Dann wurde jeweils für jede Eventkategorie und den Gesamtdatensatz die mittleren *PD2*-Niveaus der krisenfreien Perioden mittels zweiseitigem t-Test gegen die mittleren *PD2*-Niveaus der krisenbehafteten Perioden auf einen signifikanten Unterschied getestet. Die α-adjustierten Ergebnisse der vier Tests sind in Tabelle 39 aufgelistet.

Bei allen Eventkategorien liegt das mittlere Dimensionalitätsniveau während der krisenfreien Perioden unterhalb dem *PD2*-Niveau der krisenbehafteten Perioden.

Tabelle 39: Testergebnisse der *PD2*-Eventstudie der Hypothese H3.bI

	***PD2*[-16: -2] Periode 1 & 3**			***PD2*[-16: -2] Periode 2 & 4**			**t-Test**		
Kategorie	**Mittelwert**	**SD**	**N**	**Mittelwert**	**SD**	**N**	**t-Wert**	**FG**	**p-Wert**
All.Ges	3,0222	1,3674	534	3,6893	2,1995	799	-6,82	1324,6	<0,0001
All.Pos	3,0196	1,2563	295	3,8594	2,3785	364	-5,81	572,2	<0,0001
All.Neu	2,7825	1,2366	122	3,5813	2,2632	160	-3,78	256,2	0,0006
All.Neg	3,2789	1,6939	117	3,6914	2,3893	278	-1,94	302,7	0,1587

So liegen die *PD2*-Niveaus der krisenfreien Perioden zwischen *PD2*=2,7825 (SD=1,2366; neutrale Eventkategorie) und *PD2*=3,2789 (SD=1,6939; negative Eventkategorie), während in den krisenbehafteten Perioden *PD2*-Werte zwischen *PD2*=3,5813 (SD=2,2632; neutrale Eventkategorie) und *PD2*=3,8594 (SD=2,3785; positive Eventkategorie) beobachtet werden konnten. Die Standardabweichung ist während den krisenbehafteten Perioden mit einem Wert bis zu SD=2,3893 (negative Eventkategorie) deutlich höher als in den krisenfreien Perioden, wo nur eine Standardabweichung von maximal SD=1,6939 (negative Eventkategorie) erfasst wurde. Die hohe Standardabweichung in den krisenbehafteten Perioden lässt sich dabei bei Betrachtung der Abbildung 29 in erster Linie auf das stark erhöhte Dimensionalitätsniveau in der Periode 2 zurückführen.

Im Gegensatz zu den Ergebnissen des Hypothesenblocks H3.a fallen die Testergebnisse bei der explorativen Überprüfung der Hypothese H3.bI nicht einheitlich aus. Überraschenderweise konnte für die negative Eventkategorie, bei der von allen drei Eventkategorien in den vorhergehenden Tests am häufigsten ein signifikantes Testergebnis beobachtet wurde, mit einem errechneten Signifikanzwert von p=0,1587 kein signifikanter Unterschied zwischen den mittleren *PD2*-Niveaus der krisenfreien und krisenbehafteten Perioden gemessen werden. Eine Erklärung hierfür könnte darin liegen, dass die negative Eventkategorie sowohl in den krisenfreien als auch in den krisenbehafteten Perioden das höchste mittlere *PD2*-Niveau und die höchste Standardabweichung besitzt. Demgegenüber lässt sich sowohl für die positive als auch für die neutrale Eventkategorie mit adjustierten p-Werten von $p<0{,}0001$ und $p=0{,}0006$ ein signifikanter Unterschied zwischen den mittleren *PD2*-Niveaus feststellen.

Auch der t-Test des Gesamtdatensatzes weist mit $p<0{,}0001$ einen signifikanten Wert auf, kann jedoch aufgrund des nichtsignifikanten Ergebnisses der negativen Eventkategorie nicht als Argument für die Unabhängigkeit der *PD2*-Eventstudie hinsichtlich der Eventkategorisierung herangezogen werden.

Zur explorativen Durchführung der *PD2*-Eventstudie für die Hypothese H3.bII wurde, analog zum Vorgehen bei Hypothese H3.bI, für die einzelnen Eventkategorien und den Gesamtdatensatz jeweils der mittlere *PD2*-Wert am Veröffentlichungstag der krisenfreien Perioden gebildet und mittels zweiseitigem t-Test auf einen signifikanten Unterschied zum mittleren *PD2* am Veröffentlichungstag in den krisenbehafteten Perioden verglichen.

Die Testergebnisse in Tabelle 40 zeigen ein Bild, welches identisch zu den Ergebnissen der Hypothese H3.bI ist. Auch am Veröffentlichungstag sind die *PD2*-Werte in den krisenbehafteten Perioden höher als in den krisenfreien Perioden. Dabei unterscheiden sich die mittleren *PD2*-Werte sowohl in der krisenfreien als auch in den krisenbehafteten Perioden kaum von den mittleren *PD2*-Niveaus der vorgelagerten Pre-Eventfenster und nehmen in den krisenfreien Perioden Werte zwischen *PD2*=2,8022 (SD=0,9779; neutrale Eventkategorie) und *PD2*=3,2960 (SD=1,8277; negative Eventkategorie) an, während in den krisenbehafteten Perioden Werte zwischen *PD2*=3,558 (SD=1,8843; neutrale Eventkategorie) und *PD2*=3,6940 (SD=2,1278; negative Eventkategorie) gemessen werden.

Tabelle 40: Testergebnisse der *PD2*-Eventstudie der Hypothese H3.bII

	***PD2*(0) Periode 1 & 3**			***PD2*(0) Periode 2 & 4**			**t-Test**		
Kategorie	**Mittelwert**	**SD**	**N**	**Mittelwert**	**SD**	**N**	**t-Wert**	**FG**	**p-Wert**
All.Ges	3,0909	1,4075	532	3,6860	2,0289	793	-6,30	1321,5	<0,0001
All.Pos	3,1304	1,3552	295	3,7355	2,0154	361	-4,58	631,7	<0,0001
All.Neu	2,8022	0,9779	122	3,5580	1,8843	157	-4,33	244,9	0,0001
All.Neg	3,2960	1,8277	115	3,6940	2,1278	275	-1,87	246,8	0,1899

Der Test der negativen Eventkategorie gibt als einziger Test einen adjustierten p-Wert aus, der mit $p=0{,}1899$ oberhalb des festgelegten Signifikanzniveaus liegt und damit nicht signifikant ist. Die Testergebnisse der neutralen und positiven Eventkategorie sind hingegen hochsignifikant, mit p-Werten von $p \leq 0{,}0001$, sodass die Nullhypothese der beiden Eventkategorien abgelehnt werden muss. Auch der t-Test des Gesamtdatensatz weist mit $p<0{,}0001$ ein hochsignifikantes Ergebnis aus.

Somit kann die Aussage getroffen werden, dass das durchschnittliche Dimensionalitätsniveau am Tag der Ergebnisveröffentlichung während Krisenzeiten überwiegend größer ist als in krisenfreien Zeiten, wobei der Unterschied nur für Ergebnisveröffentlichungen mit einer positiven oder neutralen Gewinnüberraschung signifikant ist.

7 Diskussion

Die Ergebnisse der Hypothesentests konnten einen klaren Unterschied zwischen der klassischen und der *PD2*-Eventstudie aufzeigen, was den Schluss zulässt, dass die *PD2*-Eventstudie eine sinnvolle Ergänzung zur klassischen Eventstudie darstellen kann, da sie in der Lage ist, mehr signifikante Unterschiede in den Daten zu identifizieren. Da sich die Unterschiede jedoch auf die Dimensionalitätsniveaus der Unternehmenszeitreihen beziehen, kann die *PD2*-Eventstudie keinen eigenständigen Ersatz für die klassische Eventstudie darstellen, sondern liefert ergänzend relevante Informationen zu Änderungen in den Abhängigkeiten innerhalb der Daten.

Im Folgenden sollen zunächst die Ergebnisse der drei Hypothesenblöcke diskutiert und interpretiert werden, bevor eine allgemeine Diskussion der Arbeit und insbesondere der Bedeutung der Dimensionalitätsänderung in Finanzmarktzeitreihen erfolgt. Dabei muss im Vorfeld darauf hingewiesen werden, dass es sich bei den Interpretationen nur um mögliche Erklärungsansätze handelt und es darüber hinaus durchaus noch andere Interpretationsmöglichkeiten geben kann. Tabelle 41 fasst noch einmal die Ergebnisse der Hypothesentests des Hypothesenblocks H1 zusammen.

Tabelle 41: Ergebnisübersicht des Hypothesenblocks H1

Hypothese		**Ergebnis**
H1.a „Eine *PD2*-Eventstudie erkennt Änderungen in der Dimensionalität der Renditen früher als die kumulierten abnormalen Renditen der klassischen Eventstudie.“		
H1.a.1	*PD2*-Eventstudie vs. klassische Eventstudie im Eventfenster [-20: -16]	Bestätigt
H1.a.2	*PD2*-Eventstudie vs. klassische Eventstudie im Eventfenster [-15: -11]	Bestätigt
H1.a.3	*PD2*-Eventstudie vs. klassische Eventstudie im Eventfenster [-10: -6]	Bestätigt
H1.a.4	*PD2*-Eventstudie vs. klassische Eventstudie im Eventfenster [-5: -2]	Bestätigt
H1.a.5	*PD2*-Eventstudie vs. klassische Eventstudie während des Events [-1: 1]	Bestätigt
H1.b „Die Höhe des *PD2* in dem Zeitraum vor dem Event unterscheidet sich von der Höhe des *PD2* in dem Zeitraum nach dem Event.“		
H1.b.1	*PD2*[-11: -2] vs. *PD2*[2: 11] für die Daten „All.Ges“	Bestätigt
H1.b.2	*PD2*[-11: -2] vs. *PD2*[2: 11] für die Daten „All.Pos“	Bestätigt
H1.b.3	*PD2*[-11: -2] vs. *PD2*[2: 11] für die Daten „All.Neu“	Bestätigt
H1.b.4	*PD2*[-11: -2] vs. *PD2*[2: 11] für die Daten „All.Neg“	Bestätigt
H1.c. „Die Reaktion des *PD2* ist unabhängig von der Ausprägung des Events.“		
H1.c	Signifikante positive Korrelation des *PD2* der Eventkategorien	Bestätigt
T1.c. „Test auf Unterschiede in den *PD2*-Niveaus zwischen den Eventkategorien.“		
T.1.c.1	*PD2*[-20: -2] der Daten „All.Pos“ vs. *PD2*[-20: -2] der Daten „All.Neu“	Bestätigt
T.1.c.2	*PD2*[-20: -2] der Daten „All.Pos“ vs. *PD2*[-20: -2] der Daten „All.Neg“	Nicht bestätigt
T.1.c.3	*PD2*[-20: -2] der Daten „All.Neu“ vs. *PD2*[-20: -2] der Daten „All.Neg“	Bestätigt
T.1.c.4	*PD2*[2: 10] der Daten „All.Pos“ vs. *PD2*[2: 10] der Daten „All.Neg“	Bestätigt
T.1.c.5	*PD2*[2: 10] der Daten „All.Pos“ vs. *PD2*[2: 10] der Daten „All.Neu“	Nicht bestätigt
T.1.c.6	*PD2*[2: 10] der Daten „All.Neu“ vs. *PD2*[2: 10] der Daten „All.Neg“	Nicht bestätigt

W. Wagner, *Nichtlineare Zeitreihenanalyse als neue Methode für Eventstudien*, Komplexität, Entrepreneurship und Ökonomische Bildung,
https://doi.org/10.1007/978-3-658-24443-9_7

Die Ergebnisse des Fishers-Exakt-Tests konnten für alle Pre-Eventfenster einen Vorteil der *PD2*-Eventstudie bei der Identifikation von Änderungen in den Daten im Vergleich zum Referenzwert nachweisen, wobei sich die Änderungen der *PD2*-Eventstudie auf die Dimensionalität in den Daten beziehen, während die klassische Eventstudie nach Änderungen im Sinne von kumulierten abnormalen Renditen in den Daten gesucht hat. Das Besondere an dem Ergebnis ist die sehr hohe Erkennungsrate der *PD2*-Eventstudie innerhalb der einzelnen Eventfenster. Obwohl auch bei der klassischen Eventstudie kumulierte abnormale Renditen ungleich null bei den Unternehmen beobachtet wurden, waren nur die wenigsten von ihnen signifikant von null verschieden. Die Betrachtung der *PD2*-Verläufe über das gesamte Eventfenster zeigt dabei, dass das *PD2*-Niveau innerhalb des ersten Pre-Eventfensters relativ konstant geblieben ist, während es in darauffolgenden Tagen einen starken Anstieg verzeichnen konnte. Dies kann insbesondere unter der Berücksichtigung des Dimensionalitätsniveaus unmittelbar nach dem Event darauf hindeuten, dass möglicherweise bereits vor dem ersten Pre-Eventfenster eine leichte Veränderung des Dimensionalitätsniveaus stattgefunden hat. Diese könnte z. B. durch die Veröffentlichung von Analystenprognosen vor dem Eventzeitraum induziert worden sein. Doch selbst bei ausschließlicher Betrachtung der drei anderen Pre-Eventfenster zeigt sich ein signifikanter Unterschied in der Erkennungsrate zwischen der klassischen und der *PD2*-Eventstudie, denn der deutliche Anstieg des *PD2*-Niveaus findet sich bei den abnormalen Renditen der klassischen Eventstudie in keiner der Eventkategorien wieder. Dieses Ergebnis könnte sich dahingehend interpretieren lassen, dass der bereits deutlich vor dem Event sichtbare signifikante Anstieg des *PD2* eine Erhöhung der Freiheitsgrade des Systems anzeigt. Da die Aktienkurse und deren log-Returns durch das Kaufs- und Verkaufsverhalten der Marktteilnehmer zustande kommen, offenbart der Anstieg der nichtlinearen Abhängigkeiten in den Daten somit eine Änderung im Verhalten der Marktteilnehmer, die mit abnehmenden Tagen zur Ergebnisveröffentlichung immer weiter zunimmt.

Das Ergebnis für das Eventfenster t[-1: 1] fällt ebenfalls signifikant aus. Im Gegensatz zu den Pre-Eventfenstern liegt für das Eventfenster der Fall vor, dass die klassische Eventstudie signifikant mehr signifikante Unterschiede identifiziert als die *PD2*-Eventstudie. Für die Hypothese H1.a kann dieses Resultat durchaus als positiv gewertet werden, da am Eventtag von einer Reaktion des Marktes und abnormalen Renditen auszugehen ist und ein geringer Anteil von signifikanten Ergebnissen bei der klassischen Eventstudie als ein Zeichen für die Verwendung eines ungeeigneten oder fehlerhaften Modells gewertet werden könnte. Dass die *PD2*-Eventstudie weniger signifikante Ergebnisse am Eventtag aufweist, kann als ein weiteres Indiz für die Interpretation der Dimensionalität als latente Variable für das Verhalten am Markt gesehen werden, da die veröffentlichten Ergebnisberichte konkret sind und die im Vorfeld getätigten Spekulationen ab diesem Zeitpunkt nicht mehr notwendig sind. Genauer gesagt könnte die Dimensionalität die Unsicherheit im Verhalten der Marktteilnehmer beschreiben. Dass trotz der veröffentlichten Unternehmensergebnisse noch signifikante Unterschiede in der Dimensionalität gemessen wurden, könnte ein Hinweis darauf sein, dass die in den Ergebnissen enthaltenen Informationen nicht unmittelbar von allen Marktteilnehmern korrekt gedeutet werden können und es während des Veröffentlichungstages noch Unsicherheiten bei einigen Marktteilnehmern gab.

Dass die gemessenen Unterschiede bei dem *PD2* vor dem Event nicht willkürlich sind, lässt sich anhand der Ergebnisse der Hypothese H1.b erkennen, die signifikante Unterschiede in den Dimensionalitätsniveaus der Pre- und Post-Eventfenster nachweisen konnte. Das Ergebnis ist dahingehend auffällig, als dass sich die Dimensionalitätsniveaus innerhalb des Pre-Eventfensters zwischen den Eventkategorien hinsichtlich der Höhe teils signifikant unterscheiden (siehe Ergebnisse von T.1.c.1 – T.1.c.3), nach dem Event jedoch fast alle Dimensionalitätsniveaus der Eventkategorien identisch sind und sich über einen Zeitraum von knapp zwei Wochen kaum verändern. Dabei liegt das *PD2*-Niveau unmittelbar am Tag nach dem Event auf einem Niveau, welches sich nicht signifikant vom Referenz-*PD2* unterscheidet, wie an den explorativen Testergebnissen von T.2.b.4 – T.2.b.7 zu sehen ist. Dieses Ergebnis deutet darauf, dass es eine ereignisbedingte Reaktion der Marktteilnehmer im Vorfeld des Events gab, welche abhängig von dem erwarteten Unternehmensergebnis, unterschiedlich stark, jedoch immer signifikant ausfiel und direkt nach dem Event vollständig abgeschlossen war. Somit kann das Ergebnis auch als Bestätigung dafür angesehen werden, dass die Informationen, die im Rahmen einer Ergebnisveröffentlichung veröffentlicht werden, noch innerhalb des Veröffentlichungstages vollständig von den Marktteilnehmern verarbeitet werden und die mittelstarke Form der Effizienzmarkthypothese hinsichtlich der Geschwindigkeit der Informationsverarbeitung auch durch die *PD2*-Eventstudie bestätigt werden kann.

Die Unabhängigkeit des *PD2* gegenüber den Eventkategorien konnte durch den Test der Hypothese H1.c bestätigt werden, der eine sehr starke Korrelation zwischen den *PD2*-Verläufen der einzelnen Eventkategorien nachweisen konnte. Bekräftigt wurde das Ergebnis durch die jeweiligen Testergebnisse zum Gesamtdatensatz innerhalb des Hypothesenblocks H2, wo für den Gesamtdatensatz signifikante Unterschiede zum Referenz-*PD2* gemessen werden konnten. Gegen eine vollkommene Unabhängigkeit des *PD2* gegenüber den Eventkategorien sprechen hingegen die Ergebnisse der explorativen Tests T.1.c.1 – T.1.c.6, die auf signifikante Unterschiede in den Dimensionalitätsniveaus zwischen den Eventkategorien testeten. Die Untersuchung der Dimensionalitätsniveaus der einzelnen Eventkategorien hat gezeigt, dass innerhalb des Pre-Eventfensters die Dimensionalitätsniveaus bei Events mit einer Gewinnüberraschung (positive und negative Eventkategorie) signifikant über dem Dimensionalitätsniveau von Events ohne Gewinnüberraschung (neutrale Eventkategorie) liegen. Somit kann ein höheres *PD2*-Niveau[330] innerhalb des Pre-Eventfensters als Indikator für die allgemeine Unsicherheit am Markt hinsichtlich des Unternehmensergebnisses fungieren. Eine Ergebnisveröffentlichung mit einer positiven oder negativen Gewinnüberraschung ist ein Hinweis darauf, dass das Ergebnis falsch, oder unzureichend antizipiert wurde, während ein Ergebnis ohne eine Gewinnüberraschung (neutrale Eventkategorie) zwar hohe positive oder negative Gewinne ausweisen kann, diese jedoch im Vorfeld korrekt vom Markt antizipiert wurden. Aufgrund der Tatsache, dass die CAAR bei der vorliegenden Untersuchung unabhängig von den Eventkategorien keinen signifikanten Wert innerhalb des Pre-Eventfensters annimmt, kann die *PD2*-Eventstudie im Vergleich zur klassischen Eventstudie an dieser Stelle

---

[330] Das *PD2*-Niveau innerhalb des Pre-Eventfensters muss hierbei höher sein als die *PD2*-Niveaus von Pre-Eventfenstern zurückliegender Ergebnisveröffentlichungen. Ein Vergleich mit zurückliegenden *PD2*-Niveaus ist notwendig, da die Ergebnisse von den Teilhypothesen T3.aI und T3.bI gezeigt haben, dass das mittlere Dimensionalitätsniveau je nach betrachteter Periode unterschiedlich hoch ausfallen kann.

als überlegen gewertet werden, da sie auf Basis des *PD2*-Niveaus des Pre-Eventfensters einen Hinweis darauf geben kann, ob bei der kommenden Ergebnisveröffentlichung mit einer Gewinnüberraschung zu rechnen ist. Für Investoren, die auf sinkende oder steigende Kurse wetten, könnte diese Information von großer Bedeutung sein.

Zusammengefasst lässt sich somit sagen, dass die Notwendigkeit der Eventkategorisierung bei der *PD2*-Eventstudie nicht besteht, falls nur die Änderungen in der Dimensionalität untersucht werden sollen, da diese für alle Eventkategorien annähend identisch verlaufen. Jedoch kann eine Eventkategorisierung auch bei der *PD2*-Eventstudie zusätzliche Erkenntnisse liefern und Unterschiede in der Höhe der Dimensionalitätsniveaus aufdecken, sodass eine Kategorisierung bei explorativen Untersuchungen grundsätzlich empfohlen werden kann.

Der im Hypothesenblock H2 durchgeführte direkte Vergleich der klassischen Eventstudie mit der *PD2*-Eventstudie anhand des Events der Ergebnisveröffentlichung hat gezeigt, dass die *PD2*-Eventstudie deutlich empfindlicher auf Änderungen in den Abhängigkeiten innerhalb der Daten reagiert. Die in Tabelle 42 zusammengefassten Ergebnisse des Hypothesenblocks H2 verdeutlichen, dass die klassische Eventstudie nicht in der Lage ist, Änderungen in den Abhängigkeiten in den Daten vor dem Event zu identifizieren und lediglich am Eventtag signifikante abnormale Renditen bei der positiven und negativen Eventkategorie aufweist. Auch die explorative Einzeltagesbetrachtung der umgebenden Tage t(-1) und t(1) konnte keine signifikanten abnormalen Renditen feststellen, sodass eine Bewertung der Markteffizienz auf Grundlage der klassischen Eventstudie zu der Schlussfolgerung führen würde, dass die mittelstarke Form der EMH bei dem betrachteten Event vorliegt.

Tabelle 42: Ergebnisübersicht des Hypothesenblocks H2

Hypothese		**Ergebnis**
H2.a "Vor dem Event werden signifikante CAAR beobachtet."		
H.2.a.1	Die CAAR[-11: -2] für die Daten „All.Pos" sind signifikant	Nicht bestätigt
H.2.a.2	Die CAAR[-11: -2] für die Daten „All.Neu" sind signifikant	Nicht bestätigt
H.2.a.3	Die CAAR[-11: -2] für die Daten „All.Neg" sind signifikant	Nicht bestätigt
H2.a "Vor dem Event werden signifikante Abweichungen des mittleren *PD2* beobachtet."		
H.2.a.4	Das *PD2*[-11: -2] vs. *PD2*_ref für die Daten „All.Ges"	Bestätigt
H.2.a.5	Das *PD2*[-11: -2] vs. *PD2*_ref für die Daten „All.Pos"	Bestätigt
H.2.a.6	Das *PD2*[-11: -2] vs. *PD2*_ref für die Daten „All.Neu"	Bestätigt
H.2.a.7	Das *PD2*[-11: -2] vs. *PD2*_ref für die Daten „All.Neg"	Bestätigt
H2.b "Während des Events werden signifikante AR beobachtet."		
H.2.b.1	Die AR für die Daten „All.Pos" ist am Eventtag t(0) signifikant	Bestätigt
H.2.b.2	Die AR für die Daten „All.Neu" ist am Eventtag t(0) signifikant	Nicht bestätigt
H.2.b.3	Die AR für die Daten „All.Neg" ist am Eventtag t(0) signifikant	Bestätigt
T.2.b "Test auf signifikante AR an den Tagen t(-1) und t(1)."		
T.2.b.1.pre	Die AR für die Daten „All.Pos" ist am Eventtag t(-1) signifikant	Nicht bestätigt
T.2.b.2.pre	Die AR für die Daten „All.Neu" ist am Eventtag t(-1) signifikant	Nicht bestätigt
T.2.b.3.pre	Die AR für die Daten „All.Neg" ist am Eventtag t(-1) signifikant	Nicht bestätigt
T.2.b.1.post	Die AR für die Daten „All.Pos" ist am Eventtag t(1) signifikant	Nicht bestätigt

Hypothese		Ergebnis
T.2.b.2.post	Die AR für die Daten „All.Neu“ ist am Eventtag t(1) signifikant	Nicht bestätigt
T.2.b.3.post	Die AR für die Daten „All.Neg“ ist am Eventtag t(1) signifikant	Nicht bestätigt
H2.b "Während des Events werden signifikante Abweichungen des *PD2* beobachtet."		
H.2.b.4	Das *PD2* am Eventtag t(0) vs. *PD2*_ref für die Daten „All.Ges"	Bestätigt
H.2.b.5	Das *PD2* am Eventtag t(0) vs. *PD2*_ref für die Daten „All.Pos"	Bestätigt
H.2.b.6	Das *PD2* am Eventtag t(0) vs. *PD2*_ref für die Daten „All.Neu"	Bestätigt
H.2.b.7	Das *PD2* am Eventtag t(0) vs. *PD2*_ref für die Daten „All.Neg"	Bestätigt
T2.b "Test auf Unterschied zwischen *PD2*_ref und *PD2* an den Tagen t(-1) und t(1)."		
T.2.b.4.pre	Das *PD2* am Eventtag t(-1) vs. *PD2*_ref für die Daten „All.Ges"	Bestätigt
T.2.b.5.pre	Das *PD2* am Eventtag t(-1) vs. *PD2*_ref für die Daten „All.Pos"	Bestätigt
T.2.b.6.pre	Das *PD2* am Eventtag t(-1) vs. *PD2*_ref für die Daten „All.Neu"	Bestätigt
T.2.b.7.pre	Das *PD2* am Eventtag t(-1) vs. *PD2*_ref für die Daten „All.Neg"	Bestätigt
T.2.b.4.post	Das *PD2* am Eventtag t(1) vs. *PD2*_ref für die Daten „All.Ges"	Nicht bestätigt
T.2.b.5.post	Das *PD2* am Eventtag t(1) vs. *PD2*_ref für die Daten „All.Pos"	Nicht bestätigt
T.2.b.6.post	Das *PD2* am Eventtag t(1) vs. *PD2*_ref für die Daten „All.Neu"	Nicht bestätigt
T.2.b.7.post	Das *PD2* am Eventtag t(1) vs. *PD2*_ref für die Daten „All.Neg"	Nicht bestätigt
H2.c "Nach dem Event werden signifikante CAAR beobachtet."		
H.2.c.1	Die CAAR[2: 11] für die Daten „All.Pos“ sind signifikant	Nicht bestätigt
H.2.c.2	Die CAAR[2: 11] für die Daten „All.Neu“ sind signifikant	Nicht bestätigt
H.2.c.3	Die CAAR[2: 11] für die Daten „All.Neg“ sind signifikant	Nicht bestätigt
H2.c "Nach dem Event werden signifikante Abweichungen des mittleren *PD2* beobachtet."		
H.2.c.4	Das *PD2*[2: 11] vs. *PD2*_ref für die Daten „All.Ges“	Bestätigt
H.2.c.5	Das *PD2*[2: 11] vs. *PD2*_ref für die Daten „All.Pos“	Bestätigt
H.2.c.6	Das *PD2*[2: 11] vs. *PD2*_ref für die Daten „All.Neu“	Nicht bestätigt
H.2.c.7	Das *PD2*[2: 11] vs. *PD2*_ref für die Daten „All.Neg“	Bestätigt

Werden die Ergebnisse der *PD2*-Eventstudie zur Einschätzung hinzugezogen, kann die Bestätigung der Markteffizienz allerdings nicht mehr so pauschal getätigt werden. Signifikante Unterschiede in den Dimensionalitätsniveaus zum $PD2_{ref}$ vor und während des Events deuten darauf hin, dass eventinduzierte Veränderungen in den nichtlinearen Abhängigkeiten innerhalb der log-Return-Zeitreihen vorhanden sind. Diese Unterschiede sollten bei der Effizienzbetrachtung berücksichtigt werden, da sie auf eine Änderung im Verhalten der Marktteilnehmer und auf Strukturen in den Daten hindeuten, die mit der klassischen Eventstudie nicht aufgedeckt werden konnten.

Die Ergebnisse der *PD2*-Eventstudie für das Post-Eventfenster sind hingegen nicht eindeutig zu interpretieren. Eine visuelle Betrachtung zeigt, dass sich die *PD2*-Niveaus der einzelnen Eventkategorien innerhalb des Post-Eventfensters kaum voneinander unterscheiden und sehr nahe an den Dimensionalitätsniveaus der Referenz-*PD2* liegen, was die Vermutung aufkommen lässt, dass mögliche eventinduzierte Änderungen der Dimensionalität innerhalb des Post-Eventfensters nicht mehr vorhanden sind. Hierfür sprechen auch die Testergebnisse von T.2.b.4.post - T.2.b.7.post, die direkt am Tag nach dem Event keinen signifikanten Unterschied in der Dimensionalität zwischen den *PD2* der Eventkategorien und dem Referenz-*PD2* feststellen können. In den Folgetagen fällt das Dimensionalitätsniveau der positiven und negativen Eventkategorie dann aber unterhalb ihrer Referenzniveaus, was bedeuten könnte, dass sich die Komplexität des Verhaltens der Marktteilnehmer innerhalb des Post-Eventfensters unterhalb der durchschnittlichen Komplexität befindet. Wenn eine hohe Dimension im Pre-Eventfenster als eine Zunahme der Unsicherheit bei den Marktteilnehmern gesehen wird, könnte die niedrige Dimensionalität im Post-Eventfenster als ein höheres Maß an Sicherheit gedeutet werden, welches sogar oberhalb des Niveaus liegt, dass beim Referenz-*PD2* vorherrscht. Dass sich das Dimensionalitätsniveau der neutralen Eventkategorie innerhalb des Post-Eventfensters nicht signifikant vom Referenz-*PD2* unterscheidet, könnte aus dieser Überlegung heraus möglicherweise daran liegen, dass es im Gegensatz zu Events mit einer Gewinnüberraschung zu keiner Preisanpassung gekommen ist und die Marktteilnehmer durch das Event keine neuen Informationen erhalten haben, die ihre Unsicherheit bezüglich der zukünftigen Unternehmensentwicklung reduzieren konnten.

Ein Vergleich der in Abbildung 35 dargestellten Post-Event-Dimensionalitäten mit den ebenfalls abgebildeten Referenz-*PD2* zeigt, dass die $PD2_{ref}$ der einzelnen Eventkategorien deutlich weiter auseinander liegen als die jeweiligen Post-Event-Dimensionalitätsniveaus. Dies könnte ein Hinweis darauf sein, dass die Position des Fensters für das Referenz-*PD2* nicht optimal gewählt wurde, da es sich zu nahe an dem Folgeevent befindet und von diesem bereits beeinflusst wird.

Die Testergebnisse des Hypothesenblocks H3 fallen für die klassische Eventstudie insgesamt uneinheitlich aus, wie der Tabelle 43 zu entnehmen ist.

Tabelle 43: Ergebnisübersicht des Hypothesenblocks H3

Hypothese		**Ergebnis**
H3.aI "Die kumulierten abnormalen Renditen des Pre-Eventfensters in der Periode 3 sind kleiner als die kumulierten abnormalen Renditen in Periode 1."		
H.3.aI.1	Die CAAR[-16: -2] der Daten „Pos.P3" sind geringer als die CAAR[-16: -2] der Daten „Pos.P1"	Bestätigt
H.3.aI.2	Die CAAR[-16: -2] der Daten „Neu.P3" sind geringer als die CAAR[-16: -2] der Daten „Neu.P1"	Nicht bestätigt
H.3.aI.3	Die CAAR[-16: -2] der Daten „Neg.P3" sind geringer als die CAAR[-16: -2] der Daten „Neg.P1"	Bestätigt
H3.aII "Die AR am Eventtag ist in Periode 3 höher als die AR in Periode 1."		
H.3.aII.1	Für den Eventtag t(0) sind die AR der Daten „Pos.P3" höher als die AR der Daten „Pos.P1"	Nicht bestätigt
H.3.aII.2	Für den Eventtag t(0) sind die AR der Daten „Neu.P3" höher als die AR der Daten „Neu.P1"	Nicht bestätigt
H.3.aII.3	Für den Eventtag t(0) sind die AR der Daten „Neg.P3" höher als die AR der Daten „Neg.P1"	Nicht bestätigt

Hypothese		Ergebnis
H3.aIII "Die relativen unerwarteten Gewinne in der Periode 3 sind kleiner als die relativen unerwarteten Gewinne in Periode 1."		
H.3.aIII.1	Die RUE der Daten „Pos.P3" sind geringer als die RUE der Daten „Pos.P1".	Nicht bestätigt
H.3.aIII.2	Die RUE der Daten „Neg.P3" sind geringer als die RUE der Daten „Neg.P1".	Nicht bestätigt
H3.bI "Die kumulierten durchschnittlichen abnormalen Renditen des Pre-Eventfensters sind in den krisenfreien Perioden 1 & 3 geringer als in den Krisenperioden 2 & 4."		
H.3.bI.1	Die CAAR[-16: -2] der Daten „Pos.P1, Pos.P3" sind geringer als die CAAR[-16: -2] der Daten „Pos.P2, Pos.P2"	Nicht bestätigt
H.3.bI.2	Die CAAR[-16: -2] der Daten „Neu.P1, Neu.P3" sind geringer als die CAAR[-16: -2] der Daten „Neu.P2, Neu.P4"	Nicht bestätigt
H.3.bI.3	Die CAAR[-16: -2] der Daten „Neg.P1, Neg.P3" sind geringer als die CAAR[-16: -2] der Daten „Neg.P2, Neg.P4"	Nicht bestätigt
H3.bII "Die abnormalen Renditen am Tag der Ergebnisveröffentlichung fallen in Krisenzeiten geringer aus als in krisenfreien Zeiten."		
H.3.bII.1	Die AR(0) der Daten „Pos.P1, Pos.P3" sind größer als die AR(0) der Daten „Pos.P2, Pos.P2"	Nicht bestätigt
H.3.bII.2	Die AR(0) der Daten „Neu.P1, Neu.P3" sind größer als die AR(0) der Daten „Neu.P2, Neu.P4"	Nicht bestätigt
H.3.bII.3	Die AR(0) der Daten „Neg.P1, Neg.P3"sind größer als die AR(0) der Daten „Neg.P2, Neg.P4"	Bestätigt
T3.aI "Test auf Unterschied zwischen dem *PD2* am Eventtag t(0) in den beiden krisenfreien Perioden P1 & P3."		
T.3.aI.1	*PD2*(0) der Daten „P1.Ges" vs. *PD2*(0) der Daten „P3.Ges"	Bestätigt
T.3.aI.2	*PD2*(0) der Daten „P1.Pos" vs. *PD2*(0) der Daten „P3.Pos"	Bestätigt
T.3.aI.3	*PD2*(0) der Daten „P1.Neu" vs. *PD2*(0) der Daten „P3.Neu"	Bestätigt
T.3.aI.4	*PD2*(0) der Daten „P1.Neg" vs. *PD2*(0) der Daten „P3.Neg"	Bestätigt
T3.aII "Test auf Unterschied zwischen dem mittleren *PD2*[-16: -2] in den beiden krisenfreien Perioden P1 & P3."		
T.3.aII.1	*PD2*[-16: -2] der Daten „P1.Ges" vs. *PD2*[-16: -2] der Daten „P3.Ges"	Bestätigt
T.3.aII.2	*PD2*[-16: -2] der Daten „P1.Pos" vs. *PD2*[-16: -2] der Daten „P3.Pos"	Bestätigt
T.3.aII.3	*PD2*[-16: -2] der Daten „P1.Neu" vs. *PD2*[-16: -2] der Daten „P3.Neu"	Bestätigt
T.3.aII.4	*PD2*[-16: -2] der Daten „P1.Neg" vs. *PD2*[-16: -2] der Daten „P3.Neg"	Bestätigt
T3.bI "Test auf Unterschied zwischen dem mittleren *PD2*[-16: -2] in krisenfreien und krisenbehafteten Perioden."		
T.3.bI.1	*PD2*[-16: -2] der Daten "All.P1, All.P3" vs. *PD2*[-16: -2] der Daten "All.P2, All.P4"	Bestätigt

Hypothese		Ergebnis
T.3.bI.2	*PD2*[-16: -2] der Daten "Pos.P1, Pos.P3" vs. *PD2*[-16: -2] der Daten "Pos.P2, Pos.P4"	Bestätigt
T.3.bI.3	*PD2*[-16: -2] der Daten "Neu.P1, Neu.P3" vs. *PD2*[-16: -2] der Daten "Neu.P2, Neu.P4"	Bestätigt
T.3.bI.4	*PD2*[-16: -2] der Daten "Neg.P1, Neg.P3" vs. *PD2*[-16: -2] der Daten "Neg.P2, Neg.P4"	Nicht bestätigt
T3.bII "Test auf Unterschied zwischen dem *PD2* am Eventtag t(0) in krisenfreien und krisenbehafteten Perioden."		
T.3.bII.1	*PD2*(0) der Daten "All.P1, All.P3" vs. *PD2*(0) der Daten "All.P2, All.P4"	Bestätigt
T.3.bII.2	*PD2*(0) der Daten "Pos.P1, Pos.P3" vs. *PD2*(0) der Daten "Pos.P2, Pos.P4"	Bestätigt
T.3.bII.3	*PD2*(0) der Daten "Neu.P1, Neu.P3" vs. *PD2*(0) der Daten "Neu.P2, Neu.P4"	Bestätigt
T.3.bII.4	*PD2*(0) der Daten "Neg.P1, Neg.P3" vs. *PD2*(0) der Daten "Neg.P2, Neg.P4"	Nicht bestätigt

Obwohl eine visuelle Betrachtung der CAAR-Verläufe in Abbildung 36 starke Unterschiede zwischen den vier betrachteten Perioden offenbart, kann lediglich die Hypothese H3.aI dahingehend bestätigt werden, dass sich die kumulierten abnormalen Renditen im Vorfeld des Events, in der zweiten krisenfreien Periode signifikant verringert haben. Wenn die Existenz von abnormalen Renditen im Vorfeld der Ergebnisveröffentlichung als Zeichen dafür gesehen wird, dass die Marktteilnehmer die Inhalte der Veröffentlichung kurzfristig antizipieren können, könnte das Ergebnis als Zunahme der Effizienz im Zeitverlauf gedeutet werden. Warum die Marktteilnehmer das Ergebnis in den ersten Perioden zu einem gewissen Grad antizipieren konnten, kann an dieser Stelle nicht eindeutig geklärt werden. Ein möglicher Erklärungsansatz wäre eine inkonsequente Geheimhaltung der Unternehmensergebnisse oder die Verwertung von Insiderinformationen, sodass bestimme Informationen bereits im Vorfeld des Events in den Aktienkurs eingepreist wurden. Das Ergebnis der Hypothese H.3.aII kann die Hypothese, dass die Effizienz im Zeitverlauf zugenommen hat, nicht bestätigen, da die Ergebnisveröffentlichung bei bereits im Vorfeld eingepreisten Informationen weniger neue Informationen enthält und die Reaktion am Veröffentlichungstag folglich geringer ausfallen sollte. Dementsprechend sollte somit auch die Reaktion am Veröffentlichungstag stärker ausfallen, wenn der Markt effizienter geworden ist und im Vorfeld des Events keine Informationen in den Markt durchsickern. Diese Hypothese konnte nicht bestätigt werden und es konnte kein signifikanter Unterschied bei den abnormalen Renditen am Veröffentlichungstag zwischen den beiden eventfreien Perioden nachgewiesen werden. Hier könnte eine mögliche Begründung darin liegen, dass die Gewinnüberraschungen im Laufe der Jahre gesunken sind und eine Neubewertung dementsprechend nicht mehr in der Höhe vorgenommen werden muss wie in der Vergangenheit. Gegen diese Begründung sprechen jedoch die Testergebnisse der Hypothese H3.aIII, die keine signifikanten Unterschiede in den relativen unerwarteten Ergebnissen

(RUE) nachweisen konnten. Aus Sicht der klassischen Eventstudie kann die Frage, ob die Effizienz im Sinne der mittelstarken Form mit der Zeit zugenommen hat, somit nicht eindeutig beantwortet werden.

Auch die Hypothese H3.b, dass die Effizienz im Sinne der mittelstarken Form während Krisenperioden geringer ist als in krisenfreien Perioden, konnte mit der klassischen Eventstudie bei der vorliegenden Arbeit nicht bestätigt werden. Die CAAR des Pre-Eventfensters sind entgegen der Annahme in den Krisenperioden sogar geringer ausgefallen als in den krisenfreien Perioden, was gleichbedeutend mit einer Zunahme der Effizienz gewertet werden könnte. Das widersprüchliche Ergebnis könnte daher rühren, dass die Zeitspanne für die zweite Krisenperiode zu lang gewählt worden ist. Wenn Finanzmärkte gemäß der AMH im Laufe der Zeit dazulernen und effizienter werden, sollte auch eine temporäre Verstörung durch eine Krise schneller bewältigt werden können, sodass der Markt schneller in seinen krisenfreien Effizienzzustand zurückkehrt. Falls dies für die betrachtete zweite Krise (Finanzkrise) zutrifft, dürfte die zweite Krisenperiode (Periode 4) auch einen langen krisenfreien Zeitraum umfassen, sodass die Effekte der Krise in Periode 4 abgeschwächt wurden.

Die fehlende Signifikanz bei den CAAR der klassischen Eventstudie lässt unter Berücksichtigung der stark unterschiedlichen CAAR-Verläufe innerhalb der vier Perioden auch die Vermutung aufkommen, dass ein Grund für das insignifikante Ergebnis in der Konsolidierung der krisenfreien und der krisenbehafteten Perioden liegen könnte. Bei Betrachtung der CAAR in den Perioden 3 und 4 lässt sich kein auffälliger An- oder Abstieg im Vorfeld des Events erkennen, was auf eine allgemeine Effizienzzunahme nach der ersten Krisenperiode hindeutet, sodass ein Test der Perioden 3 gegen 4 ebenfalls keinen signifikanten Unterschied messen dürfte. In den ersten drei Perioden, in denen noch deutlich sichtbare Auf- und Abwärtsbewegungen bei den CAAR im Vorfeld des Events zu beobachten waren, hätte ein direkter Test der CAAR der Perioden 1 gegen 2 möglicherweise signifikante Werte liefern können. Die in Hypothese H3.aI nachgewiesenen Unterschiede bei den CAAR der Pre-Eventfenster lassen jedoch Zweifel daran aufkommen, ob eine Einzelbetrachtung zu einheitlicheren Ergebnissen geführt hätte, insbesondere unter Berücksichtigung der Tatsache, dass sich bei einer Einzelbetrachtung auch die jeweilige Zahl der Freiheitsgrade bei der Teststatistik reduziert hätte. Es würde sich auch das Problem ergeben, dass beide Krisenperioden jeweils mit beiden krisenfreien Perioden verglichen werden müssten und die Ergebnisse der vier Tests einer Bonferroni-Adjustierung unterzogen werden müssten. Da jeder Test aber aus den drei Untertests der Eventkategorien besteht, für die ebenfalls eine Bonferroni-Adjustierung erforderlich wäre, wäre es fraglich, ob die Ergebnisse dann noch anders ausgefallen wären als bei der vorliegenden Durchführung.

Das signifikante Ergebnis der Hypothese H3.bII.3 kann unter Berücksichtigung der anderen (insignifikanten) Ergebnisse auch nicht als ein stichhaltiges Argument für einen Unterschied in der Effizienz zwischen krisenfreien und krisenbehafteten Perioden herangezogen werden, zumal es mit einem p-Wert von $p=0{,}0471$ nur ganz knapp unterhalb des vorgegebenen Signifikanzniveaus von $\alpha = 0{,}05$ liegt.

Im Gegensatz zur klassischen Eventstudie weisen die explorativen Ergebnisse der *PD2*-Eventstudie für die Hypothese H3.a bei allen Tests signifikante Unterschiede auf. So finden sich sowohl für das mittlere Dimensionalitätsniveau des Pre-Eventfensters (T3.aII) als auch für Dimensionalitätsniveau am Veröffentlichungstag (T3.aI) signifikante Unterschiede zwischen den beiden krisenfreien Perioden. Diese Unterschiede sind sowohl bei der positiven und negativen Eventkategorie als auch bei der neutralen Eventkategorie sowie dem Gesamtdatensatz zu finden, wobei die Betrachtung der *PD2*-Eventverläufe in Abbildung 37 zeigt, dass sich die Verläufe der beiden krisenfreien Perioden stark ähneln und sich lediglich in der Höhe der Dimensionalität unterscheiden. Die *PD2*-Eventstudie liefert somit deutliche Hinweise darauf, dass im Laufe der Perioden eine Reduktion in dem Dimensionalitätsniveau der log-Return Zeitreihen stattgefunden hat.

Auch bei dem Vergleich zwischen den Dimensionalitätsniveaus der krisenfreien Perioden und den krisenbehafteten Perioden konnten signifikante Unterschiede für die positive und neutrale Eventkategorie gefunden werden. Überraschenderweise konnte bei der negativen Eventkategorie weder im Pre-Eventfenster noch am Veröffentlichungstag ein signifikanter Unterschied in der Dimensionalität nachgewiesen werden. Dies erscheint zunächst aufgrund des sehr hohen Dimensionalitätsniveaus in der ersten Krisenperiode, in der das mittlere *PD2*-Niveau des Pre-Eventfensters bei $\overline{\mathrm{PD2}}[-16:-2]=5{,}7$ (SD=2,9) und am Veröffentlichungstag bei $\overline{\mathrm{PD2}}(0)=5{,}19$ (SD=2,67) lag, sehr verwunderlich. Der Grund hierfür dürfte in der ungleichen Stichprobengröße zwischen der Periode 2 und 4 liegen. Während in der ersten Krisenperiode nur 61 Werte vorhanden sind, sind in der zweiten Krisenperiode bereits 214 Werte enthalten, sodass die erste Periode bei der Aggregation der krisenbehafteten Datensätze einen deutlich kleineren Einfluss auf den Mittelwert ausübt als die zweite Krisenperiode. Wenn, wie die Ergebnisse von T3.aI und T3.aII gezeigt haben, das allgemeine Dimensionalitätsniveau im Laufe der Zeit abnimmt, dürfte auch eine Dimensionalitätserhöhung durch eine Krise nicht mehr zu einem Dimensionalitätsniveau führen, welches dem der früheren Krisenperiode entspricht. Hinzu kommt an dieser Stelle auch die bereits bei den Ergebnissen der klassischen Eventstudie angesprochene Problematik der falsch gewählten Zeitspanne für die zweite Krisenperiode zum Tragen. Ein Blick auf die gesamten *PD2*-Verläufe der ausgewählten Unternehmen in Abbildung 26 zeigt, dass sich die Dimensionalitätsschwankungen bei der ersten Krise über die gesamte Periode erstreckten, während die Dimensionalitätsschwankungen in der zweiten Krisenperiode nur etwa anderthalb Jahre anhielten und dann rasch abgeflacht sind. So liegt bspw. das mittlere *PD2*(0) der negativen Eventkategorie in dem Zeitraum 2007-2008 noch bei $\overline{\mathrm{PD2}}(0)=3{,}63$ (SD=2,18; N=75), während es in den restlichen Jahren 2009-2012 nur noch bei $\overline{\mathrm{PD2}}(0)=3{,}07$ (SD=1,4; N=139) liegt. Es kann daher angenommen, dass das *PD2*-Niveau der zweiten Krisenperiode durch krisenfreie Events der späteren Zeitpunkte nach unten verzerrt ist und für die Aggregation mit den Daten der ersten Krisenperiode nicht geeignet ist. Dass sich trotz der augenscheinlichen Verzerrung der zweiten Krisenperiode dennoch signifikante Unterschiede zwischen den krisenfreien und krisenbehafteten Dimensionalitätsniveaus der positiven und neutralen Eventkategorien gefunden haben, spricht dennoch dafür, dass sich die Dimensionalität aufgrund von Krisen temporär erhöht.

Die Ergebnisse der *PD2*-Eventstudie konnten sowohl kurzfristige Änderungen der Dimensionalität im Umfeld eines Events, mittelfristige Änderungen der Dimensionalität aufgrund von Krisen als auch langfristige Änderungen des Dimensionalitätsniveaus über die Perioden hinweg nachweisen. Diese Aspekte könnten als Argument für die Aussagen der AMH, dass die Effizienz eines Marktes im Laufe der Zeit schwankt, angeführt werden. Allerdings kann die langfristige Abnahme der mittleren Dimensionalität über die Perioden hinweg dahingehend interpretiert werden, dass die Unsicherheit am Markt abgenommen haben könnte, was als eine stärkere Abweichung von der Markteffizienz gesehen werden kann.

Dies steht jedoch im Widerspruch zu den Annahmen der AMH, die von einem lernenden Markt ausgeht, der im Laufe der Zeit immer effizienter wird. Für die Zunahme der Markteffizienz sprechen die CAAR-Verläufe der klassischen Eventstudie in den vier Perioden in Abbildung 28, bei denen sichtbar wird, dass die CAAR vor dem Event über die Perioden hinweg deutlich geringer werden und die Reaktion auf das Event fast nur noch am Eventtag t(0) stattfindet. Allerdings handelt es sich bei den CAAR nur um eine mögliche Kennzahl, die versucht, die Markteffizienz zu messen und eine Zunahme der Effizienz aus Sicht der CAAR muss nicht zwangsläufig bedeuten, dass andere Kennzahlen zum gleichen Ergebnis hinsichtlich der Effizienz kommen müssen. Streng genommen kann nicht einmal davon ausgegangen werden, dass unterschiedliche Kennzahlen zur Beschreibung der Markteffizienz auch wirklich das Gleiche messen. So kann die CAAR als Indikator dafür gesehen werden, ob sich profitable Handelsregeln konstruieren lassen können, während das *PD2* die Effizienz aus einer anderen Perspektive beschreibt. Die Dimensionalität könnte z. B. Rückschlüsse über das Verhalten der Marktteilnehmer geben und entweder als ein Indiz für die Irrationalität bzw. die Anzahl von irrational agierenden Akteuren am Markt, oder für die vorherrschende Unsicherheit der Marktteilnehmer gewertet werden. Dabei müssen sich beide Optionen nicht unbedingt ausschließen, sondern könnten sich gegenseitig verstärken. So könnten beispielsweise irrationale Marktteilnehmer durch ihr Verhalten im Sinne einer willkürlichen Kursbewertung eine Unsicherheit am Markt erzeugen, die wiederum andere irrationale Akteure zu stärkeren Reaktionen animieren könnte. Die Folge wären starke Kursschwankungen und eine anhaltende Auslenkung des Aktienkurses von seinem eigentlichen Fundamentalwert, was von rationalen Akteuren gewinnbringend ausgenutzt werden könnte. Andererseits wäre es auch denkbar, dass die irrationalen Marktakteure erst durch eine steigende Unsicherheit am Markt aktiv werden, da sie dann die Chance auf mögliche Spekulationsgewinne wittern und durch ihr Verhalten zufällige Ausschläge des Kurses weiter verstärken oder sogar selbst erzeugen.

Übertragen auf die Dimensionalitätsanalyse könnte die Auslenkung des Aktienpreises bzw. der log-Returns, zu kurzfristigen Auslenkungen der Kursdynamik und damit des Attraktors führen. Da die Auslenkung des Attraktors durch zuvor nicht vorhandene bzw. inaktive Marktakteure oder deren Verhalten geschieht, werden infolgedessen zur Beschreibung der Systemdynamik mehr Freiheitsgrade benötigt.

Je mehr irrationale Marktteilnehmer am Markt aktiv sind, desto stärker könnte der Attraktor des Systems in verschiedene Richtungen verzerrt werden, wobei die Verzerrungen entweder lange anhalten können (bspw. bei einer Blasenbildung am Markt), oder nur kurzfristiger Natur sein können, falls das irrationale Verhalten nicht systematisch wiederholt wird. Bei kurzfristigen Verzerrungen und hinreichend vielen Akteuren könnten die Verzerrungen auch als Rauschen angesehen werden. Das Konzept, dass menschliche Marktakteure durch ihr Verhalten Rauschen in den Markt bringen können, wurde bereits 1986 von Brock beschrieben und lässt sich prinzipiell auch auf die zuvor genannten Überlegungen übertragen, weshalb es im Folgenden kurz als ein möglicher Erklärungsansatz für das Handeln irrationaler Marktakteure unter Unsicherheit diskutiert werden soll.

Brock (1986) nennt zwei Wege, wie Rauschen in die Daten gelangen kann: Der erste Weg kann durch die Messapparatur oder den Beobachter entstehen. Diese Möglichkeit kann für Aktienzeitreihen ausgeschlossen werden, da die Aktienpreise durch Angebot und Nachfrage eindeutig bestimmt werden. Der zweite Weg führt über die für den Beobachter nicht bekannten Bewegungsgleichungen des Systems (Brock, 1986, S. 182).
Da das Verhalten rationaler Marktteilnehmer berechenbar ist, sollten auch deren Bewegungsgleichungen bekannt sein. Im Gegensatz dazu ist das Verhalten irrationaler Marktteilnehmer nicht oder nur teilweise berechenbar, sodass diese für die unbekannten Bewegungsgleichungen innerhalb des Systems Finanzmarkt verantwortlich sein könnten. Shleifer (2000) ordnet demnach die Investoren von Finanzmärkten zwei unterschiedlichen Gruppen zu. Zur ersten Gruppe zählen die Arbitrageure, die vollkommen rationale und unverzerrte Erwartungen bezüglich der Aktienrenditen bilden.[331] Die zweite Gruppe der Investoren besteht aus den irrational agierenden „Noise-Tradern". Sie zeichnen sich dadurch aus, dass ihre Meinungen und Handelsmuster einem systematischen Bias unterliegen können. Das atypische Verhalten von Noise-Tradern kommt zustande, weil ihre Handelsentscheidungen auf Grundlage von „Rauschen"[332] bzw. „Pseudosignalen" (Shleifer, 2000, S. 23) basieren, die sie fälschlicherweise als marktrelevante Informationen einstufen (Black, 1986, S. 531). Durch ihren teils willkürlichen Handel bringen sie unmittelbar Rauschen in die Preise (Black, 1986, S. 532).

Zu den Pseudosignalen zählen z. B. Empfehlungen von technischen Analysten, Börsenmaklern oder Wirtschaftsberatern (De Long et al., 1990a, S. 706). Da Pseudosignale vornehmlich auf Basis historischer Daten generiert werden, können sie keine marktrelevanten Informationen enthalten, da gemäß der Effizienzmarkthypothese sämtliche neue Informationen unmittelbar im Preis verarbeitet werden. Somit sind auch in den historischen Daten per definitionem keine Informationen über die zukünftige Preisentwicklung enthalten. Dennoch fassen die Noise-Trader diese Pseudosignale als Informationen auf. Diese Fehleinschätzung gegenüber dem Informationsgehalt von Pseudosignalen kann z. B. aus mangelnden Kenntnissen über die Abläufe am Finanzmarkt oder aus individuellen Verhaltensanomalien[333] resultieren.

Wie Noise-Trader auf Pseudoinformationen reagieren, hängt davon ab, ob sie einer positiven oder negativen Feedback-Strategie folgen (vgl. Plöger, 2014, S. 64). Durch Untergewichtung weit zurückliegender Ereignisse und Übergewichtung neuerer Ereignisse (vgl.

[331] Für eine genauere Definition eines Arbitrageurs, vgl. (Shleifer, 2000, S. 20).

[332] Black (1986), der das Konzept des Noise-Trades einführte, definiert Rauschen in diesem Kontext als direkten Gegensatz zur Information. Es ist ein Sammelbegriff für eine große Anzahl von kleinen irrelevanten Ereignissen (Black, 1986, S. 529).

[333] Unter Verhaltensanomalien versteht man Verhaltensweisen, die systematischen von den Verhaltensweisen des Rational Economic Man (REM) abweichen. Der REM ist ein theoretisches Konstrukt, das die Grundlage aller Modelle der traditionellen Kapitalmarkttheorien bildet. Er verfügt über sämtliche vorhandenen Informationen und besitzt ein gut strukturiertes Präferenzsystem, auf dessen Grundlage er stets in der Lage ist, seine Nutzenfunktion zu kalkulieren und zu maximieren (Simon, 1955, S. 99). Verhaltensanomalien stehen im Fokus der Behavioral Finance, einer Forschungsrichtung, welche die Aktienpreisbildung über die Verhaltensanalyse der Marktteilnehmer zu erklären versucht und dabei von einem Menschentyp ausgeht, der auch emotionale und irrationale Entscheidungen treffen kann und für sozialpsychologische Ansteckungsprozesse empfänglich ist (Häberle, 2008, S. 101). Viele Verhaltensanomalien der Börsenteilnehmer können mithilfe der von (Kahneman und Tversky, 1979) aufgestellten Prospect Theory erklärt werden.

Shefrin und Statman, 1994, S. 332) erwartet die Gruppe der positiven Noise-Trader die Fortsetzung von bestehenden Preistrends und reagiert daher mit einer Kaufentscheidung, wenn der Kurs über einen gewissen Zeitraum steigt, und mit einer Verkaufsentscheidung, wenn der Kurs sinkt (De Long et al., 1990b, S. 379). Gemäß der Terminologie von De Bondt und Thaler (1985, S. 804) zählen sie zu der Sorte von Investoren, die auf unerwartete und dramatische Ereignisse überreagieren. Demgegenüber unterliegt die Kategorie der negativen Noise-Trader dem „Probability Mismapping". Probability Mismapping beschreibt eine Familie kognitiver Fehler, die auf einer inkorrekten Zuordnung zwischen Wahrscheinlichkeiten und realisierten Sequenzen basieren (Shefrin und Statman, 1994). Tversky und Kahneman (1971, S. 106) bezeichnen diesen Fehler als „Gesetz der kleinen Zahlen", da die betroffenen Personen das Gesetz der großen Zahlen (d. h. dass große Stichproben in der Lage sind, die Grundgesamtheit, aus der sie gezogen wurden, zu repräsentieren) auf kleine Stichproben übertragen und regressive Erwartungen bilden. Noise-Trader, die dem Probability Mismapping unterliegen, folgen der Effizienzmarkthypothese und gehen ebenfalls davon aus, dass der Erwartungswert einer Aktienrendite im Durchschnitt gleich Null ist. Allerdings schlussfolgern sie daraus, dass die Wahrscheinlichkeit für einen Kursrückgang umso höher ist, je länger der Kurs in Folge steigt. Ihre Handelsstrategie ist daher umgekehrt zu den positiven Noise-Tradern, da sie eine Verkaufsentscheidung treffen, wenn der Kurs über einen bestimmten Zeitraum gestiegen ist und eine Kaufentscheidung treffen, wenn der Kurs über mehrere Zeitpunkte gefallen ist.

Während unsystematische Abweichungen vom Fundamentalwert der Aktie durch die Arbitrageure abgefangen werden können, können die Arbitrageure Kursverzerrungen durch systematischen Fehlerwartungen der Noise-Trader nicht unmittelbar ausgleichen, da sie neben dem fundamentalen Risiko einer Aktie zusätzlich das Risiko tragen müssen, dass sich die systematischen Fehlerwartungen der Noise-Trader für einen längeren Zeitraum nicht verändern und zwischenzeitlich sogar extremer werden (De Long et al., 1990a, S. 704). Die Risikoaversion hält die Arbitrageure davon ab, große Arbitragepositionen einzunehmen und die Preisbeeinflussung durch die Noise-Trader auszugleichen (De Long et al., 1990b, S. 379). Auch wenn eine systematische Fehlerwartung (z. B. eine positive Investorenerwartung durch die Beobachtung eines anhalten Kursanstiegs) erkannt wird, sind die Arbitrageure in ihrer Handlungsfähigkeit eingeschränkt, da sie die Bewegungsgleichungen der Noise-Trader nicht kennen und somit auch nicht in der Lage sind, den Endzeitpunkt ihres Handelns zu prognostizieren. In solchen Fällen kann die Fehlbewertung der Preise aufgrund der Investorenerwartung der Noise-Trader nicht vollständig durch Arbitrage eliminiert werden (Lee et al., 2002, S. 2278).[334]

Das Konzept der Noise-Trader könnte dabei helfen, einen Beitrag zur Erklärung der Systemdynamik des Aktienmarktes beizutragen. Es wäre prinzipiell sogar nicht auszuschließen, dass der seltsame Attraktor ausschließlich die Systemdynamik der Noise-Trader beschreibt,

[334] De Long et al. (1990b, S. 393) argumentiert sogar in die Richtung, dass es für Arbitrageure rational erscheinen kann, dem Trend der positiven (Noise-) Feedback-Trader zu folgen, wenn sie weitere zukünftige Käufe durch die Noise-Trader erwarten. Eine Preiskorrektur in Richtung des Fundamentalwertes bliebe hierbei aus und die Diskrepanz könnte sogar größer werden, falls die Noise-Trader durch die Käufe der Arbitrageure noch stärker angespornt werden.

da diese zwar irrational handeln, die Handlung jedoch einer beobachtbaren Systematik folgt, während die rationalen Marktakteure das Zufallsrauschen in den Markt bringen. Somit könnte eine höhere Dimensionalität auch ein Hinweis auf eine stärkere Aktivität oder die höhere Anzahl an Noise-Tradern sein, hervorgerufen durch eine höhere Unsicherheit am Markt.

Dies würde zu der Beobachtung passen, dass die Dimensionalität einige Tage vor dem Event ansteigt, da in diesem Zeitraum die Unsicherheit über die Informationen des Events steigen könnte, wodurch möglicherweise kurzentschlossene Noise-Trader aktiv werden und handeln. Nach der Ergebnisveröffentlichung dürfte das Aktivitätsniveau der Noise-Trader auf den Normalzustand absinken, da die Möglichkeit der Spekulationen nach der Ergebnisbekanntgabe nicht mehr gegeben ist und die Unsicherheit über das Event vergangen ist. Die in H3 festgestellte Reduktion des mittleren *PD2*-Niveaus innerhalb des Pre-Eventfensters könnte dann ein Indiz dafür sein, dass die Anzahl der Noise-Trader über die Jahre hinweg abgenommen hat[335], oder dass die Noise-Trader aus ihren Fehlern gelernt haben und ihr Verhalten rationaler geworden ist, was eine Bestätigung der AMH hinsichtlich der mittelstarken Form der EMH bedeuten würde. Andererseits könnte eine niedrigere Dimensionalität auch aufgrund einer allgemeinen Abnahme der Unsicherheit am Markt resultieren, die z. B. aufgrund der immer stärkeren Automatisierung und Digitalisierung des Aktienhandels hervorgerufen wird, da die Informationen über die Unternehmen so effizient verarbeitet werden, dass ein Event wie die Ergebnisveröffentlichung kaum noch neue Informationen liefert. Dies würde dann nicht unbedingt dafür sprechen, dass der Markt effizienter geworden.

Auch wenn der Noise-Trader Ansatz grundsätzlich als geeignet erscheint, um Dimensionalitätserhöhungen in Krisenperioden und vor der Ergebnisveröffentlichung zu erklären, so handelt es sich dennoch nur um eine mögliche Hypothese, die im Rahmen von zukünftigen Untersuchungen überprüft werden müsste.

Ein weiterer Punkt, der an dieser Stelle aufgegriffen werden muss, ist die Datenlänge der verwendeten Zeitreihen und die damit einhergehenden Limitierungen bezüglich der maximalen Dimension.

Als Beispiel für die Auswirkungen von zu kurzen Zeitreihenlängen sei zunächst die Berechnung der Dimensionalität des Klimas genannt. Es wird allgemein angenommen, dass das Wetter über eine annähernd unendlich hohe Anzahl an Freiheitsgraden verfügt und sich alleine die Anzahl der Freiheitsgrade in der Atmosphäre laut klassischen Schätzungen auf mindestens 10^{27} beläuft (Lovejoy und Schertzer, 1998, S. 39). Dennoch wurden überwiegend Modelle mit einer niedrigen Anzahl an Freiheitsgraden verwendet, wenn es darum ging zu bestimmen, ob das Klima stabil ist oder nicht (vgl. Budyko, 1969; Sellers, 1969; Ghil, 1976). Auch die auf der Berechnung des *D2* basierenden Ergebnisse von (Tsonis und Elsner, 1988; Nicolis und Nicolis, 1984) suggerierten eine sehr geringe Anzahl an Freiheitsgraden, die für die Spezifikation der Systemdynamik des Klimas notwendig wäre. Wie in Kapitel 3.3.1 erläutert, waren diese Ergebnisse aufgrund der geringen Datenbasis in Bezug auf die endliche Anzahl der Freiheitsgrade jedoch wenig aussagekräftig. Osborne und Provenzale (1989) konnten bspw. zeigen, dass der Algorithmus von Grassberger und Procaccia (1983b) für eine bestimm-

[335] Die Abnahme an Noise-Tradern könnte dabei auch relativ sein, falls die Anzahl an rationalen Tradern zugenommen hat.

te Klasse von farbigem Zufallsrauschen fälschlicherweise eine sättigende und relativ niedrige Korrelationsdimension berechnet, obwohl bei Zufallsrauschen unendlich viele Dimensionen zu erwarten wären.

Das Risiko, dass die im Rahmen der vorliegenden Arbeit errechneten Dimensionalitätsniveaus ebenfalls zu einem gewissen Grad nach unten verzerrt sind, ist durchaus vorhanden und kann insbesondere aufgrund der Datenlänge der vorhandenen Datensätze nicht gänzlich ausgeschlossen werden. Die systematischen Variationen der Dimensionalität um ein Event herum und die Veränderung des mittleren Dimensionalitätsniveaus über die Perioden hinweg, sind allerdings ein deutlicher Hinweis darauf, dass das Ergebnis nicht aufgrund von farbigem Rauschen zustande gekommen ist. Ob das durchschnittliche gemessene *PD2*-Niveau innerhalb der verfügbaren log-Return-Zeitreihen dem durchschnittlichen Dimensionalitätsniveau des gesamten Finanzmarktes entspricht, kann hingegen aufgrund der begrenzten Stichprobe nicht nachgewiesen werden. Für die vorliegende Untersuchung spielt das absolute Dimensionalitätsniveau allerdings auch keine entscheidende Rolle, da der Fokus der Arbeit darin lag zu überprüfen, ob die *PD2*-Eventstudie in der Lage ist, die klassische Eventstudie durch die Identifikation von Änderungen in der Dimensionalität der log-Return-Zeitreihen im Umfeld eines Events zu erweitern. Die Ergebnisse der Hypothesentests haben gezeigt, dass die *PD2*-Eventstudie signifikante Unterschiede in der Dimensionalität vor und während des Events im Vergleich zum Referenz-*PD2* messen und somit Änderungen in der Dimensionalität nachweisen kann. Sollte es aufgrund von zu kurzen oder zu niedrig aufgelösten Daten zu einer Unterschätzung der Dimensionalität gekommen sein, so hätte sich diese Verzerrung aufgrund der einheitlichen Vorgehensweise bei der *PD2*-Eventstudie auf die *PD2*-Zeitreihen aller Unternehmen ähnlich ausgewirkt und dabei sowohl die *PD2*-Niveaus innerhalb der Eventfenster als auch das Niveau des Referenz-*PD2* gleichermaßen beeinflusst, sodass die Unterschiede in den *PD2*-Niveaus nach wie vor vorhanden wären und als ein Zeichen für eine Reaktion des Marktes bzw. der Marktteilnehmer gewertet werden könnten.

Abschließend muss an dieser Stelle darauf hingewiesen werden, dass die Auswahl der 23 größten NASDAQ-Unternehmen die Implikationen aus den Untersuchungsergebnissen dahingehend einschränkt, dass die Aussagen über die Dimensionsänderungen um das Event der Quartalsberichtsveröffentlichung nicht pauschal auf alle NASDAQ gelisteten Unternehmen übertragen werden können. Es ist nicht bekannt, ob die Dimensionsverläufe von Aktienkursen kleinerer Unternehmen, oder Unternehmen, die nicht aus dem Technologiesektor stammen, denselben Verlauf aufweisen wie die großen Unternehmen. Insbesondere unter der Annahme, dass die Dimensionsänderungen hauptsächlich auf das Verhalten der Investoren zurückgeführt werden können und sich am NASDAQ vornehmlich Investoren mit einer Präferenz für Unternehmen aus der Technologiebranche befinden, kann eine Verallgemeinerung auf andere Marktplätze, Branchen und Investorengruppen nicht vorgenommen werden. Allerdings reduziert die Fokussierung auf große Technologieunternehmen aufgrund der hohen Ähnlichkeit der Unternehmenscharakteristiken mögliche Querschnittseffekte auf die abnormalen Renditen.[336] Es wäre daher die Aufgabe zukünftiger Forschung, die Ergebnisse der vorliegenden Arbeit auch mit Datensätzen anderer Märkte oder Branchen zu verifizieren.

[336] Abnormale Renditen können querschnittsübergreifend variieren, da sich der ökonomische Effekt eines Events unterschiedlich auf Unternehmen auswirken kann (Kothari und Warner, 2007, S. 19). Für eine umfassendere Inferenz können Querschnittsuntersuchungen herangezogen werden, die mittels eines Regressionsmodells die abnormalen Renditen gegen spezifische Firmencharakteristika schätzen. Aufgrund der hohen Ähnlichkeit der Unternehmen wird im Rahmen dieser Untersuchung auf Querschnittstests verzichtet. Für eine weitergehende Diskussion der Querschnittstests siehe auch (Campbell et al., 1997, S. 173f.).

8 Fazit

Die vorliegende Arbeit ist der Frage nachgegangen, ob Methoden aus der Toolbox der Theorien nichtlinearer dynamischer Systeme in der Lage sind, einen Beitrag zur Untersuchung der Theorie der Effizienten Märkte von Fama (1965) zu leisten. Die Grundannahme hinter der Fragestellung lag darin begründet, dass Methoden der Nichtlinearen dynamischen Systeme im Gegensatz zu den klassischen Untersuchungsmethoden in der Lage sind, nichtlineare Abhängigkeiten und Strukturen in Datensätzen zu identifizieren. Da nichtlineare Abhängigkeiten ebenfalls eine Abweichung vom Zufall und damit eine implizite Verletzung der Effizienzmarkthypothese von (Fama et al., 1969) darstellen, ist deren Identifikation für die Beantwortung der Frage, ob ein Markt effizient ist, von großer Bedeutung.

Bisherige Untersuchungen zu Nichtlinearitäten in ökonomischen Zeitreihen konnten bereits Hinweise auf nichtlineare Abhängigkeiten in ökonomischen Daten finden (vgl. Strunk, 2012, S. 80 ff.). Mögliche Implikationen auf die Effizienzmarkthypothese bezogen sich, sofern sie denn getroffen wurden, jedoch stets nur auf die schwache Form der Markteffizienz, während die mittelstarke Form von der nichtlinearen Analyse mangels geeigneter Methoden unberücksichtigt blieb. Der Grund hierfür ist, dass die mittelstarke Form die Effizienz hinsichtlich des Verhaltens von Aktienzeitreihen um ein Ereignis herum untersucht und Methoden erfordert, die punktgenaue Werte berechnen können.

Das von Skinner (1992) vorgeschlagene *PD2* ist solche eine Methode, die dazu in der Lage ist. ist. Das *PD2* kann tagesgenaue Dimensionalitätsschätzer berechnen, wodurch sie sich für den Einsatz bei Eventstudien eignet, um eine dynamische Veränderung in der Dimensionalität im Umfeld eines Ereignisses abzubilden bzw. zu messen. Die Dimensionalität kann dabei als ein Indiz für das Vorhandensein von linearen und nichtlinearen Abhängigkeiten gewertet werden. Um die Eignung des *PD2* als nichtlineare Untersuchungsmethode im Rahmen von Eventstudien überprüfen zu können, wurde in der vorliegenden Arbeit zunächst der theoretische Rahmen der Effizienzmarkthypothese (EMH) beschrieben und einige ausgewählte Ergebnisse empirischer Untersuchungen zu den drei Formen der Markteffizienz dargestellt und erörtert. Da die Untersuchungen zur mittelstarken Form der EMH mittels Eventstudien durchgeführt werden, wurde diese Methode mitsamt ihrer Eigenschaften und Anforderungen im Detail beleuchtet. Dies war notwendig, um die Rahmenbedingungen für die Implementierung einer nichtlinearen Methode auszuloten. Anschließend wurde die Theorie der Dimensionalitätskonzepte und die daraus resultierenden Dimensionalitätsmaße vorgestellt, bevor die Besonderheiten und Herausforderungen, die bei der Berechnung der Dimensionalitätsmaße zu berücksichtigen sind, diskutiert wurden. Dies mündete in einem Konzept für die Durchführung einer *PD2*-Eventstudie als Methode zum Nachweis temporärer Änderungen in den nichtlinearen Abhängigkeiten von Finanzmarktzeitreihen.

Die Ergebnisse der empirischen Untersuchung sprechen für die Eignung der *PD2*-Eventstudie als ergänzende Methode zur klassischen Eventstudie. Die zentrale Frage war zunächst, ob durch die *PD2*-Eventstudie systematische Änderungen in den nichtlinearen Abhängigkeiten im Umfeld eines Ereignisses identifiziert werden können. Die Ergebnisse konnten hochsignifikante systematische Änderungen in der Dimensionalität im Umfeld eines Events identifizieren und damit nachweisen, dass sich das Event der Ergebnisveröffentlichung auf die

W. Wagner, *Nichtlineare Zeitreihenanalyse als neue Methode für Eventstudien*,
Komplexität, Entrepreneurship und Ökonomische Bildung,
https://doi.org/10.1007/978-3-658-24443-9_8

nichtlinearen Abhängigkeiten innerhalb der Daten vor und während der Veröffentlichung auswirkt.

Da das *PD2* sowohl lineare als auch nichtlineare Abhängigkeiten erfassen kann, sollte es hinsichtlich der Identifizierung von Abhängigkeiten in den Daten zudem empfindlicher als die klassische Eventstudie sein und daher Änderungen in den Abhängigkeiten mindestens genauso schnell, wenn nicht sogar schneller identifizieren können. Die Ergebnisse konnten diese Annahme bestätigen und zeigen, dass die *PD2*-Eventstudie für das gewählte Event der Ergebnisveröffentlichung im Vergleich zur klassischen Eventstudie bereits einige Wochen früher deutlich mehr signifikante Unterschiede in den Abhängigkeiten feststellen konnte.

Dabei konnte zudem beobachtet werden, dass sich zwar Unterschiede in der Höhe der Dimensionalitätsniveaus zwischen den Eventkategorien finden lassen, die Entwicklung der Dimensionalität innerhalb des Eventfensters jedoch bei allen Eventkategorien einen nahezu identischen Verlauf und eine sehr hohe Korrelation aufwies. Somit erweist sich die *PD2*-Eventstudie im Gegensatz zur klassischen Eventstudie hinsichtlich der Eventkategorisierung als robust, was einen erheblich Vorteil bei einer explorativen Betrachtung der Dimensionalitätsveränderung von Events mit sich bringt, bei denen eine eindeutige Kategorisierung nicht gewährleistet werden kann. Sollte eine Kategorisierung jedoch möglich sein, so kann diese zusätzliche Informationen hinsichtlich des Dimensionalitätsniveaus liefern und sollte daher auch vorgenommen werden.

Neben der grundsätzlichen Eignung der *PD2*-Eventstudie als Ergänzung zur klassischen Eventstudie wurde in der vorliegenden Arbeit auch der Frage nachgegangen, ob das *PD2* auch in der Lage ist, die Gültigkeit der Adaptive Markets Hypothese von Lo (2004) bei der mittelstarken Form der EMH zu überprüfen bzw. nachzuweisen. Die Ergebnisse der Untersuchung ermöglichten dabei eine Aussage zur AMH direkt für zwei Zeithorizonte. Einerseits konnte eine Veränderung des mittleren Dimensionalitätsniveaus über die Perioden hinweg aufgezeigt werden. Der Markt hat somit im Laufe der Jahre einen höheren Ordnungszustand angenommen (im Sinne einer niedrigeren Dimensionalität), was darauf hindeutet, dass sich die Qualität oder Quantität der nichtlinearen Abhängigkeiten verändert hat. Andererseits konnte durch die *PD2*-Eventstudie eine systematische Veränderung der Dimensionalitätsniveaus um das Event herum nachgewiesen werden, was darauf hindeutet, dass sich die AMH auch auf kurzfristige Zeitspannen übertragen lässt und die Dimensionalität nicht nur über die Jahre hinweg, sondern auch über einige wenige Tage hinweg schwanken kann.

In der Einzelbetrachtung der vier einzelnen Perioden konnte die klassische Eventstudie in den ersten beiden Perioden deutliche Hinweise für kumulierte abnormale Renditen im Vorfeld des Events finden, was auf eine potenzielle Verletzung der Markteffizienz hindeutet, da entweder Informationen im Vorfeld des Events an die Öffentlichkeit durchgesickert sind, oder Insiderhandel im großen Umfang betrieben wurde.[337] In der zweiten und dritten Periode konnten hingegen praktisch überhaupt keine CAAR mehr beobachtet werden, was aus klassischer Sicht als ein Zeichen für eine gestiegene Markteffizienz gewertet werden müsste. Doch unter

[337] Wie in Kapitel 2.3.2 beschrieben wurde, ist ein möglicher Insiderhandel eher als ein Hinweis auf die Verletzung der Markteffizienz im Sinne der starken Form zu sehen. Da der Insiderhandel bei der vorliegenden Arbeit nicht explizit untersucht wurde, kann an dieser Stelle nicht eindeutig gesagt werden, ob CAAR aufgrund von durchgesickerten Informationen, oder durch Insiderhandel entstanden sind.

Berücksichtigung der *PD2*-Eventstudie hat sich gezeigt, dass eine Veränderung der Dimensionalität und damit der Nichtlinearitäten im Vorfeld des Events sowohl in den ersten beiden Perioden zu finden war als auch – ein wenig schwächer ausgeprägt, aber dennoch signifikant – in den letzten beiden Perioden. Dies könnte möglicherweise ein Zeichen dafür sein, dass der Markt zwar in Bezug auf die abnormalen Renditen effizienter geworden ist, weil die Marktteilnehmer die linearen Abhängigkeiten erkannt und zu ihren Gunsten ausgenutzt haben, was aus Sicht der AMH bedeuten könnte, dass der Markt dazugelernt und die durch die linearen Abhängigkeiten verursachte Ineffizienz behoben hätte. Die weiterhin vorhandenen signifikanten Unterschiede in der Dimensionalität zeigen aber, dass anscheinend nur die linearen Abhängigkeiten verschwunden sind und nichtlineare Abhängigkeiten weiterhin existieren, sodass die Effizienz im Sinne der mittelstarken Form nach wie vor nicht vollständig gegeben ist.[338] Die im Laufe der Zeit gesunkene Dimensionalität deutet eher darauf hin, dass heute eine höhere Ordnung am Markt vorherrscht und die Unsicherheiten am Markt über die zukünftige Entwicklung der Kurse gesunken ist, was eine gewisse Vorhersagbarkeit implizieren könnte und damit gegen eine gestiegene Markteffizienz spräche.[339]

Wie und ob durch das Wissen um die nichtlinearen Abhängigkeiten in den Daten tatsächlich auch Gewinne erwirtschaftet bzw. profitable Handelsstrategien entworfen werden können, kann an dieser Stelle nicht beantwortet werden und stellt das Ziel zukünftiger Forschungen dar. Solange solche Handelsstrategien nicht existieren, kann der Markt gemäß der Definition von Jensen (1978, S. 3) also weiterhin effizient im Sinne der mittelstarken Form angesehen werden.[340] Diese Aussage gilt insbesondere auch hinsichtlich der Anpassungsgeschwindigkeit des Marktes auf neue Informationen, was ebenfalls ein zentraler Bestandteil der mittelstarken Form der EMH ist. Hier kann die *PD2*-Eventstudie die Ergebnisse der klassischen Eventstudie untermauern, da die im Vorfeld des Events beobachteten Reaktionen sowohl bei der klassischen als auch bei der *PD2*-Eventstudie unmittelbar nach dem Tag der Ergebnisveröffentlichung nicht mehr zu beobachten waren. Es kann somit festgehalten werden, dass die Informationsverarbeitung der Marktteilnehmer sowohl aus linearer als auch aus nichtlinearer Perspektive, bei der vorliegenden Untersuchung als effizient betrachtet werden kann.

Auf Basis der vorliegenden Ergebnisse lässt sich somit zusammenfassen, dass die *PD2*-Eventstudie in der Lage ist, systematische Änderungen in der Abhängigkeiten der Daten besser zu identifizieren als die klassische Eventstudie. Die Identifikation erfolgt dabei einerseits präziser (in Form von signifikanten Ergebnissen) als die klassische Eventstudie und liefert andererseits durch den Verlauf des *PD2*-Niveaus neue Informationen, die durch die klassischen Methoden nicht gewonnen werden können. Diese neuen Informationen könnten von großer Bedeutung für die Finanzwissenschaften sein, wobei die genauen Implikationen aus

---

338 Hierbei muss jedoch darauf hingewiesen werden, dass sich der Effizienzbegriff ausschließlich auf die Struktur der Daten bezieht und die mögliche Realisierung von Gewinnen außen vor lässt.

339 Alvarez-Ramirez et al. (2012, S. 5646) finden in ihrer empirischen Studie ebenfalls Hinweise darauf, dass die relative Markteffizienz ihren Höhepunkt zwischen 1973 und 2003 erreicht hatte und anschließend graduell gesunken ist. Sie führen die Abnahme der Effizienz in den späten 2000er Jahren auf die Turbulenzen am Markt aufgrund der Finanzkrise zurück.

340 Jensen (1978, S. 3f.) definiert einen Markt als effizient im Sinne der mittelstarken Form, wenn es nicht möglich ist, Gewinne auf Basis aller öffentlich verfügbaren Informationen zu erwirtschaften.

diesen Informationen auf Aktienkurse und Finanzmärkte erst noch im Rahmen von zukünftigen Untersuchungen ermittelt werden müssen.

Bezogen auf den Finanzmarkt könnte das *PD2* möglicherweise auch als ein Maß für die Anzahl oder Art der irrationalen Marktakteure gedeutet werden, welche die Systemdynamik durch ihr Verhalten so weit verstören, dass neue Freiheitsgrade benötigt werden, um die veränderte Dynamik beschreiben zu können. Um diese Annahme zu überprüfen, wäre es sinnvoll, in zukünftigen Untersuchungen bei der Dimensionalitätsbetrachtung neben den log-Returns auch andere Finanzmarktkennzahlen einzubeziehen und z. B. zu überprüfen, inwiefern ein Zusammenhang zwischen dem Handelsvolumen und der Dimensionalität besteht. Zahlreiche Studien konnten eine Verbindung zwischen dem Handelsvolumen und der Dynamik der Renditen aufzeigen (siehe z. B. Gallant et al., 1992; Antoniewicz, 1993; Stickel und Verrecchia, 1994; Llorente et al., 2002; Pan und Poteshman, 2006). Daher wäre es naheliegend, z. B. auch die zeitliche Dimensionalität des Handelsvolumens zu berechnen und der Dimensionalität der Renditen gegenüberzustellen. Aus solch einer Untersuchung könnten sich weiter Erkenntnisse darüber finden lassen, inwieweit die Dimensionalität die Aktivität der im Diskussionskapitel vorgestellten Theorie der Noise-Trader widerspiegelt.
Obgleich die Kenntnis über die Existenz der nichtlinearen Abhängigkeiten im Vorfeld von Ergebnisveröffentlichungen nicht direkt für profitable Handelsstrategien eingesetzt werden kann, so könnte sie dennoch einen Beitrag zur Risikobewertung von kommenden Ereignissen leisten. Die Ergebnisse der vorliegenden Arbeit haben gezeigt, dass die Dimensionalitätsänderung innerhalb des Pre-Eventfensters bei Events mit einer positiven oder negativen Gewinnüberraschung höher ausfällt als bei Events ohne Gewinnüberraschung. Somit könnte die Dimensionalität auch ein Indikator für den Grad der Unsicherheit des Marktes gegenüber dem zu veröffentlichenden Unternehmensergebnis eingesetzt werden, oder sogar als Prognosekennzahl zur erwarteten Höhe bzw. der erwarteten Volatilität der Gewinnüberraschung dienen.

Weitere Untersuchungen könnten bei der Interpretation der Dimensionalität einer Aktienzeitreihe auch die Werte oder die Dimensionalität von den entsprechenden Spekulationsgeschäften, wie z. B. dem Future- oder Optionsscheinhandel berücksichtigen. Da Spekulationsgeschäfte aufgrund ihrer Hebelwirkung mit einem viel höheren Risiko einhergehen und daher verstärkt risikofreudigere Marktteilnehmer anziehen[341], könnten deren Aktivitäten möglicherweise auch Hinweise über die Marktteilnehmer liefern, die zu diesem Zeitpunkt mit den normalen Aktien handeln. Auch könnte der direkte Vergleich zwischen der Dimensionalität der Aktienzeitreihe und der Dimensionalität eines entsprechenden spekulativen Wertes nützlich sein, um bspw. zu prüfen, ob die Dimensionalität eines spekulativen Wertes vorzeitige Hinweise auf eine anstehende Dimensionalitätsänderung der Aktienzeitreihe liefert. Andersherum könnten die oben erwähnten Dimensionalitätsunterschiede bei Events mit und ohne Gewinnüberraschung eine wertvolle Information für die Spekulationsgeschäfte sein, um den erwarteten Hebel und das damit verbundene Risiko besser abschätzen zu können.

[341] Diese Aussage gilt nur bedingt, da z. B. der Optionsscheinhandel auch zur Absicherung eines Aktienportfolios verwendet werden kann.

Neben der Möglichkeit, das *PD2* als Indikator für die erwartete Volatilität der Gewinnüberraschung einzusetzen, könnte das *PD2* möglicherweise auch als Indikator für die zukünftige Aktienmarktentwicklung fungieren. Die Ergebnisse des Hypothesenblocks H3 haben gezeigt, dass das *PD2* in der Lage ist, zwischen Krisenzeiten und krisenfreien Zeiten zu differenzieren. Somit könnte eine allgemeine Erhöhung der Dimensionalität am Markt als frühzeitiges Warnsignal für eine aufkommende Finanzmarktkrise oder anderweitige Turbulenzen am Markt eingesetzt werden. Da die Methode der Eventstudie sich dabei nur bedingt für eine Echtzeitüberwachung eignet, muss für die Identifikation „globaler“ Ereignisse nach einer anderen Filtermöglichkeit gesucht werden, um den Einfluss kleinerer unternehmensbezogener Ereignisse auf die Dimensionalität zu neutralisieren. Denkbar wäre an dieser Stelle die Berechnung einer mittleren Marktdimensionalität, indem für alle Unternehmen eines Marktes die *PD2*-Werte des jeweiligen Tages berechnet und anschließend gemittelt werden. Hierbei muss berücksichtigt werden, dass die Ausschläge des *PD2* nur eine gewisse Höhe erreichen, bevor der Algorithmus nicht mehr sättigt und keinen *PD2*-Wert mehr ausgibt. Da das mittlere Markt-*PD2* in solch einem Fall durch das betroffene Unternehmen fälschlicherweise nicht erhöht wird, sollte zusätzlich zum mittleren Markt-*PD2* auch die (relative) Anzahl der enthaltenen *PD2*-Werte erfasst werden, um extreme Ausschläge des *PD2*, die aufgrund von fehlenden Sättigungen im mittleren Markt-*PD2* nicht sichtbar werden, zu identifizieren. Sollte bei einem Ausschlag des Markt-*PD2* die Anzahl der enthaltenen *PD2*-Werte drastisch zurückgehen, deutet dies darauf hin, dass die Dimensionen der nicht enthaltenen Unternehmen oberhalb der maximalen Dimension lagen, die mit den vorhandenen Daten berechnet werden konnte.[342]

Die Abbildung 38 zeigt einen exemplarischen Verlauf des mittleren Markt-*PD2* auf Basis der 23 verwendeten *PD2*-Zeitreihen.

[342] Für die Erläuterung des Zusammenhangs zwischen der Datenlänge und der maximal berechenbaren Korrelationsdimension siehe Kapitel 3.3.1.

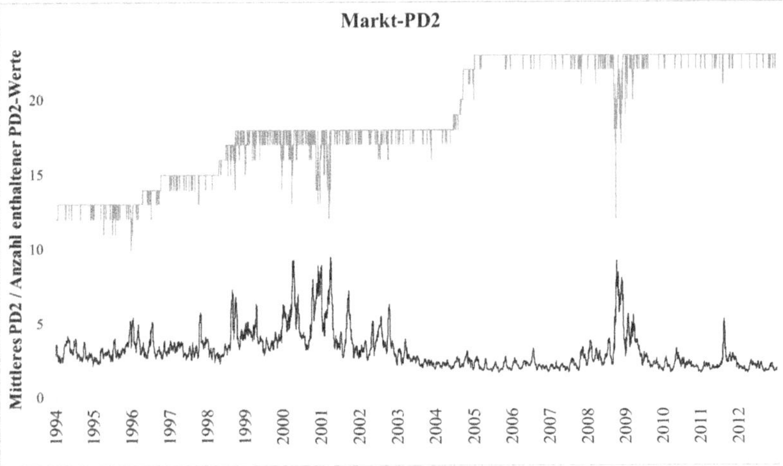

Abbildung 38: Mittlere Marktdimensionalität

Die Abbildung zeigt die mittleren täglichen *PD2*-Werte der betrachteten Unternehmen (unten) und die Anzahl der für die Berechnung des Mittelwertes vorhandenen *PD2*-Werte. Der allgemeine treppenartige Verlauf kommt durch die unterschiedlichen Startzeitpunkte der 23 Unternehmen zustande.

Es zeigt sich, dass das Markt-*PD2* den einzelnen *PD2*-Zeitreihen ähnelt, die Ausschläge aufgrund globaler Ereignisse jedoch insgesamt deutlich ausgeprägter sind. In den beiden Krisenperioden zum Zeitpunkt der DotCom-Blase sowie zum Zeitpunkt der Finanzkrise lassen sich einige starke Ausschläge des *PD2* erkennen. Dabei übersteigt jedoch keiner der sichtbaren Ausschläge ein mittleres *PD2*-Niveau von *PD2*=10, sodass eine ausschließliche Betrachtung des Markt-*PD2* die Stärke der Krisen in den größten Ausschlägen ungefähr gleich stark einstufen würde. An dieser Stelle kann die Anzahl der im Markt-*PD2* enthaltenen (gesättigten) *PD2*-Werte zusätzliche Informationen über die Intensität des Ereignisses liefern. Die Betrachtung der im Markt-*PD2* enthaltenen *PD2*-Werte zeigt, dass in der Spitze im Herbst 2008 lediglich bei 12 der 23 *PD2*-Zeitreihen eine Sättigung zum Zeitpunkt des Peaks stattfand und dementsprechend fast die Hälfte (47,8 %) aller Unternehmen eine so hohe Dimension aufwiesen, dass sie mit den vorhandenen Daten nicht mehr berechnet werden konnte. Im Gegensatz dazu konnten beim maximalen *PD2*-Niveau während der DotCom-Blase höchstens 33,3 % (12 von 18) der *PD2*-Zeitreihen keine Sättigung erzielen. Dies deutet darauf hin, dass das Ereignis im Herbst 2008 eine deutlich stärkere bzw. globalere Auswirkung auf die Dimensionalität hatte als die Ereignisse mit gleich hohen *PD2*-Niveaus in den Jahren 2001 – 2002.

Ein möglicher Ansatzpunkt für weitere Forschungen wäre auch der Vergleich von den Dimensionalitätsniveaus junger Märkte, die noch nicht lange existieren. Im Gegensatz zu etablierten Märkten ist der allgemeine Preisfindungsprozess in jungen Märkten noch nicht vollständig entwickelt und sollte dementsprechend auch einen geringeren Effizienzgrad aufweisen. Eine Gegenüberstellung der mittleren Dimensionalität von jungen Märkten gegenüber etablierten Märkten könnte einerseits Auskunft darüber geben, ob die Dimensionalität der etablierten und vermeintlich effizienteren Märkte signifikant unterhalb der Dimensionalität der jungen und ineffizienteren Märkte liegt und andererseits auch Hinweise darauf liefern, in welcher „Reifephase" sich der junge Markt aktuell befindet.

Die angeführten Beispiele zukünftiger Forschungsfelder lassen das Potenzial der *PD2*-Eventstudie als Erweiterung der Toolbox für die Finanzmarktforschung derzeit nur erahnen. Doch die Ergebnisse der vorliegenden Arbeit deuten darauf hin, dass die Berücksichtigung der Dimensionalität einen wichtigen Beitrag zum Verständnis darüber liefern kann, wie die Märkte funktionieren, woraus möglicherweise neue und profitable Handelsstrategien resultieren könnten. Gleichwohl dürfte der Markt langfristig auch auf diese Strategien reagieren und durch deren Neutralisierung einen weiteren Schritt in Richtung Effizienz gehen.

Literaturverzeichnis

ABARBANELL, J. und LEHAVY, R. 2003. Biased forecasts or biased earnings? The role of reported earnings in explaining apparent bias and over/underreaction in analysts' earnings forecasts. *Journal of Accounting and Economics,* 36, 105-146.

ADDISON, P. S. 1997. *Fractals and Chaos: An illustrated course*, Taylor & Francis.

ADVOCACY, O. O. I. E. A. 2012. Investor Bulletin: How to Read an 8-K. *In:* COMMISSION, U. S. S. A. E. (ed.) *Firsthand Document.* http://www.sec.gov/investor/pubs/readan8k.pdf: U.S. Securities and Exchange Commission.

AGRESTI, A. 1992. A survey of exact inference for contingency tables. *Statistical science,* 131-153.

AIOLFI, M. und FAVERO, C. A. 2005. Model uncertainty, thick modelling and the predictability of stock returns. *Journal of Forecasting,* 24, 233-254.

AL-LOUGHANI, N. und CHAPPELL, D. 1997. On the validity of the weak-form efficient markets hypothesis applied to the London stock exchange. *Applied Financial Economics,* 7, 173-176.

ALBANO, A. M., ABRAHAM, N. B., DE GUZMAN, G. C., TARROJA, M. F. H., BANDY, D. K., GIOGGIA, R. S., RAPP, P. E., ZIMMERMAN, I. D., GREENBAUN, N. N. und BASHORE, T. R. 1986. Lasers and brains: Complex systems with low-dimensional attractors. *In:* MAYER-KRESS, G. (ed.) *Dimensions and Entropies in Chaotic Systems: Quantification of Complex Behavior.* Berlin, Heidelberg: Springer.

ALBANO, A. M., MUENCH, J., SCHWARTZ, C., MEES, A. und RAPP, P. 1988. Singular-value decomposition and the Grassberger-Procaccia algorithm. *Physical Review A,* 38, 3017.

ALBERS, S., KLAPPER, D., KONRADT, U., WALTER, A. und WOLF, J. 2009. *Methodik der empirischen Forschung*, Gabler Verlag.

ALEXANDER, C. und GIBLIN, I. 1994. Creating Order Out of Chaos. *RISK Magazine,* 7.

ALEXANDER, S. S. 1961. Price movements in speculative markets: Trends or random walks. *Industrial Management Review (pre-1986),* 2, 7.

ALEXANDER, S. S. 1970. Price Movements in Speculative Markets: Trends or Random Walks. *Industrial Management Review,* 2, 7-26.

ALVAREZ-RAMIREZ, J., RODRIGUEZ, E. und ESPINOSA-PAREDES, G. 2012. Is the US stock market becoming weakly efficient over time? Evidence from 80-year-long data. *Physica A: Statistical Mechanics and its Applications,* 391, 5643-5647.

ALZAHRANI, A. A. und GREGORIOU, A. 2010. What happens around earning announcements? An investigation of information asymmetry and trading activity in the Saudi market. *In:* DEPARTMENT OF ECONOMICS AND FINANCE, B. U. (ed.) *Economics and Finance Working Paper Series.* West London.

AMIHUD, Y. und MENDELSON, H. 1986. Asset pricing and the bid-ask spread. *Journal of financial Economics,* 17, 223-249.

ANDRADA-FÉLIX, J., FERNADEZ-RODRIGUEZ, F., GARCIA-ARTILES, M.-D. und SOSVILLA-RIVERO, S. 2003. An empirical evaluation of non-linear trading rules. *Studies in Nonlinear Dynamics and Econometrics,* 7, 4.

ANNE SEITH, M. H. 2016. Abzocke war schon 1992 bekannt. *Der Spiegel.*

ANTONIEWICZ, R. 1993. Relative volume and subsequent stock price movements. *Board of Governors, Federal Reserve System, Washington, DC.*

ANTONIOU, A., ERGUL, N. und HOLMES, P. 1997. Market Efficiency, Thin Trading and Non‐linear Behaviour: Evidence from an Emerging Market. *European Financial Management,* 3, 175-190.

W. Wagner, *Nichtlineare Zeitreihenanalyse als neue Methode für Eventstudien*,
Komplexität, Entrepreneurship und Ökonomische Bildung,
https://doi.org/10.1007/978-3-658-24443-9

APPIAH-KUSI, J. und MENYAH, K. 2003. Return predictability in African stock markets. *Review of financial economics,* 12, 247-270.

ASHLEY, R. A. und PATTERSON, D. M. 2006. Evaluating the effectiveness of state-switching time series models for US real output. *Journal of Business & Economic Statistics,* 24, 266-277.

AVDOULAS, C., BEKIROS, S. und BOUBAKER, S. 2015. Evolutionary-based return forecasting with nonlinear STAR models: evidence from the Eurozone peripheral stock markets. *Annals of Operations Research,* 1-27.

BACHELIER, M. L. 1900. Théorie de la spéculation. *Annales scientifiques de l'École Normale Supérieure,* 3, 21-86.

BADII, R., BROGGI, G., DERIGHETTI, B., RAVANI, M., CILIBERTO, S., POLITI, A. und RUBIO, M. A. 1988. Dimension increase in filtered chaotic signals. *Physical Review Letters,* 60, 979.

BADII, R. und POLITI, A. 1985. Statistical description of chaotic attractors: The dimension function. *Journal of Statistical Physics,* 40, 725-750.

BADII, R. und POLITI, A. 1986. On the fractal dimension of filtered chaotic signals. *Dimensions and Entropies in Chaotic Systems: Quantification of Complex Behavior.* Springer.

BAI, M. und QIN, Y. 2015. Short sales constraints and price adjustments to earnings announcements: Evidence from the Hong Kong market. *International Review of Financial Analysis,* 42, 304-315.

BAIG, T. und GOLDFAJN, I. 1999. Financial market contagion in the Asian crisis. *IMF staff papers,* 46, 167-195.

BAILEY, B. J. R. 1977. Tables of the Bonferroni t Statistic. *Journal of the American Statistical Association,* 72, 469-478.

BAJGROWICZ, P. und SCAILLET, O. 2012. Technical trading revisited: False discoveries, persistence tests, and transaction costs. *Journal of Financial Economics,* 106, 473-491.

BAKER, H. K., NI, Y., SAADI, S. und ZHU, H. erscheint 2017. Competitive earnings news and post-earnings announcement drift. *International Review of Financial Analysis.*

BALL, R. 1978. Anomalies in relationships between securities' yields and yield-surrogates. *Journal of Financial Economics,* 6, 103-126.

BALL, R. 1992. The earnings-price anomaly. *Journal of Accounting and Economics,* 15, 319-345.

BALL, R. und BROWN, P. 1968. An Empirical Evaluation of Accounting Income Numbers. *Journal of Accounting Research,* 6, 159-178.

BALMANN, A. 1994. *Pfadabhängigkeiten in Agrarstrukturentwicklungen,* Berlin, Duncker & Humblot.

BALSAM, S., BARTOV, E. und MARQUARDT, C. 2002. Accruals Management, Investor Sophistication, and Equity Valuation: Evidence from 10–Q Filings. *Journal of Accounting Research,* 40, 987-1012.

BANDT, C. und POMPE, B. 2002. Permutation entropy: a natural complexity measure for time series. *Physical Review Letters,* 88, 174102.

BANZ, R. W. 1981. The Relationship Between Return And Market Value Of Common Stocks. *Journal of Financial Economics,* 9, 3-18.

BARBER, B. M. und ODEAN, T. 1999. The Courage of Misguided Convictions. *Financial Analysts Journal,* 55, 41-55.

BARLEVY, G. und VERONESI, P. 2003. Rational panics and stock market crashes. *Journal of Economic Theory,* 110, 234-263.

BARNETT, W. A. und CHEN, P. 2015. The Aggregation-Theoretic Monetary Aggregates Are Chaotic and Have Strange Attractors: An Econometric Application of Mathematical Chaos. *Functional Structure and Approximation in Econometrics.*

BARNETT, W. A., GALLANT, A., HINICH, M., JUNGEILGES, J. A., KAPLAN, D. T. und JENSEN, M. 1997. A single-blind controlled competition among tests for nonlinearity and chaos. *Journal of Econometrics,* 82, 157-192.

BARNETT, W. A., GALLANT, A. R., HINICH, M. J., JUNGEILGES, J. A., KAPLAN, D. T. und JENSEN, M. J. 1995. Robustness of nonlinearity and chaos tests to measurement error, inference method, and sample size. *Journal of Economic Behavior & Organization,* 27, 301-320.

BARNETT, W. A. und HINICH, M. J. 1992. Empirical chaotic dynamics in economics. *Annals of Operations Research,* 37, 1-15.

BARNETT, W. A. und SERLETIS, A. 2000. Martingales, nonlinearity, and chaos. *Journal of Economic Dynamics and Control,* 24, 703-724.

BARTH, M. E., KASZNIK, R. und MCNICHOLS, M. F. 2001. Analyst Coverage and Intangible Assets. *Journal of Accounting Research,* 39, 1-34.

BARTOV, E. 1992. Patterns in unexpected earnings as an explanation for post-announcement drift. *Accounting Review*, 610-622.

BARTOV, E., GIVOLY, D. und HAYN, C. 2002. The rewards to meeting or beating earnings expectations. *Journal of Accounting and Economics,* 33, 173-204.

BATTALIO, R. H. und MENDENHALL, R. R. 2005. Earnings expectations, investor trade size, and anomalous returns around earnings announcements. *Journal of Financial Economics,* 77, 289-319.

BATTITI, R. 1994. Using mutual information for selecting features in supervised neural net learning. *IEEE Transactions on Neural Networks,* 5, 537-550.

BEAVER, W. H. 1968. The information content of annual earnings announcements. *Journal of accounting research*, 67-92.

BEDDINGTON, S. J., FURSE, D. C. und CLARK, M. P. 2012. Foresight: the future of computer trading in financial markets (2012). Final project report.

BELAIRE-FRANCH, J. und OPONG, K. K. 2005. A Variance Ratio Test of the Behaviour of Some FTSE Equity Indices Using Ranks and Signs. *Review of Quantitative Finance and Accounting,* 24, 93-107.

BEN-MIZRACHI, A., PROCACCIA, I. und GRASSBERGER, P. 1984. Characterization of experimental (noisy) strange attractors. *Physical Review A,* 29, 975.

BENINK, H. A., GORDILLO, J. L., PARDO, J. P. und STEPHENS, C. R. 2010. Market efficiency and learning in an artificial stock market: A perspective from Neo-Austrian economics. *Journal of Empirical Finance,* 17, 668-688.

BERKMAN, H., DIMITROV, V., JAIN, P. C., KOCH, P. D. und TICE, S. 2009. Sell on the news: Differences of opinion, short-sales constraints, and returns around earnings announcements. *Journal of Financial Economics,* 92, 376-399.

BERNARD, V. L. 1992. Stock price reactions to earnings announcements: A summary of recent anomalous evidence and possible explanations. *In:* THALER, R. (ed.) *Advances in Behavioral Finance.* New York: Russell Sage Foundation.

BERNARD, V. L. und THOMAS, J. K. 1989. Post-earnings-announcement drift: delayed price response or risk premium? *Journal of Accounting research*, 1-36.

BERNARD, V. L. und THOMAS, J. K. 1990. Evidence that stock prices do not fully reflect the implications of current earnings for future earnings. *Journal of Accounting and Economics,* 13, 305-340.

BERRY, M. A., GALLINGER, G. W. und HENDERSON, G. V. 1990. Using Daily Stock Returns in Event Studies and the Choice of Parametric versus Nonparametric Test Statistics. *Quarterly Journal of Business and Economics,* 29, 70-85.

BESSEMBINDER, H. und CHAN, K. 1995. The profitability of technical trading rules in the Asian stock markets. *Pacific-Basin Finance Journal,* 3, 257-284.

BHATTACHARYA, N., BLACK, E. L., CHRISTENSEN, T. E. und MERGENTHALER, R. D. 2004. Empirical Evidence on Recent Trends in Pro Forma Reporting. *Accounting Horizons,* 18, 27-43.

BHATTACHARYA, N., BLACK, E. L., CHRISTENSEN, T. E. und MERGENTHALER, R. D. 2007. Who Trades on Pro Forma Earnings Information? *Accounting Review,* 82, 581-619.

BHUSHAN, R. 1994. An informational efficiency perspective on the post-earnings announcement drift. *Journal of Accounting and Economics,* 18, 45-65.

BINDER, J. 1998. The Event Study Methodology Since 1969. *Review of Quantitative Finance and Accounting,* 11, 111-137.

BLACK, F. 1986. Noise. *The Journal of Finance,* 41, 528-543.

BLACK, F. und SCHOLES, M. 1973. The Pricing of Options and Corporate Liabilities. *Journal of Political Economy,* 81, 637-654.

BLASCO, N., DEL RIO, C. und SANTAMARÍA, R. 1997. The random walk hypothesis in the Spanish stock market: 1980–1992. *Journal of Business Finance & Accounting,* 24, 667-684.

BLOOMBERG. 2006. Bloomberg Estimates (BEst). Available: www.bloomberg.com.

BLOOMBERG. 2009. *Bloomberg Earnings Estimates and Analysis Product Guide* [Online]. [Accessed 07.06.2017 2017].

BOLLER, G. 1995. „Taking Stock in Congress.", von Joy Ward. *Mother Jones*, September / October.

BONNER, S. E., WALTHER, B. R. und YOUNG, S. M. 2003. Sophisticated and unsophisticated investors' reactions to analysts' forecast revisions conditional on factors that are associated with forecast accuracy.

BORTZ, J. 2013. *Lehrbuch der Statistik: Für Sozialwissenschaftler*, Springer Berlin Heidelberg.

BOSSAERTS, P. und HILLION, P. 1999. Implementing statistical criteria to select return forecasting models: what do we learn? *The Review of Financial Studies,* 12, 405-428.

BOUDOUKH, J., RICHARDSON, M. P. und WHITELAW, R. F. 1994. A Tale of Three Schools: Insights on Autocorrelations of Short-Horizon Stock Returns. *Review of Financial Studies,* 7, 539-573.

BOWEN, R. und RUELLE, D. 1975. The ergodic theory of Axiom A flows. *The Theory of Chaotic Attractors.* Springer.

BOWMAN, R. G. 1983. UNDERSTANDING AND CONDUCTING EVENT STUDIES. *Journal of Business Finance & Accounting,* 10, 561-584.

BRADLEY, M., DESAI, A. und KIM, E. H. 1983. The rationale behind interfirm tender offers. *Journal of Financial Economics,* 11, 183-206.

BRANDSTÄTER, A., SWIFT, J., SWINNEY, H. L., WOLF, A., FARMER, J. D., JEN, E. und CRUTCHFIELD, P. 1983. Low-dimensional chaos in a hydrodynamic system. *Physical Review Letters,* 51, 1442.

BRANDSTÄTER, A. und SWINNEY, H. L. 1987. Strange attractors in weakly turbulent Couette-Taylor flow. *Physical Review A,* 35, 2207.

BROCK, W., LAKONISHOK, J. und LEBARON, B. 1992. Simple Technical Trading Rules and the Stochastic Properties of Stock Returns. *The Journal of Finance,* 47, 1731-1764.

BROCK, W. A. 1986. Distinguishing random and deterministic systems: Abridged version. *Journal of Economic Theory,* 40, 168-195.

BROCK, W. A., HSIEH, D. A. und LEBARON, B. D. 1991. *Nonlinear dynamics, chaos, and instability: statistical theory and economic evidence*, MIT press.

BROCK, W. A. und SAYERS, C. L. 1988. Is the business cycle characterized by deterministic chaos? *Journal of Monetary Economics,* 22, 71-90.

BROCK, W. A., SCHEINKMAN, J. A., DECHERT, W. D. und LEBARON, B. 1996. A test for independence based on the correlation dimension. *Econometric Reviews,* 15, 197-235.

BROMMUNDT, E., SACHS, G. und SACHAU, D. 2007. *Technische Mechanik: eine Einführung*, Oldenbourg.

BROOMHEAD, D. S., JONES, R. und KING, G. P. 1987. Topological dimension and local coordinates from time series data. *Journal of Physics A: Mathematical and General,* 20, L563.

BROOMHEAD, D. S. und KING, G. P. 1986. Extracting qualitative dynamics from experimental data. *Physica D: Nonlinear Phenomena,* 20, 217-236.

BROUWER, L. E. J. 1913. Über den natürlichen Dimensionsbegriff. *Journal für die reine und angewandte Mathematik,* 142, 146-152.

BROWN, L. D. 1993. Earnings forecasting research: Its implications for capital markets research. *International journal of forecasting,* 9, 295-320.

BROWN, R. 1828. A Brief account of microscopical observations made in the months of June, July and August 1827 on the particles contained in the pollen of plants.

BROWN, S. J. und POPE, P. 1995. Post-earnings announcement drift: Market inefficiency or research design biases. Working paper, Stern School of Business, NYU.

BROWN, S. J. und WARNER, J. B. 1980. Measuring security price performance. *Journal of Financial Economics,* 8, 205-258.

BROWN, S. J. und WARNER, J. B. 1985. Using daily stock returns: The case of event studies. *Journal of Financial Economics,* 14, 3-31.

BUDYKO, M. I. 1969. The effect of solar radiation variations on the climate of the earth. *Tellus,* 21, 611-619.

BUTLER, K. C. und LARRY, H. P. L. 1991. The Forecast Accuracy of Individual Analysts: Evidence of Systematic Optimism and Pessimism. *Journal of Accounting Research,* 29, 150-156.

BUZUG, T. 1994. *Analyse chaotischer Systeme,* Mannheim, Leipzig, Wien, Zürich, BI Wissenschaftsverlag.

BUZUG, T. und PFISTER, G. 1992. Comparison of algorithms calculating optimal embedding parameters for delay time coordinates. *Physica D: Nonlinear Phenomena,* 58, 127-137.

CAI, J.-Y. und HARTMANIS, J. 1994. On Hausdorff and Topological Dimensions of the Kolmogorov Complexity of the Real Line. *Journal of Computer and System Sciences,* 49, 605-619.

CALLEN, J. L., HOPE, O. K. und SEGAL, D. 2005. Domestic and foreign earnings, stock return variability, and the impact of investor sophistication. *Journal of Accounting Research,* 43, 377-412.

CAMPBELL, J. Y., LO, A. W.-C. und MACKINLAY, A. C. 1997. *The Econometrics of Financial Markets*, princeton University press Princeton, NJ.

CAMPBELL, J. Y. und SHILLER, R. J. 1988. The Dividend-Price Ratio and Expectations of Future Dividends and Discount Factors. *The Review of Financial Studies,* 1, 195-228.

CAPUTO, J. G., MALRAISON, B. und ATTEN, P. 1986. Determination of Attractor Dimension and Entropy for Various Flows: An Experimentalist's Viewpoint. *In:* MAYER-KRESS, G. (ed.) *Dimensions and Entropies in Chaotic Systems: Quantification of Complex Behavior.* Berlin, Heidelberg: Springer Berlin Heidelberg.

CARDANO, G. 1564. Liber de Ludo Aleae. *Zuerst veröffentlicht (auf Lateinisch) Opera Omnia, Vol. 1, editiert von Charles Spon, Lyons, 1663.*

CASDAGLI, M., EUBANK, S., FARMER, J. D. und GIBSON, J. 1991. State space reconstruction in the presence of noise. *Physica D: Nonlinear Phenomena,* 51, 52-98.

CASWELL, W. E. und YORKE, J. A. 1986. Invisible Errors in Dimension Calculations: Geometric and Systematic Effects. *In:* MAYER-KRESS, G. (ed.) *Dimensions and Entropies in Chaotic Systems: Quantification of Complex Behavior.* Berlin, Heidelberg: Springer Berlin Heidelberg.

ČENYS, A. und PYRAGAS, K. 1988. Estimation of the number of degrees of freedom from chaotic time series. *Physics Letters A,* 129, 227-230.

CHAN, L. K. C., JEGADEESH, N. und LAKONISHOK, J. 1996. Momentum strategies. *The Journal of Finance,* 51, 1681-1713.

CHANCE, D. M. 1985. A semi-strong form test of the efficiency of the treasury bond futures market. *Journal of Futures Markets,* 5, 385-405.

CHAPPEL, D., PADMORE, J. und PIDGEON, J. 1998. A note on ERM membership and the efficiency of the London Stock Exchange. *Applied Economics Letters,* 5, 19-23.

CHARI, V. V., JAGANNATHAN, R. und OFER, A. R. 1988. Seasonalities in security returns. *Journal of Financial Economics,* 21, 101-121.

CHARLES, A. und DARNÉ, O. 2009. VARIANCE-RATIO TESTS OF RANDOM WALK: AN OVERVIEW. *Journal of Economic Surveys,* 23, 503-527.

CHAU, M. und VAYANOS, D. 2005. Strong-form efficiency with monopolistic insiders [online]. London: LSE Research Online.

CHEN, P. 1996. A Random Walk or Color Chaos on the Stock Market? Time-Frequency Analysis of S&P Indexes. *Studies in Nonlinear Dynamics & Econometrics.*

CHEONG, C. W., NOR, A. H. S. M. und ISA, Z. 2007. Asymmetry and long-memory volatility: Some empirical evidence using GARCH. *Physica A: Statistical Mechanics and its Applications,* 373, 651-664.

CHOI, I. 1999. Testing the Random Walk Hypothesis for Real Exchange Rates. *Journal of Applied Econometrics,* 14, 293-308.

CHOI, J.-H., KIM, H. und LEE, S. 1998. Correlation dimension as a measure of surface roughness of protein molecules. *The Journal of Chemical Physics,* 109, 7001-7004.

CHONG, T. T.-L. und LAM, T.-H. 2010. Predictability of nonlinear trading rules in the U.S. stock market. *Quantitative Finance,* 10, 1067-1076.

CHOUDHRY, T. und JAYASEKERA, R. 2014. Market efficiency during the global financial crisis: Empirical evidence from European banks. *Journal of International Money and Finance,* 49, 299-318.

CLEMENT, M. B. 1999. Analyst forecast accuracy: Do ability, resources, and portfolio complexity matter? *Journal of Accounting and Economics,* 27, 285-303.

COHEN, J. 1988. *Statistical Power Analysis for the Behavioral Sciences,* New York, Lawrence Erlbaum Associates.

COLLINS, D. W. 1975. SEC product-line reporting and market efficiency. *Journal of Financial Economics,* 2, 125-164.

CONLEY, C. T. und MILLER, B. D. Orthogonoal Measures and Ergodicity.

CONRAD, J. und KAUL, G. 1998. An Anatomy of Trading Strategies. *The Review of Financial Studies,* 11, 489-519.

CONT, R., POTTERS, M. und BOUCHAUDY, J.-P. 2008. Financial markets as adaptive ecosystems. Available: https://ssrn.com/abstract=1100.

COOPER, R. A., DAY, T. E. und LEWIS, C. M. 2001. Following the leader: a study of individual analysts' earnings forecasts. *Journal of Financial Economics,* 61, 383-416.

COOTNER, P. H. 1964. *The Random Character of Stock Market Prices,* Cambridge, Mass., M.I.T. Press.

CORNELIUS, P. K. 1993. A note on the informational efficiency of emerging stock markets. *Review of World Economics,* 129, 820-828.

COWEN, A., GROYSBERG, B. und HEALY, P. 2006. Which types of analyst firms are more optimistic? *Journal of Accounting and Economics,* 41, 119-146.

COWLES, A. 1933. Can Stock Market Forecasters Forecast? *Econometrica,* 1, 309-324.

COWLES, A. 1944. Stock Market Forecasting. *Econometrica,* 12, 206-214.

COWLES, A. 1960. A Revision of Previous Conclusions Regarding Stock Price Behavior. *Econometrica,* 28, 909-915.

COWLES, A. und JONES, H. E. 1937. Some A Posteriori Probabilities in Stock Market Action. *Econometrica,* 5, 280-294.

CROSS, F. 1973. The Behavior of Stock Prices on Fridays and Mondays. *Financial Analysts Journal,* 29, 67-69.

CURRY, J. H. 1978. A Generalized Lorenz System. *Communications in Mathematical Physics,* 60, 193-204.

DANIEL, K. und TITMAN, S. 1999. Market Efficiency in an Irrational World. *Financial Analysts Journal,* 55, 28.

DATTA, S. und DHILLON, U. S. 1993. Bond and stock market response to unexpected earnings announcements. *Journal of Financial and Quantitative Analysis,* 28, 565-577.

DAY, T. E. und WANG, P. 2002. Dividends, nonsynchronous prices, and the returns from trading the Dow Jones Industrial Average. *Journal of Empirical Finance,* 9, 431-454.

DE BONDT, W. F. und THALER, R. 1985. Does the stock market overreact? *The Journal of finance,* 40, 793-805.

DE LONG, J. B., SHLEIFER, A., SUMMERS, L. H. und WALDMANN, R. J. 1990a. Noise trader risk in financial markets. *Journal of Political Economy,* 98, 703-738.

DE LONG, J. B., SHLEIFER, A., SUMMERS, L. H. und WALDMANN, R. J. 1990b. Positive feedback investment strategies and destabilizing rational speculation. *The Journal of Finance,* 45, 379-395.

DEAVES, R. und KRINSKY, I. 1992. Risk Premiums and Efficiency in the Market for Crude Oil Futures. *The Energy Journal,* 13, 93-117.

DECHOW, P. M., HUTTON, A. P. und SLOAN, R. G. 2000. The relation between analysts' forecasts of long - term earnings growth and stock price performance following equity offerings. *Contemporary Accounting Research,* 17, 1-32.

DENNIS, D. K. und MCCONNELL, J. J. 1986. Corporate mergers and security returns. *Journal of Financial Economics,* 16, 143-187.

DESTEXHE, A., SEPULCHRE, J. A. und BABLOYANTZ, A. 1988. A comparative study of the experimental quantification of deterministic chaos. *Physics Letters A,* 132, 101-106.

DIAMOND, D. W. und VERRECCHIA, R. E. 1987. Constraints on short-selling and asset price adjustment to private information. *Journal of Financial Economics,* 18, 277-311.

DIKS, C. 2004. The correlation dimension of returns with stochastic volatility. *Quantitative Finance,* 4, 45-54.

DIMSON, E. und MARSH, P. 1999. Murphy's law and market anomalies. *The Journal of Portfolio Management,* 25, 53-69.

DIMSON, E. und MUSSAVIAN, M. 1998. A brief history of market efficiency. *European Financial Management,* 4, 91.

DING, M., GREBOGI, C., OTT, E., SAUER, T. und YORKE, J. A. 1993a. Estimating correlation dimension from a chaotic time series: when does plateau onset occur? *Physica D: Nonlinear Phenomena,* 69, 404-424.

DING, M., GREBOGI, C., OTT, E., SAUER, T. und YORKE, J. A. 1993b. Plateau onset for correlation dimension: When does it occur? *Physical Review Letters,* 70, 3872.

DOHMEYER, B., GORSHUNOV, I. und BUTLER, P. 2015. Idiosyncratic Noise Filtered (INF) Beta. *Available at SSRN 2664769*, 25.

DOLAN, K. T. und SPANO, M. L. 2001. Surrogate for nonlinear time series analysis. *Physical Review E,* 64, 046128.

DRAPER, D. W. 1984. The behavior of event-related returns on oil futures contracts. *Journal of Futures Markets,* 4, 125-132.

DUGAR, A. und NATHAN, S. 1995. The effect of investment banking relationships on financial analysts' earnings forecasts and investment recommendations. *Contemporary Accounting Research,* 12, 131-160.

EASTON, P. D., GAO, G. und GAO, P. 2010. Pre-earnings announcement drift. *Available at SSRN 1786697.*

EATWELL, J., MILGATE, M. und NEWMAN, P. 1989. *Finance*, Palgrave Macmillan UK.

ECKMANN, J. P., KAMPHORST, S. O., RUELLE, D. und CILIBERTO, S. 1986. Liapunov exponents from time series. *Physical Review A,* 34, 4971.

ECKMANN, J. P. und RUELLE, D. 1985. Ergodic theory of chaos and strange attractors. *Reviews of Modern Physics,* 57, 617.

ECKMANN, J. P. und RUELLE, D. 1992. Fundamental limitations for estimating dimensions and Lyapunov exponents in dynamical systems. *Physica D: Nonlinear Phenomena,* 56, 185-187.

EICHINGER, A., KROMSCHRÖDER, B. und WILHELM, J. 2001. *Desinvestitionen in Deutschland: Eine empirische Untersuchung der Kapitalmarktreaktionen auf die Ankündigung von Sell-Offs*, Verlag Versicherungswirtschaft.

EISENMANN, H. 2015. *Werte im Wandel: Die Problematik des Finanzsystems und der Staatsverschuldung am Beispiel Großbritanniens,* Köln, Kölner Wissenschaftsverlag.

ELBERT, T., RAY, W. J., KOWALIK, Z. J., SKINNER, J. E., GRAF, K. E. und BIRBAUMER, N. 1994. Chaos and physiology: deterministic chaos in excitable cell assemblies. *Physiological Reviews,* 74, 1-47.

EMENIKE, K. O. 2017. Weak-form Efficiency After Global Financial Crisis: Emerging Stock Market Evidence. *Journal of Emerging Market Finance,* 16, 90-113.

EMERSON, R., HALL, S. G. und ZALEWSKA-MITURA, A. 1997. Evolving market efficiency with an application to some Bulgarian shares. *Economics of planning,* 30, 75-90.

ENGELBERG, J. E., REED, A. V. und RINGGENBERG, M. C. 2012. How are shorts informed?: Short sellers, news, and information processing. *Journal of Financial Economics,* 105, 260-278.

ENGELKING, R. 1978. *Dimension theory,* Amsterdam, Oxford, New York, North-Holland Publishing Company.

ENGLE, R. F. 1982. Autoregressive conditional heteroscedasticity with estimates of the variance of United Kingdom inflation. *Econometrica: Journal of the Econometric Society*, 987-1007.

ENTWISTLE, G. M., FELTHAM, G. D. und MBAGWU, C. 2010. The Value Relevance of Alternative Earnings Measures: A Comparison of Pro Forma, GAAP, and I/B/E/S Earnings. *Journal of Accounting, Auditing & Finance,* 25, 261-288.

ESCANCIANO, J. C. und LOBATO, I. N. 2009. An automatic Portmanteau test for serial correlation. *Journal of Econometrics,* 151, 140-149.

ESSER, H. 2002. *Soziologie: Die Konstruktion der Gesellschaft*, Campus-Verlag.

ESSEX, C., LOOKMAN, T. und NERENBERG, M. A. H. 1987. The climate attractor over short timescales. *Nature,* 326, 64-66.

FALCONER, K. J. 1986. *The geometry of fractal sets*, Cambridge university press.

FAMA, E. F. 1965a. The Behavior of Stock-Market Prices. *The Journal of Business,* 38, 34-105.

FAMA, E. F. 1965b. Random Walks in Stock Market Prices. *Financial Analysts Journal,* 21, 55-59.

FAMA, E. F. 1970. Efficient Capital Markets: A Review of Theory and Empirical Work. *The Journal of Finance,* 25, 383-417.

FAMA, E. F. 1991. Efficient Capital Markets: II. *The Journal of Finance,* 46, 1575-1617.

FAMA, E. F. 1998. Market effciency, long-term returns, and behavioral finance. *Journal of Financial Economics,* 49, 283-306.

FAMA, E. F. und BLUME, M. E. 1966. Filter Rules and Stock-Market Trading. *The Journal of Business,* 39, 226.

FAMA, E. F., FISHER, L., JENSEN, M. C. und ROLL, R. 1969. The Adjustment of Stock Prices to New Information. *International Economic Review,* 10, 1-21.

FAMA, E. F. und FRENCH, K. R. 2004. The capital asset pricing model: Theory and evidence. *The Journal of Economic Perspectives,* 18, 25-46.

FANG, J., JACOBSEN, B. und QIN, Y. 2014. Predictability of the simple technical trading rules: An out-of-sample test. *Review of Financial Economics,* 23, 30-45.

FARMER, J. D. 1982a. Chaotic attractors of an infinite-dimensional dynamical system. *Physica D: Nonlinear Phenomena,* 4, 366-393.

FARMER, J. D. 1982b. Dimension, fractal measures, and chaotic dynamics. *Evolution of order and chaos.* Springer.

FARMER, J. D. 1982c. Information dimension and the probabilistic structure of chaos. *Zeitschrift für Naturforschung A,* 37, 1304-1326.

FARMER, J. D. und LO, A. W. 1999. Frontiers of finance: Evolution and efficient markets. *Proceedings of the National Academy of Sciences,* 96, 9991-9992.

FARMER, J. D., OTT, E. und YORKE, J. A. 1983. The dimension of chaotic attractors. *Physica D: Nonlinear Phenomena,* 7, 153-180.

FEI, C. und XIAOHANG, Z. Research on Evolution of Chinese Telecommunication Industry System Based on Dissipative Structure Theory. Intelligent Computation Technology and Automation (ICICTA), 2010 International Conference on, 11-12 May 2010 2010. 1163-1168.

FEIGL, R. 2011. *Unordnungs-Ordnungs-Übergänge in Aktienkursen bei Vorstandswechseln.* Masterthesis, Witschaftsuniversität Wien.

FERNANDEZ-RODRIGUEZ, F., GONZALEZ-MARTEL, C. und SOSVILLA-RIVERO, S. 2000. On the profitability of technical trading rules based on artificial neural networks:: Evidence from the Madrid stock market. *Economics Letters,* 69, 89-94.

FERNÁNDEZ-RODRÍGUEZ, F., SOSVILLA-RIVERO, S. und GARCÍA-ARTILES, M. A. D. 1999. Dancing with bulls and bears: Nearest-neighbour forecasts for the Nikkei index. *Japan and the World Economy,* 11, 395-413.

FERNANDO, G. D., SCHNEIBLE, R. A. und TRIPATHY, A. 2016. Firm strategy and market reaction to earnings. *Advances in Accounting,* 33, 20-34.

FEUCHT, M., MÖLLER, U., WITTE, H., BENNINGER, F., ASENBAUM, S., PRAYER, D. und FRIEDRICH, M. H. 1999. Application of correlation dimension and pointwise dimension for non-linear topographical analysis of focal onset seizures. *Medical & Biological Engineering & Computing,* 37, 208-217.

FINNERTY, J. E. 1976. Insiders' Activity and Inside Information: A Multivariate Analysis. *Journal of Financial & Quantitative Analysis,* 11, 205-215.

FISHER, R. A. 1934. *Statistical methods for research workers,* Edinburgh, Oliver and Boyd.

FOERSTER, S., KEIM, D. und PORTER, D. 1990. Intraday spreads, returns and variances: Tests of the informed trader hypothesis. *Unpublished Working Paper, University of Western Ontario.*

FORBES. 2017. *Bloomberg* [Online]. www.forbes.com: Forbes. Available: http://www.forbes.com/companies/bloomberg/ [Accessed 22.01.2017 2017].

FORTUNE, P. 1999. Are stock returns different over weekends? a jump diffusion analysis of the "weekend effect". *New England Economic Review*, 3-19.

FOSTER, G., OLSEN, C. und SHEVLIN, T. 1984. Earnings releases, anomalies, and the behavior of security returns. *Accounting Review*, 574-603.

FRAEDRICH, K. 1986. Estimating the dimensions of weather and climate attractors. *Journal of the atmospheric sciences,* 43, 419-432.

FRANK, G., LOOKMAN, T., NERENBERG, M., ESSEX, C., LEMIEUX, J. und BLUME, W. 1990. Chaotic time series analyses of epileptic seizures. *Physica D: Nonlinear Phenomena,* 46, 427-438.

FRANK, M. und STENGOS, T. 1988. Chaotic Dynamic in Economic Time-Series. *Journal of Economic Surveys,* 2, 103-133.

FRASER, A. M. 1989. Information and entropy in strange attractors. *Information Theory, IEEE Transactions on,* 35, 245-262.

FRASER, A. M. und SWINNEY, H. L. 1986. Independent coordinates for strange attractors from mutual information. *Physical Review A,* 33, 1134.

FREDERICKSON, P., KAPLAN, J. L., YORKE, E. D. und YORKE, J. A. 1983. The Liapunov dimension of strange attractors. *Journal of Differential Equations,* 49, 185-207.

FRENCH, K. R. 1980. Stock returns and the weekend effect. *Journal of Financial Economics,* 8, 55-69.

FREUND, W. C., LARRAIN, M. und PAGANO, M. S. 1997. Market efficiency before and after the introduction of electronic trading at the Toronto stock exchange. *Review of Financial Economics,* 6, 29-56.

FREUND, W. C. und PAGANO, M. S. 2000. Market efficiency in specialist markets before and after automation. *Financial Review,* 35, 79-104.

FREY, N. E. und LABUSZEWSKI, J. W. 1981. Newspaper articles and their impact on commodity price formation case study: copper. *Journal of Futures Markets,* 1, 89-91.

FRIEDMAN, M. und SCHWARTZ, A. 1963. *A Monetary History of the United States, 1867–1960,* Princeton, Princeton University Press.

FRINO, A., JARNECIC, E., JOHNSTONE, D. und LEPONE, A. 2005. Bid–ask bounce and the measurement of price behavior around block trades on the Australian Stock Exchange. *Pacific-Basin Finance Journal,* 13, 247-262.

FROEHLING, H., CRUTCHFIELD, J. P., FARMER, D., PACKARD, N. H. und SHAW, R. 1981. On determining the dimension of chaotic flows. *Physica D: Nonlinear Phenomena,* 3, 605-617.

GALLANT, A. R., ROSSI, P. E. und TAUCHEN, G. 1992. Stock Prices and Volume. *Review of Financial Studies,* 5, 199-242.

GANAPOLSKY, E. J. und SCHMUKLER, S. L. 1998. *The impact of policy announcements and news on capital markets: crisis management in Argentina during the tequila effect*, World Bank, Development Research Group, Macroeconomics and Growth.

GENCAY, R. 1998a. Optimization of technical trading strategies and the profitability in security markets. *Economics Letters,* 59, 249-254.

GENCAY, R. 1998b. The predictability of security returns with simple technical trading rules. *Journal of Empirical Finance,* 5, 347-359.

GERSHENFELD, N. A. 1992. Dimension measurement on high-dimensional systems. *Physica D: Nonlinear Phenomena,* 55, 135-154.

GERTMENIAN, L. W. und CHUVAKHIN, N. V. 2002. Does Market Efficiency Trump Behavioral Bias in Finance Decisions?

Understanding the effect of each can improve decision making. *Graziadio Business Review,* 5.

GHAZANI, M. M. und ARAGHI, M. K. 2014. Evaluation of the adaptive market hypothesis as an evolutionary perspective on market efficiency: Evidence from the Tehran stock exchange. *Research in International Business and Finance,* 32, 50-59.

GHIL, M. 1976. Climate stability for a Sellers-type model. *Journal of the Atmospheric Sciences,* 33, 3-20.

GIBBONS, M. R. und HESS, P. 1981. Day of the Week Effects and Asset Returns. *The Journal of Business,* 54, 579-596.

GILMORE, C. G. 1993. A new test for chaos. *Journal of Economic Behavior & Organization,* 22, 209-237.

GILMORE, C. G. 1996. Detecting Linear and Nonlinear Dependence in Stock Returns: New Methods Derived from Chaos Theory. *Journal of Business Finance & Accounting,* 23, 1357-1377.

GIVOLY, D. und LAKONISHOK, J. 1979. The information content of financial analysts' forecasts of earnings: Some evidence on semi-strong inefficiency. *Journal of Accounting and Economics,* 1, 165-185.

GIVOLY, D. und PALMON, D. 1985. Insider Trading and the Exploitation of Inside Information: Some Empirical Evidence. *The Journal of Business,* 58, 69-87.

GLASS, L. 1999. Chaos and Heart Rate Variability. *Journal of Cardiovascular Electrophysiology,* 10, 1358-1360.

GOERGEN, A. und VIALAR, T. 2009. *Complex and Chaotic Nonlinear Dynamics: Advances in Economics and Finance, Mathematics and Statistics*, Springer Berlin Heidelberg.

GOERKE, B. 2009. *Event Studies,* Wiesbaden, Gabler.

GRANGER, C. W. J. und MORGENSTERN, O. 1963. SPECTRAL ANALYSIS OF NEW YORK STOCK MARKET PRICES1. *Kyklos,* 16, 1-27.

GRASSBERGER, P. 1986. Do climatic attractors exist? *Nature,* 323, 609-612.

GRASSBERGER, P. 1988. Finite sample corrections to entropy and dimension estimates. *Physics Letters A,* 128, 369-373.

GRASSBERGER, P. und PROCACCIA, I. 1983a. Characterization of Strange Attractors. *Physical Review Letters,* 50, 346-349.

GRASSBERGER, P. und PROCACCIA, I. 1983b. Measuring the strangeness of strange attractors. *Physica D: Nonlinear Phenomena,* 9, 189-208.

GRASSBERGER, P., SCHREIBER, T. und SCHAFFRATH, C. 1991. Nonlinear time sequence analysis. *International Journal of Bifurcation and Chaos,* 1, 521-547.

GREENSIDE, H. S., WOLF, A., SWIFT, J. und PIGNATARO, T. 1982. Impracticality of a box-counting algorithm for calculating the dimensionality of strange attractors. *Physical Review A,* 25, 3453.

GRIESSMAIR, M. 2005. *Von Chaos, Kühlschränken und Reichtum - Eine empirische Analyse des DAX nach chaostheoretischen Prinzipien und deren Implikationen.* Diplomarbeit, Wirtschaftsuniversität Wien.

GROSSMAN, S. J. und STIGLITZ, J. E. 1980. On the Impossibility of Informationally Efficient Markets. *The American Economic Review,* 70, 393-408.

GU, Z. und WU, J. S. 2003. Earnings skewness and analyst forecast bias. *Journal of Accounting and Economics,* 35, 5-29.

GUCKENHEIMER, J. und BUZYNA, G. 1983. Dimension measurements for geostrophic turbulence. *Physical review letters,* 51, 1438.

HABER, M. 1987. A comparison of some conditional and unconditional exact tests for 2x2 contingency tables. *Communications in Statistics - Simulation and Computation,* 16, 999-1013.

HÄBERLE, S. G. 2008. *Das neue Lexikon der Betriebswirtschaftslehre: Kompendium und Nachschlagewerk - mit 200 Schwerpunktthemen, 6.000 Stichwörtern, 2.000 Literaturhinweisen sowie 1.300 Internetadressen,* Oldenbourg, De Gruyter.

HAKEN, H. 1977. Theorie der dissipativen Strukturen. *Nachrichten aus der Chemie,* 25, 631-632.

HAKEN, H. 1981. Synergetik: Nichtgleichgewichte, Phasenübergänge und Selbstorganisation. *Naturwissenschaften,* 68, 293-299.

HAKEN, H. 2013. *Synergetik: Eine Einführung. Nichtgleichgewichts-Phasenübergänge und Selbstorganisation in Physik, Chemie und Biologie,* Berlin, Heidelberg, Springer Verlag.

HAMILL, P. A., OPONG, K. K. und SPREVAK, D. 2000. The behaviour of Irish ISEQ index: some new empirical tests. *Applied Financial Economics,* 10, 693-700.

HAMILTON, J. D. 1989. A New Approach to the Economic Analysis of Nonstationary Time Series and the Business Cycle. *Econometrica,* 57, 357-384.

HARRISON, R. G., YU, D., OXLEY, L., LU, W. und GEORGE, D. 1999. Non-linear noise reduction and detecting chaos: some evidence from the S&P Composite Price Index. *Mathematics and Computers in Simulation,* 48, 497-502.

HARVEY, A. C. 1993. *Time Series Models: Second Edition,* Cambridge, Massachusetts, MIT Press.

HASSAN, K. M., AL-SULTAN, W. S. und AL-SALEEM, J. A. 2003. Stock market efficiency in the gulf cooperation council countries (GCC): The case of Kuwait stock exchange. *Development,* 1.

HAUSDORFF, F. 1918. Dimension und äußeres Maß. *Mathematische Annalen,* 79, 157-179.

HEILIG, S. 2013. *Kontrolle chaotischen Verhaltens auf Finanzmärkten: Methoden zur Stabilisierung des Preisverhaltens,* Wiesbaden, Springer-Verlag.

HENDERSON, G. V. 1990. Problems and Solutions in Conducting Event Studies. *The Journal of Risk and Insurance,* 57, 282-306.

HESS, A. C. und BHAGAT, S. 1986. Size Effects of Seasoned Stock Issues: Empirical Evidence. *The Journal of Business,* 59, 567-584.

HILBORN, R. C. und DING, M. 1996. Optimal Reconstruction Space for Estimating Correlation Dimension *International Journal of Bifurcation and Chaos,* 6, 377-381.

HINICH, M. J. 1996. Testing for dependence in the input to a linear time series model. *Journal of Nonparametric Statistics,* 6, 205-221.

HINICH, M. J. und PATTERSON, D. M. 1985. Evidence of nonlinearity in daily stock returns. *Journal of Business & Economic Statistics,* 3, 69-77.

HOLM, S. 1979. A Simple Sequentially Rejective Multiple Test Procedure. *Scandinavian Journal of Statistics,* 6, 65-70.

HOLZFUSS, J. und MAYER-KRESS, G. 1986. An Approach to Error-Estimation in the Application of Dimension Algorithms. *In:* MAYER-KRESS, G. (ed.) *Dimensions and Entropies in Chaotic Systems: Quantification of Complex Behavior.* Berlin, Heidelberg: Springer Berlin Heidelberg.

HOQUE, H. A., KIM, J. H. und PYUN, C. S. 2007. A comparison of variance ratio tests of random walk: A case of Asian emerging stock markets. *International Review of Economics & Finance,* 16, 488-502.

HOUTHAKKER, H. S. 1961. Systematic and random elements in short-term price movements. *The American Economic Review,* 51, 164-172.

HSIEH, D. A. 1991. Chaos and Nonlinear Dynamics: Application to Financial Markets. *The Journal of Finance,* 46, 1839-1877.

HUDSON, R., DEMPSEY, M. und KEASEY, K. 1996. A note on the weak form efficiency of capital markets: The application of simple technical trading rules to UK stock prices - 1935 to 1994. *Journal of Banking & Finance,* 20, 1121-1132.

HULL, M. und MCGROARTY, F. 2014. Do emerging markets become more efficient as they develop? Long memory persistence in equity indices. *Emerging Markets Review,* 18, 45-61.

HUNG, J.-C. 2009. Deregulation and liberalization of the Chinese stock market and the improvement of market efficiency. *The Quarterly Review of Economics and Finance,* 49, 843-857.

IASB. 2015. *Über uns und unsere Arbeit* [Online]. http://www.ifrs.org/. Available: http://www.ifrs.org/The-organisation/Documents/2015/WhoWeAre_German_July 2015.pdf [Accessed 25.08. 2016].

JAMES, F. E. 1968. Monthly Moving Averages - An Effective Investment Tool? *Journal of Financial & Quantitative Analysis,* 3, 316-326.

JAMES, I. M. 1999. *History of Topology*, Elsevier Science.

JANJARASJITT, S., SCHER, M. S. und LOPARO, K. A. 2008. Nonlinear dynamical analysis of the neonatal EEG time series: The relationship between sleep state and complexity. *Clinical Neurophysiology,* 119, 1812-1823.

JANJARASJITT, S., SCHER, M. S. und LOPARO, K. A. 2009. Investigation of Neonatal EEG Time Series Using a Modified Nonlinear Dynamical Analysis. *In:* LEUNG, C. S., LEE, M. & CHAN, J. H. (eds.) *Neural Information Processing: 16th International Conference, ICONIP 2009, Bangkok, Thailand, December 1-5, 2009, Proceedings, Part II.* Berlin, Heidelberg: Springer Berlin Heidelberg.

JEFFERS, J. und REINDERS, J. 2013. *Intel Xeon Phi Coprocessor High-Performance Programming*, Elsevier Science.

JEGADEESH, N. und KIM, W. 2010. Do analysts herd? An analysis of recommendations and market reactions. *Review of Financial Studies,* 23, 901-937.

JEGADEESH, N. und LIVNAT, J. 2006. Post-earnings-announcement drift: The role of revenue surprises. *Financial Analysts Journal,* 62, 22-34.

JEGADEESH, N. und TITMAN, S. 2011. Momentum. *Annu. Rev. Financ. Econ.,* 3, 493-509.

JENSEN, M. C. 1978. Some Anomalous Evidence Regarding Market Efficiency. *Journal of Financial Economics,* 6, 95-101.

JENSEN, M. C. und BENINGTON, G. A. 1969. Random Walks and Technical Theories: Some Additional Evidence. *The Journal of Finance,* 25, 469-482.

JIAN ZHOU, GAO-FENG GU, ZHI-QIANG JIANG, XIONG XIONG, WEI ZHANG und ZHOU, W.-X. 2014. Microscopic determinants of the weak-form efficiency of an artificial order-driven stock market. arXiv.org.

JIANG, Z.-Q., XIE, W.-J. und ZHOU, W.-X. 2014. Testing the weak-form efficiency of the WTI crude oil futures market. *Physica A: Statistical Mechanics and its Applications,* 405, 235-244.

KAHNEMAN, D. und TVERSKY, A. 1979. Prospect theory: An analysis of decision under risk. *Econometrica,* 47, 263-292.

KALININ, B. und SADOVSKAYA, V. 2002. On pointwise dimension of non-hyperbolic measures. *Ergodic Theory and Dynamical Systems,* 22, 1783-1801.

KAMATH, M. V., WATANABE, M. und UPTON, A. 2012. *Heart Rate Variability (HRV) Signal Analysis: Clinical Applications*, Taylor & Francis.

KAMINSKY, G. L. und SCHMUKLER, S. L. 1999. What triggers market jitters?: A chronicle of the Asian crisis. *Journal of international money and Finance,* 18, 537-560.

KANTZ, H. 1994. A robust method to estimate the maximal Lyapunov exponent of a time series. *Physics Letters A,* 185, 77-87.

KANTZ, H., KURTHS, J. und MAYER-KRESS, G. 2012. *Nonlinear Analysis of Physiological Data*, Springer Berlin Heidelberg.

KANTZ, H. und SCHREIBER, T. 2004. *Nonlinear time series analysis*, Cambridge university press.

KAPLAN, D. und GLASS, L. 1995. *Understanding nonlinear dynamics,* New York, Springer Verlag.

KAPLAN, J. L. und YORKE, J. A. 1979a. Chaotic Behavior of Multidimensional Difference Equations. *In:* PEITGEN, H.-O. & WALTHER, H.-O. (eds.) *Functional Differential Equations and Approximation of Fixed Points.* Berlin, Heidelberg: Springer.

KAPLAN, J. L. und YORKE, J. A. 1979b. Numerical Solution of a Generalized Eigenvalue Problem for Even Mappings. *In:* PEITGEN, H.-O. & WALTHER, H.-O. (eds.) *Functional Differential Equations and Approximation of Fixed Points.* Berlin, Heidelberg: Springer.

KATZ, J. G. 2005. REVISIONS TO ACCELERATED FILER DEFINITION AND ACCELERATED DEADLINES FOR FILING PERIODIC REPORTS *In:* COMMISSION, U. S. S. A. E. (ed.). www.sec.gov: SEC.

KEANE, S. M. 1983. *Stock market efficiency: theory, evidence, and implications*, P. Allan.

KEIM, D. B. 1983. Size-related anomalies and stock return seasonality: Further empirical evidence. *Journal of Financial Economics,* 12, 13-32.

KEIM, D. B. und STAMBAUGH, R. F. 1984. A further investigation of the weekend effect in stock returns. *The journal of finance,* 39, 819-835.

KENDALL, M. G. und HILL, A. B. 1953. The Analysis of Economic Time-Series-Part I: Prices. *Journal of the Royal Statistical Society. Series A (General),* 116, 11-34.

KENNEL, M. B., BROWN, R. und ABARBANEL, H. D. I. 1992. Determining embedding dimension for phase-space reconstruction using a geometrical construction. *Physical Review A,* 45, 3403-3411.

KIM, J. H., SHAMSUDDIN, A. und LIM, K.-P. 2011. Stock return predictability and the adaptive markets hypothesis: Evidence from century-long US data. *Journal of Empirical Finance,* 18, 868-879.

KOHERS, T., PANDEY, V. und KOHERS, G. 1997. Using nonlinear dynamics to test for market efficiency among the major U.S. stock exchanges. *The Quarterly Review of Economics and Finance,* 37, 523-545.

KOLARI, J. W. und PYNNÖNEN, S. 2010. Event study testing with cross-sectional correlation of abnormal returns. *Review of Financial Studies,* 23, 3996-4025.

KOLMOGOROV, A. N. A new metric invariant of transient dynamical systems and automorphisms in Lebesgue spaces. Dokl. Akad. Nauk SSSR (NS), 1958. 861-864.

KOSTELICH, E. J. und YORKE, J. A. 1986. Lorenz Cross-Sections and Dimension of the Double Rotor Attractor. *In:* MAYER-KRESS, G. (ed.) *Dimensions and Entropies in Chaotic Systems: Quantification of Complex Behavior.* Berlin, Heidelberg: Springer Berlin Heidelberg.

KOSTELICH, E. J. und YORKE, J. A. 1987. Lorenz cross sections of the chaotic attractor of the double rotor. *Physica D: Nonlinear Phenomena,* 24, 263-278.

KOSTELICH, E. J. und YORKE, J. A. 1988. Noise reduction in dynamical systems. *Physical Review A,* 38, 1649.

KOTHARI, S. P. 2001. Capital markets research in accounting. *Journal of Accounting and Economics,* 31, 105-231.

KOTHARI, S. P. und WARNER, J. B. 2007. Econometrics of Events Studies. *In:* ZIEMBA, W. T. (ed.) *Handbook of Corporate Finance: Empirical Cororate Finance.* North-Holland: Elsevier.

KRÄMER, W. und RUNDE, R. 1997. Chaos and the compass rose. *Economics Letters,* 54, 113-118.

KRASKOV, A., STÖGBAUER, H. und GRASSBERGER, P. 2004. Estimating mutual information. *Physical Review E* [Online], 69. Available: https://link.aps.org/doi/10.1103/PhysRevE.69.066138 [Accessed 06/23/].

KRAUSE, A. 2001. An Overview of Asset Pricing Models. *In:* MANAGEMENT, S. O. (ed.). University of Bath.

KREIS, J.-P. und NEUHAUS, G. 2006. *Einführung in die Zeitreihenanalyse*, Springer-Verlag.

KUGIUMTZIS, D. 2002. Surrogate data test on time series. *Modelling and Forecasting Financial Data.* Springer.

KUHN, T. S. 1970. *The Structure of Scientific Revolutions,* Chicago, University of Chicago Press.

KUMAR NARAYAN, P. 2005. Are the Australian and New Zealand stock prices nonlinear with a unit root? *Applied Economics,* 37, 2161-2166.

KUMAR, R. 2016. 3 - Efficient capital markets and its implications. *Valuation.* San Diego: Academic Press.

KUSOLITSCH, N. 2014. *Maß- und Wahrscheinlichkeitstheorie: Eine Einführung*, Springer Berlin Heidelberg.

KYLE, A. S. 1985. Continuous Auctions and Insider Trading. *Econometrica,* 53, 1315-1336.

LANDSMAN, W. R. und MAYDEW, E. L. 2002. Has the Information Content of Quarterly Earnings Announcements Declined in the Past Three Decades? *Journal of Accounting Research,* 40, 797-808.

LARSON, A. B. Measurement of a random process in futures prices. Proceedings of the Annual Meeting (Western Farm Economics Association), 1960. JSTOR, 101-112.

LATANÉ, H. A. und JONES, C. P. 1977. Standardized Unexpected Earnings - A Progress Report. *The Journal of Finance,* 32, 1457-1465.

LATANÉ, H. A., JONES, C. P. und RIEKE, R. D. 1974. Quarterly earnings reports and subsequent holding period returns. *Journal of Business Research,* 2, 119-132.

LEBARON, B. 2000. The stability of moving average technical trading rules on the Dow Jones Index. *Derivatives Use, Trading and Regulation,* 5, 324-338.

LEE, W. Y., JIANG, C. X. und INDRO, D. C. 2002. Stock market volatility, excess returns, and the role of investor sentiment. *Journal of Banking & Finance,* 26, 2277-2299.

LEHRER, J. 2010. *How We Decide,* Boston, New York, Houghton Mifflin Harcourt.

LEIPPOLD, M. 2012. *Zeitreihenanalyse in Finanzmärkten,* Zurich, Bookboon.com.

LERMAN, A. und LIVNAT, J. 2010. The new Form 8-K disclosures. *Review of Accounting Studies,* 15, 752-778.

LEVY, R. A. 1967a. Random Walks: Reality or Myth. *Financial Analysts Journal,* 23, 69-77.

LEVY, R. A. 1967b. Relative Strength as a Criterion for Investment Selection. *The Journal of Finance,* 22, 595-610.

LEWELLEN, W., LODERER, C. und ROSENFELD, A. 1985. Merger decisions and executive stock ownership in acquiring firms. *Journal of Accounting and Economics,* 7, 209-231.

LIANG, L. 2003. Post-Earnings Announcement Drift and Market Participants' Information Processing Biases. *Review of Accounting Studies,* 8, 321-345.

LIANO, K. und GUP, B. E. 1989. The Day-of-the-Week Effect in Stock Returns over Business Cycles. *Financial Analysts Journal,* 45, 74-77.

LIEBERT, W., PAWELZIK, K. und SCHUSTER, H. G. 1991. Optimal Embeddings of Chaotic Attractors from Topological Considerations. *EPL (Europhysics Letters),* 14, 521.

LIENING, A. 1999. *Komplexe Systeme zwischen Ordnung und Chaos: neuere Entwicklungen in der Theorie nicht-linearer dynamischer Systeme und die Bedeutung für die Wirtschaftswissenschaft und ihre Didaktik,* Münster, Lit.

LIENING, A. 2013. The Breakdown of the Traditional Mechanistic Worldview, the Development of Complexity Sciences and the Pretence of Knowledge in Economics. *Modern Economy,* 4, 305-319.

LIENING, A. 2015. *Ökonomische Bildung: Grundlagen und neue synergetische Ansätze,* Springer Fachmedien Wiesbaden.

LIENING, A. 2017. *Komplexität und Entrepreneurship – Komplexitätsforschung sowie Implikationen auf Entrepreneurship-Prozesse,* Wiesbaden, Springer Gabler.

LIM, K.-P. und BROOKS, R. 2011. The Evolution Of Stock Market Effiency Over Time: A Survey Of The Empirical Literature. *Journal of Economic Surveys,* 25, 69-108.

LIM, K.-P. und BROOKS, R. D. 2006. The evolving and relative efficiencies of stock markets: Empirical evidence from rolling bicorrelation test statistics. [Accessed 12.12.2016].

LIM, K.-P., BROOKS, R. D. und HINICH, M. 2006. Testing the assertion that emerging Asian stock markets are becoming more efficient.

LIM, K.-P., BROOKS, R. D. und KIM, J. H. 2008. Financial crisis and stock market efficiency: Empirical evidence from Asian countries. *International Review of Financial Analysis,* 17, 571-591.

LIM, K.-P. A. H., MELVIN AND BROOKS, ROBERT D. 2006. Events that Shook the Market: An Insight from Nonlinear Serial Dependencies in Intraday Returns. Available: https://ssrn.com/abstract=912603

LION, J. 1989. *Marktrationalität und Markteffizienz,* Frankfurt/M., Bern, New York, Paris, Peter Lang.

LIVNAT, J. und ZHANG, L. 2015. Is There News in the Timing of Earnings Announcements? *The Journal of Investing,* 24, 17-26.

LLORENTE, G., MICHAELY, R., SAAR, G. und WANG, J. 2002. Dynamic volume-return relation of individual stocks. *Review of Financial Studies,* 15, 1005-1047.

LO, A. W. 2004. The adaptive markets hypothesis: Market efficiency from an evolutionary perspective. *Journal of Portfolio Management, Forthcoming,* 30, 15-29.

LO, A. W. 2005. Reconciling efficient markets with behavioral finance: the adaptive markets hypothesis. *Journal of Investment Consulting, Forthcoming,* 7, 21-44.

LO, A. W. 2011. Adaptive markets and the new world order. *Financial Analysts Journal* 68, 18-29.

LO, A. W. und MACKINLAY, A. C. 1988. Stock market prices do not follow random walks: Evidence from a simple specification test. *Review of Financial studies,* 1, 41-66.

LO, A. W. und MACKINLAY, A. C. 2002. *A non-random walk down Wall Street,* Princeton University Press.

LO, P. C. und PRINCIPE, J. The effect of filtering in the EEG correlation dimension estimation: experimental results. Engineering in Medicine and Biology Society, 1989. Images of the Twenty-First Century., Proceedings of the Annual International Conference of the IEEE Engineering in, 9-12 Nov 1989 1989. 638-639.

LOISTL, O. und BETZ, I. 1993. *Chaostheorie: zur Theorie nichtlinearer dynamischer Systeme,* Oldenbourg.

LORENZ, E. N. 1963. Deterministic Nonperiodic Flow. *Journal of the Atmospheric Sciences,* 20, 130-141.

LORENZ, E. N. 1984. Irregularity: a fundamental property of the atmosphere. *Tellus,* 36 A, 98-110.

LORENZ, E. N. 1991. Dimension of weather and climate attractors. *Nature,* 353, 241-244.

LORENZ, H.-W. 1993. *Nonlinear dynamical economics and chaotic motion,* Berlin, Springer.

LORIE, J. H. und NIEDERHOFFER, V. 1968. Predictive and Statistical Properties of Insider Trading. *Journal of Law and Economics,* 11, 35-53.

LOVEJOY, S. und SCHERTZER, D. 1998. Stochastic chaos and multifractal geophysics. *Chaos, Fractals and Models,* 96, 38-52.

MACKINLAY, A. C. 1997. Event studies in economics and finance. *Journal of Economic Literature,* 35, 13-39.

MAHANI, R. S. und POTESHMAN, A. M. 2008. Overreaction to stock market news and misevaluation of stock prices by unsophisticated investors: Evidence from the option market. *Journal of Empirical Finance,* 15, 635-655.

MAHMOODZADEH, S., SHAHRABI, J., TORKAMANI, M. und GHOMI, J. S. 2007. Estimating Correlation Dimension on Japanese Candlestick, Application to FOREX Time Series. *World Academy of Science, Engineering and Technology, International Journal of Social, Behavioral, Educational, Economic and Management Engineering,* 1, 260-264.

MALCAI, O., LIDAR, D. A., BIHAM, O. und AVNIR, D. 1997. Scaling range and cutoffs in empirical fractals. *Physical Review E,* 56, 2817.

MALKIEL, B. G. 1989. Efficient market hypothesis. *In:* JOHN EATWELL, M. M., PETER NEWMAN (ed.) *Finance. Norton, New York.* 1 ed.: Palgrave Macmillan UK.

MALKIEL, B. G. 2003. The Efficient Market Hypothesis and its Critics. *Journal of Economic Perspectives,* 17, 59-82.

MALKIEL, B. G. 2005. Reflections on the Efficient Market Hypothesis: 30 Years Later. *The Financial Review,* 40, 1-9.

MALRAISON, B., ATTEN, P., BERGE, P. und DUBOIS, M. 1983. Dimension of strange attractors: an experimental determination for the chaotic regime of two convective systems. *Journal de Physique Lettres,* 44, 897-902.

MANDELBROT, B. B. 1963. The Variation of certain speculative prices. *The Journal of Business,* 36, 394-419.

MANDELBROT, B. B. 1966. Forecasts of future prices, unbiased markets, and "martingale" models. *The Journal of Business,* 39, 242-255.

MANDELBROT, B. B. 1977. *Fractals: Form, Chance and Dimension,* San Francisco (CA, USA), WH Freeman & Co.

MANDELBROT, B. B. 1982. *The Fractal Geometry of Nature*, Henry Holt and Company.

MANDELBROT, B. B. 1987. *Die fraktale Geometrie der Natur*, Birkhäuser Basel.

MANDELBROT, B. B. 2004. *Fractals and Chaos: The Mandelbrot Set and Beyond,* Springer.

MAÑÉ, R. 1981. On the dimension of the compact invariant sets of certain non-linear maps. *In:* RAND, D. & YOUNG, L.-S. (eds.) *Dynamical Systems and Turbulence, Warwick 1980.* Springer Berlin Heidelberg.

MARSHALL, A. 1890. Principles of Economics.

MARTINERIE, J. M., ALBANO, A. M., MEES, A. I. und RAPP, P. E. 1992. Mutual information, strange attractors, and the optimal estimation of dimension. *Physical Review A,* 45, 7058.

MASULIS, R. W. 1980. The effects of capital structure change on security prices. *Journal of Financial Economics,* 8, 139-178.

MAYER-KRESS, G. und HOLZFUSS, J. 1987. Analysis of the Human Electroencephalogram with Methods from Nonlinear Dynamics. *In:* RENSING, L. A. D. H., UWE; MACKEY, MICHAEL C. (ed.) *Temporal Disorder in Human Oscillatory Systems.* Berlin, Heidelberg: Springer Berlin Heidelberg.

MAYER-KRESS, G. und LAYNE, S. P. 1987. Dimensionality of the human electroencephalogram. *Ann NY Acad Sci,* 504, 62-87.

MAYER-KRESS, G., YATES, F. E., BENTON, L., KEIDEL, M., TIRSCH, W., PÖPPL, S. J. und GEIST, K. 1988. Dimensional analysis of nonlinear oscillations in brain, heart, and muscle. *Mathematical Biosciences,* 90, 155-182.

MAYFIELD, E. S. und MIZRACH, B. 1992. On Determining the Dimension of Real-Time Stock-Price Data. *Journal of Business & Economic Statistics,* 10, 367-374.

MCCLOSKEY, M. A. und POO, M. M. 1986. Rates of membrane-associated reactions: reduction of dimensionality revisited. *The Journal of Cell Biology,* 102, 88-96.

MCDONALD, L. L., DAVIS, B. M. und MILLIKEN, G. A. 1977. A Nonrandomized Unconditional Test for Comparing Two Proportions in 2×2 Contingency Tables. *Technometrics,* 19, 145-157.

MCLEOD, A. I. und LI, W. K. 1983. Diagnostic checking ARMA time series models using squared - residual autocorrelations. *Journal of Time Series Analysis,* 4, 269-273.

MCNICHOLS, M. und O'BRIEN, P. C. 1997. Self-Selection and Analyst Coverage. *Journal of Accounting Research,* 35, 167-199.

MCWILLIAMS, A. und SIEGEL, D. 1997. Event Studies In Management Research: Theoretical And Empirical Issues. *Academy of Management Journal,* 40, 626-657.

MENDENHALL, R. R. 1991. Evidence on the possible underweighting of earnings-related information. *Journal of Accounting Research*, 170-179.

MEULBROEK, L. K. 1992. An Empirical Analysis of Illegal Insider Trading. *The Journal of Finance,* 47, 1661-1699.

MEZNAR, M. B., NIGH, D. und CHUCK, C. Y. K. 1994. Effect of Announcements of Withdrawal from South Africa on Stockholder Wealth. *The Academy of Management Journal,* 37, 1633-1648.

MICHAELY, R., THALER, R. H. und WOMACK, K. L. 1995. Price reactions to dividend initiations and omissions: overreaction or drift? *The Journal of Finance,* 50, 573-608.

MICHAELY, R. und WOMACK, K. L. 1999. Conflict of interest and the credibility of underwriter analyst recommendations. *The Review of Financial Studies,* 12, 653-686.

MIKHAIL, M. B., WALTHER, B. R. und WILLIS, R. H. 2003. Security analyst experience and post-earnings-announcement drift. *Journal of Accounting, Auditing & Finance,* 18, 529-550.

MILIONIS, A. E. und PAPANAGIOTOU, E. 2011. A test of significance of the predictive power of the moving average trading rule of technical analysis based on sensitivity analysis: application to the NYSE, the Athens Stock Exchange and the Vienna Stock Exchange. Implications for weak-form market efficiency testing. *Applied Financial Economics,* 21, 421-436.

MILLER, E. M. 1977. Risk, uncertainty, and divergence of opinion. *The Journal of finance,* 32, 1151-1168.

MITSCHKE, F. 1990. Acausal filters for chaotic signals. *Physical Review A,* 41, 1169.

MITSCHKE, F., MÖLLER, M. und LANGE, W. 1988. Measuring filtered chaotic signals. *Physical Review A,* 37, 4518.

MODIGLIANI, F. und COHN, R. A. 1979. Inflation, Rational Valuation and the Market. *Financial Analysts Journal,* 35, 24.

MÖLLER, I. 2013. *Nichtlineare Abhängigkeiten bei finanzwirtschaftlichen Zeitreihen: Aktuelle Testverfahren am Beispiel einer Wechselkursanalyse,* Deutscher Universitätsverlag.

MÖLLER, M., LANGE, W., MITSCHKE, F., ABRAHAM, N. B. und HÜBNER, U. 1989. Errors from digitizing and noise in estimating attractor dimensions. *Physics Letters A,* 138, 176-182.

MORI, H. 1980. Fractal dimensions of chaotic flows of autonomous dissipative systems. *Progress of Theoretical Physics,* 63, 1044-1047.

NAM, K., WASHER, K. M. und CHU, Q. C. 2005. Asymmetric return dynamics and technical trading strategies. *Journal of Banking & Finance,* 29, 391-418.

NEELY, C. J., WELLER, P. A. und ULRICH, J. M. 2009. The adaptive markets hypothesis: evidence from the foreign exchange market. *Journal of Financial & Quantitative Analysis,* 44, 467-488.

NEFTCI, S. N. 1991. Naive trading rules in financial markets and wiener-kolmogorov prediction theory: a study of" technical analysis". *Journal of Business,* 549-571.

NEUNHÄUSERER, J. 2015. Topologie. *Schöne Sätze der Mathematik.* Springer.

NEYMAN, J. und PEARSON, E. S. 1928. ON THE USE AND INTERPRETATION OF CERTAIN TEST CRITERIA FOR PURPOSES OF STATISTICAL INFERENCE PART I. *Biometrika,* 20A, 175-240.

NICOLIS, C. und NICOLIS, G. 1984. Is there a climatic attractor? *Nature,* 311, 529-532.

NICOLIS, J. S., MEYER-KRESS, G. und HAUBS, G. 1983. Non-uniform chaotic dynamics with implications to information processing. *Zeitschrift für Naturforschung A,* 38, 1157-1169.

NIEDERHOFFER, V. und OSBORNE, M. F. M. 1966. Market Making and Reversal on the Stock Exchange. *Journal of the American Statistical Association,* 61, 897-916.

NOFSINGER, J. R. und SIAS, R. W. 1999. Herding and feedback trading by institutional and individual investors. *The Journal of finance,* 54, 2263-2295.

NORDMEIER, V. und SCHLICHTING, H. J. 1996. Auf der Suche nach Strukturen komplexer Phänomene. *Praxis der Naturwissenschaften - Physik in der Schule,* 45, 22-28.

O'BRIEN, P. C. 1988. Analysts' forecasts as earnings expectations. *Journal of Accounting and Economics,* 10, 53-83.

ODEAN, T. 1998. Are Investors Reluctant to Realize Their Losses. *The Journal of Finance,* 53, 1775-1798.

OPONG, K. K., MULHOLLAND, G., FOX, A. F. und FARAHMAND, K. 1999. The behaviour of some UK equity indices: An application of Hurst and BDS tests. *Journal of Empirical Finance,* 6, 267-282.

OSBORNE, A. R. und PROVENZALE, A. 1989. Finite correlation dimension for stochastic systems with power-law spectra. *Physica D: Nonlinear Phenomena,* 35, 357-381.

OSBORNE, M. F. M. 1959. Brownian Motion In The Stock Market. *Operations Research,* 7, 145-173.

OSBORNE, M. F. M. 1962. Periodic Structure In The Brownian Motion Of Stock Market Prices. *Operations Research,* 10, 345-379.

OTT, E. 1981. Strange attractors and chaotic motions of dynamical systems. *Reviews of Modern Physics,* 53, 655-671.

PACKARD, N. H., CRUTCHFIELD, J. P., FARMER, J. D. und SHAW, R. S. 1980. Geometry from a time series. *Physical Review Letters,* 45, 712.

PAN, J. und POTESHMAN, A. M. 2006. The information in option volume for future stock prices. *Review of Financial studies,* 19, 871-908.

PANAGIOTIDIS, T. 2005. Market capitalization and efficiency. Does it matter? Evidence from the Athens Stock Exchange. *Applied Financial Economics,* 15, 707-713.

PARK, T.-J., LEE, Y. und SONG, K. R. 2014. Informed trading before positive vs. negative earnings surprises. *Journal of Banking & Finance,* 49, 228-241.

PARLITZ, U. 1992. Identification of true and spurious Lyapunov exponents from time series. *International Journal of Bifurcation and Chaos,* 2, 155-165.

PASCOLO, P. B., MARINI, A., CARNIEL, R. und BARAZZA, F. 2005. Posture as a chaotic system and an application to the Parkinson's disease. *Chaos, Solitons & Fractals,* 24, 1343-1346.

PATELL, J. M. und WOLFSON, M. A. 1979. Anticipated information releases reflected in call option prices. *Journal of Accounting and Economics,* 1, 117-140.

PEARSON, E. S. 1947. The choice of statistical tests illustrated on the interpretation of data classed in a 2× 2 table. *Biometrika,* 34, 139-167.

PENMAN, S. H. 1987. The distribution of earnings news over time and seasonalities in aggregate stock returns. *Journal of Financial Economics,* 18, 199-228.

PÉREZ-RODRÍGUEZ, J. V., TORRA, S. und ANDRADA-FÉLIX, J. 2005. STAR and ANN models: forecasting performance on the Spanish "Ibex-35" stock index. *Journal of Empirical Finance,* 12, 490-509.

PETERS, E. E. 1991. A Chaotic Attractor for the S&P 500. *Financial Analysts Journal,* 47, 55-62+81.

PETERSON, P. P. 1989. Event Studies: A Review of Issues and Methodology. *Quarterly Journal of Business and Economics,* 28, 36-66.

PICOT, A. und DIETL, H. 1994. Informations (de-) regulierung am Kapitalmarkt aus institutionenökonomischer Sicht.

PIJN, J. P., VAN NEERVEN, J., NOEST, A. und LOPES DA SILVA, F. H. 1991. Chaos or noise in EEG signals; dependence on state and brain site. *Electroencephalography and Clinical Neurophysiology,* 79, 371-381.

PLÖGER, J. 2014. *Neoklassische Kapitalmarkttheorie und Behavioral Finance*, Igel Verlag.

POINCARÉ, H. 1912. Pourquoi L'Espace a Trois Dimensions. *Revue de Metaphysique et de Morale,* 20, 483-504.

POPOVIĆ, S., MUGOŠA, A. und ĐUROVIĆ, A. 2013. Adaptive Markets Hypothesis: Empirical Evidence from Montenegro Equity Market. *Economic Research-Ekonomska Istraživanja,* 26, 31-46.

POSHAKWALE, S. 1996. Evidence on weak form efficiency and day of the week effect in the Indian stock market. *Finance India,* 10, 605-616.

PRAKASH, S. 2013. Event Study Test of Incorporating Earning Announcement on Share Price *IOSR Journal of Economic & Finance,* 2, 9-18.

PRESS, W. H., TEUKOLSKY, S. A., VETTERLING, W. T. und FLANNERY, B. P. 2002. Numerical Recipes in C++: the art of scientific computing, Second Edition.

PRITCHARD, W. S. und DUKE, D. W. 1995. Measuring Chaos in the Brain - A Tutorial Review of EEG Dimension Estimation. *Brain and Cognition,* 27, 353-397.

PROCACCIA, I. 1988. Complex or just complicated? *Nature,* 333, 498-499.

PRUITT, S. W., TAWARANGKOON, W. und WEI, K. C. J. 1987. Chernobyl, Commodities, and Chaos: An Examination of the Reaction of Commodity Futures Prices. *The Journal of Futures Markets (1986-1998),* 7, 555-569.

RAJ, M. und THURSTON, D. 1996. Effectiveness of simple technical trading rules in the Hong Kong futures markets. *Applied Economics Letters,* 3, 33-36.

RAMSEY, J. B., SAYERS, C. L. und ROTHMAN, P. 1990. The Statistical Properties of Dimension Calculations Using Small Data Sets: Some Economic Applications. *International Economic Review,* 31, 991-1020.

RAMSEY, J. B. und YUAN, H.-J. 1989. Bias and error bars in dimension calculations and their evaluation in some simple models. *Physics Letters A,* 134, 287-297.

RAPP, P. E., ALBANO, A. M., SCHMAH, T. I. und FARWELL, L. A. 1993. Filtered noise can mimic low-dimensional chaotic attractors. *Physical Review E,* 47, 2289-2297.

RAPP, P. E., BASHORE, T. R., MARTINERIE, J. M., ALBANO, A., ZIMMERMAN, I. und MEES, A. I. 1989. Dynamics of brain electrical activity. *Brain topography,* 2, 99-118.

RAPP, P. E., ZIMMERMAN, I. D., ALBANO, A. M., DEGUZMAN, G. C., GREENBAUN, N. N. und BASHORE, T. R. 1986. Experimental Studies of Chaotic Neural Behavior: Cellular Activity and Electroencephalographic Signals. *In:* OTHMER, H. G. (ed.) *Nonlinear Oscillations in Biology and Chemistry: Proceedings of a meeting held at the University of Utah, May 9–11, 1985.* Berlin, Heidelberg: Springer Berlin Heidelberg.

RAYLEIGH, L. 1880. Xii. on the resultant of a large number of vibrations of the same pitch and of arbitrary phase. *The London, Edinburgh, and Dublin Philosophical Magazine and Journal of Science,* 10, 73-78.

READY, M. J. 2002. Profits from technical trading rules. *Financial Management,* 43-61.

REBOREDO, J. C., MATÍAS, J. M. und GARCIA-RUBIO, R. 2012. Nonlinearity in Forecasting of High-Frequency Stock Returns. *Computational Economics,* 40, 245-264.

REGNAULT, J. 1863. *Calcul des chances et philosophie de la bourse,* Paris, Mallet-Bachelier.

REINGANUM, M. R. 1981. Misspecification of capital asset pricing. *Journal of Financial Economics,* 9, 19-46.

RENDLEMAN JR., R. J., JONES, C. P. und LATANÉ, H. A. 1982. Empirical anomalies based on unexpected earnings and the importance of risk adjustments. *Journal of Financial Economics,* 10, 269-287.

RÉNYI, A. 1959. On the dimension and entropy of probability distributions. *Acta Mathematica Academiae Scientiarum Hungarica,* 10, 193-215.

REPORTING, L. T. 2010. Securities Exchange Act of 1934. Available: http://www.complianceonline.com/articlefiles/Securities Exchange Act of 1934.pdf [Accessed 09.09.2016].

RICHARDSON, S. A., TEOH, S. H. und WYSOCKI, P. D. 1999. Tracking analysts' forecasts over the annual earnings horizon: Are analysts' forecasts optimistic or pessimistic? Available: https://ssrn.com/abstract=168191

RIZZI, J. V. 2015. Behavioral bias of the financial crisis. *Journal of Applied Finance (Formerly Financial Practice and Education),* 18.

ROBERTS, H. 1959. Stock Market 'Patterns' and Financial Analysis: Methodological Suggestions. *The Journal of Finance,* 14, 1-10.

ROBERTS, H. 1967. Statistical versus Clinical Prediction in the Stock Market. Center for Research in Security Prices: Unniversity of Chicago, May.

ROGALSKI, R. J. 1984. New Findings Regarding Day-of-the-Week Returns over Trading and Non-Trading Periods: A Note. *The Journal of Finance,* 39, 1603-1614.

ROLL, R. 1968. *The Efficient Market Model Applied to U.S. Treasury Bill Rates*, University of Chicago, Graduate School of Business.

ROSENSTEIN, M. T., COLLINS, J. J. und DE LUCA, C. J. 1993. A practical method for calculating largest Lyapunov exponents from small data sets. *Physica D: Nonlinear Phenomena,* 65, 117-134.

RÖSSLER, O. E. 1976. An equation for continuous chaos. *Physics Letters A,* 57, 397-398.

ROUX, J. C., SIMOYI, R. H. und SWINNEY, H. L. 1983. Observation of a strange attractor. *Physica D: Nonlinear Phenomena,* 8, 257-266.

RUELLE, D. 1989. *Chaotic Evolution and Strange Attractors*, Cambridge University Press.

RUELLE, D. und GALLAVOTTI, G. 1978. *Thermodynamic formalism*, Addison-Wesley Reading.

RUELLE, D. und TAKENS, F. 1971. On the nature of turbulence. *Commun. math. phys,* 20, 167-192.

RUSSELL, D. A., HANSON, J. D. und OTT, E. 1980. Dimension of strange attractors. *Physical Review Letters,* 45, 1175.

SAADI, S., GANDHI, D. und ELMAWAZINI, K. 2006. On the validity of conventional statistical tests given evidence of non-synchronous trading and non-linear dynamics in returns generating process. *Applied Economics Letters,* 13, 301-305.

SAKAI, H. und TOKUMARU, H. 1980. Autocorrelations of a certain chaos. *IEEE Transactions on Acoustics, Speech, and Signal Processing,* 28, 588-590.

SAMUELSON, P. A. 1965. Proof That Properly Anticipated Prices Fluctuate Randomly. *Industrial Management Review,* 6, 41-49.

SAUER, T., YORKE, J. A. und CASDAGLI, M. 1991. Embedology. *Journal of Statistical Physics,* 65, 579-616.

SAUNDERS, P. T. 2013. *Katastrophentheorie: eine Einführung für Naturwissenschaftler*, Springer-Verlag.

SCHEINKMAN, J. A. und LEBARON, B. 1989. Nonlinear dynamics and stock returns. *The Journal of Business*, 311-337.

SCHIEPEK, G. und STRUNK, G. 2010. The identification of critical fluctuations and phase transitions in short term and coarse-grained time series—a method for the real-time monitoring of human change processes. *Biological Cybernetics,* 102, 197-207.

SCHREIBER, T. und SCHMITZ, A. 1996. Improved surrogate data for nonlinearity tests. *Physical Review Letters,* 77, 635-638.

SCHULMEISTER, S. 2009. Profitability of technical stock trading: Has it moved from daily to intraday data? *Review of Financial Economics,* 18, 190-201.

SCHULZ-HARDT, S., VOGELGESANG, F. und MOJZISCH, A. 2007. Finanzpsychologie. *In:* MOSER, K. (ed.) *Wirtschaftspsychologie.* Berlin, Heidelberg: Springer Berlin Heidelberg.

SCHWERT, G. W. 2003. Anomalies and market efficiency. *In:* CONSTANTINIDES, G. M. H., M.; STULZ, R. M. (ed.) *Handbook of the Economics of Finance.* 1 ed. Amsterdam: Elsevier.

SELLERS, W. D. 1969. A global climatic model based on the energy balance of the earth-atmosphere system. *Journal of Applied Meteorology,* 8, 392-400.

SERLETIS, A., DORMAAR, P., BARNETT, W., KIRMAN, A. und SALMON, M. 1996. Chaos and nonlinear dynamics in futures markets. *Nonlinear Dynamics and Economics. Cambridge University Press, Cambridge*, 113-132.

SERLETIS, A. und SHAHMORADI, A. 2004. Absence of Chaos and 1/f spectra, but evidence of TAR nonlinearities, in the Canadian exchange rate. *Macroeconomic Dynamics,* 8, 543-551.

SERLETIS, A. und SONDERGARD, M. A. 1996. Permanent and temporary components of Canadian stock prices. *Applied Financial Economics,* 6, 259-269.

SEWELL, M. 2011a. Characterization of financial time series. *Technical Report RN/11/01.* London: University College London.

SEWELL, M. 2011b. History of the Efficient Market Hypothesis. UCL DEPARTMENT OF COMPUTER SCIENCE.

SEYHUN, H. N. 1986. Insiders' profits, costs of trading, and market efficiency. *Journal of Financial Economics,* 16, 189-212.

SHACKLETON, N. J. und OPDYKE, N. D. 1973. Oxygen isotope and palaeomagnetic stratigraphy of Equatorial Pacific core V28-238: Oxygen isotope temperatures and ice volumes on a 105 year and 106 year scale. *Quaternary Research,* 3, 39-55.

SHANE, P. und BROUS, P. 2001. Investor and (Value Line) Analyst Underreaction to Information about Future Earnings: The Corrective Role of Non - Earnings - Surprise Information. *Journal of Accounting Research,* 39, 387-404.

SHANNON, C. E. 1948. A Mathematical Theory of Communication. *Bell Labs Technical Journal,* 27, 379-423.

SHARPE, W. F. 1964. Capital asset prices: A theory of market equilibrium under conditions of risk. *The journal of finance,* 19, 425-442.

SHAW, R. 1981. Strange attractors, chaotic behavior, and information flow. *Zeitschrift für Naturforschung A,* 36, 80-112.

SHAW, R. 1984. *The dripping faucet as a model chaotic system,* Santa Cruz, Aerial Press.

SHEFRIN, H. und STATMAN, M. 1994. Behavioral capital asset pricing theory. *Journal of financial and quantitative analysis,* 29, 323-349.

SHILLER, R. J. 2000. *Irrational Exuberance,* Princeton, New Jersey, Princeton University Press.

SHILLER, R. J. 2003. From Ef fcient Markets Theory to Behavioral Finance. *Journal of Economic Perspectives,* 17, 83-104.

SHLEIFER, A. 2000. *Inefficient Markets: An Introduction to Behavioral Finance.,* Oxford, Oxford University Press.

SHOSTAK, F. 1997. In defense of fundamental analysis: A critique of the efficient market hypothesis. *The Review of Austrian Economics,* 10, 27-45.

SIMON, H. A. 1955. A Behavioral Model of Rational Choice. *The quarterly journal of economics*, 99-118.

SKARICA, D. 2010. *The Great Super Cycle: Profit from the Coming Inflation Tidal Wave and Dollar Devaluation*, John Wiley & Sons.

SKINNER, D. J. und SLOAN, R. G. 2002. Earnings Surprises, Growth Expectations, and Stock Returns or Don't Let an Earnings Torpedo Sink Your Portfolio. *Review of Accounting Studies,* 7, 289-312.

SKINNER, J. E. 1992. The Point-D2 Algorithm. *In:* MEDICINE, B. C. O. (ed.) *Baylor College of Medicine, Houston TX.* Houston TX.

SKINNER, J. E., CARPEGGIANI, C., LANDISMAN, C. E. und FULTON, K. W. 1991. Correlation dimension of heartbeat intervals is reduced in conscious pigs by myocardial ischemia. *Circulation Research,* 68, 966-976.

SKINNER, J. E., GOLDBERGER, A. L., MAYER-KRESS, G. und IDEKER, R. E. 1990a. Chaos in the Heart: Implications for Clinical Cardiology. *Nat Biotech,* 8, 1018-1024.

SKINNER, J. E., MARTIN, J. L., LANDISMAN, C. E., MOMMER, M. M., FULTON, K., MITRA, M., BURTON, W. D. und SALTZBERG, B. 1990b. Chaotic Attractors in a Model of Neocortex: Dimensionalities of Olfactory Bulb Surface Potentials Are Spatially Uniform and Event Related. *In:* BAŞAR, E. & BULLOCK, T. H. (eds.) *Brain Dynamics: Progress and Perspectives.* 2. ed. Berlin, Heidelberg: Springer Berlin Heidelberg.

SKINNER, J. E., MOLNAR, M. und TOMBERG, C. 1994. The point correlation dimension: performance with nonstationary surrogate data and noise. *Integrative Physiological and Behavioral Science,* 29, 217-234.

SKINNER, J. E., MOLNAR, M., VYBIRAL, T. und MITRA, M. 1992. Application of chaos theory to biology and medicine. *Integrative Physiological and Behavioral Science,* 27, 39-53.

SKINNER, J. E., PRATT, C. M. und VYBIRAL, T. 1993. A reduction in the correlation dimension of heartbeat intervals precedes imminent ventricular fibrillation in human subjects. *American Heart Journal,* 125, 731-743.

SKINNER, J. E., ŻEBROWSKI, J. J. und KOWALIK, Z. J. 1998. New Nonlinear Algorithms for Analysis of Heart Rate Variability: Low-Dimensional Chaos Predicts Lethal Arrhythmias. *In:* KANTZ, H., KURTHS, J. & MAYER-KRESS, G. (eds.) *Nonlinear Analysis of Physiological Data.* Berlin, Heidelberg: Springer Berlin Heidelberg.

SMITH, A. 1776. *An Inquiry into the Nature and Causes of the Wealth of Nations,* Chicago, University of Chicago Press.

SMITH, G. 2012. The changing and relative efficiency of European emerging stock markets. *The European Journal of Finance,* 18, 689-708.

SO, E. C. und WEBER, J. 2015. Time will tell: Information in the timing of scheduled earnings news. *Available at SSRN 2480662.*

SOFFER, L. C., THIAGARAJAN, S. R. und WALTHER, B. R. 2000. Earnings preannouncement strategies. *Review of Accounting Studies,* 5, 5-26.

SOUFIAN, M., FORBES, W. und HUDSON, R. 2014. Adapting financial rationality: Is a new paradigm emerging? *Critical Perspectives on Accounting,* 25, 724-742.

SPYROU, S. 2013. Herding in financial markets: a review of the literature. *Review of Behavioral Finance,* 5, 175-194.

STAM, C. J. 2006. *Nonlinear Brain Dynamics,* New York, United States, Nova Science Publishers.

STARK, J., BROOMHEAD, D. S., DAVIES, M. E. und HUKE, J. 1997. Takens embedding theorems for forced and stochastic systems. *Nonlinear Analysis: Theory, Methods & Applications,* 30, 5303-5314.

STENGOS, T. und PANAS, E. 1992. Testing the efficiency of the Athens Stock Exchange: Some results from the banking sector. *Empirical Economics,* 17, 239-252.

STICKEL, S. E. und VERRECCHIA, R. E. 1994. Evidence That Trading Volume Sustains Stock Price Changes. *Financial Analysts Journal,* 50, 57-67.

STRUNK, G. 2004. *Organisierte Komplexität: Mikroprozess-Analysen der Interaktionsdynamik zweier Psychotherapien mit den Methoden der nichtlinearen Zeitreihenanalyse,* Bamberg, University of Bamberg, GERMANY, OPUS.

STRUNK, G. 2009. Analysemethode für Komplexität in Aktienzeitreihen. complexityreseach.com, Wien.

STRUNK, G. 2010. Permutationsentropie erweitert und vereinfacht: Vorschläge für neue Komplexitätsmaße. complexity-reseach.com, Wien.

STRUNK, G. 2012. Die Messung von Komplexität in der Wirtschaftswissenschaft. Grundlagen, Methoden, Software und Beispiele (unveröffentlichte Habilitationsschrift). Dortmund: TU Dortmund.

STRUNK, G. und SCHIEPEK, G. 2006. *Systemische Psychologie. Eine Einführung in die komplexen Grundlagen menschlichen Verhaltens,* München, Spektrum Akademischer Verlag.

SU, D. 2003. Stock price reactions to earnings announcements: evidence from Chinese markets. *Review of Financial Economics,* 12, 271-286.

SULLIVAN, R., TIMMERMANN, A. und WHITE, H. 1999. Data - snooping, technical trading rule performance, and the bootstrap. *The journal of Finance,* 54, 1647-1691.

SUMMERS, L. H. 1986. Does the stock market rationally reflect fundamental values. *The Journal of Finance,* 41, 591-601.

SUMMERS, L. H. 1987. Do We Really Know That Fiancial Markets Are Efficient? *NBER Working Paper.*

TAKENS, F. 1981. Detecting strange attractors in turbulence. *In:* RAND, D. & YOUNG, L.-S. (eds.) *Dynamical Systems and Turbulence, Warwick 1980.* Springer Berlin Heidelberg.

TAKENS, F. 1985. On the numerical determination of the dimension of an attractor. *In:* BRAAKSMA, B. L. J., BROER, H. W. & TAKENS, F. (eds.) *Dynamical Systems and Bifurcations: Proceedings of a Workshop held in Groningen The Netherlands, April 16–20, 1984.* Berlin, Heidelberg: Springer Berlin Heidelberg.

TAYLOR, N. 2014. The rise and fall of technical trading rule success. *Journal of Banking & Finance,* 40, 286-302.

TAYLOR, S. J. 1961. On the connexion between Hausdorff measures and generalized capacity. *Mathematical Proceedings of the Cambridge Philosophical Society,* 57, 524-531.

THALER, R. H. 1988. Anomalies: The Winner's Curse. *The Journal of Economic Perspectives,* 2, 191-202.

THEIL, H. 1954. *Linear aggregation of economic relations,* Amsterdam, North-Holland Pub. Co.

THEILER, J. 1986. Spurious dimension from correlation algorithms applied to limited time-series data. *Physical Review A,* 34, 2427.

THEILER, J. 1990a. Estimating fractal dimension. *JOSA A,* 7, 1055-1073.

THEILER, J. 1990b. Estimating the fractal dimension of chaotic time series. *Lincoln Laboratory Journal,* 3, 63-86.

THEILER, J. 1991. Some comments on the correlation dimension of 1/f α noise. *Physics letters A,* 155, 480-493.

TIMMERMANN, A. und GRANGER, C. W. J. 2004. Efficient market hypothesis and forecasting. *International Journal of Forecasting,* 20, 15-27.

TODEA, A. und LAZAR, D. 2012. Global crisis and relative efficiency: empirical evidence from central and eastern European stock markets. *The Review of Finance and Banking,* 4.

TODEA, A., ULICI, M. und SILAGHI, S. 2009. Adaptive markets hypothesis: Evidence from Asia-Pacific financial markets. *The Review of Finance and Banking,* 1, 007-013.

TOLLER, A. 2016. *Cum-Ex-Geschäfte: Internationale Großbanken im Visier der Steuerfahnder* [Online]. www.wiwo.de: Wirtschaftswoche. Available: http://www.wiwo.de/finanzen/steuern-recht/cum-ex-geschaefte-internationale-grossbanken-im-visier-der-steuerfahnder/14603810.html [Accessed 10.01.2017 2017].

TRUEMAN, B. 1994. Analyst Forecasts and Herding Behavior. *The Review of Financial Studies,* 7, 97-124.

TSCHACHER, W. und SCHIEPEK, G. 1997. Eine methodenorientierte Einführung in die synergetische Psychologie. *Selbstorganisation in Psychologie und Psychiatrie.* Springer.

TSCHOPP, M. und AXHAUSEN, K. W. 2004. Methoden zur räumlichen Datenanalyse. *Arbeitsberichte Verkehr-und Raumplanung,* 233.

TSONIS, A. A. und ELSNER, J. B. 1988. The weather attractor over very short timescales. *Nature,* 333, 545-547.

TSONIS, A. A. und ELSNER, J. B. 1989. Chaos, strange attractors, and weather. *Bulletin of the American Meteorological Society,* 70, 14-23.

TVERSKY, A. und KAHNEMAN, D. 1971. Belief in the law of small numbers. *Psychological bulletin,* 76, 105.

URQUHART, A., GEBKA, B. und HUDSON, R. 2015. How exactly do markets adapt? Evidence from the moving average rule in three developed markets. *Journal of International Financial Markets, Institutions and Money,* 38, 127-147.

URQUHART, A. und HUDSON, R. 2013. Efficient or adaptive markets? Evidence from major stock markets using very long run historic data. *International Review of Financial Analysis,* 28, 130-142.

URQUHART, A. und MCGROARTY, F. 2014. Calendar effects, market conditions and the Adaptive Market Hypothesis: Evidence from long-run U.S. data. *International Review of Financial Analysis,* 35, 154-166.

VAN HORNE, J. C. und PARKER, G. G. C. 1967. The Random-Walk Theory: An Empirical Test. *Financial Analysts Journal,* 23, 87-92.

VASSILICOS, J. und HUNT, J. Fractal dimensions and spectra of interfaces with application to turbulence. Proceedings of the Royal Society of London A: Mathematical, Physical and Engineering Sciences, 1991. The Royal Society, 505-534.

VENN, J. 1876. *The logic of chance: an essay on the foundations and province of the theory of probability*, Macmillan and Company.

VERHEYDEN, T., DE MOOR, L. und VAN DEN BOSSCHE, F. 2015. Towards a new framework on efficient markets. *Research in International Business and Finance,* 34, 294-308.

WATTS, R. L. 1978. Systematic 'abnormal'returns after quarterly earnings announcements. *Journal of financial Economics,* 6, 127-150.

WEBER, M. 2007. *Genial einfach investieren,* Mannheim, Campus Verlag.

WEEDON, G. P. 2005. *Time-Series Analysis and Cyclostratigraphy: Examining Stratigraphic Records of Environmental Cycles*, Cambridge University Press.

WEGENER, W. F., GÜNTER 2013. Meßtechnische Ermittlung der Autokorrelationsfunktion von Faserlängsverbänden. Wiesbaden: Institut fur Textiltechnik der Rhein.-Westf. Techn. Hochschule Aachen.

WESCHE, K. 1996. *Aggregation Bias in Estimating European Money Demand Functions*, Sonderforschungsbereich 303.

WHITNEY, H. 1936. Differentiable manifolds. *Annals of Mathematics*, 645-680.

WOLF, A., SWIFT, J. B., SWINNEY, H. L. und VASTANO, J. A. 1985. Determining Lyapunov exponents from a time series. *Physica D: Nonlinear Phenomena,* 16, 285-317.

WORKING, H. 1934. A Random-Difference Series for Use in the Analysis of Time Series. *Journal of the American Statistical Association,* 29, 11-24.

WORKING, H. 1949. The investigation of economic expectations. *The American Economic Review,* 39, 150-166.

WORKING, H. 1960. Note on the correlation of first differences of averages in a random chain. *Econometrica: Journal of the Econometric Society*, 916-918.

YIP, K. P., HOLSTEIN-RATHLOU, N. H. und MARSH, D. J. 1991. Chaos in blood flow control in genetic and renovascular hypertensive rats. *American Journal of Physiology - Renal Physiology,* 261, F400-F408.

YOUNG, L.-S. 1982. Dimension, entropy and Lyapunov exponents. *Ergodic Theory and Dynamical Systems,* 2, 109-124.

ZHANG, F. 2010. High-frequency trading, stock volatility, and price discovery. *Available at SSRN:* http://ssrn.com/abstract=1691679 [Online]. Available: http://ssrn.com/abstract= 1691679.

ZHOU, J. und LEE, J. M. 2013. Adaptive market hypothesis: evidence from the REIT market. *Applied Financial Economics,* 23, 1649-1662.

ZIOBROWSKI, A. J., BOYD, J. W., CHENG, P. und ZIOBROWSKI, B. J. 2011. Abnormal Returns From the Common Stock Investments of Members of the U.S. House of Representatives. *Business and Politics,* 13, Article 4.

ZIOBROWSKI, A. J., CHENG, P., BOYD, J. W. und ZIOBROWSKI, B. J. 2004. Abnormal returns from the common stock investments of the US Senate. *Journal of Financial and Quantitative Analysis,* 39, 661-676.